Harald Lesch und
Klaus Kamphausen

Wenn nicht jetzt, wann dann?

Handeln für eine Welt, in der wir leben wollen

PENGUIN VERLAG

greenprint*
klimapositiv gedruckt

MIX
Papier aus verantwortungsvollen Quellen
FSC® C005108

Verlagsgruppe Random House FSC® N001967

CERTIFIED
cradletocradle
SILVER

PENGUIN VERLAG

2. Auflage 2018

Bildbearbeitung: Helio Repro GmbH, München
Grafik: GGP Media Pößneck
Umschlaggestaltung: Büro Jorge Schmidt, München
Umschlagabbildung: Gerald von Foris und Getty Images/Aaron Foster
Satz: Andrea Mogwitz
Druck und Bindung: Gugler GmbH, 3390 Melk, Österreich
Printed in Austria
ISBN 978-3-328-60021-3
www.penguin-verlag.de

Dieses Buch ist auch als E-Book erhältlich.

Inhalt

Vorwort

Dieser blaue Planet am Rand der Milchstraße, er ist perfekt geschaffen fürs Leben. Es gibt Luft zum Atmen, Wasser zum Trinken, an den Bäumen wachsen Früchte, in den Meeren schwimmen Fische, und in den Wäldern tiriliert ein buntes Vogelvolk, und die Böcke suchen in jedem Herbst ihr scheues Reh. Es gibt einen Nord- und einen Südpol. Die Himmelsrichtungen sind also klar vorgegeben, man kann sich nicht verlieren. Alles in allem eigentlich ein Paradies, eine Welt, in der wir leben wollen.

Ein Jahr auf diesem Planeten zählt 365 Tage. Fantastisch, Zeit genug für vier Jahreszeiten! Es gibt einen Mond. Als Sichel oder vollständig rund leuchtet er am Nachthimmel zwischen Milliarden funkelnder Sterne. Tagsüber scheint die Sonne, wenn es nicht regnet, und passiert beides zugleich, gibt es einen Regenbogen. Und da, wo dieser mit seinem in allen Spektralfarben leuchtenden himmlischen fast Halbrund den Boden berührt, da, so heißt es, liegt ein Schatz begraben.

Und damit sind wir bei dem Problem dieses Planeten am Rand der Milchstraße angekommen. Diese Legende vom Regenbogen und dem Schatz stammt nicht von einem Reh, Fisch oder Vogel, nein, geboren wurde sie in der Fantasie eines Homo sapiens – eine intelligente, von Affen abstammende Lebensform.

Diese Intelligenzbestien – vielleicht weil sie mehr der inneren Bestie als der gemeinsamen Intelligenz gefolgt sind – strengen sich seit den letzten 150 Jahren ihrer immerhin schon 150 000 Jahre währenden Existenz auf diesem Planeten mächtig an, sich selbst abzuschaffen.

Linke Seite: Dieses Foto der »blauen Murmel« wurde am 7. Dezember 1972 an Bord von Apollo 17 aufgenommen. Das Blue-Marble-Bild ist bis heute Sinnbild der Verletzbarkeit und Einzigartigkeit des Planeten Erde. Aber bedrohter als der Planet sind dessen Bewohner. Ihr größter Feind sind sie selbst. Werden sie das noch rechtzeitig begreifen und nicht nur umdenken, sondern auch umhandeln? © NASA

Im Jahr 2016 der menschlichen Zeitrechnung ist ein Buch erschienen, dessen Titel (»Die Menschheit schafft sich ab«) diese Tendenz der Menschheit, sich selbst abzuschaffen – trotz Beginn des postfaktischen Zeitalters –, mit wissenschaftlichen Fakten belegt hat. Obwohl besagtes Buch über eine Bestandsaufnahme des Zustandes unseres Planeten hinausgeht und Lösungsansätze beschreibt, glauben die Autoren, dass sie den Lesern und vielen anderen (auch sich selbst) Antworten auf eine immer wieder gestellte Frage schulden:

»Was sollen wir tun?«

»Was sollen wir denn verdammt noch mal tun?«

In diesem Buch wird es daher vor allem um Antworten auf diese Frage gehen, um Wege aus der Handlungskrise, um Visionen für eine gedeihliche Gesellschaft.

Harald Lesch und Klaus Kamphausen sagen:

»Wenn nicht jetzt, wann dann? Handeln wir für eine Welt, in der wir leben wollen!«

Wenn nicht jetzt ...

Die ökologische Ausbeutung des Planeten, gnadenloser Neoliberalismus, digitale Kontrollgesellschaft, naturwissenschaftlicher Machbarkeitswahn, die Entsolidarisierung der Gesellschaft, der dramatische Klimawandel und seine Folgen – das alles lässt uns an Grenzen stoßen. Überall spielt Geld die Rolle des Ziels. Möglichst mit allem muss Geld verdient werden, auch mit der Pflege der Alten und Kranken, der Betreuung unserer Kinder, mit Gemeineigentum. Fast immer zählen nur noch wirtschaftliche Argumente. Der stärkste Minister ist der Finanzminister. Als ob ein Kassenwart bestimmen könnte, wohin die Reise geht. Die Durchökonomisierung sämtlicher Lebensbereiche beraubt uns mehr und mehr unserer demokratischen Freiheiten. Wir erleben eine elementare Krise unserer Gesellschaft. Sie scheint durch die schiere Zahl und Komplexität der Herausforderungen ebenso gelähmt wie der Einzelne.

… wann dann?

Was können wir, was kann der Einzelne tun gegen Hunger, Krieg, Umweltzerstörung, Armut, Ungerechtigkeit, Machtmissbrauch – für eine zukunftsfähige, vermögende, gedeihliche Gesellschaft, für eine Welt, in der wir leben wollen?

Wie lassen sich die ökologischen, ökonomischen, politischen, sozialen Probleme konstruktiv, nachhaltig, lokal und global lösen?

Unser letztes Buch schloss mit einem Zitat von Albert Camus:

»Der Mensch ist nichts an sich.
Er ist nur eine grenzenlose Chance.
Aber er ist der grenzenlos Verantwortliche für diese Chance.«

Zeigen wir also die grenzenlosen Chancen auf! Und beginnen wir endlich, die grenzenlose Verantwortung für diese Chancen wahrzunehmen, denn viel Zeit haben wir nicht mehr, wir müssen uns beeilen. Wir müssen uns entscheiden, wir müssen handeln.

In der Entscheidung – und wir können uns jeden Tag neu entscheiden –, in der Tat des Einzelnen liegt das reine Vermögen, die Lösung.

Um dieses Entscheiden für jeden von uns zu erleichtern, brauchen wir nicht nur stabile und sozial gerechte Gesellschaften, sondern auch entsprechende politische Rahmenbedingungen und Strukturen. Wir brauchen eine neue Erzählung, die uns auch emotional erreicht und die neue Werte vermittelt. Anders gesagt: Wie können wir uns und die anderen inspirieren, motivieren, uns Tag für Tag für ein nachhaltiges Handeln zu entscheiden, ohne dass wir lange darüber nachdenken müssen? Wie können wir den Menschen Lust machen, ihr Leben umzukrempeln?

Wir können Lösungsansätze aufzeigen! Interessante und spannende! Durch die Summe von Lösungen entsteht nach und nach, wie bei einem Puzzle, ein immer deutlicheres, klareres Bild einer Welt, die noch nicht existiert, das Bild einer anderen Zukunft. Das Bild einer lebenswerten Zukunft.

Schütten wir diese Puzzleteilchen also auf den Tisch – oder auf die folgenden Seiten dieses Buches –, damit ein Bild entstehen kann.

Puzzles mit 10 000 Teilchen kennen Sie? Das ist doch eine Herausforderung, wenn man diese Teilchen auf den Tisch schüttet, und ein großartiges Erlebnis, wenn man die ersten beiden Puzzlestückchen zusammensteckt, jetzt geht es nämlich los, da passt was zusammen. Mal sehen, welche Teile noch passen. Ja, ja, ja!

Natürlich gibt es beim Puzzle auch Phasen, in denen nichts richtig vorwärtsgeht. Man sucht und sucht, und nichts passt, bis, ja bis dann doch wieder ein passendes Teilchen das Bild ergänzt. So entsteht allmählich ein Bild. Hier und da fehlt vielleicht noch was, aber wir wissen, wie es aussehen soll. Und genau darum geht es in diesem Buch, Teilchen für Teilchen zu einem Bild zusammenzusetzen.

Natürlich, wir basteln hier an einem Zehntausenderpuzzle, das ist ein komplexes Ding, da heißt es, mit Demut, Geduld und mit Spaß bei der Sache bleiben.

Ernährung und Landwirtschaft, Energie, Mobilität, Städte, Klima, Industrie, Konsum, Finanzwesen, soziale Gerechtigkeit, Big Data und künstliche Intelligenz (als ob wir sicher sein könnten, dass wir über natürliche Intelligenz verfügen!), Macht, Bildung, Biodiversität, Krieg und Frieden und last, but not least die Ethik einer Transformation zu einer ökologischen Welt – das ist der bunte Teilchenhaufen dieses Buchs. Fangen wir an und schauen, welche passen, aber Sie werden im Laufe des Buches erkennen, es hängt sowieso alles zusammen.

Handeln für eine Welt, in der wir leben wollen

Der Untertitel unseres Buchs sagt es ja, dieses Buch versucht, von den guten Dingen zu erzählen, von den Dingen, die richtig laufen, und es will Lösungen zeigen für so vieles, das unserer Meinung nach falsch läuft. Natürlich muss man dazu wissen, was richtig laufen soll. Man muss eine Ahnung haben, was das bedeutet, »richtig«. Und dafür brauchen wir die Wissenschaft.

Die Wissenschaft kann uns Erklärungen liefern und Wege aufzeigen bei Fragen zum Klimawandel, zur Energiewende, globaler Gerechtigkeit und zu vielem mehr. Sie kann Lösungen vorschlagen, wie wir Ressourcen und Gelder, Chancen und Möglichkeiten besser verteilen. Anders gesagt, wie wir aus der Welt eine bessere Welt machen, in der wir leben wollen und können.

Die Wissenschaft wäre ein wichtiger Partner. Verfolgt man jedoch die aktuellen Nachrichten aus der Wissenschaft, dann ist man oft ratlos, so wenig kann man damit anfangen, weil man so wenig versteht, was Wissenschaftler da eigentlich treiben.

So gab es jüngst immer wieder sensationelle Neuigkeiten über die Gravitationswellen. Die Astronomie ist – für mich als Astrophysiker sowieso – eine wunderbare Wissenschaft. Sie erzählt viel darüber, was am Himmel über uns passiert, dem Himmel, von dem Kant sagte, zwei Dinge erschütterten sein Gemüt immer wieder: »der bestirnte Himmel über mir und das moralische Gesetz in mir«.

Über diesen bestirnten Himmel wissen wir heute unglaublich viel. Die Entdeckung der Gravitationswellen ist dabei schon etwas Besonderes. Hut ab und Gratulation an alle, die daran beteiligt sind. Aber zugleich sind es unvorstellbare Zahlen, mit denen die Wissenschaftler hantieren, da sagt man sich als normaler Mensch, du lieber Gott, was ist das für eine Präzision!

Eine Gravitationswelle, die durch die Verschmelzung von zwei schwarzen Löchern in einer Entfernung von 1,3 Milliarden Lichtjahren verursacht worden ist, bewirkt bei uns eine Längenänderung von einem Tausendstel Protonenradius. Solche allerkleinsten Längen, präzise ein Trillionstel Meter, werden mithilfe kilometerlanger Laserinterferometer auf der Erde gemessen. So genau können inzwischen wissenschaftliche Instrumente Wirkungen messen. Hier trifft sozusagen das fast Allerkleinste auf das fast Allergrößte.

Ein Tausendstel Protonenradius oder ein Trillionstel Meter. Das ist so gut wie nichts, unter uns gesagt. Und auf der anderen Seite steht die Entfernung dieser schwarzen Löcher: 1,3 Milliarden Lichtjahre. Wie weit das ist, kann man sich genauso wenig vorstellen. Das heißt, die Wissenschaft präsentiert uns fundamentale Erkenntnisse über die Welt aus dem Allerkleinsten und dem Allergrößten. Aber anfangen können wir damit wenig.

Genauso aber erhalten wir ständig Nachrichten über die Welt, die uns etwas näher ist als schwarze Löcher. Aber auch mit diesen Nachrichten können wir nicht wirklich etwas anfangen, weil sie aus allen

Winkeln unseres Globus stammen. Wir erfahren etwas über Klimawandel und Umweltverschmutzung, über Hunger in Afrika, über Unwetter in Indien oder Amerika. Eine Flut von Berichten, die uns dank – oder sollte ich besser sagen, undank – der Digitalisierung der Medien in Echtzeit überschwemmt.

Mit all diesem Wissen können wir nicht wirklich etwas anfangen, es nicht einordnen, weil wir nicht vor Ort sind. Wir kennen die Kulturen nicht wirklich, wir wissen zu wenig über ihre Traditionen, ihre Geschichte. Wir wissen zu wenig, wie die Menschen anderswo leben. Mittels Zeitungen, Internet, Fernsehen erhalten wir Nachrichten über andere Teile der Welt in Häppchen geliefert und fühlen uns dann oft auch verantwortlich für das, was dort passiert. Auf der anderen Seite wissen wir gar nicht, worum es wirklich geht, weil wir die Einzelheiten nicht kennen, weil oft genug Nachrichten aus Zusammenhängen gerissen werden, denn der Zusammenhang, der globale Zusammenhang, ist komplex. Wir leben auf einem Planeten, der einen Umfang von 40 000 Kilometern hat. Und wir sind über sieben Milliarden Menschen, die alle ständig irgendetwas machen, die Hoffnungen, die Träume haben, die total frustriert sind oder dynamisch und strebsam. Ständig passiert etwas.

Dann gibt es Nachrichten aus einem Reich, das wir auch kaum kennen, das aber unser Leben immer mehr dominiert – das Reich der digitalen Daten. Da hat zum Beispiel das Google-Forschungszentrum DeepMind eine neue sogenannte künstliche Intelligenz entwickelt, die besser Go spielen kann als irgendjemand sonst im Universum: AlphaGo Zero. Schon das große Duell zwischen dem vormaligen Weltmeister im Go und dem Vorgänger von AlphaGo Zero mit Namen AlphaGo hat der Computer gewonnen. Dieser Computer hatte das Spiel in monatelangem, intensivem Training mit Experten und in Spielen gegen sich selbst erlernt. Sein Nachfolger AlphaGo Zero hat nicht mit menschlichen Spielpartnern gelernt, man gab ihm lediglich die Regeln vor, den Rest erledigte dieser Meister der KI, indem er Millionen Male gegen sich selbst spielte. Nach nur 36 Stunden war AlphaGo Zero besser als sein Vorgänger AlphaGo. Nach 72 Stunden, also nach drei Tagen, ließen die IT-Experten die beiden Computer gegeneinander spielen. Das Ergebnis war eindeutig: AlphaGo Zero gewann alle 100 Spiele.

100:0 für die künstliche Intelligenz, die selbstlernend und selbstoptimierend arbeitet. AlphaGo Zero entwickelte sogar innovative Strategien, die keinem Menschen in den zweitausend Jahren, seit dieses anspruchsvolle Strategiespiel existiert, je eingefallen sind. Die Wissenschaftler erklären es damit, dass die selbstlernende künstliche Intelligenz eben nicht durch mögliche Schwächen oder Beschränkungen menschlicher Lehrer behindert wurde. Noch erschreckender ist, was der KI-Forscher David Silver vom Google-Forschungszentrum DeepMind erklärte: »Wir haben hier ein System, das sich vom Go-Spiel in jede andere Domäne übertragen lässt. Der Algorithmus ist so allgemein, dass er überall eingesetzt werden kann.«

Das heißt, in der IT-Branche, wo es um Informationen und Technologie geht, passieren Dinge, die wir nicht mehr begreifen und vor allem irgendwann vielleicht nicht mehr kontrollieren können. Maschinen entstehen, die spezielle Aufgaben in einer abartigen Geschwindigkeit mit hirnzerreißender Präzision erledigen. An vielen Stellen in Verwaltungen und Dienstleistungsbetrieben werden keine Männer und Frauen mehr hinter Schreibtischen sitzen, nein, da wird alles von Computern erledigt werden. Wer weiß, vielleicht machen sie es ja besser. Aber man fragt sich natürlich, was machen die Männer und Frauen, die vorher dort gearbeitet haben? Was passiert in einer Welt, in der immer mehr und mehr Aufgaben von Maschinen übernommen werden?

Der große Alan Turing, der Begründer der IT- und Computertechnologie, hat gesagt, nur Maschinen können Maschinen verstehen. Vielleicht wollen sich diese Maschinen, die in Zukunft automatisiert unsere Welt immer stärker beherrschen werden, gar nicht mehr mit uns Menschen unterhalten und sich schon gar nicht von uns noch irgendetwas sagen lassen. Weil: Nur Maschinen können Maschinen verstehen. Killer-Roboter gibt es übrigens auch schon. Aber das sei nur am Rande erwähnt, am Rande des Wahnsinns.

Und übrigens zum besseren Verständnis, der Begriff *künstliche Intelligenz,* KI, stammt aus dem Englischen und heißt dort: *artificial intelligence* oder kurz AI. *Intelligence* bedeutet im Englischen nicht nur *Intelligenz.* Klar, die CIA, die *Central Intelligence Agency,* ist ein Geheimdienst und keine Zentrale Intelligenz Agentur. *Intelligence* bedeutet im Englischen eben auch *Geheimdienst, Information, Spionage.* Und damit sollte jedem der Zusammenhang zwischen KI und Google, Amazon, Facebook und Friends und deren Zielen klar und deutlich sein.

Ein anderes Gebiet, über das wir vor allem dank der Wissenschaften täglich informiert werden: Das sind keine Nachrichten von den Grenzen der erkennbaren Wirklichkeit wie in der Astronomie oder von den neuesten technologischen Entwicklungen, sondern Nachrichten mitten aus dem Leben, von Leben, das verschwunden ist.

Lebewesen, die immer da waren, auf einmal, still und leise, sind sie weg. Die Rede ist von Insekten. Um das zu ermitteln, braucht es weder große Wissenschaft noch komplexe Technologien. Nur einfache Fallen, um zu zählen, wie viele Insekten unterwegs sind. Und zwar in Naturschutzgebieten, weitab von Siedlungsräumen. Festgestellt hat man, dass sie wirklich weg sind. Haben wir uns als Autofahrer nicht schon länger gefragt: Wo sind eigentlich die Insekten hin, die wir früher von der Windschutzscheibe abkratzen mussten? Diese Frage hat nun eine wissenschaftliche Antwort gefunden. Sie sind weg: Seit 1989 hat sich die Masse der Insekten in Deutschland um durchschnittlich 76 Prozent verringert. Dinge verändern sich also sehr schnell.

Warum wir das erzählt haben? Weil es zeigt, dass wir einerseits unglaublich fähig sind, man denke an den Nachweis der Gravitationswellen, überhaupt an die wissenschaftliche Auseinandersetzung mit der Welt, an die Entwicklung von Technologien. Auf der anderen Seite sind wir unfähig, all unser Wissen und Können für das Richtige, das Gute einzusetzen, nämlich für den Erhalt und die Sicherung der Lebensgrundlagen nicht allein von uns selbst, heute, sondern auch von all jenen, die noch kommen werden.

Warum kümmern wir uns nicht mehr um unsere Zukunft? Warum verändern wir die Welt der Gegenwart so drastisch, dass für viele die Zukunft eine Katastrophe zu werden droht?

Sind wir nur noch ökonomische Wesen, oder sind wir mehr? Diese Frage wollen wir in diesem Buch stellen. Wir wollen auch zeigen, wo Menschen versuchen, einfach Mensch zu bleiben. Wo sie versuchen, das Richtige zu tun; dagegen anzugehen, dass sich alles immer weiter und weiter konzentriert. Und damit meine ich nicht nur Geld, sondern auch Know-how. Wer kann heutzutage wissenschaftlichen Ergebnissen – selbst wenn sie gut aufbereitet in die Öffentlichkeit kommen –

Gründe für das Sterben der Insekten sind neben den Giften in Luft, Pflanzen, Böden und Wasser der Verlust von natürlichen Lebensräumen und natürlichen Futterpflanzen vor allem durch die Intensivierung der Landwirtschaft und die Ausdehnung von Siedlungsräumen. © Rolf Kamphausen

überhaupt noch folgen? Immer weniger Menschen sind in der Lage, bei Spitzenleistungen der Wissenschaft zu verstehen, worum es geht. Nur diejenigen, die verstehen, worum es geht, können abschätzen, was man mit den Erkenntnissen tatsächlich anstellen kann.

Worauf sollen Entscheidungen basieren, wenn man nicht verstanden hat, was eine bestimmte Entwicklung bedeutet? Wollen wir zum Beispiel wirklich überall Maschinen zulassen, die alle möglichen Arbeitsplätze ersetzen können und damit Menschen – wie es so unschön heißt – freisetzen? Maschinen, die auch die totale Kontrolle übernehmen und Menschen damit festsetzen können? Wollen wir das? Warum verbieten wir Firmen nicht, daran zu arbeiten? Wir haben es schließlich auch geschafft, einen Atomwaffensperrvertrag zu formulieren.

Und wollen wir, dass immer mehr Insekten verschwinden, weil wir zu viele Abgase in die Luft blasen und in der Landwirtschaft Gifte einsetzen? Vielleicht sollten wir auf solche Gifte verzichten. Vielleicht sollten wir überhaupt auf manches verzichten, weil es passieren könnte, dass eines Tages die Natur verzichtet. Und zwar auf uns. Das Buch, in dem dann steht »Sie sind weg!«, das können wir dann leider nicht mehr lesen.

Also, kümmern wir uns um die Zukunft, am besten gleich, und handeln wir für eine Welt, in der wir leben wollen.

1 Was sollen wir tun?

Es ist weder selbstverständlich noch unausweichlich, dass die Menschheit ständig Fortschritte macht. Wir sehen uns heute der Tatsache gegenüber, dass die Zukunft schon begonnen hat. Wir sind mit der gnadenlosen Dringlichkeit des Jetzt konfrontiert. In diesem für uns rätselhaften Leben und der Geschichte ist es durchaus möglich, dass man einfach zu spät kommt ... Auch wenn wir verzweifelt ausrufen, die Zeit möge ihrem Lauf Einhalt gebieten: Die Zeit erhört unser Flehen nicht, sondern läuft unaufhaltsam weiter. Über den ausgebleichten Knochen und bröckelnden Überresten zahlreicher Zivilisationen stehen die ergreifenden Worte geschrieben: zu spät.

Martin Luther King jr., »Wohin führt unser Weg?«

Am 10. Februar 2017 ist in einer britischen Zeitung, im »Daily Telegraph«, ein Beitrag zu lesen, in dem es um die Frage geht, ob Frankreich, vor allem Paris, die Arbeitsplätze aus der Londoner City übernehmen könnte, nachdem die Briten aus der EU ausgetreten sind. Es gibt ja einige Metropolen, die sich dafür interessieren: Dublin, Frankfurt, Paris, ja sogar New York.

Der Frankreich-Chef der amerikanischen Investmentbank Morgan Stanley, René Proglio, sieht das jedoch eher kritisch. Er wird mit folgenden Worten zitiert: »It takes three days to fire somebody in London, three months in Switzerland and three years in Paris.« »Man braucht drei Tage, um jemanden in London zu feuern, drei Monate in der Schweiz und drei Jahre in Paris.« Mit anderen Worten: Es dauert einfach zu lange, bis man jemanden in Frankreich feuern kann! Deshalb werden die Franzosen die Jobs aus London sicher nicht kriegen.

Was er danach äußerte, war noch heftiger. René Proglio sagt es uns allen ins Gesicht: »Don't get carried away with a humanistic philosophy. Like it or not. The only objective is to defend the interests of the shareholders.«

Damit wäre das Buch eigentlich zu Ende, bevor es geschrieben ist. Jetzt wissen wir, worum es geht: »Vergesst die ganze humanistische Philosophie«, dieses Fragen und Suchen danach, wie wir zum Besten der Menschen handeln können. Das einzige Ziel, das Banker verfolgen, ist, »die Interessen der Shareholder zu verteidigen«.

Der Shareholder, neudeutsch für Anteilseigner, er ist der wirkliche Regent dieses Planeten. Der Shareholder will Rendite sehen, und zwar möglichst schnell. Dann kann er auch schnell erneut investieren und noch mehr Rendite machen. Auf diesen primitiven Nenner könnte man die gesamte globalisierte Marktwirtschaft bringen. Mehr ist es nicht – dumpfe Gier von Aktionären!

Da geht es nicht um die Menschen, die tagtäglich für ein Unternehmen arbeiten und damit ein monatliches Salär verdienen, mit dem sie ihre Familien ernähren. Es geht auch nicht um diejenigen, die in einer sozialen Einrichtung etwas für andere tun – nein, es geht um das Wohlergehen des Shareholders oder der Shareholderin.

Ist das nicht verrückt? René Proglio traut sich, uns ins Gesicht zu sagen, vergesst alles, die Fragen nach dem Guten, dem Schönen, dem Wahren, die Frage nach dem sinnvollen Handeln zugunsten möglichst vieler Menschen auf diesem Planeten. Alles egal!

Wenn man das einmal zu Ende denkt, dann heißt das, dass wir zu allem, was wir in Zukunft anstellen wollen, um Dinge besser zu machen, als sie sind, erst einmal den Shareholder fragen müssen, ob er nichts dagegen hat, dass wir überhaupt darüber reden. Und wenn wir dann Änderungsvorschläge haben, müssen wir den Shareholder fragen, ob denn seine Interessen davon vielleicht betroffen sein könnten. Und am Ende sagt er dann zu allem »nein«.

Das hat schon was Theologisches: Die Letztbegründung unseres gesamten Handelns – so muss man das interpretieren – ist, dem Shareholder die gewünschte Rendite zu verschaffen. Koste es, was es wolle.

Damit wären Vorschläge, ökologischer zu handeln und das Gemeinwohl über den persönlichen Profit zu stellen, hinfällig, weil sie in der Regel dem Interesse der Shareholder zuwiderlaufen. Dass uneingeschränkte Geldgier die Lebensgrundlagen aller Menschen zerstört, ist dem Shareholder offenbar egal. Oder er träumt von einem anderen Planeten, zu dem er fliegen könnte, wenn es auf der Erde ungemütlich wird. Geld genug hätte er ja womöglich.

Was sollen wir denn da tun?

Eigentlich müsste uns allen doch klar sein, wenn wir einen Herrn Proglio reden hören, dass wir politisch Shareholdern und ihren Statthaltern in den Banken Einhalt gebieten müssen. Damit wir als Gesellschaft handeln können. Handeln in dem Sinne, dass wir die Natur, das, was sich um uns herum als Umwelt darstellt, schützen und wahren: Saubere Luft. Sauberes Wasser. Gute Erde. So einfach ist das!

Alles, was diesem Schutz der Biosphäre entgegensteht, sollten wir nicht unterstützen. Dabei gilt es, die Umwelt endlich als Mitwelt zu begreifen und zu erleben. Wir bezeichnen diejenigen, die mit uns zusammen in einem Haus wohnen, ja auch nicht als Umbewohner, sondern als Mitbewohner, und die Menschen, die mit uns zusammen auf diesem Planeten leben, sind keine Ummenschen, auch keine Unmenschen oder Untermenschen, sondern Mitmenschen, mit der gleichen Würde, mit den gleichen Rechten.

Im allgemeinen Sprachgebrauch reden wir von der *Um*-welt, weil wir von dieser eine Art Kulissenvorstellung haben. Die Natur als Theaterkulisse. Diese Kulisse ist das Drumherum, der Hintergrund, vor dem alles passiert. Und dieses Drumherum ändert sich nicht durch das, was auf der Bühne gespielt wird.

Wenn das Drumherum aber zu einer Mitwelt wird, dann könnte es ja sein, dass sich durch die Anwesenheit von Schauspielern die Kulisse verändert, weil diese irgendetwas irgendwohin tragen oder ganz abbauen. Das heißt, eine »Umwelt« ist eine außerordentlich passive Vorstellung vom Drumherum, während eine »Mitwelt« etwas Dialogisches hat. Und in einem Dialog passiert etwas zwischen den Beteiligten.

Wir Menschen verändern doch die Umwelt, oder? Wir entnehmen dem Boden Rohstoffe und verarbeiten diese. Dabei setzen wir andere Stoffe in die Atmosphäre frei. Das heißt, wir haben in unsere Umwelt massiv eingegriffen.

In dem Moment, wo wir unsere Umwelt verändern, muss sie als Mitspieler, als Mitwelt mitbedacht werden. Denn die Natur ist kein

Zuschauer, der sich denkt, ach, schauen wir mal, was die Menschheit da so macht. Nein, sie reagiert. So wie wir reagieren würden, wenn uns in einem Zimmer der Sauerstoff ausginge. Wir würden sofort versuchen, das Fenster zu öffnen oder aus diesem Zimmer herauszukommen. Nichts anderes passiert in der Natur als ganzer: Es gibt eine Reaktion, erzeugt dadurch, dass etwas in der Natur verändert worden ist. Und meist sind wir Menschen es, die diese Veränderung verursacht haben und weiter verursachen.

Und um noch einmal auf Herrn Proglio zurückzukommen – »Like it or not. The only objective is to defend the interests of the shareholders«–, dem Shareholder ist es offenbar völlig egal, wie seine Welt aussieht, in der er lebt. Völlig. Der sitzt oder steht oder liegt irgendwo und hat dort offenbar alles, was er braucht. Vor allen Dingen wartet er darauf, dass das Geld kommt. Geld, das kann man – wie wir alle wissen – nicht essen und nicht trinken und auch nicht atmen. Aber darum geht's.

Es geht nur darum.

Und, Herr Proglio, für Sie und für Herrn Müller und Frau Meier und für dich und mich und ihn und sie, für uns alle gilt ohne Ausnahme: Die Würde eines Menschen ist nicht verhandelbar, nach dem Motto »würde er Würde haben, dann …«, nein: »Alle Menschen sind frei und gleich an Würde und Rechten geboren.« So lautet Artikel 1 der Allgemeinen Erklärung der Menschenrechte.

Und um diese noch einmal als Grundlage unserer Zivilisation und auch als Grundlage für dieses Buch jedem ins Gedächtnis zu rufen, zitieren wir hier die Allgemeine Erklärung der Menschenrechte, wie sie von der Generalversammlung der Vereinten Nationen am 10. Dezember 1948 verabschiedet wurde. Sie enthält dreißig Artikel, in denen kein Wort überflüssig ist. Sie formulieren quasi den Geist einer Zivilisation, in der auch die Natur eine Zukunft hat. Wer diesen Geist als humanistische Ideale abtut, der hat weder ein Interesse an seinen Mitmenschen noch an der Mitwelt.

Resolution 217 A (III) der Generalversammlung vom 10. Dezember 1948

◆ Allgemeine Erklärung der Menschenrechte

Präambel

Da die Anerkennung der angeborenen Würde und der gleichen und unveräußerlichen Rechte aller Mitglieder der Gemeinschaft der Menschen die Grundlage von Freiheit, Gerechtigkeit und Frieden in der Welt bildet,
da die Nichtanerkennung und Verachtung der Menschenrechte zu Akten der Barbarei geführt haben, die das Gewissen der Menschheit mit Empörung erfüllen, und da verkündet worden ist, dass einer Welt, in der die Menschen Rede- und Glaubensfreiheit und Freiheit von Furcht und Not genießen, das höchste Streben des Menschen gilt,
da es notwendig ist, die Menschenrechte durch die Herrschaft des Rechtes zu schützen, damit der Mensch nicht gezwungen wird, als letztes Mittel zum Aufstand gegen Tyrannei und Unterdrückung zu greifen,
da es notwendig ist, die Entwicklung freundschaftlicher Beziehungen zwischen den Nationen zu fördern,
da die Völker der Vereinten Nationen in der Charta ihren Glauben an die grundlegenden Menschenrechte, an die Würde und den Wert der menschlichen Person und an die Gleichberechtigung von Mann und Frau erneut bekräftigt und beschlossen haben, den sozialen Fortschritt und bessere Lebensbedingungen in größerer Freiheit zu fördern,
da die Mitgliedstaaten sich verpflichtet haben, in Zusammenarbeit mit den Vereinten Nationen auf die allgemeine Achtung und Einhaltung der Menschenrechte und Grundfreiheiten hinzuwirken,
da ein gemeinsames Verständnis dieser Rechte und Freiheiten von größter Wichtigkeit für die volle Erfüllung dieser Verpflichtung ist,
verkündet die Generalversammlung
diese Allgemeine Erklärung der Menschenrechte als das von allen Völkern und Nationen zu erreichende gemeinsame Ideal, damit jeder Einzelne und alle Organe der Gesellschaft sich diese Erklärung stets gegenwärtig halten und sich bemühen, durch Unterricht und Erziehung die Achtung vor diesen Rechten und Freiheiten zu fördern und durch fortschreitende nationale und internationale Maßnahmen ihre allgemeine und tatsächliche Anerkennung und Einhaltung durch die Bevölkerung der Mitgliedstaaten selbst wie auch durch die Bevölkerung der ihrer Hoheitsgewalt unterstehenden Gebiete zu gewährleisten.

Artikel 1
Alle Menschen sind frei und gleich an Würde und Rechten geboren. Sie sind mit Vernunft und Gewissen begabt und sollen einander im Geiste der Brüderlichkeit begegnen.

Artikel 2
Jeder hat Anspruch auf alle in dieser Erklärung verkündeten Rechte und Freiheiten, ohne irgendeinen Unterschied, etwa nach Rasse, Hautfarbe, Geschlecht, Sprache, Religion, politischer oder sonstiger Anschauung, nationaler oder sozialer Herkunft, Vermögen, Geburt oder sonstigem Stand.
Des weiteren darf kein Unterschied gemacht werden auf Grund der politischen, rechtlichen oder internationalen Stellung des Landes oder Gebietes, dem eine Person angehört, gleichgültig ob dieses unabhängig ist, unter Treuhandschaft steht, keine Selbstregierung besitzt oder sonst in seiner Souveränität eingeschränkt ist.

Artikel 3
Jeder hat das Recht auf Leben, Freiheit und Sicherheit der Person.

Artikel 4
Niemand darf in Sklaverei oder Leibeigenschaft gehalten werden; Sklaverei und Sklavenhandel in allen ihren Formen sind verboten.

Artikel 5
Niemand darf der Folter oder grausamer, unmenschlicher oder erniedrigender Behandlung oder Strafe unterworfen werden.

Artikel 6
Jeder hat das Recht, überall als rechtsfähig anerkannt zu werden.

Artikel 7
Alle Menschen sind vor dem Gesetz gleich und haben ohne Unterschied Anspruch auf gleichen Schutz durch das Gesetz. Alle haben Anspruch auf gleichen Schutz gegen jede Diskriminierung, die gegen diese Erklärung verstößt, und gegen jede Aufhetzung zu einer derartigen Diskriminierung.

Artikel 8

Jeder hat Anspruch auf einen wirksamen Rechtsbehelf bei den zuständigen innerstaatlichen Gerichten gegen Handlungen, durch die seine ihm nach der Verfassung oder nach dem Gesetz zustehenden Grundrechte verletzt werden.

Artikel 9

Niemand darf willkürlich festgenommen, in Haft gehalten oder des Landes verwiesen werden.

Artikel 10

Jeder hat bei der Feststellung seiner Rechte und Pflichten sowie bei einer gegen ihn erhobenen strafrechtlichen Beschuldigung in voller Gleichheit Anspruch auf ein gerechtes und öffentliches Verfahren vor einem unabhängigen und unparteiischen Gericht.

Artikel 11

1. Jeder, der einer strafbaren Handlung beschuldigt wird, hat das Recht, als unschuldig zu gelten, solange seine Schuld nicht in einem öffentlichen Verfahren, in dem er alle für seine Verteidigung notwendigen Garantien gehabt hat, gemäß dem Gesetz nachgewiesen ist.
2. Niemand darf wegen einer Handlung oder Unterlassung verurteilt werden, die zur Zeit ihrer Begehung nach innerstaatlichem oder internationalem Recht nicht strafbar war. Ebenso darf keine schwerere Strafe als die zum Zeitpunkt der Begehung der strafbaren Handlung angedrohte Strafe verhängt werden.

Artikel 12

Niemand darf willkürlichen Eingriffen in sein Privatleben, seine Familie, seine Wohnung und seinen Schriftverkehr oder Beeinträchtigungen seiner Ehre und seines Rufes ausgesetzt werden. Jeder hat Anspruch auf rechtlichen Schutz gegen solche Eingriffe oder Beeinträchtigungen.

Artikel 13

1. Jeder hat das Recht, sich innerhalb eines Staates frei zu bewegen und seinen Aufenthaltsort frei zu wählen.
2. Jeder hat das Recht, jedes Land, einschließlich seines eigenen, zu verlassen und in sein Land zurückzukehren.

Artikel 14

1. Jeder hat das Recht, in anderen Ländern vor Verfolgung Asyl zu suchen und zu genießen.
2. Dieses Recht kann nicht in Anspruch genommen werden im Falle einer Strafverfolgung, die tatsächlich auf Grund von Verbrechen nichtpolitischer Art oder auf Grund von Handlungen erfolgt, die gegen die Ziele und Grundsätze der Vereinten Nationen verstoßen.

Artikel 15

1. Jeder hat das Recht auf eine Staatsangehörigkeit.
2. Niemandem darf seine Staatsangehörigkeit willkürlich entzogen noch das Recht versagt werden, seine Staatsangehörigkeit zu wechseln.

Artikel 16

1. Heiratsfähige Männer und Frauen haben ohne jede Beschränkung auf Grund der Rasse, der Staatsangehörigkeit oder der Religion das Recht, zu heiraten und eine Familie zu gründen. Sie haben bei der Eheschließung, während der Ehe und bei deren Auflösung gleiche Rechte.
2. Eine Ehe darf nur bei freier und uneingeschränkter Willenseinigung der künftigen Ehegatten geschlossen werden.
3. Die Familie ist die natürliche Grundeinheit der Gesellschaft und hat Anspruch auf Schutz durch Gesellschaft und Staat.

Artikel 17

1. Jeder hat das Recht, sowohl allein als auch in Gemeinschaft mit anderen Eigentum innezuhaben.
2. Niemand darf willkürlich seines Eigentums beraubt werden.

Artikel 18

Jeder hat das Recht auf Gedanken-, Gewissens- und Religionsfreiheit; dieses Recht schließt die Freiheit ein, seine Religion oder seine Weltanschauung zu wechseln, sowie die Freiheit, seine Religion oder seine Weltanschauung allein oder in Gemeinschaft mit anderen, öffentlich oder privat durch Lehre, Ausübung, Gottesdienst und Kulthandlungen zu bekennen.

Artikel 19

Jeder hat das Recht auf Meinungsfreiheit und freie Meinungsäußerung; dieses Recht schließt die Freiheit ein, Meinungen ungehindert anzuhängen sowie über Medien jeder Art und ohne Rücksicht auf Grenzen Informationen und Gedankengut zu suchen, zu empfangen und zu verbreiten.

Artikel 20

1. Alle Menschen haben das Recht, sich friedlich zu versammeln und zu Vereinigungen zusammenzuschließen.
2. Niemand darf gezwungen werden, einer Vereinigung anzugehören.

Artikel 21

1. Jeder hat das Recht, an der Gestaltung der öffentlichen Angelegenheiten seines Landes unmittelbar oder durch frei gewählte Vertreter mitzuwirken.
2. Jeder hat das Recht auf gleichen Zugang zu öffentlichen Ämtern in seinem Lande.
3. Der Wille des Volkes bildet die Grundlage für die Autorität der öffentlichen Gewalt; dieser Wille muss durch regelmäßige, unverfälschte, allgemeine und gleiche Wahlen mit geheimer Stimmabgabe oder einem gleichwertigen freien Wahlverfahren zum Ausdruck kommen.

Artikel 22

Jeder hat als Mitglied der Gesellschaft das Recht auf soziale Sicherheit und Anspruch darauf, durch innerstaatliche Maßnahmen und internationale Zusammenarbeit sowie unter Berücksichtigung der Organisation und der Mittel jedes Staates in den Genuss der wirtschaftlichen, sozialen und kulturellen Rechte zu gelangen, die für seine Würde und die freie Entwicklung seiner Persönlichkeit unentbehrlich sind.

Artikel 23

1. Jeder hat das Recht auf Arbeit, auf freie Berufswahl, auf gerechte und befriedigende Arbeitsbedingungen sowie auf Schutz vor Arbeitslosigkeit.
2. Jeder, ohne Unterschied, hat das Recht auf gleichen Lohn für gleiche Arbeit.
3. Jeder, der arbeitet, hat das Recht auf gerechte und befriedigende Entlohnung, die ihm und seiner Familie eine der menschlichen Würde entsprechende Existenz sichert, gegebenenfalls ergänzt durch andere soziale Schutzmaßnahmen.
4. Jeder hat das Recht, zum Schutze seiner Interessen Gewerkschaften zu bilden und solchen beizutreten.

Artikel 24

Jeder hat das Recht auf Erholung und Freizeit und insbesondere auf eine vernünftige Begrenzung der Arbeitszeit und regelmäßigen bezahlten Urlaub.

Artikel 25

1. Jeder hat das Recht auf einen Lebensstandard, der seine und seiner Familie Gesundheit und Wohl gewährleistet, einschließlich Nahrung, Kleidung, Wohnung, ärztliche Versorgung und notwendige soziale Leistungen, sowie das Recht auf Sicherheit im Falle von Arbeitslosigkeit, Krankheit, Invalidität oder Verwitwung, im Alter sowie bei anderweitigem Verlust seiner Unterhaltsmittel durch unverschuldete Umstände.
2. Mütter und Kinder haben Anspruch auf besondere Fürsorge und Unterstützung. Alle Kinder, eheliche wie außereheliche, genießen den gleichen sozialen Schutz.

Artikel 26

1. Jeder hat das Recht auf Bildung. Die Bildung ist unentgeltlich, zum mindesten der Grundschulunterricht und die grundlegende Bildung. Der Grundschulunterricht ist obligatorisch. Fach- und Berufsschulunterricht müssen allgemein verfügbar gemacht werden, und der Hochschulunterricht muss allen gleichermaßen entsprechend ihren Fähigkeiten offenstehen.
2. Die Bildung muss auf die volle Entfaltung der menschlichen Persönlichkeit und auf die Stärkung der Achtung vor den Menschenrechten und Grundfreiheiten gerichtet sein. Sie muss zu Verständnis, Toleranz und Freundschaft zwischen allen Nationen und allen rassischen oder religiösen Gruppen beitragen und der Tätigkeit der Vereinten Nationen für die Wahrung des Friedens förderlich sein.
3. Die Eltern haben ein vorrangiges Recht, die Art der Bildung zu wählen, die ihren Kindern zuteil werden soll.

Artikel 27

1. Jeder hat das Recht, am kulturellen Leben der Gemeinschaft frei teilzunehmen, sich an den Künsten zu erfreuen und am wissenschaftlichen Fortschritt und dessen Errungenschaften teilzuhaben.
2. Jeder hat das Recht auf Schutz der geistigen und materiellen Interessen, die ihm als Urheber von Werken der Wissenschaft, Literatur oder Kunst erwachsen.

Artikel 28

Jeder hat Anspruch auf eine soziale und internationale Ordnung, in der die in dieser Erklärung verkündeten Rechte und Freiheiten voll verwirklicht werden können.

Artikel 29

1. Jeder hat Pflichten gegenüber der Gemeinschaft, in der allein die freie und volle Entfaltung seiner Persönlichkeit möglich ist.
2. Jeder ist bei der Ausübung seiner Rechte und Freiheiten nur den Beschränkungen unterworfen, die das Gesetz ausschließlich zu dem Zweck vorsieht, die Anerkennung und Achtung der Rechte und Freiheiten anderer zu sichern und den gerechten Anforderungen der Moral, der öffentlichen Ordnung und des allgemeinen Wohles in einer demokratischen Gesellschaft zu genügen.
3. Diese Rechte und Freiheiten dürfen in keinem Fall im Widerspruch zu den Zielen und Grundsätzen der Vereinten Nationen ausgeübt werden.

Artikel 30

Keine Bestimmung dieser Erklärung darf dahin ausgelegt werden, dass sie für einen Staat, eine Gruppe oder eine Person irgendein Recht begründet, eine Tätigkeit auszuüben oder eine Handlung zu begehen, welche die Beseitigung der in dieser Erklärung verkündeten Rechte und Freiheiten zum Ziel hat.

Die allgemeine Erklärung der Menschenrechte bildet übrigens auch die Grundlage des Grundgesetztes für die Bundesrepublik Deutschland. Artikel 1 Absatz 1 und 2 berufen sich explizit auf die Menschenrechte, da heißt es:

Artikel 1

(1) Die Würde des Menschen ist unantastbar. Sie zu achten und zu schützen ist Verpflichtung aller staatlichen Gewalt.

(2) Das Deutsche Volk bekennt sich darum zu unverletzlichen und unveräußerlichen Menschenrechten als Grundlage jeder menschlichen Gemeinschaft, des Friedens und der Gerechtigkeit in der Welt.

Menschenrechte sind unverletzlich und unveräußerlich, auch und unbedingt, wenn es um ökonomische Interessen geht. Daran sollten wir uns als Verbraucher und als Shareholder immer und unbedingt erinnern. Und! ... Menschenrechte gelten für jeden, auch für die Arbeiterinnen und Arbeiter – in der Dritten wie in der Ersten Welt –, auf deren Ausbeutung unser Wohlstand beruht. Was interessieren uns denn die Aktienkurse, die uns von Börse vor acht, Börse nach zehn, Börse, wenn wir alle schon lange schlafen, und Börse im Frühstücksfernsehen immer wieder frisch aufgetischt werden, wenn wir wissen, dass viele dieser Kurshöchststände nur deswegen erreicht werden, weil es am anderen Ende der Produktionskette mit den Menschenrechten wieder einmal nicht so genaugenommen wurde.

Berichten wir doch in Zukunft statt über Aktienkurse von den positiven Veränderungen im Sinne der Menschenrechte. Täglich vor acht, nach zehn ...

Das Geld und die Produkte, für die Menschenrechte geopfert werden, sind einfach schmutzig.

2 Eigentlich bin ich ganz anders

Es gibt nichts Gutes,
außer man tut es.

Erich Kästner

Von dem Schriftsteller Ödön von Horváth gibt es einen Satz, den viele von uns auch sagen könnten: »Ich bin nämlich eigentlich ganz anders, aber ich komme nur so selten dazu.«

Wenn man sich mit Menschen unterhält, dann gibt es kaum jemanden, der ökologisches Handeln ablehnt. Auf die Frage, ob denn Ökologie, Klima- und Umweltschutz nicht ganz wichtig seien, antworten die meisten: »Natürlich, das ist doch vernünftig.«

Klar. Ökologisch handeln ist vernünftig, weil es die Natur schützt. Und wir leben von der Natur: Im Boden wachsen die Pflanzen, die wir essen; das Wasser, das wir trinken, soll sauber sein, ebenso die Luft, die wir atmen. Da wäre es nur vernünftig, ökologisch zu handeln. Was hält uns dann davon ab? Die Standardfolklore: »Aber ich kann nicht immer daran denken, nachhaltig zu handeln. Ich muss ja auch funktionieren in den ökonomischen Zusammenhängen, in denen ich lebe. Schließlich muss ja irgendwoher das Geld kommen für Miete, Essen und Auto. Außerdem habe ich gar nicht die Zeit, mich pausenlos und ständig darum zu kümmern und mich zu fragen, ist das, was ich jetzt mache, ökologisch richtig oder nicht? Das kann ich gar nicht. Tut mir leid. Deswegen komme ich so selten dazu, aber eigentlich bin ich ganz anders.«

Man könnte es auch so formulieren: »Da Mensch is guat, owad Leit san schlecht.« Auf Hochdeutsch: »Der Mensch ist gut, aber die Leute sind schlecht.«

Das heißt, der Einzelne schwächelt in der großen Masse, dort hält seine Haltung nicht stand, die eigentlich ökologische Handlungsweisen bevorzugt. Die guten Vorsätze werden abgemildert, verdrängt, vergessen oder auf morgen verschoben. Der innere Dialog beginnt: »Das können doch die anderen machen. Ich habe jetzt keine Zeit dafür, und die finanziellen Mittel erst recht nicht. Ich habe jetzt keine Lust. Aber morgen werde ich was tun.«

Das alles sind ganz menschliche Eigenschaften. So sind wir. Vielleicht heute mehr denn je, denn die Zeit fordert viel von uns, vielleicht zu viel. Aber man könnte sich natürlich fragen, wie müsste eine Welt aussehen, in der jemand, der keine Zeit hat, sich um ökologische Handlungsoptionen zu kümmern, einfach deswegen ökologisch handelt, weil er keine Zeit mehr dazu hat, nicht ökologisch zu handeln?

Wie sieht es denn aus, wenn wir die Handlungsoptionen, die uns zur Verfügung stehen, so verändern, dass wir nicht mehr einfach so weitermachen können wie bisher?

Ein Beispiel: Wir – und damit meine ich die Deutschen – reisen wie die Weltmeister. Wir fliegen gerne und viel, ob Langstrecke oder Kurzurlaub. Es gibt schon heute die Möglichkeit, für jeden Flug bei einer Klimaschutzorganisation wie atmosfair eine Kompensationszahlung für die CO_2-Emissionen zu zahlen, die mein Flug erzeugt. Mit dem Geld werden zum Beispiel Wiederaufforstungsprogramme finanziert. Das Ganze dauert noch nicht einmal eine Minute. Start und Ziel des Fluges eingeben, München – New York, Emission berechnen, 3,865 Tonnen CO_2, Kompensationsbetrag 89 Euro, mit Kreditkarte bezahlen.

CO_2-Kompensationszahlungen könnten in Zukunft in jedes Ticket eingepreist werden. Würde man diese Zusatzkosten nicht bezahlen wollen, müsste man in einem Kästchen ankreuzen: Nein. Ich möchte diese ökologisch sinnvolle Handlung nicht finanzieren.

Das ist doch ein genialer Vorschlag für alle, die immer sagen, ich bin eigentlich ganz anders, aber ich komme so selten dazu. Jetzt könnten sie, ohne dass sie sich großartig kümmern müssten, endlich so sein, wie sie eigentlich sind. Das wär doch was.

Und selbst die Menschen, die jetzt trotzdem noch ein Häkchen machen und sagen, Klimaschutz ist mir so was von egal, selbst diese Menschen werden anfangen, mit sich zu sprechen. Innerlich und leise. Das Interessante ist nämlich, dass das Gewissen offenbar eine anthropologische Konstante ist. Es gibt ja nur ganz wenige Menschen, die gewissenlos sind. Das Gewissen, die genaue Kenntnis, dass man gerade etwas tut oder denkt, das schlecht ist – a) für einen selber, b) für die anderen –, ist eine uns innewohnende Bremse, die evolutionär bedingt ist, weil der Mensch ein *Zoon politikon* ist, ein Lebewesen, das in Gemeinschaften lebt. Und das gerne und am liebsten.

Der Mensch wird erst durch den Menschen, durch den Dialog mit den anderen, zum Menschen. Wären wir von Beginn an lauter skrupellose Egoisten gewesen, hätten die frühen Menschen nicht überlebt. Sie hätten sich die Köpfe eingeschlagen, bis keiner mehr übrig geblieben wäre. Das wär's gewesen. So aber haben sie gemerkt, dass Gemeinschaft hilft – und wie! Nicht nur ist die Sicherheit in der Gruppe höher, sondern es ist auch viel schöner, mit anderen zusammen zu sein. Das Gefühl der kollektiven Sicherheit entsteht dadurch, dass sich alle zurücknehmen, ihren Egoismus zumindest in Teilen bändigen. Und diesen Bändiger des Ich-Triebs, ich, ich, ich, ich, ich, ich ..., den nennt man Gewissen.

Das Gewissen haben wir durch die Kultur, in der wir leben, gestärkt. Wir bezeichnen uns als zivilisiert. Aber die Bezeichnung alleine reicht nicht. Was zählt, ist, dass wir uns tatsächlich zivilisiert verhalten, zivilisiert leben. Auf dieser Basis haben wir unter anderem einen Rechtsstaat geschaffen. Errungenschaften wie eine Rechtsordnung, die Rechtssicherheit gewährt, stabilisieren eine Gesellschaft, sodass sie sich nicht dauernd darum kümmern muss, ob sie denn auch morgen noch existiert. Der Einzelne muss nicht unter der dauernden Angst leiden, dass er überfallen oder auf der Straße erschlagen wird. Unser Egoismus ist kulturell gebändigt.

Jetzt könnte man natürlich fragen, ob wir unseren ökonomischen Egoismus, der dazu führt, dass wir uns individuell häufig nicht ökologisch verhalten, nicht auch domestizieren können. Ein Weg wäre es, die gesellschaftlichen Verhaltensweisen durch geänderte Vorgaben zu beeinflussen. Also etwa die Ticketpreise standardmäßig mit Klimaschutzaufschlag zu versehen und die Entscheidung dagegen zu einer ausdrücklichen Wahl zu machen. Wer nicht automatisch die CO_2-Emissionen für seinen Flug kompensieren will, würde so zumindest immer wieder zu seiner Entscheidung befragt. Das könnte nach mehrmaliger Befragung vielleicht doch zu einer anderen Einstellung führen.

Ein Schritt in Richtung Bändigung des ökonomischen Egoismus wären auch Kennzeichnungspflichten. Als Käufer von Erdbeeren im Dezember zum Beispiel müsste man sich die Frage stellen, welche ökologischen Kosten diese mit sich bringen, wenn ein dicker Flugzeug-Sticker auf Obst und Gemüse prangt, das mit Luftfracht nach Deutschland gekommen ist, dazu vielleicht deutlich lesbar die dadurch entstandenen CO_2-Emissionen. Vorgeschlagen wurde eine solche Maßnahme übrigens schon oft, der Handel in Deutschland hat sich bis heute jedoch erfolgreich dagegen gewehrt. Gekennzeichnet sind hingegen Bio- und auch Fairtrade-Produkte.

Fair gehandelte Produkte sind übrigens, auch wenn viele sie als Tropfen auf dem heißen Stein kritisieren, ebenfalls eine Möglichkeit, nicht nur möglichst ökologisch, sondern auch sozial verträglicher zu konsumieren, da die Menschen, die mit dem Anbau dieser Lebensmittel in Entwicklungsländern beschäftigt sind, einen gerechteren Lohn erhalten. Nur entscheide ich mich ja leider in der Anonymität der großen Supermärkte dann doch meist für die herkömmliche, in der Regel ja auch günstigere Banane, obwohl ich eigentlich ganz anders bin, nur, wie gesagt, ich komme so selten dazu.

Ein weiterer Ansatz für die Bändigung des ökonomischen Egoismus wäre, dass bei jeder Neuvermietung einer Wohnung oder eines Hauses als Standard der Strom aus regenerativer Energiegewinnung angeboten wird. Auch hier müssten die Kunden durch das schon bekannte Häkchen eine bewusste Entscheidung gegen das ökologische Handeln und für den schmutzigen Strom aus Braunkohle oder Atomkraft treffen.

Welche Leichtigkeit in unserem täglichen Leben könnte doch entstehen, wenn die politischen Rahmenbedingungen in unserem Land so formuliert würden, dass ökologisches Handeln zu einer Art gesellschaftlichem Konsens wird. Alle könnten endlich so sein, wie sie wirklich sind! Zumindest diejenigen, die davon sprechen, dass sie eigentlich ganz anders sind, aber so selten dazu kommen.

Und es wäre eine Möglichkeit, aus dem riesigen Schlamassel rauszukommen, in den wir uns durch ein über alle Maßen durchökonomisiertes Handeln hineingegiert haben.

◆ Atmosfair – Selbstbeschreibung und Ziele

atmosfair ist eine Klimaschutzorganisation mit dem Schwerpunkt Reise. Wir betreiben aktiven Klimaschutz, unter anderem mit der Kompensation von Treibhausgasen durch erneuerbare Energien.

Klimaschutz: Die notwendige große Transformation

Organisationen wie der wissenschaftliche Beirat der Bundesregierung globale Umweltveränderung (WBGU) haben aufgezeigt, dass sich unsere gesamte Gesellschaft dringend und grundlegend transformieren muss, um die naturgegebenen Klimaschutzvorgaben einzuhalten. Technologische Innovation, wie der Einsatz von erneuerbaren Energien, ist ein notwendiger Bestandteil davon, genauso wie der bewusstere Umgang mit den natürlichen Ressourcen. Es ist aber derzeit absehbar, dass diese Transformationsprozesse zu langsam ablaufen, und so das Klima Schaden nimmt, mit Folgen für Menschen weltweit.

Schwerpunkt Flugverkehr

atmosfair übernimmt eine Aufgabe in diesem Transformationsprozess: Für den Flugverkehr gibt es derzeit noch keine technische Lösung wie problemfreie Biotreibstoffe, oder das Null-Emissions-Flugzeug. Wie es heute schon das Bahnticket mit erneuerbaren Energien gibt, im Strombereich kleine Wasserkraft oder Windräder, so wird es in der Flugzeugindustrie aber irgendwann die erneuerbare Lösung geben, vielleicht das solare Wasserstoffflugzeug. Solange es diese Lösung nicht gibt, und solange auf der gewünschten Strecke keine klimafreundlichere Alternative vorhanden ist, können Flugpassagiere mit atmosfair die Klimagase ihrer Flugreise kompensieren.

Kompensation als Klimaschutzbeitrag mit Zusatznutzen für Menschen weltweit

Flugpassagiere zahlen dafür freiwillig einen von den Emissionen abhängigen Klimaschutzbeitrag, den atmosfair dazu verwendet, erneuerbare Energien in Ländern auszubauen, wo es diese noch kaum gibt, also vor allem in Entwicklungsländern. Damit spart atmosfair CO_2 ein, das sonst in diesen Ländern durch fossile Energien entstanden wäre. Und gleichzeitig profitieren die Menschen vor Ort, da sie häufig zum ersten Mal Zugang zu sauberer und ständig verfügbarer Energie erhalten, ein Muss für Bildung und Chancengleichheit.

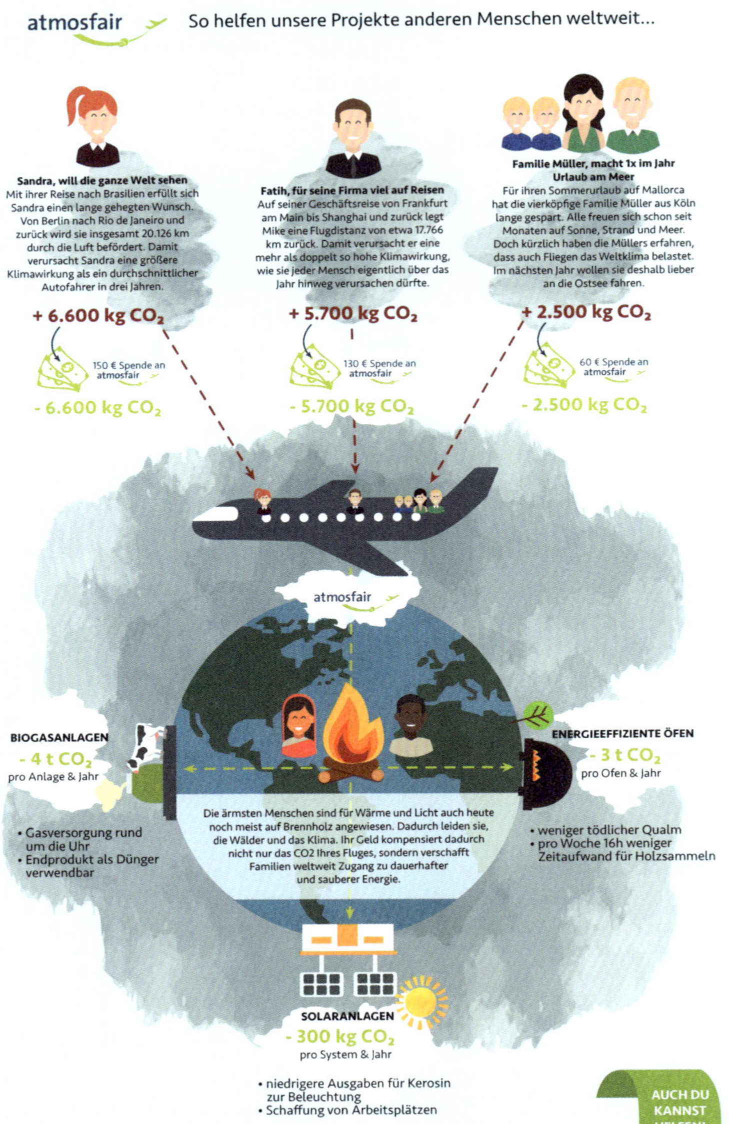

"Kompensieren kommt erst ins Spiel, wenn man weder vermeiden noch reduzieren kann!"

Vermeidung – Reduktion – Kompensation

Kompensation kann das Klimaproblem nicht lösen, weil sie nichts an den eigentlichen CO_2-Quellen ändert. Sie ist aber so lange als zweitbeste Lösung notwendig, solange die beste Lösung noch nicht existiert. Es liegt beim einzelnen Flugpassagier, die wichtigen Schritte vor der Kompensation zu prüfen: Manchmal kann ich eine Flugreise zum Beispiel durch eine Videokonferenz ersetzen oder einen langen Urlaub statt zwei kürzeren buchen, und ich kann mit atmosfair herausfinden, welche Fluggesellschaft am klimaeffizientesten unterwegs ist.

Wer steckt hinter atmosfair?

atmosfair ist eine gemeinnützige GmbH mit Sitz in Bonn, gegründet im Mai 2005. Einziger Gesellschafter ist die umwelt- und entwicklungsorientierte Stiftung Zukunftsfähigkeit.

atmosfair entstand 2003 als Gemeinschaftsinitiative des Reiseveranstalterverbandes forum anders reisen und der Umwelt- und Entwicklungsorganisation Germanwatch.

www.atmosfair.de

2018 hat Stiftung Warentest sechs Organisationen untersucht, die Verbrauchern die Möglichkeit bieten, die von ihnen verursachten Treibhausgase zu kompensieren. Testsieger mit der Note »sehr gut« war atmosfair. Platz zwei und drei belegten ebenfalls mit der Note »sehr gut« die Organisationen Klima Kollekte und Primaklima. Myclimate Deutschland wurde mit gut bewertet. Nur die Note »ausreichend« erhielten Klimamanufaktur und Arktik.

◆ Fairtrade Deutschland

Ein Gespräch mit Claudia Brück, Mitglied des geschäftsführenden Vorstandes von TransFair e.V. (Fairtrade Deutschland*).

Klaus Kamphausen: Frau Brück, wer ist TransFair e.V. (Fairtrade Deutschland)?

Claudia Brück: TransFair e.V. ist ein gemeinnütziger Verein, der 1992 gegründet wurde. Wir sind eine unabhängige Initiative zur Förderung des fairen Handels und vertreten Fairtrade in Deutschland. Wir sind die deutsche Mitgliedsorganisation des Dachverbandes Fairtrade International und tragen deshalb neben dem Vereinsnamen TransFair auch die Bezeichnung Fairtrade Deutschland. Die Idee der Vereinsgründung war die Förderung des fairen Handels mit der sogenannten Dritten Welt.

Als erstes Produkt wurde ein fair gehandelter Kaffee mit unserem Siegel ausgezeichnet, sodass dieser Kaffee auch in ganz konventionellen Supermärkten verkauft werden konnte.

Inzwischen sind bundesweit über 3000 Fairtrade-Produkte in rund 42 000 Verkaufsstellen verfügbar: in Supermärkten, Discountern, Drogeriemärkten und Biosupermärkten, in Weltläden und in mehr als 20 000 gastronomischen Betrieben. 2016 haben die Umsätze mit Fairtrade-zertifizierten Produkten die Milliardengrenze geknackt.

KK: Was sind die Ziele von Fairtrade?

CB: Unsere Ziele sind, bessere Lebens- und Arbeitsbedingungen für Kleinbauern und -bäuerinnen in Asien, Lateinamerika und Afrika zu ermöglichen, indem diese ihre Waren, die sie angebaut haben, hier verkaufen können, und zwar zu einem kostendeckenden Preis. Der Preis enthält darüber hinaus einen Entwicklungsaufschlag, die Fairtrade-Prämie, den die Bauern und Bäuerinnen eigenständig für ihre zukünftigen Gemeinschaftsprojekte nutzen können. Sie entscheiden gemeinsam in einem demokratischen Prozess, in welche sozialen, ökologischen oder ökonomischen Projekte die Prämie investiert wird. Das kann der Bau von Brunnen oder Schulen sein oder der Ausbau der Stromversorgung. Das Geld kann aber auch in die Kooperative investiert werden, zum Beispiel für den Kauf eines LKW. Mit diesem kann dann der Kaffee direkt bis an den Hafen gefahren werden und damit ein größerer Teil der Wertschöpfungskette erwirtschaftet werden.

* Mehr über Fairtrade Deutschland erfahren Sie unter: www.fairtrade-deutschland.de

KK: Wie kann ein Kleinbauer in Asien, Afrika oder Südamerika mit seiner kleinen Farm zum Partner von Fairtrade werden?

CB: Die allererste Hürde ist, dass er nicht als einzelner Bauer mit uns verhandeln kann, sondern dass er sich in einen Verbund begibt, eine Kooperative oder Genossenschaft, eine Vereinigung von mehreren Bauern, die sich demokratisch dazu verpflichten, fairen Handel betreiben zu wollen. Und sie sollten innerhalb ihrer Vereinigung festlegen, was notwendig ist, um voranzukommen. Eine solche Kooperative kann dann mit uns in Verbindung treten.

Da gibt es unterschiedliche Möglichkeiten. Wir werden getragen von 31 Mitgliedsorganisationen wie Brot für die Welt, dem Global Nature Fund oder der Welthungerhilfe. Diese Organisationen kommen auf uns zu und sagen: »Guckt doch mal, dort gibt es eine Organisation, die gut für euch wäre, eine Kaffeekooperative.« Oder aber Kaffeefirmen sagen, wir haben hier eine sehr gute Organisation, schaut euch die doch mal an. Dann schicken wir unsere Auditor/-innen vorbei und gehen den ganzen Kriterienkatalog durch. Was heißt fairer Handel? Was muss vor Ort passieren? Kann diese Organisation dann zertifiziert werden?

KK: Sie arbeiten also auch in der Dritten Welt aktiv vor Ort?

CB: Wir haben ein internationales System mit einer klaren Aufgabentrennung. Das heißt, wir als Fairtrade Deutschland sind für die Marktbearbeitung in Deutschland zuständig, wir suchen Unternehmen, die unter fairen Bedingungen Produkte vertreiben wollen, und leisten Verbraucheraufklärung. Unsere Partner in Afrika, Asien und Lateinamerika haben vor Ort Beratungsnetze aufgebaut, Personen, die auf dem Feld arbeiten, die die Kooperativen begleiten, die sie beraten. Die Kontrolle und Überprüfung der Einhaltung unserer Kriterien werden auch vor Ort geleistet, das macht unsere Zertifizierungsorganisation FLOCERT. Sie arbeitet auch mit regionalen, lokalen Auditoren.

KK: Was heißt dann »fair«? Welche Kriterien müssen Produzenten und Händler erfüllen?

CB: Der Begriff »fair« ist natürlich nicht geschützt. Jeder kann ihn selbst besetzen. Aber wir als Fairtrade-System mit dem Fairtrade-Siegel haben ganz klare, transparente Kriterien, die online für jeden nachlesbar sind.

Zum Beispiel beim Kaffee arbeiten wir nur mit Kleinbauernorganisationen zusammen, die demokratisch organisiert sind. Das Fairtrade-Siegel ist ein Sozialsiegel, das auch zahlreiche Umweltkriterien enthält. Kaffee soll sowohl sozialverträglich wie umweltverträglich sein, das heißt unter anderem, es gibt

ein Umweltmanagement, ein Wassermanagement, es dürfen keine Primärwälder abgeholzt werden. Ein Drittel unserer Kriterien bezieht sich auf diese Umweltaspekte.
Weiter gilt, es dürfen keine Kinder unter 14 Jahren arbeiten, es sei denn, sie gehören zum Haushalt und können zur Schule gehen und helfen dann am Nachmittag. Die Stärkung von Kinderrechten und die Bekämpfung von Kinderarbeit durch faire Handelsstrukturen gehören zu unseren Arbeitsschwerpunkten. Die Fairtrade-Standards verbieten ausbeuterische Kinderarbeit. Insgesamt gibt es rund 140 Kriterien. Die beziehen sich auch auf die Aufkäufer des Fairtrade-Kaffees. Diese verpflichten sich zum Beispiel zu langfristigen Handelsbeziehungen, sodass man eine Zukunftsperspektive entwickeln und Planungssicherheit gewährleisten kann.
KK: Was macht es für mich als Endverbraucher preislich aus, der Unterschied zwischen einem fair produzierten und gehandelten Produkt, einem Bio-Produkt und einem herkömmlich produzierten Produkt?
CB: Der Preis im Supermarkt wird bestimmt von den Supermarktketten. Deswegen kann man für dasselbe Produkt bei Rewe, Edeka, Aldi oder wie auch immer die Kette heißt, unterschiedliche Endverkaufspreise finden. Das ist allein dem geschuldet, dass die Supermarktketten ihre Verkaufspreise selbst bestimmen können. Niemand kann das vorgeben.
Wir haben einen Fairtrade-Bio-Kaffee, von dem Sie 250 Gramm ab ungefähr 3,50 Euro kaufen können. Je nachdem, wie der Kaffee gehandelt wird, ganze Bohnen oder gemahlen, welche Mischung, welcher Geschmack, geht der Preis bis zu 7,50 Euro hoch. Das heißt, es ist eine sehr große Preisspanne, die sowohl von dem Rohprodukt abhängt als auch davon, wo es verkauft wird. Fast drei Viertel des Fairtrade-Kaffees ist übrigens inzwischen bio, und der Bio-Anteil von fairen Bananen beträgt sogar fast 100 Prozent.
Der Preisunterschied im Supermarkt ist nicht immer das, was am Ursprungsort ankommt. Es gibt eine ganz lange Wertschöpfungskette. Da muss man genau hinsehen.
Das, was wir für Fairtrade sagen können, ist, dass wir wollen, dass die Bauern und Bäuerinnen einen möglichst großen Teil dieser Wertschöpfungskette für ihre Organisation erwirtschaften können, unabhängig davon, wie dieses Produkt nachher gehandelt wird. Wir wollen, dass ihre Kosten für eine nachhaltige Produktion unter Beachtung unserer Kriterien gedeckt sind und dass noch ein Gewinn bleibt, um in die Zukunft investieren zu können. Die Produzenten profitieren sowohl von dem Mindestpreis als auch der festgelegten Prämie. Unser Ziel ist es, dass sie über existenzsichernde Lebensgrundlagen

verfügen, ihre Potentiale entfalten und ihre Zukunft selbstbestimmt gestalten können. Das ist das, wofür wir stehen.

KK: Wie muss man sich das vorstellen, wenn ich für ein Kilo Bananen meinetwegen 60, 70, 80 Cent mehr zahle, was passiert mit diesen 60, 70, 80 Cent?

CB: Ich möchte die Frage anders stellen, weil die 79 Cent für die konventionelle Banane kein kostendeckender Preis sind. Es stellt sich bei der konventionellen Banane also vielmehr die Frage, unter welchen Bedingungen sie hergestellt wurde, dass sie so billig sein kann. Das ist die entscheidende Frage. Dann kommt man nämlich zu dem Schluss, dass man für diesen Preis keine gute Banane ins Supermarktregal legen kann. Die Banane muss angebaut werden, geschnitten werden, nach Europa gebracht werden und am Ende vom Hafen in den Supermarkt transportiert werden. Wenn man das zusammenrechnet, stößt man auf den eigentlichen Skandal. Die Preisdifferenz zwischen einem konventionellen Billigprodukt und Fairtrade spiegelt nicht den Mehrwert im Süden wider, sondern dieser höhere Betrag ist der Preis, der eigentlich gezahlt werden müsste. Dieser eigentliche Preis, der muss die Kosten sowohl des Supermarktes, als auch des Transportes, als auch der Produktion vor Ort decken. Und es bleibt für alle Beteiligten in dieser Kette eine sehr kleine Marge.

Wir können nicht extrem teuer werden, weil Konsumenten dann sagen: »Warum soll ich das kaufen? Es sind 80 Cent mehr, das ist mir jetzt zu viel, das bezahle ich nicht mehr.« Das heißt, der Wettbewerb auf diesem wirklich preisgetriebenen Markt in Deutschland macht die möglichen Margen für Fairtrade-Produkte äußerst gering, sodass es auch schwierig ist, mehr Unternehmen zu finden, die bereit sind, da mitzumachen.

KK: Dann wäre es doch wunderbar, wenn es fair gehandelte deutsche Milch gäbe? Was halten Sie von der Idee?

CB: Ich habe sehr viel Sympathie dafür, dass auch die Milchbauern und -bäuerinnen in Deutschland einen fairen Preis bekommen. Aber ich bin nicht dafür, dass man die verschiedenen Konzepte durcheinanderbringt. Viele Milchbauern hierzulande müssen ums wirtschaftliche Überleben kämpfen. Das ist schlimm genug. Aber ihre Kinder können zur Schule gehen, es gibt ein Gesundheitssystem, es gibt Wasser und Strom, es gibt soziale und politische Systeme, die funktionieren. Alles das ist für die Kaffeebauern im globalen Süden nicht so. Da reden wir von einem ganz anderen Entwicklungsstand.

Ich unterstütze die Idee, dass Milchbauern hier einen Preis bekommen, der ihre Kosten deckt, aber Fairtrade ist dafür da, um den Süden weiterhin im Fokus zu halten und klar zu sagen: »Die Welt deckt unseren Tisch, und was

wir dafür zahlen, ist nicht anständig.« Fairtrade verfolgt einen entwicklungspolitischen Ansatz, mithilfe dessen die globale Handelsungerechtigkeit abgebaut werden soll.
Die Menschen kaufen zurzeit gerne regional. Das, was um die Ecke ist, das ist einem ganz nah, und man meint, das wäre das neue »fair«. Aber der Kaffee kommt nun mal aus Lateinamerika oder aus Asien und Afrika. Und wir möchten ein Zeichen setzen, wie Globalisierung gerecht gestaltet werden kann, und sagen: »Macht die Augen weiter auf, wir können auch dort etwas Positives erwirken.«
KK: Es kam ja schon heraus, dass Fairtrade vornehmlich die Kleinbauern und -bäuerinnen fördern will. Aber Pflanzen wie Bananen sind typische Plantagenprodukte. Plantage heißt viel Raum für Monokulturen, heißt oft auch wenig ökologische Bewirtschaftung. Kommen Ihre Produkte denn nun eher von Kleinbauern oder aus Plantagenwirtschaft? Oder wo verläuft da die Grenze?
CB: 80 Prozent unserer Produzenten, die wir zertifiziert haben, sind Kleinbauernorganisationen. Wir haben bestimmte Produktbereiche nur für Kleinbauern geöffnet. Wir haben Kaffee, Kakao, Zucker, Reis – das sind alles Produkte, die ausschließlich von Kleinbauernorganisationen kommen. Wir wissen, dass dort der größte Teil der Produktion liegt. Genau diese Kleinbauernorganisationen wollen wir in ihrem Existenzkampf gegen größere Plantagen unterstützen. Wir haben für andere Produkte Plantagen. Aber wir haben auch Standards für diese Plantagen, auf denen Bananen, Tee und Rosen wachsen. Das sind diese drei Produkte, die auch vom Ursprung her hauptsächlich auf Plantagen angebaut werden. Wir haben den Hilferuf der Arbeitnehmer/-innen auf diesen Plantagen gehört. Sie haben gesagt, auch wir wollen von Fairtrade profitieren. Welche Möglichkeiten gibt es, dass auch Arbeiter auf Plantagen im Fairtrade-System aktiv werden können? So haben wir die Standards für die Plantagen von Fairtrade-Produkten entwickelt.
KK: Es ist also nur fair, weiterhin Fairtrade-Produkte zu erwerben. Es nutzt allen. Dem Endverbraucher hier, dem Produzenten im globalen Süden?
CB: Es gibt viele verschiedene Dinge, die man in der Welt tun kann, um sich gut zu verhalten. Aber wenn Sie Kaffee, Tee und Bananen kaufen, dann wäre ein Blick nach dem Fairtrade-Siegel sicherlich ein Schritt in die richtige Richtung.
KK: Vielen Dank, Frau Brück.

Mehr über Fairtrade erfahren Sie unter www.fairtrade-deutschland.de.

3 Wir brauchen eine stabile, gerechte Gesellschaft

Jeder weiß, die Würfel sind gezinkt
Jeder wirft sie mit gekreuzten Fingern
Jeder weiß, der Krieg ist vorbei
Jeder weiß, die Guten haben verloren
Jeder weiß, der Ausgang stand schon vorher fest:
Arm bleibt arm, die Reichen werden reicher
So läuft das, weiß doch jeder

Leonard Cohen, »Everybody Knows«

Bisher haben wir eher über das Individuum gesprochen. Lassen Sie uns jetzt überlegen, wie sich eine Gesellschaft zu einer ökologisch sinnvoll handelnden Gesellschaft transformieren könnte und was dem möglicherweise im Weg steht.

Die Gesellschaft muss sich ja aus sich heraus verändern. Das heißt, bei jedem Einzelnen von uns können durchaus Einsicht und ein Wille zur Veränderung da sein, der aber in der größeren Gruppe politisch (noch) keinen Ausdruck findet, weil wir uns nicht aufraffen oder weil wir uns in der Anonymität des Kollektivs weniger verantwortlich fühlen. Wenn aber politische Institutionen ökologisch sinnvolle Rahmenbedingungen per Gesetz und Verordnung schaffen, dann fällt es dem Einzelnen leichter, entsprechend zu handeln. Das ist eine Seite. Die andere Seite ist das Geld.

Geld ist der Motor der globalen Wirtschaft. Eine ökonomisch sinnvolle Handlung ist eine, bei der die Kosten möglichst gering gehalten werden und der Gewinn möglichst groß ist. Ökonomisch sinnvoll ist, wenn man am Ende mehr hat als zuvor. Es geht vor allen Dingen um die Ansammlung von Geld, von Kapital, das man dann wieder einsetzen kann, um etwas anderes damit zu erwerben. Man kann mit Geld Zeit kaufen, andere Menschen oder deren Dienstleistung, normale Güter, Luxusgüter, man kann reisen und viele andere Dinge damit tun. Geld hat sich im Lauf der letzten Jahrhunderte zu einem Ziel entwickelt, nach dem sehr, sehr viele Menschen streben, nicht nur der Shareholder. Nein: Wir alle tun es und das überall und – irgendwie gefühlt – schon immer. Es mag ja manche auf dem Planeten geben, die es nicht tun. Aber der Normalfall ist, zum Gelde drängt und am Gelde hängt alles.

Den Drang zum Geld kennen wir in Europa und den Vereinigten Staaten schon länger. Gerade in den letzten Jahren haben aber auch Schwellenländer wie China, Indien, Brasilien, Thailand und Vietnam diesen westlichen, auf Rendite ausgerichteten Lebensstil immer mehr verinnerlicht. Sie sind dabei, den Weltmarkt mit Produkten, aber auch mit ihren Marktteilnehmern zu verändern.

Bedenkenswert ist bei alldem doch, dass unser Verhältnis zum Geld nicht angeboren ist. Erst durch die Erziehung, durch Eltern, Schule, Gesellschaft, durch alle möglichen Institutionen wird dem jungen Menschen im Laufe des Heranwachsens klargemacht, dass ein erfolgreiches Leben eines ist, in dem die verfügbare Geldmenge mit der Zeit anwächst.

Wenn beispielsweise jemand das von seinen Eltern geerbte Vermögen verlebt, verprasst, verzockt, dann hat er in modernen Gesellschaften wie unserer im Allgemeinen kein gutes Ansehen. Bei uns gilt die Regel, dass man mit seinem Leben etwas *Sinnvolles* anfangen sollte, nämlich arbeiten – und das Geld vermehren. Geld ist ein Ziel.

Nun hat aber die Mehrung von Vermögen viel mit Zinsen und Renditen zu tun. Wenn nach einer Handlung, nach einem Geschäft, mehr Geld da sein soll als davor, dann muss das Mehr irgendwo herkommen. Es gibt aber keine Quellen für Geld, so wie es Quellen oder Lagerstätten für Öl oder Kohle oder Gold gibt. Das sind Rohstoffquellen im Boden. Geld aber ist etwas von uns Menschen Geschaffenes. Und wir können einfach immer mehr Geld schaffen. Wenn wir aber einfach nur mehr Geld schaffen würden, dann würde das Geld ja insgesamt immer wertloser werden. Es muss also irgendeinen Grund geben, weshalb mehr Geld wertvoller ist als weniger Geld. Und das hat mit Schulden zu tun.

Die Zinsen des einen sind die Schulden des anderen. Einfaches Beispiel: Ich gebe jemandem einen Euro, damit er damit etwas tut, und verlange aber von ihm, dass er nach einer gewissen Zeit einen Euro und zehn Cent an mich zurückzahlt. Wo hat er die zehn Cent denn her? Die hat er natürlich von denjenigen, die sein Produkt, das er mit meinem Geld geschaffen hat, gekauft haben. Wo haben die das Geld her?

Am Ende ist es immer irgendeine Bank, die ein paar Münzen oder Scheine verteilt, heutzutage aber am liebsten virtuelles Geld erzeugt, das nur als blanke Zahl auf den Bankkonten eine Scheinexistenz führt. Auf jeden Fall funktioniert das Mehr nur dann, wenn irgendjemand sagt, ich verpflichte mich, in einiger Zeit, in ferner oder naher Zukunft, dir mehr Geld zu geben, als du mir jetzt leihst. So vermehrt sich Geld. Das ist eigentlich alles.

Jetzt ist es so, man kann mit Zahlen nicht verhandeln. Aber es gibt die Mathematik und die mathematischen Operationen. Subtrahieren heißt abziehen. Addieren heißt dazuzählen, Dividieren teilen und Multiplizieren miteinander malnehmen. Dann gibt es noch andere, etwas komplexere mathematische Operationen wie das Potenzieren. Mit den Potenzen verhält es sich so, dass diese sich ziemlich rapide vergrößern: 10^2 (10 mal 10) ist 100, 10^3 (10 mal 10 mal 10) ist 1000, 10^4 ist 10 000, 10^5 ist 100 000 und so weiter und so weiter.

Diese Potenzierung erleben wir auch im Fall des Geldkapitals. Durch Zins vergrößert sich Kapital. Durch Zinseszins, also die Verzinsung der Zinsen, wird Kapital noch mehr, durch Zinseszinseszinseszinseszins wächst das Kapital irgendwann potenziert. Mit anderen Worten, das Ganze hat eine Dynamik, die dazu führt, dass da, wo schon viel Geld ist, selbst bei einem geringen Zinssatz immer mehr Geld hinfließt.

Die Folge ist, dass sich große Ungleichheiten bei der Verteilung von Kapital entwickeln. Diese Ungleichheiten sind wie die Unwucht in einem Reifen, sie können zu Instabilitäten innerhalb einer Gesellschaft führen. Der eine Teil der Bevölkerung, der über vergleichsweise wenig Geld verfügt, muss immer mehr schuften, um dem kleinen (und kleiner werdenden) Teil der Bevölkerung, der immer mehr besitzt, das Geld zu liefern, das die Vermögenden als Rendite letztlich aus den Arbeitsprozessen ziehen.

So entsteht eine immer stärkere Kapitalungleichverteilung innerhalb einer Gesellschaft. Das bedeutet am Ende des Tages, dass ein erheblicher Teil der Bevölkerung am allgemeinen Leben nicht oder nur eingeschränkt teilnehmen kann. Wenn die Preise für Miete und Lebenshaltungskosten steigen, müssen viele darauf verzichten, Kino und Theater zu besuchen, Essen zu gehen, in Urlaub zu fahren, irgendwelche Güter zu erwerben, die innerhalb einer Gruppe von Bedeutung sind, denn der Mensch – Anthropos – ist ein Säugetier, das in einer Hierarchie lebt, also einen sozialen Status haben möchte, der möglichst hoch sein sollte.

Status und Macht sind auch die Triebfedern derjenigen, die viel Geld besitzen. Für all jene allerdings, die unten stehen, wird der Drang, nach oben zu kommen, durch die wachsende Finanzkonzentration verhindert. So entsteht Unmut.

Dieser Unmut kann sich in einer politisch organisierten Gesellschaft über Parteien artikulieren, auch solche, die Ressentiments schüren, die Anhänger mit Ängsten mobilisieren und den Untergang der Nation an die Wand malen.

Worauf wollen wir hinaus? Nationalismus hat immer damit zu tun, dass Teile der Gesellschaft Angst davor haben, dass ihnen das bisschen, was sie haben, von anderen weggenommen werden könnte. Gleichzeitig haben die finanzstarken Eliten Angst davor, dass irgendjemand ihnen ihr Geld wegnimmt und ihre wirtschaftliche Bewegungsfreiheit einschränkt.

Letztlich geht es darum, dass innerhalb einer Gesellschaft, in der große Vermögensunterschiede bestehen, die Unzufriedenheit steigt. Dass die Gesellschaft beginnt, instabil zu werden, ihr Zusammenhalt zerreißt.

In einigen Ländern lässt sich dieses Abgleiten in die Instabilität zurzeit deutlich beobachten. Dabei verfügen manche dieser Staaten eigentlich über gute Voraussetzungen, schaffen es aber nicht, für sozialen Frieden zu sorgen. Ein typisches Beispiel ist Venezuela. In dem südamerikanischen Staat hat eine kleine, obendrein korrupte Schicht von Leuten praktisch das gesamte Kapital des Landes in der Hand. Der Rest der Bevölkerung darbt. Menschen verhungern, die Gesundheits- und die Lebensmittelversorgung sind praktisch zusammengebrochen. Dabei besitzt Venezuela gigantische Ölvorkommen, doch der Reichtum dieses Landes kommt schon lange nicht mehr der Bevölkerung zugute.

Ein Land wie Venezuela ist so instabil, dass hier niemand, weder im großen noch im kleinen Rahmen, weder als Individuum noch die Gesellschaft im Ganzen, an ein ökologisch sinnvolles Handeln denken, geschweige es realisieren kann.

Der Punkt ist, wir können eine Gesellschaft nur dann ökologisch sinnvoll transformieren, wenn diese Gesellschaft stabil ist. Stabilität heißt in diesem Zusammenhang nicht, dass alles so bleibt, wie es ist. Nein, es geht um eine dynamische Stabilität, also um steten Wandel, der aber die Basis nicht gefährdet. Jung und Alt leben in einem bestimmten gesellschaftlichen Konsens, der lautet:

- Die Würde des Menschen ist unantastbar. Alle Menschen in diesem Land sollten ein Leben in Würde führen können.
- Wir wollen, dass alle Menschen in diesem Land eine Chance auf Bildung haben.
- Wir wollen, dass alle Menschen gerecht behandelt werden.
- Wir wollen, dass der Rechtsstaat unser Eigentum schützt, aber auch klarstellt, dass zu viel Eigentum nicht gut ist ...
- ... weil Eigentum verpflichtet, sogar dazu, einen erheblichen Teil wieder zurückzugeben.
- Wir wollen eine gerechte Steuerverteilung.

All das heißt: Um überhaupt irgendeine Art von technologischer Transformation durchzuführen, ist zunächst einmal zu garantieren, dass die Gesellschaft, die diese Transformationen dann am eigenen Leib erleben wird, politisch wie sozial stabil ist.

Und es geht gar nicht, dass irgendeine rechte Truppe von Verrückten auf einmal die politischen Entscheidungen der Parlamente wieder hinwegreißt und sagt, wir wollen weiter Gas, Kohle und Öl verbrennen – mit aller Gewalt, uns ist das doch völlig egal.

Wenn wir also sinnvoll ökologisch handeln wollen, brauchen wir stabile Gesellschaften, in denen Gerechtigkeit herrscht. Gerechtigkeit in der Bildung, Gerechtigkeit in der Kapitalverteilung. Denn selbst wenn wir es schaffen würden, ökologische Landwirtschaft zu betreiben, ökologische Mobilität und anderes, dann hätten diejenigen, die kein Geld haben, gar keine Chance, daran teilzunehmen. Die könnten sich das gar nicht leisten. Die würden sich immer für das Billigere entscheiden und nicht für das ökologisch Sinnvolle.

Wenn wir also wollen, dass eine Gesellschaft tatsächlich alle die Lösungen, die wir in diesem Buch präsentieren werden, auch nur ansatzweise in irgendeiner Form umsetzt, brauchen wir vor allen Dingen gerechte Gesellschaften. Das ist ein Punkt, der unserer Ansicht nach bei der ganzen Debatte oft ein bisschen zu kurz kommt.

Nehmen wir jetzt einmal an, wir hätten gesellschaftliche Stabilität durch Gerechtigkeit bei Bildung und Kapitalvermögen gewährleistet. Wir hätten es geschafft, dass niemand sich mehr davor drückt, seine Steuern zu bezahlen. Dann ist immer noch die Frage, inwieweit diese Gesellschaft bereit ist, in die Zukunft zu investieren, nämlich zu sagen, wir erhöhen jetzt unsere Steuerlast, um uns für die Zukunft zu rüsten. Das wird eine der großen Herausforderungen sein.

Dann gibt es einen weiteren zentralen Begriff bei allem, was mit der ökologischen Zukunft zusammenhängt: das Netzwerk. Wir können ökologische Gesellschaften überhaupt nur dann aufbauen, wenn sich alle darüber im Klaren sind, dass es nicht darum geht, hier und hier und dort und da einzelne Aktionen zu realisieren, sondern dass wir vernetzte, sich gegenseitig stärkende und unterstützende Aktionen brauchen. Es muss immer darum gehen, die gesamte Gesellschaft mitzunehmen, ansonsten würde es von Neuem zu Ungleichheiten kommen. Das heißt, wir müssen verhindern, dass in einer Gesellschaft, die es geschafft hat, sich zu stabilisieren, die Ungleichheiten wieder so groß werden, dass die Unzufriedenheiten der einen die scheinbare vollständige Zufriedenheit der anderen überwiegt.

Politische Stabilität und Gerechtigkeit sind die Conditio sine qua non für die Ökologie der Zukunft. In Zeiten wachsender sozialer Ungleichheit, mangelnder Solidarität, erstarkender Nationalisten und entfesselter neoliberaler Wirtschaft braucht es eine Revolution der Humanisten. Zu diesem Schluss, nur in anderen Worten ausgedrückt und mit sehr konkreten Zahlen belegt, kommen auch die beiden Zukunftsforscher, Ökonomen und Autoren Jørgen Randers und Graeme Maxton in ihrem Bericht an den Club of Rome, den sie treffend mit den Worten »Ein Prozent ist genug« betiteln. Dort heißt es:

»Unsere gegenwärtige Wirtschaftsstruktur vermehrt die Arbeitslosigkeit, Ungleichheit und Armut und hinterlässt verwüstete Landschaften.
*Das Gegenbild einer anderen Gesellschaft zu entwerfen, ist nicht schwer. Menschen brauchen genügend zu essen und eine sinnvolle, bezahlte Arbeit, anständige Wohnungen, gleichen Zugang zu guter Bildung, genügend Freizeit, um ihr Leben zu genießen, aufklärende und inspirierende Vergnügungen sowie eine gute Gesundheitsversorgung. Die Gesellschaft sollte gerecht sein, und jeder sollte gleichermaßen mit Respekt behandelt werden. Menschlicher Fortschritt darf auch nicht bedeuten, dass die Umwelt zerstört wird, denn auch andere Arten haben eine Daseinsberechtigung. Das größte Hindernis auf dem Weg in eine solche Gesellschaft ist nicht wirtschaftlicher, sondern politischer Natur.«**

Die beiden Wissenschaftler kommen kurz zusammengefasst zu folgenden Ergebnissen:

- Es kommt darauf an, die Produktion menschen- und umweltgerecht zu gestalten, nicht auf die Mehrung des Aktionärsvermögens.
- Hohe Besteuerung aller nicht umweltgerechten Aktivitäten und Produkte. (Selbst die OECD hat die Industriestaaten dafür kritisiert, dass sie zu geringe Steuern auf klimaschädliche Produkte erheben.)
- Keine umweltschädlichen Subventionen mehr (Deutschland hat laut Klimaschutzbericht 2016 des Bundesministeriums für Umwelt, Naturschutz und nukleare Sicherheit [BMUB] mehr als 52 Milliarden Euro umweltschädlicher Subventionen gezahlt). Die Gesamtsumme der weltweiten Subventionen für fossile Energien betrug laut Internationalem Währungsfond (IWF) im Jahr 2016 5,3 Billionen Dollar.
- Public-Value vor Shareholder-Value. Heißt, die Wirtschaft hat den Bürgern zu dienen. Märkte müssen im Interesse der Mehrheit reguliert werden.
- Der Nationale Wohlfahrtsindex (NWI) ist höher zu bewerten als das

* Jørgen Randers und Graeme Maxton, »Ein Prozent ist genug«, Oekom Verlag, München 2016, S 278.

Bruttoinlandsprodukt (BIP). Der NWI misst Naturverbrauch, Einkommensverteilung, Hausarbeit, Zufriedenheit und anderes. (Zum BIP hat Robert F. Kennedy schon 1967 gesagt: »Es misst alles, außer diejenigen Dinge, die das Leben lebenswert machen.«)
- Besteuerung aller Finanzmarktprodukte.
- Besteuerung von Automatisierung und Digitalisierung, um die Allgemeinheit an den Gewinnen teilhaben zu lassen.

Im nächsten Kapitel sehen wir uns an, was es bedeuten würde, wenn sich eine Gesellschaft tatsächlich der Ökologie verschreibt und per Parlamentsbeschluss, per Gesetz entscheidet: Wir wollen so wenig Kohlenstoff wie möglich emittieren. Zuvor aber wollen wir in den folgenden Kästen noch einmal die Bedeutung von stabilen, gerechten Gesellschaften aus verschiedenen Blickwinkeln beleuchten.

◆ Global Risks Report

Selbst die Wirtschaftslenker dieser Welt kamen 2017 in Davos zu der Erkenntnis, dass eine Reform der kapitalistischen Marktwirtschaft dringend ansteht, um gesellschaftliche Brüche zu vermeiden und ökologische Ziele umzusetzen.

Der Global Risks Report 2017 des Weltwirtschaftsforums (World Economic Forum, WEF), der auf der Beurteilung von rund 750 Experten erstellt wird, zeigt 30 globale Risiken sowie 13 zugrunde liegende Trends, die diese verstärken oder deren Zusammenspiel verändern könnten.

Als der Trend, der den größten Einfluss auf die globalen Entwicklungen der kommenden zehn Jahre haben wird, zeigt sich die wachsende Ungleichheit bei Einkommen und Wohlstand.

In der Zusammenfassung des Global Risks Report 2017 heißt es:

> Seit mehr als einem Jahrzehnt befasst sich der Global Risks Report mit der Entwicklung globaler Risiken und ihren engen Vernetzungen untereinander. In dem Bericht wird auch das Potenzial anhaltender, langfristiger Trends wie Ungleichheit und die Vertiefung der sozialen und politischen Polarisierung hervorgehoben, die die Risiken verschärfen könnten, die beispielsweise mit der Schwäche der wirtschaftlichen Erholung und dem

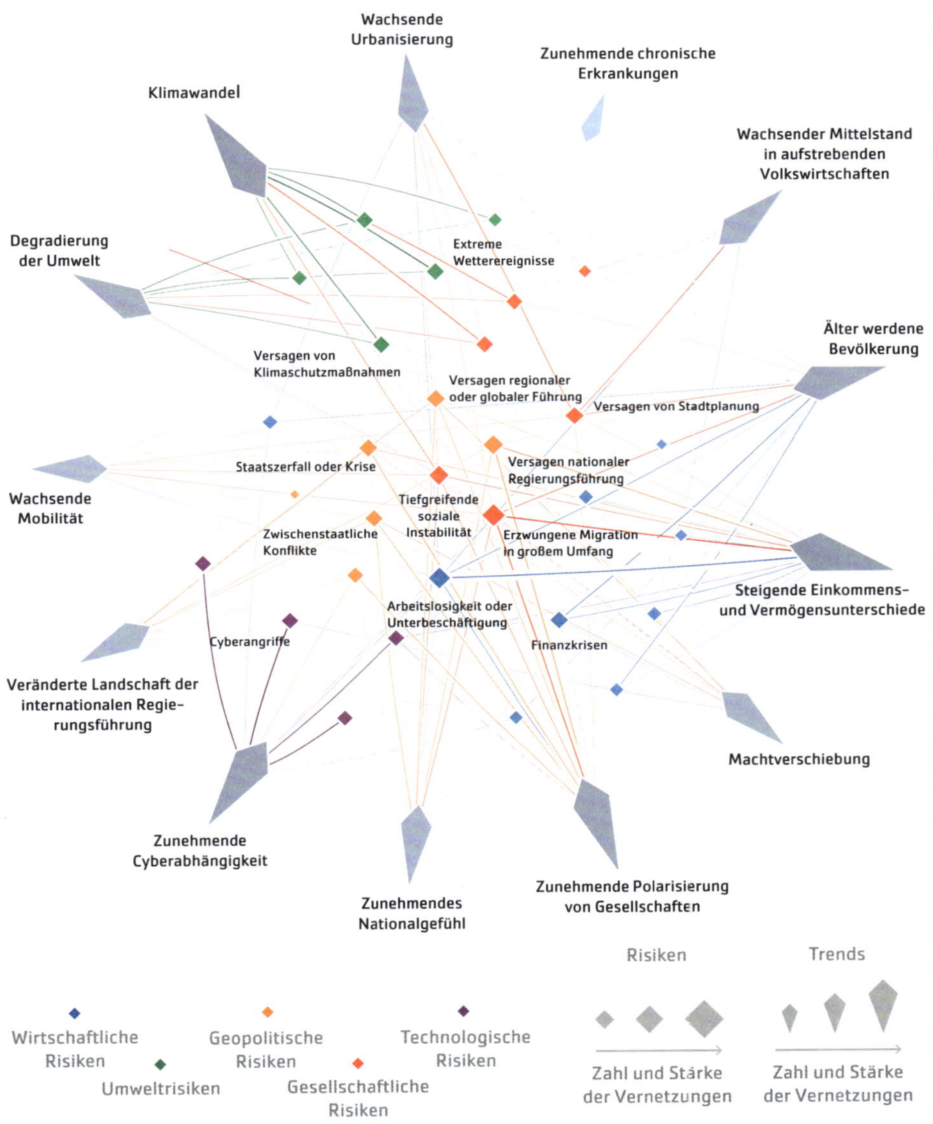

Tempo des technologischen Wandels verbunden sind. Diese Trends rückten 2016, angesichts wachsender Unzufriedenheit gegenüber der Politik, die sich in Ländern rund um den Globus bemerkbar machte, verstärkt in den Fokus. Am sichtbarsten zeigt sich die Spaltung zwar in den westlichen Ländern – mit dem britischen Votum, die Europäische Union zu verlassen, und Donald Trumps Sieg bei der Präsidentschaftswahl in den USA –, aber überall auf der Welt gibt es Anzeichen für eine wachsende Gegenreaktion gegen Elemente des nationalen und internationalen Status quo.

Die diesjährige Bilanz zeigt fünf große Herausforderungen, vor denen die Welt zurzeit steht. Die ersten beiden sind wirtschaftlicher Natur – so bewerten auch die Teilnehmer des Global Risk Perception Survey (GRPS) wachsende Einkommens- und Wohlstandsdisparität als den Trend, der den größten Einfluss auf die globalen Entwicklungen der kommenden 10 Jahre haben wird. Eine Wiederbelebung des Wirtschaftswachstums ist also notwendig. Allerdings deutet der zunehmende Anti-Establishment-Populismus darauf hin, dass dies vielleicht nicht mehr ausreicht, um gesellschaftliche Brüche zu heilen. Eine Reform der kapitalistischen Marktwirtschaft muss daher auf der Agenda stehen.

Angesichts der Wahlüberraschungen im Jahr 2016 und des Aufstiegs einstiger Randparteien – was die Bedeutung nationaler Souveränität und traditioneller Werte in Europa und darüber hinaus betont – rangieren die gesellschaftlichen Trends der wachsenden Polarisierung und des zunehmenden Nationalgefühls unter den Top 5. Daher ist die Auseinandersetzung mit der Bedeutung von Identität und Gemeinschaft eine weitere Herausforderung. Aufgrund des rasanten Haltungswandels bei Themen wie Gender, sexuelle Orientierung, Rasse, Multikulturalismus, Umweltschutz und internationale Zusammenarbeit fühlen sich viele Wähler – insbesondere die älteren und die weniger gebildeten – in ihren eigenen Ländern abgehängt. Die daraus resultierenden kulturellen Spannungen stellen den gesellschaftlichen und politischen Zusammenhalt auf den Prüfstand und könnten, wenn sie ungelöst bleiben, zahlreiche weitere Risiken verstärken.

Die Anti-Establishment-Politik sieht die Ursache für die Verschlechterung der Aussichten am heimischen Arbeitsmarkt zumeist in der Globalisierung. Die Daten legen allerdings nahe, dass der Umgang mit dem technologischen Wandel eine weitaus größere Herausforderung für die Arbeitsmärkte darstellt. Innovationen haben schon immer neue Jobs geschaffen und andere überflüssig gemacht. Möglicherweise wird sich dieser Prozess allerdings verlangsamen. Es ist kein Zufall, dass die Herausforderungen im Hinblick auf den gesellschaftlichen Zusammenhalt und die Legitimität von Politikern mit einem tiefgreifenden technologischen Wandel zusammenfallen.

Die fünfte große Herausforderung sind Schutz und Stärkung unserer Systeme der globalen Zusammenarbeit. Immer mehr Staaten wollen sich aus Mechanismen der internationalen Zusammenarbeit zurückziehen. Eine an-

haltende Verschiebung des globalen Systems von einer nach außen orientierten hin zu einer stärker nach innen orientierten Haltung würde zu tiefen Spaltungen führen. In vielen Bereichen – nicht zuletzt bei der anhaltenden Krise in Syrien und dem dadurch entstandenen Migrationsstrom – ist die Bedeutung der globalen Zusammenarbeit an den Verknüpfungspunkten, die die Risikolandschaft ausmachen, klarer denn je.
Weitere Herausforderungen, die globale Zusammenarbeit erfordern, betreffen den Umweltschutz, der dieses Jahr im GRPS besonders hervorsticht. Im Laufe des vergangenen Jahrzehnts hat sich eine Reihe von Umweltrisiken – insbesondere Wetterextreme, das Scheitern der Maßnahmen für den Klimaschutz und die Anpassung an den Klimawandel sowie Wassernotstand – als ein durchgängiges zentrales Merkmal der GRPS-Risikolandschaft herauskristallisiert. Eng damit verknüpft sind viele weitere Risiken, wie Konflikte und Migration. In diesem Jahr sind umweltbezogene Bedenken stärker denn je – alle fünf Risiken in dieser Kategorie wurden sowohl hinsichtlich ihrer Auswirkungen als auch ihrer Eintrittswahrscheinlichkeit als überdurchschnittlich eingeschätzt.

Gesellschaftliche und politische Herausforderungen
Nach den Wahlschocks des vergangenen Jahres fragen sich viele, ob die Krise der großen Volksparteien in den westlichen Demokratien auch eine tiefere Krise der Demokratie selbst widerspiegelt. Das erste von drei »Schwerpunktrisiken«, die in Teil 2 des Berichts beleuchtet werden, untersucht drei zusammenhängende Gründe, die diese These stärken: die Auswirkungen des schnellen wirtschaftlichen und technologischen Wandels; die Verstärkung der gesellschaftlichen und kulturellen Polarisierung und die Entstehung einer »postfaktischen« politischen Debatte. Diese Herausforderungen des politischen Prozesses rücken politische Fragen in den Fokus, zum Beispiel wie sich wirtschaftliches Wachstum inklusiver gestalten lässt und wie zunehmender Identitätsnationalismus und vielfältige Gesellschaften in Einklang gebracht werden können.
Das zweite Schwerpunktrisiko steht ebenfalls mit der Funktionsweise von Gesellschaft und Politik in Zusammenhang: Hierbei geht es darum, dass zivilgesellschaftliche Organisationen und private Aktivisten immer häufiger ein Eingreifen in den bürgerlichen Raum seitens Regierungen erleben. Dies reicht von Einschränkungen ausländischer Finanzierungen bis hin zu der Überwachung digitaler Aktivitäten und sogar körperlicher Gewalt. Obwohl in der Regel der Schutz vor Sicherheitsrisiken das erklärte Ziel solcher Maßnahmen ist, haben akademische, wohltätige und humanitäre Einrichtungen die Auswirkungen zu spüren bekommen, die auch

die gesellschaftliche, politische und wirtschaftliche Stabilität untergraben könnten.

Ein Problem, das der wachsenden Unzufriedenheit mit dem politischen und wirtschaftlichen Status quo zugrunde liegt, ist, dass Systeme der sozialen Sicherung ihre Belastungsgrenze erreicht haben. Das dritte Schwerpunktrisiko analysiert, wie die Unterdeckung staatlicher Systeme in zeitlichem Zusammenhang mit dem Rückgang arbeitgebergestützter Systeme der sozialen Sicherung steht; zu einem Zeitpunkt, zu dem aufgrund des technologischen Wandels Selbstständigkeit in der »Gig-Economy« an die Stelle sicherer Langzeitjobs tritt. Das Kapitel schlägt einige Innovationen vor, die nötig sein werden, um die Lücken zu füllen, die in unseren sozialen Sicherungssystemen entstehen, wenn Einzelpersonen größere Verantwortung für Kosten schultern, die mit wirtschaftlichen und gesellschaftlichen Risiken wie Arbeitslosigkeit, Ausgrenzung, Krankheit, Behinderung und Alter verbunden sind.

Umgang mit der vierten industriellen Revolution

Der letzte Teil des Berichts untersucht die Beziehung zwischen globalen Risiken und den neuen Technologien der vierten industriellen Revolution (Industrie 4.0). Wir stehen vor einer drängenden Regulierungsherausforderung, wenn wir die Regeln, Normen, Standards, Anreize, Institutionen und andere Mechanismen einführen wollen, die nötig sind, um die Entwicklung und den Einsatz dieser Technologien zu gestalten. Die Regulierung sich schnell entwickelnder Technologien ist eine komplexe Aufgabe: Ist die Regulierung zu restriktiv und erfolgt sie zu schnell, kann sie Fortschritt behindern; zu wenig Regulierung hingegen kann Risiken verschärfen und zu Unsicherheit bei potenziellen Investoren und Innovatoren führen.

Aktuell ist die Regulierung neuer Technologien lückenhaft: Einige werden streng reguliert, andere so gut wie gar nicht, da sie nicht in den Zuständigkeitsbereich einer der bestehenden Regulierungsbehörden fallen. Aus Sicht der GRPS-Teilnehmer brauchen wir vor allem bei zwei neuen Technologien bessere Regulierung: Biotechnologien – die in der Regel zwar streng reguliert sind, bei denen die Regulierung aber sehr langsam erfolgt – sowie künstliche Intelligenz (KI) und Robotik, ein Bereich, der weiterhin nur wenig reguliert ist. Ein Kapitel, das sich mit den KI-bezogenen Risiken befasst, betrachtet zum einen die Risiken, die entstehen könnten, wenn größere Entscheidungsgewalt von Menschen auf KI-Programme übertragen wird. Zum anderen richtet es den Blick auf die Debatte darüber, ob und wie sich auf die mögliche Entwicklung von Maschinen vorzubereiten ist, die über größere allgemeine Intelligenz verfügen als Menschen. Abschließend beurteilt der Bericht die Risiken, die sich aus der Umgestaltung der physischen Infrastruktur durch Technologien ergeben: Durch eine stärkere Verflechtung verschiedener Infrastrukturnetzwerke wächst die Wahrscheinlichkeit, dass sich Systemausfälle – ob aufgrund von Cyberangriffen, Softwarefehlern, Naturkatastrophen oder anderen Ursachen – über die Netzwerke ausbreiten und die Gesellschaft auf unvorhergesehene Weise beeinflussen.

Im Global Risks Report 2018 wird an erster Stelle vor den drohenden Umweltrisiken gewarnt. In diesem Zusammenhang heißt es im Executive Summary:

> In unserem jährlichen Global Risks Perception Survey haben Umweltrisiken in den letzten Jahren an Bedeutung gewonnen. Dieser Trend hat sich auch in diesem Jahr fortgesetzt, wobei alle fünf Risiken in der Umweltkategorie überdurchschnittlich hoch eingestuft wurden, sowohl hinsichtlich der Wahrscheinlichkeit als auch der Auswirkungen über einen Zeitraum von zehn Jahren. Diese Einschätzung folgt auf ein Jahr, das geprägt war von starken Wirbelstürmen, extremen Temperaturen und dem ersten Anstieg der CO_2-Emissionen seit vier Jahren. Wir haben unseren Planeten an die Grenzen der Belastbarkeit gebracht. Die Schäden werden immer deutlicher. Die biologische Vielfalt geht mit Massenvernichtungsraten verloren, landwirtschaftliche Systeme sind unter Druck, und die Verschmutzung der Luft und des Meeres ist zu einer immer dringlicheren Bedrohung für die menschliche Gesundheit geworden. Ein Trend zu nationalstaatlichen Alleingängen kann es erschweren, die langfristigen, multilateralen Lösungen anzugehen, die erforderlich sind, um der globalen Erwärmung und der Verschlechterung der globalen Umwelt entgegenzuwirken.

Den gesamten Global Risks Report 2018 finden Sie in englischer Sprache unter: https://www.weforum.org/reports/the-global-risks-report-2018

◆ Soziale Ungleichheit: ein wachsendes Problem

Der extreme Reichtum einiger weniger ist untrennbar verbunden mit der Armut und Ausbeutung von vielen. Die Berichte, die Oxfam jährlich zum Weltwirtschaftsforum in Davos veröffentlicht, zeigen: Das Vermögen der Reichsten wächst weiter rasant, während Millionen von Menschen in Armut gefangen bleiben. So sind 82 Prozent des 2017 erwirtschafteten Vermögens in die Taschen des reichsten Prozents der Weltbevölkerung geflossen (siehe den Oxfam-Bericht »Reward Work, not Wealth«, Januar 2018). 3,7 Milliarden Menschen, die ärmere Hälfte der Weltbevölkerung, gingen dagegen leer aus.

Soziale Ungleichheit lässt sich mit Bezug auf Vermögen oder mit Bezug auf Einkommen bestimmen. Dabei kann Einkommen in Vermögen umgewandelt werden, sofern es nicht ausgegeben wird – also vor allem dann, wenn es hoch genug ist. Umgekehrt kann Vermögen zusätzliches Einkommen generieren, etwa durch Renditen auf Investitionen. Auch solche Gewinne erzielen vor allem diejenigen, die ohnehin schon viel verdienen.

Vermögens- und Einkommensungleichheit können sowohl global als auch national gemessen werden:

Nationale Ungleichheit erfasst die Unterschiede der Einkommen oder Vermögen innerhalb der Bevölkerung eines Landes. Zahlreiche politische Maßnahmen, die Ungleichheit beeinflussen, können hier die größte Wirkung erzielen.

Globale Ungleichheit erfasst Einkommens- und Vermögensunterschiede zwischen allen Menschen auf der Welt. Für eine Entwicklungsorganisation wie Oxfam ist dieser Vergleich wichtig, weil extremer Reichtum und extreme Armut durch das globalisierte Wirtschaftssystem miteinander verbunden sind.

Ungleichheit auf allen Ebenen

Jede der vier verschiedenen Ebenen kann man betrachten, um herauszufinden, ob Ungleichheit jeweils zu- oder abnimmt.

1. Die globale Vermögensungleichheit hat sich, wie Oxfams Berichte der letzten Jahre zeigen, drastisch verschärft. Der Anteil, den das reichste Prozent der Weltbevölkerung am globalen Vermögen hatte, lag im Jahr 2002 noch bei 43 Prozent. Heute sind es über 50 Prozent des Gesamtvermögens – also mehr als die übrigen 99 Prozent der Weltbevölkerung zusammengenommen besitzen.
2. Die nationale Vermögensungleichheit hat in den letzten Jahrzehnten vielerorts weiter zugenommen. In Deutschland beispielsweise vereint das reichste Prozent knapp ein Drittel des Vermögens auf sich; 2008

waren es noch 22 Prozent, so unsere Berechnung auf Basis des Weltvermögensberichts der Credit Suisse.

3. Auch die nationale Einkommensungleichheit stieg laut Internationalem Währungsfonds in der Mehrheit der Länder an – besonders in den bevölkerungsreichen. So leben weltweit sieben von zehn Menschen in einem Land, in dem die Einkommensungleichheit zugenommen hat.
4. Dagegen nimmt nach Ansicht der Weltbank die globale Einkommensungleichheit ab. Grund ist, dass die Einkommen in Lateinamerika, China und anderen bevölkerungsreichen asiatischen Ländern stärker gewachsen sind als in den reichsten Ländern der Welt. Ließe man jedoch allein China bei der Berechnung außen vor, so hätte die globale Einkommensungleichheit im Vergleich zu 1988 weiter zugenommen. Die gestiegenen Einkommen in China sind begrüßenswert, sie allein reichen für eine Trendwende der globalen Einkommensungleichheit jedoch nicht aus.

Relative und absolute Unterschiede

Hinzu kommt, dass bei der globalen Einkommensungleichheit ausnahmslos relative Unterschiede gemessen wurden. Doch gerade für die Ärmsten sind auch absolute Zahlen von großer Bedeutung. Und obwohl die relative Einkommensungleichheit weltweit abgenommen hat, nahm diese in absoluten Zahlen gleichzeitig zu.

Wie das möglich ist, erklärt das folgende Beispiel: Person A verdient pro Tag 2 US-Dollar, Person B 200 US-Dollar. Erhalten beide eine Lohnerhöhung von 50 Prozent, nimmt die relative Ungleichheit zwischen den beiden nicht zu. B wird noch immer 100-mal mehr Einkommen haben als A. Die absolute Ungleichheit vergrößert sich jedoch: Das Einkommen von A steigt nur um 1 US-Dollar, während B eine Erhöhung von 100 US-Dollar erhält. Der absolute Abstand zwischen beiden ist von 198 auf 297 US-Dollar angewachsen.

Zwar stieg laut Weltbank das Einkommen des ärmsten Zehntels der Weltbevölkerung zwischen 1988 und 2013 um 75 Prozent, für das reichste Zehntel dagegen nur um 36 Prozent. Für die unteren 10 Prozent bedeutete dies allerdings eine Erhöhung des Pro-Kopf-Einkommens von bloß 217 US-Dollar über einen Zeitraum von 25 Jahren, während die Einkommen des reichsten Zehntels zeitgleich um 4887 US-Dollar pro Kopf stiegen.*

Auch die Einkommensschere zwischen den ärmsten und den reichsten

* Christoph Lakner, »Global Inequality«, Policy Research Working Paper 7776, 2016, World Bank.

Ländern vergrößerte sich in absoluten Zahlen: Lag der Abstand des Bruttonationalprodukts pro Kopf zwischen den ärmsten und den reichsten Ländern im Jahr 1980 noch bei 18 438 US-Dollar, so waren es 2010 bereits 30 465 US-Dollar.*

Selbst eine 50- oder sogar 100-prozentige Steigerung des Lohns kann für Menschen mit geringem Einkommen zu gering sein, um ein existenzsicherndes Einkommen zu erzielen. In Nigeria beispielsweise liegt der monatliche Mindestlohn derzeit bei 57 US-Dollar. Um einen menschenwürdigen Lebensstandard zu gewährleisten, müsste er um fast 150 Prozent auf 177 US-Dollar steigen.

Die Politik muss handeln!

Extreme Ungleichheit hält Menschen in Armut gefangen, zerstört den gesellschaftlichen Zusammenhalt, ist ökonomisch kontraproduktiv und in der Konsequenz für uns alle katastrophal. Daher müssen wir die Schere schließen, zwischen arm und reich, zwischen Männern und Frauen, in Deutschland und global.

Ungleichheit ist die Folge politischer Entscheidungen, die geändert werden können und müssen. Von der deutschen Regierung fordert Oxfam, die Weichen jetzt richtig zu stellen, durch gerechte Steuern, faire Einkommen für Frauen und Männer sowie Investitionen in Bildung und Gesundheit für alle.

OXFAM Deutschland

Der Beitrag wurde uns von Nikolai Link, Sprecher von Oxfam Deutschland (www.oxfam.org) zur Verfügung gestellt. Oxfam Deutschland ist Teil der internationalen Nothilfe- und Entwicklungsorganisation Oxfam, die Menschen in aller Welt vereint, die sich nicht damit abfinden wollen, dass es Armut und extreme Ungleichheit gibt.

»Wir unterstützen Frauen und Männer in armen Ländern dabei, sich eine bessere Zukunft zu schaffen. Bei Krisen und Katastrophen retten wir Leben und helfen, Existenzen wiederaufzubauen. Gemeinsam mit Menschen in Nord und Süd erheben wir unsere Stimmen, um eine Politik zu fordern, von der alle profitieren.

Seite an Seite mit Partnerorganisationen, der Bevölkerung vor Ort – und Ihnen – arbeiten wir für ein großes Ziel: die Armut weltweit abzuschaffen.«

* Jason Hickel, »Is global inequality getting better or worse? A critique of the World Bank's convergence narrative«, »Third World Quarterly«, Volume 38, 2017.

◆ Die UN-Agenda 2030 für nachhaltige Entwicklung

Stabile und gerechte Gesellschaften sind laut *Agenda 2030 für nachhaltige Entwicklung* Voraussetzung für eine ökologische, gelungene Zukunft. In dem Text, der am 25. September 2015 auf dem UN-Gipfel in New York von 193 Nationen verabschiedet wurde und auf den wir uns an vielen Stellen dieses Buches beziehen, heißt es:

> Diese Agenda ist ein Aktionsplan für die Menschen, den Planeten und den Wohlstand. Sie will außerdem den universellen Frieden in größerer Freiheit festigen. Wir sind uns dessen bewusst, dass die Beseitigung der Armut in allen ihren Formen und Dimensionen, einschließlich der extremen Armut, die größte globale Herausforderung und eine unabdingbare Voraussetzung für eine nachhaltige Entwicklung ist.
> Alle Länder und alle Interessenträger werden diesen Plan in kooperativer Partnerschaft umsetzen. Wir sind entschlossen, die Menschheit von der Tyrannei der Armut und der Not zu befreien und unseren Planeten zu heilen und zu schützen. Wir sind entschlossen, die kühnen und transformativen Schritte zu unternehmen, die dringend notwendig sind, um die Welt auf den Pfad der Nachhaltigkeit und der Widerstandsfähigkeit zu bringen. Wir versprechen, auf dieser gemeinsamen Reise, die wir heute antreten, niemanden zurückzulassen.
> Die heute von uns verkündeten 17 Ziele für nachhaltige Entwicklung und 169 Zielvorgaben zeigen, wie umfassend und ambitioniert diese neue universelle Agenda ist.
> Die Ziele und Zielvorgaben werden in den nächsten fünfzehn Jahren den Anstoß zu Maßnahmen in den Bereichen geben, die für die Menschheit und ihren Planeten von entscheidender Bedeutung sind.
>
> **Menschen**
> Wir sind entschlossen, Armut und Hunger in allen ihren Formen und Dimensionen ein Ende zu setzen und sicherzustellen, dass alle Menschen ihr Potenzial in Würde und Gleichheit und in einer gesunden Umwelt voll entfalten können.
>
> **Planet**
> Wir sind entschlossen, den Planeten vor Schädigung zu schützen, unter anderem durch nachhaltigen Konsum und nachhaltige Produktion, die nachhaltige Bewirtschaftung seiner natürlichen Ressourcen und umgehende Maßnahmen gegen den Klimawandel, damit die Erde die Bedürfnisse der heutigen und der kommenden Generationen decken kann.

> **Wohlstand**
> Wir sind entschlossen, dafür zu sorgen, dass alle Menschen ein von Wohlstand geprägtes und erfülltes Leben genießen können und dass sich der wirtschaftliche, soziale und technische Fortschritt in Harmonie mit der Natur vollzieht.
>
> **Frieden**
> Wir sind entschlossen, friedliche, gerechte und inklusive Gesellschaften zu fördern, die frei von Furcht und Gewalt sind. Ohne Frieden kann es keine nachhaltige Entwicklung geben und ohne nachhaltige Entwicklung keinen Frieden.
>
> **Partnerschaft**
> Wir sind entschlossen, die für die Umsetzung dieser Agenda benötigten Mittel durch eine mit neuem Leben erfüllte Globale Partnerschaft für nachhaltige Entwicklung zu mobilisieren, die auf einem Geist verstärkter globaler Solidarität gründet, insbesondere auf die Bedürfnisse der Ärmsten und Schwächsten ausgerichtet ist und an der sich alle Länder, alle Interessenträger und alle Menschen beteiligen.
> … Wenn wir unsere Ambitionen in allen Bereichen der Agenda verwirklichen können, wird sich das Leben aller Menschen grundlegend verbessern und eine Transformation der Welt zum Besseren stattfinden.

Die Transformation der Welt zum Besseren wird in dem Textabschnitt »Unsere Vision« genauer beschrieben:

> **Unsere Vision**
> [...] Diese Ziele und Zielvorgaben sind Ausdruck einer äußerst ambitionierten und transformativen Vision. Wir sehen eine Welt vor uns, die frei von Armut, Hunger, Krankheit und Not ist und in der alles Leben gedeihen kann. Eine Welt, die frei von Furcht und Gewalt ist. Eine Welt, in der alle Menschen lesen und schreiben können. Eine Welt mit gleichem und allgemeinem Zugang zu hochwertiger Bildung auf allen Ebenen, zu Gesundheitsversorgung und Sozialschutz, in der das körperliche, geistige und soziale Wohlergehen gewährleistet ist. Eine Welt, in der wir unser Bekenntnis zu dem Menschenrecht auf einwandfreies Trinkwasser und Sanitärversorgung bekräftigen, in der es verbesserte Hygiene gibt und in der ausreichende, gesundheitlich unbedenkliche, erschwingliche und nährstoffreiche Nahrungsmittel vorhanden sind. Eine Welt, in der die menschlichen Lebensräume sicher, widerstandsfähig und nachhaltig sind und in

der alle Menschen Zugang zu bezahlbarer, verlässlicher und nachhaltiger Energie haben.

[...] Wir sehen eine Welt vor uns, in der die Menschenrechte und die Menschenwürde, die Rechtsstaatlichkeit, die Gerechtigkeit, die Gleichheit und die Nichtdiskriminierung allgemein geachtet werden, in der Rassen, ethnische Zugehörigkeit und kulturelle Vielfalt geachtet werden und in der Chancengleichheit herrscht, die die volle Entfaltung des menschlichen Potenzials gewährleistet und zu geteiltem Wohlstand beiträgt. Eine Welt, die in ihre Kinder investiert und in der jedes Kind frei von Gewalt und Ausbeutung aufwächst. Eine Welt, in der jede Frau und jedes Mädchen volle Gleichstellung genießen und in der alle rechtlichen, sozialen und wirtschaftlichen Schranken für ihre Selbstbestimmung aus dem Weg geräumt sind. Eine gerechte, faire, tolerante, offene und sozial inklusive Welt, in der für die Bedürfnisse der Schwächsten gesorgt wird.

[...] Wir sehen eine Welt vor uns, in der jedes Land ein dauerhaftes, inklusives und nachhaltiges Wirtschaftswachstum genießt und es menschenwürdige Arbeit für alle gibt. Eine Welt, in der die Konsum- und Produktionsmuster und die Nutzung aller natürlichen Ressourcen – von der Luft bis zum Boden, von Flüssen, Seen und Grundwasserleitern bis zu Ozeanen und Meeren – nachhaltig sind. Eine Welt, in der Demokratie, gute Regierungsführung und Rechtsstaatlichkeit sowie ein förderliches Umfeld auf nationaler und internationaler Ebene unabdingbar für eine nachhaltige Entwicklung sind, darunter ein dauerhaftes und inklusives Wirtschaftswachstum, soziale Entwicklung, Umweltschutz und die Beseitigung von Armut und Hunger. Eine Welt, in der die Entwicklung und die Anwendung von Technologien den Klimawandel berücksichtigen, die biologische Vielfalt achten und resilient sind. Eine Welt, in der die Menschheit in Harmonie mit der Natur lebt und in der wildlebende Tiere und Pflanzen und andere Lebewesen geschützt sind.

Die neue Agenda

Wir verkünden heute 17 Ziele für nachhaltige Entwicklung und 169 zugehörige Zielvorgaben, die integriert und unteilbar sind. Nie zuvor haben sich die Staatslenker der Welt zu einem gemeinsamen Handeln und Unterfangen in einer so breit gefächerten und universellen politischen Agenda verpflichtet. Gemeinsam begeben wir uns auf den Pfad der nachhaltigen Entwicklung und widmen uns dem Streben nach globaler Entwicklung und einer allseits gewinnbringenden Zusammenarbeit, die für alle Länder und alle Erdteile enorme Fortschritte bewirken kann.

Ziele für nachhaltige Entwicklung

Ziel 1. Armut in allen ihren Formen und überall beenden

Ziel 2. Den Hunger beenden, Ernährungssicherheit und eine bessere Ernährung erreichen und eine nachhaltige Landwirtschaft fördern

Ziel 3. Ein gesundes Leben für alle Menschen jeden Alters gewährleisten und ihr Wohlergehen fördern

Ziel 4. Inklusive, gleichberechtigte und hochwertige Bildung gewährleisten und Möglichkeiten lebenslangen Lernens für alle fördern

Ziel 5. Geschlechtergleichstellung erreichen und alle Frauen und Mädchen zur Selbstbestimmung befähigen

Ziel 6. Verfügbarkeit und nachhaltige Bewirtschaftung von Wasser und Sanitärversorgung für alle gewährleisten

Ziel 7. Zugang zu bezahlbarer, verlässlicher, nachhaltiger und moderner Energie für alle sichern

Ziel 8. Dauerhaftes, breitenwirksames und nachhaltiges Wirtschaftswachstum, produktive Vollbeschäftigung und menschenwürdige Arbeit für alle fördern

Ziel 9. Eine widerstandsfähige Infrastruktur aufbauen, breitenwirksame und nachhaltige Industrialisierung fördern und Innovationen unterstützen

Ziel 10. Ungleichheit in und zwischen Ländern verringern

Ziel 11. Städte und Siedlungen inklusiv, sicher, widerstandsfähig und nachhaltig gestalten

Ziel 12. Nachhaltige Konsum- und Produktionsmuster sicherstellen

Ziel 13. Umgehend Maßnahmen zur Bekämpfung des Klimawandels und seiner Auswirkungen ergreifen*
(* In Anerkennung dessen, dass das Rahmenübereinkommen der Vereinten Nationen über Klimaänderungen das zentrale internationale zwischenstaatliche Forum für Verhandlungen über die globale Antwort auf den Klimawandel ist.)
Ziel 14. Ozeane, Meere und Meeresressourcen im Sinne nachhaltiger Entwicklung erhalten und nachhaltig nutzen
Ziel 15. Landökosysteme schützen, wiederherstellen und ihre nachhaltige Nutzung fördern, Wälder nachhaltig bewirtschaften, Wüstenbildung bekämpfen, Bodendegradation beenden und umkehren und dem Verlust der biologischen Vielfalt ein Ende setzen
Ziel 16. Friedliche und inklusive Gesellschaften für eine nachhaltige Entwicklung fördern, allen Menschen Zugang zur Justiz ermöglichen und leistungsfähige, rechenschaftspflichtige und inklusive Institutionen auf allen Ebenen aufbauen
Ziel 17. Umsetzungsmittel stärken und die Globale Partnerschaft für nachhaltige Entwicklung mit neuem Leben erfüllen.*

Nach dieser Kurzfassung der UN Agenda 2030 werden Sie vielleicht sagen, toll, große Ziele, aber was soll's, hält sich ja doch keiner dran.

Aber wir können zur Agenda 2030 nur wiederholen, was wir immer sagen, was wir auch schon in unserem letzten Buch gesagt haben: Es ist gut, dass solche Ziele überhaupt formuliert und einstimmig von der UN-Versammlung verabschiedet worden sind.

Die Umsetzung ist ein anderes Thema. Da gilt es einfach immer wieder zu appellieren, immer wieder zu mahnen, immer wieder daran zu erinnern, dass wir als Menschheit diese gemeinsamen Ziele gesetzt haben.

Die Vereinten Nationen sind das Beste, was wir haben. Es gibt auf diesem Planeten keinen anderen Völkerbund. Es gibt für uns keine Alternative, als immer wieder aufs Neue die Menschheit aufzurufen, sich an solchen Zielen zu orientieren und zu versuchen, sie zu erreichen.

Es ist ein bisschen so wie mit dem kategorischen Imperativ. Niemand von uns kann so leben, dass alle seine Handlungen zum allgemeinen Gesetz er-

---

* Die 38 Seiten umfassende Agenda 2030 für nachhaltige Entwicklung können Sie unter http://www.un.org/depts/german/gv-70/a70-l1.pdf in voller Länge lesen.

hoben werden. Aber er kann sich das Ziel setzen. Er sollte zumindest wissen, wie es richtig wäre und sich daran orientieren. Mehr als eine Leitlinie kann auch diese Agenda 2030 für nachhaltige Entwicklung nicht sein. Bleibt die Hoffnung, dass möglichst viele Menschen diese Vorgaben beherzigen und umsetzen, damit sich bis 2030 auf der Welt tatsächlich etwas ändert. Es sind nur noch 12 Jahre.

Wir wissen alle, dass so ambitionierte Ziele nicht vollständig erreicht werden können, aber manchmal ist es schon besser, nach dem absolut Unmöglichen zu streben, damit das Mögliche überhaupt erreicht werden kann.

In diesem Sinne machen Sie mit. Erfüllen Sie den Text der Agenda mit Leben. Nutzen Sie die Kraft dieser Worte, um ihre Lokalpolitiker, Unternehmen, Medien, Mitmenschen und, last but not least, sich selbst zu einem Handeln für eine Transformation der Welt zum Besseren zu motivieren.

◆ Poetik der Beziehung

Der Schriftsteller, Dichter und Philosoph Édouard Glissant (1928–2011) war einer der großen Autoren der französischsprachigen Karibik. Glissant prägte den Begriff »Poetik der Beziehung« (Poétique de la relation), mit dem er beschrieb, dass menschliche Identität sich über die Vielfalt der Beziehungen definiert und nicht über die ethnische Beziehung der Abstammung. Die »Globalisierung«, die er von der »Globalität« unterschied, war für ihn lediglich ein kapitalistisches Projekt: »Was Globalisierung genannt wird, ist die Angleichung auf niedrigstem Niveau, die Herrschaft der multinationalen Konzerne, die Standardisierung und der ungeregelte Liberalismus auf den Märkten der Welt. Doch für mich stellt sie nur die Kehrseite einer wunderbaren Realität dar, die ich Globalität nenne.«

Die Globalität birgt für Glissant ein produktives Potenzial, eine schöpferische Wechselwirkung zwischen den Kulturen, die komplexe Kulturen (»cultures composites«) entstehen lässt.

◆ Aus der Enzyklika »Laudato si'« von Papst Franziskus

Von einer gerechten Welt als Voraussetzung für eine ökologische Zukunft spricht auch Papst Franziskus in seiner Enzyklika *Laudato si'* aus dem Jahr 2015:

»Seit der Mitte des vergangenen Jahrhunderts und nach Überwindung vieler Schwierigkeiten hat sich allmählich die Tendenz durchgesetzt, den Planeten als Heimat zu begreifen und die Menschheit als ein Volk, das ein gemeinsames Haus bewohnt. Eine interdependente Welt bedeutet nicht einzig und allein zu verstehen, dass die schädlichen Konsequenzen von Lebensstil, Produktionsweise und Konsumverhalten alle betreffen, sondern es bedeutet in erster Linie, dafür zu sorgen, dass die Lösungen von einer globalen Perspektive aus vorgeschlagen werden und nicht nur der Verteidigung der Interessen einiger Länder dienen. Die Interdependenz verpflichtet uns, an *eine einzige Welt, an einen gemeinsamen Plan* zu denken. Doch die gleiche Intelligenz, die für eine enorme technische Entwicklung verwendet wurde, schafft es nicht, wirksame Formen internationalen *leaderships* zu finden, um die schwerwiegenden Umweltprobleme und die ernsten sozialen Schwierigkeiten zu lösen. Um die Grundfragen in Angriff zu nehmen, die nicht durch Maßnahmen einzelner Länder gelöst werden können, ist ein weltweiter Konsens unerlässlich, der zum Beispiel dazu führt, eine nachhaltige und vielgestaltige Landwirtschaft zu planen, erneuerbare und möglichst umweltfreundliche Energieformen zu entwickeln, eine größere Energieeffizienz zu fördern, eine angemessenere Verwaltung der Ressourcen aus Wald und Meer voranzutreiben und allen den Zugang zu Nahrung und Trinkwasser zu sichern.«

Papst Franziskus, Enzyklika »Laudato si' – Über die Sorge für das gemeinsame Haus«, Kapitel I, Abschnitt 164

4 Ökologisch handeln – wie geht das?

Lasst uns unsere Zeit so gestalten, dass man sich an sie erinnern wird als eine Zeit, in der eine neue Ehrfurcht vor dem Leben erwachte, als eine Zeit, in der nachhaltige Entwicklung entschlossen auf den Weg gebracht wurde, als eine Zeit, in der das Streben nach Gerechtigkeit und Frieden neuen Auftrieb bekam, und als eine Zeit der freudigen Feier des Lebens.

»Erd-Charta« der Ökumenischen Initiative Eine Welt e. V. und BUND, www.erdcharta.de

Der Mensch kommt auf die Welt, und die Welt ist schon da. Er ist in diese Welt hineingeworfen, er kann gar nicht anders. Er wird gefüttert, er wächst auf, und er wächst natürlich in China mit anderen Traditionen und unter anderen soziokulturellen Umständen auf als in Argentinien oder Botswana. Wer in Nordkanada auf die Welt kommt, wird anders über die Welt nachdenken als jemand, der in Südbayern lebt. Im Großen der Welt wie im Kleinen der unmittelbaren Nachbarschaft sind wir unser ganzes Leben lang damit beschäftigt, unsere Erfahrungen mit denen der anderen abzugleichen.

Erfahrung, das ist der Dialog mit der Umwelt. Man sieht und hört etwas, man gibt selbst Laut, man äußert Wünsche, Hoffnungen, Visionen. Wie alle anderen Menschen zuvor. Und alle diese anderen zuvor haben eben die Welt verändert. Sie haben angefangen, Häuser zu errichten, und Feldfrüchte angebaut, Länder erobert, da wurde geschwommen, geliebt, es wurde alles Mögliche gemacht. Es wurden Produkte erzeugt, es wurden Städte gegründet und auch wieder aufgegeben.

Irgendwann wurden Dampfmaschinen gebaut und Eisenbahnlinien über die Länder und Kontinente gezogen, es wurde elektrischer Strom nutzbar gemacht, ohne den unsere heutige Welt nicht denkbar wäre.

So kommt es, dass Eltern heutzutage selbst ihren ganz kleinen Kindern schon so kleine elektronische Wischgeräte in die Hand legen. Später werden sie kleine digitale Diktatoren, nicht die Kinder, die Geräte! Und dann lernen die Kinder gar nicht mehr, etwas mit den eigenen Händen zu schaffen, sondern sie wischen nur noch. Und wenn man ihnen ein Buch in die Hand gibt, dann wischen sie vielleicht auch da drüber und wundern sich, dass das Ding sich nicht von alleine umblättert.

Immer weniger Kinder haben heute eine eigene Handschrift, sie können tatsächlich kaum mit der Hand schreiben, der Tastatur sei Dank. Kinder, die heute auf die Welt kommen, wachsen in eine völlig andere Kultur hinein als Kinder vor 50 Jahren. Was wir damit sagen wollen? Wir können gar nicht anders, als mit den Widersprüchen umzugehen, die uns begegnen. Unseren Eltern ist es so gegangen, unseren Großeltern und Urgroßeltern, es gab immer ein Sein und ein Soll. Es gab immer einen Unterschied zwischen dem, wie es schön wäre, und dem, wie es tatsächlich war.

Und gerade wenn es um die ökologischen Fragestellungen geht, da stecken wir in ganz dicken Widersprüchen drin, in gewaltigen Widersprüchen. Also lautet die Frage, ökologisch handeln – wie geht das?

Der Versuch, diese Frage zu beantworten, hat schon, denken wir, kantische Dimensionen. Immanuel Kant hat sich in der Philosophie vor allen Dingen mit der Frage beschäftigt, was denn die Bedingung der Möglichkeit sei, überhaupt Erkenntnis zu gewinnen? Bei der Beantwortung dieser Frage ist er zu durchschlagenden Ergebnissen gekommen.

Wir aber wollen uns mit den Möglichkeiten, eine ökologische Gesellschaft zu schaffen, befassen. Die Frage lautet: Welche Bedingungen müssen da erfüllt sein?

Von einer war bereits die Rede: Eine Gesellschaft kann sich nur dann in eine ökologisch sinnvoll handelnde Gesellschaft verwandeln, wenn sie politische Stabilität besitzt. Und dafür ist Gerechtigkeit eine Voraussetzung.

So wichtig wie Gerechtigkeit ist diskursiver Konsens, also die möglichst transparent diskutierte Meinungsvielfalt, die dazu führt, dass man zu einer gemeinsamen Entscheidung kommt. Die muss nicht immer allen gefallen. Kompromissfähigkeit spielt dabei eine große Rolle. Das heißt, es werden sich nicht alle Interessen durchsetzen, sondern

Immanuel Kant (1724–1804), Gemälde von Gottlieb Doebler

man wird sich auf einen gemeinsamen Nenner, auf eine Linie, der alle folgen wollen, einigen.

Eine Konsensgesellschaft ist aus ihrer Mitte heraus stabiler. Es dauert zwar oft länger, zu Entscheidungen zu kommen, die Entscheidungsfindung ist schwieriger, aber auf lange Sicht fühlen sich mehr Menschen mitgenommen, da sie an einem transparenten Diskussionsprozess teilhaben und sich einem Kompromiss anschließen können.

Jetzt sind wir bei einem entscheidenden Punkt angelangt. Dazu ein kleines kosmisches Gedankenspiel: Welche gesellschaftlichen Bedingungen müssten auf einem Planeten herrschen, damit die dort existierende Zivilisation Raumschiffe bauen kann, die es schaffen könnten, andere bewohnbare Planeten zu erreichen? Solche Raumschiffe müssten über gewaltige technische Möglichkeiten verfügen und überdies sehr groß sein. Finanzierbar wäre das Unternehmen nur im globalen Maßstab. Sehr, sehr viele Teilnehmer müssten dabei zusammenarbeiten, damit es verwirklicht werden kann. Große Konflikte, gleich welcher Art, dürfte es daher auf besagtem Planeten nicht geben, da man andernfalls nie und nimmer nach einer gemeinsamen Lösung suchen würde. Die Gesellschaft dieser Außerirdischen müsste vielmehr über ein enormes Konsenspotenzial verfügen, um die vielen komplexen Probleme eines solchen Unterfangens zu lösen und sich zum Beispiel auf eine Hierarchie der Problemstellungen, auf die verwendeten Mittel und die Verteilung der Aufgaben zu einigen.

Klingt alles vernünftig, und wir kennen es ja auch aus unserem Alltag. Spannend ist die Frage, wie und warum solche Aufgaben entweder gelingen oder scheitern. Sehr erhellend ist hier die *Spieltheorie.* Die stellt die Frage: Wann ist ein Spiel am erfolgreichsten? Wenn einer der Spieler oder Spielerinnen besonders erfolgreich ist oder wenn alle Spieler im Mittel einen bestimmten Erfolg haben? Die Antwort ist einfach. Wenn Spieler am Tisch sitzen, die skrupellos ihre Ziele durchsetzen, ist das Spiel relativ schnell zu Ende. Wenn aber immer wieder ein Geben und Nehmen stattfindet, wenn es also zu einer Art von dynamischem Ausgleich kommt, dann kann das Spiel lange weiterlaufen. Interessant, oder?

Eine Gesellschaft ist also dann eine für alle Mitglieder gedeihliche Gesellschaft, wenn es funktionierende Ausgleichsprozesse gibt. Eine Form von Ausgleich ist übrigens auch eine Umverteilung. Ist an einem Ort zu viel, dann soll dort, wo zu wenig ist, etwas hinkommen.

Was passiert, nachdem sich eine Gesellschaft im Konsens dazu entschlossen hat, eine Problemstellung eindeutig zu beantworten? Nehmen wir einen Stein und sagen, das ist der Stein der Entscheidung, nicht der Stein der Weisen. Den lassen wir jetzt fallen, und die Entscheidung lautet, wir als Gesellschaft möchten keinen Kohlenstoff mehr in die Atmosphäre entlassen. Denn die Wissenschaftler in unserer Gemeinschaft haben uns davon überzeugt, dass die Zunahme von Kohlenstoff in der Atmosphäre zum Anwachsen des Treibhauseffektes führen wird, zu einer globalen Erwärmung mit den entsprechenden Auswirkungen. Das wollen wir nicht haben.

Eine Entscheidung bedeutet auch Verzicht. Verzicht auf das, gegen das man sich entschieden hat. Welche Konsequenzen hat dieser Verzicht in unserem Beispiel? Kohlenstoff steckt in allen fossilen Brennstoffen, in Kohle, Öl und Gas. Und die bleiben jetzt im Boden, nachdem die Entscheidung gefallen ist. Es sollte danach niemanden mehr geben, der sagt, die Ökologie ist mir doch völlig egal, ich sehe nur den ökonomischen Nutzen. Niemand wird diesen Stein wieder aufheben. Die Gesellschaft hat sich wirklich entschieden.

Die fossilen Brennstoffe sind nun einmal endlich. Ja, irgendwann werden sie verbraucht sein: aus, Ende, vorbei. Wir werden also, ob wir wollen oder nicht, auf jeden Fall in die Situation kommen, diese Entscheidung zu treffen. Und eine Frage müssen sich alle Gesellschaften dabei stellen: Wie lange können wir mit der Entscheidung noch warten? Wird der Schlag, den uns ein global verändertes Klima versetzt, so schlimm werden, dass damit die gesellschaftliche Stabilität bedroht ist und eine Entscheidung für eine ökologisch sinnvoll handelnde Gesellschaft künftig unmöglich wird? Und was bedeutet es, wenn sich eine Gesellschaft tatsächlich fest dazu entschließt, immer weniger und am Ende keinen Kohlenstoff mehr zu emittieren?

Zunächst einmal, wo emittieren wir denn Kohlenstoff in Form von Kohlendioxid? In unseren privaten Haushalten, bei der Energieversorgung, in Landwirtschaft und Industrie sowie in der technischen Mobilität, überall verbrennen wir Kohle, Öl und Gas.

Das sind drei Stoffe, die vor langer Zeit im Erdboden abgelagert wurden und sich unter hohem Druck in diese Brennstoffe verwandelt haben. Und was machen wir damit? Wir bringen die erdgeschichtlich uralte Vergangenheit an die Oberfläche. Wir machen so eine Art von molekularem Jurassic-Park-Experiment. Wir holen den Kohlenstoff aus einer Zeit vor Hunderten Millionen Jahren aus dem Erdboden und pusten ihn durch Verbrennung in die Atmosphäre. Dort soll er aber eigentlich nicht hin. Eigentlich sollte das Zeug im Boden bleiben. Ja, genau. Wenn wir Menschen nicht gewesen wären, wäre es nicht an die Oberfläche gekommen. Wie auch? Wie wir bei der Ausbeutung der fossilen Rohstoffe zuschlagen, das ist schon Wahnsinn. Wenn man bedenkt, welch irrsinniger Aufwand betrieben werden muss, wie viel Energie wir reinstecken müssen, um diese Stoffe aus der Erde zu holen. Alleine damit richten wir gigantische Schäden in Atmosphäre und Biosphäre an. Das muss uns alle nachdenklich machen.

Ob Industrie, Mobilität oder Landwirtschaft – bei Letzterer werden auch noch die klimaaktiven Gase Methan und Lachgas als Stickoxide frei –, wo immer wir in den Kohlenstoffkreislauf eingreifen, wird auch Kohlenstoff in Form von Kohlendioxid in die Atmosphäre entlassen. Und wir müssen es noch einmal sagen, für all diejenigen, die daran immer noch Zweifel haben: Die Wissenschaftler wissen sehr genau, was solche Moleküle mit elektromagnetischer Strahlung, also zum Beispiel

Licht und Wärmestrahlung, tun. Elektromagnetische Strahlung gibt es überall. Das ist seit über 150 Jahren ein Thema in der Physik. Wir können heute Geräte bauen, die mit geradezu hirnerweichender Präzision die Wechselwirkung zwischen elektromagnetischer Strahlung und den Atomen, aber auch den Atomkernen und den einzelnen Teilchen untersuchen können. Die Moleküle, von denen hier die Rede ist, sind riesig im Vergleich zu Atomkernen. Kohlendioxid, also CO_2, oder Methan, CH_4, aber auch die Stickstoffoxide, die 298-mal treibhausaktiver sind als Kohlendioxid, alles Moleküle, die Infrarotstrahlung, das heißt Wärmestrahlung, besonders stark absorbieren und reemittieren. Diese Wärmestrahlung wird nicht nur nach oben ins kalte Universum abgestrahlt, sondern auch nach unten, zurück auf den Erdkörper. Durch den zusätzlichen Eintrag an Treibhausgasen laden wir die Atmosphäre energetisch auf! Mithilfe von Kohlenstoffmolekülen pumpen wir große Mengen latenter Energie in die Atmosphäre. Kurz: Die Atmosphäre speichert immer mehr Energie, immer mehr Wärme.

Zurück zu unserer Gesellschaft, die sich entschlossen hat, weniger klimaschädliche Gase zu emittieren. Als sich fast alle Staaten dieses Planeten in Paris auf ein Klimaabkommen einigten, haben sie damit entschieden, weniger Kohlendioxid zu emittieren. Aber tun sie das wirklich?

Wir leben in einer Gesellschaft, die seit vielen Jahren alle möglichen fossilen Brennstoffe verbraucht. Es ist eine über viele Jahre, Jahrzehnte, Jahrhunderte gewachsene hoch komplizierte und teilweise sogar hochkomplexe Gesellschaft, in der alle möglichen Strukturen, Zwischenverbindungen, Querverbindungen längst existieren. Wenn wir diese Gesellschaft transformieren wollen, dann entspricht das dem Umbau eines alten Segelschiffes in eine hochmoderne, elektrisch angetriebene Yacht des 21. Jahrhunderts bei voller Fahrt auf hoher See. Und während des Umbaus kann keiner das Schiff verlassen. Da wird es Phasen geben, in denen Holz mit Stahl und Abakus mit Computer irgendwie zusammengebracht werden müssen. Kurz: Wir werden viele Widersprüche und Unverträglichkeiten bewältigen müssen.

Worauf wollen wir hinaus? Es gibt Strukturen, die der Unterschrift einer Ministerin unter ein Klimaabkommen zutiefst widersprechen. Trotzdem kann die Ministerin das Dokument mit voller Überzeugung unterzeichnen. Beispiele für solche Strukturen gibt es in Deutschland einige: Wir haben jede Menge kommunaler Beteiligung an Energieunternehmen, was nichts anderes bedeutet, als dass Kommunen Shareholder sind, die Rendite erwarten. Die Rendite der großen Energieunternehmen wird zurzeit aber im Wesentlichen mit Kohlekraftwerken erwirtschaftet. Und das läuft der Unterschrift unter einem Klimaabkommen absolut entgegen.

Das Bundesland Niedersachsen ist an einem großen Automobilkonzern beteiligt. Automobile mit Verbrennungsmotoren, ob mit oder ohne Schummel-Software, gehören mit zu den großen Luftverpestern. Ist es sinnvoll, dass ein Staat Anteile an einem Automobilkonzern besitzt? Ist es sinnvoll, dass der Staat die Automobilproduktion fördert, die Möglichkeiten für Individualverkehr über alles stellt, damit auch zulässt, dass Autos immer größer und schneller werden? Freie Fahrt für freie Bürger? Ist das nicht ein Geschäftsmodell, das angesichts der Kenntnisse darüber, welche Schäden diese Geräte an der Natur anrichten, völlig abartig ist? Verrückt, oder? Die Abgaswerte der Autos sind schlecht, die Feinstaubemissionen sind katastrophal, die Stickoxidemissionen noch katastrophaler.

Stellen Sie sich doch mal für einen winzigen Moment vor, wir würden uns bei den Grenzwerten für radioaktive Strahlung, für Gifte im Grundwasser oder Schwermetalle in der Nahrung genauso verhalten, wie das jetzt bei den Grenzwerten für die Dieselmotoren der Fall ist. Dann gäbe

◆ Tote durch Stickoxidemissionen

Rund 38 000 Menschen sind einer Hochrechnung zufolge wegen nicht eingehaltener Abgasgrenzwerte bei Dieselfahrzeugen allein im Jahr 2015 vorzeitig gestorben. 11 400 dieser Todesfälle entfallen auf die EU, berichtet ein Forscherteam um Susan Anenberg von der Organisation Environmental Health Analytics (LLC) in Washington. Die Gesamtzahl vorzeitiger Todesfälle durch Stickoxide aus Dieselabgasen lag demnach für die weltgrößten Automärkte bei 107 600. Die Wissenschaftler errechneten, dass Dieselfahrzeuge jährlich rund 4,6 Millionen Tonnen Stickoxide mehr ausstoßen, als sie nach geltenden Abgasgrenzwerten dürften. Im Jahr 2015 habe der Gesamtausstoß in der Folge bei 13,1 Millionen Tonnen gelegen. Quelle: Spiegel Online, 15. 5. 2017

Ein A-380 der Lufthansa landet auf dem Flughafen Frankfurt am Main, Deutschlands größtem Verkehrsflughafen. Beeindruckend sind die Verkehrszahlen: Mit rund 61 Millionen Passagieren und einem Frachtaufkommen von 2,1 Millionen Tonnen jährlich ist der Airport eines der bedeutendsten Luftfahrtdrehkreuze weltweit. Mehr als 80 000 Menschen arbeiten dort, das macht den Flughafen laut IHK Frankfurt zur größten lokalen Arbeitsstätte in Deutschland.
Die Verteilung der Aktienanteile an der Fraport AG, dem Betreiber des Flughafens, sieht wie folgt aus: 31,32 Prozent Land Hessen, 20 Prozent Stadtwerke Frankfurt am Main Holding AG, 8,44 Prozent Deutsche Lufthansa AG, 5,05 Prozent Lazard Asset Management LLC, 35,19 Prozent Streubesitz. Das Land Hessen und die Stadt Frankfurt sind also die Mehrheitseigentümer.

es Tote, viele Tote. Die gibt es durch die erhöhten Stickoxidemissionen übrigens auch.

Aber nach wie vor zahlt der Steuerzahler noch Subventionen an diese Autofirmen, ob in Form von Abwrackprämie in früheren Jahren oder als E-Mobilitätsprämie heute. Das sind Widersprüche, die körperlich schmerzen, die sogar Lebenszeit kosten, aber wir müssen sie aushalten! Müssen wir das wirklich?

Noch ein Beispiel: Der Staat und die Länder sind Anteilseigner an zahlreichen Flughäfen im Land. Das bedeutet, sie haben kein Interesse daran, dass ihre Flughäfen bankrottgehen, weil niemand mehr dort landet. Der Flughafen profitiert wegen der Gebühren von möglichst vielen

Starts und Landungen und darüber hinaus auch von den Fluggästen, die hier konsumieren.

Während die eine Hand unterschreibt, dass wir weniger Kohlenstoff in die Atmosphäre emittieren wollen, wird die andere Hand aufgehalten für die Rendite von Geldern, die in klimaschädliche Projekte investiert wurden. Das ist zutiefst widersprüchlich.

Das kann doch nicht sein, oder?

Es muss sogar so sein!

Es geht gar nicht anders!

Wir müssen mit unseren Widersprüchen positiv umgehen. Wir müssen anerkennen, dass es diese Widersprüche gibt.

Der Mensch ist ein widersprüchliches Lebewesen. Das hat auch damit zu tun, dass er etwas simulieren kann. Dass er sich eine ganz andere Welt vorzustellen vermag, in der er das täte, was er aber jetzt nicht tut, weil er doch ein kleiner Egoist oder Faulpelz ist. Wir wissen, wir müssten eigentlich das eine, Bessere tun, tun aber das andere – oder gar nichts. In uns steckt eben doch auch jemand, der gerne mal nichts tut, der gerne mal faul ist, der nicht pausenlos darüber nachdenkt, wie er die Welt retten kann, weil er vielleicht einfach nur erschöpft ist. Einfach fertig. Damit muss man umgehen. Aus ökologischer Sicht ist es manchmal ohnehin besser, nichts zu tun. Wie viel Unheil ist durch Nichtstun schon verhindert worden? Vielleicht haben wir schon viel zu viel getan, sodass wir selbst bei der Rettung der Welt aufpassen sollten, dass wir uns nicht überfordern.

Wir wollen damit keineswegs zum Nichtstun aufrufen, ganz im Gegenteil, aber wir sollten vielleicht bei alldem ein bisschen gelassener werden, ein bisschen großzügiger mit uns selbst umgehen, auch mit unseren Widersprüchen. Aber das ist jetzt eigentlich auch schon wieder ein Widerspruch zu dem ernsthaften Thema, über das wir wirklich reden müssen, nämlich die ökologische Veränderung einer ganzen Gesellschaft. Aber das wird noch eine Weile dauern, da kann man sich ja auch mal in Widersprüche verheddern.

Die Vorstellung, mit einer einzigen Entscheidung sei die Richtung für künftiges Handeln ein für alle Mal festgelegt, diese Vorstellung stimmt nicht. Wir müssen akzeptieren, dass Widersprüche Teil der Transformation sind. Und solange wir Widersprüche entdecken, sind

◆ Der Mythos des Sisyphos

Der französische Schriftsteller und Philosoph Albert Camus (1913–1960) beschreibt in seinem Essay »Der Mythos des Sisyphos« 1942 seine Philosophie des Absurden. Danach lebt der Mensch in einer Absurdität, die sich aus der Spannung zwischen den Rätseln der Natur, der Sinnwidrigkeit der Welt auf der einen Seite und dem ewig menschlichen Verlangen nach Klarheit und Sinn auf der anderen Seite ergibt. Der Mensch muss diese Absurdität erkennen, sie annehmen und gegen sie revoltieren. In dieser Revolte gegen das Absurde kann der Mensch sich selbst verwirklichen und seine Freiheit finden. Darin liegt für Camus die Bejahung des Lebens, sei es auch noch so hart oder widersinnig. Der Mensch gleicht darin der mythologischen Figur des Sisyphos, den die Götter dazu verurteilt hatten, unablässig einen Fels einen Berg hinaufzuwälzen. Oben angekommen rollte der Fels wieder in den Abgrund. Sisyphos stieg hinab und begann sein sinnloses Tun von Neuem. Camus schreibt:

> »Auf diesem Rückweg, während dieser Pause interessiert mich Sisyphos. Ein Gesicht, das sich so nahe dem Stein abmüht, ist selbst bereits Stein! Ich sehe, wie dieser Mann schwerfälligen, aber gleichmäßigen Schrittes zu der Qual hinuntergeht, deren Ende er nicht kennt. Diese Stunde, die gleichsam ein Aufatmen ist und ebenso zuverlässig wiederkehrt wie sein Unheil, ist die Stunde des Bewusstseins. In diesen Augenblicken, in denen er den Gipfel verlässt und allmählich in die Schlupfwinkel der Götter entschwindet, ist er seinem Schicksal überlegen. [...] Darin besteht die verborgene Freude des Sisyphos. Sein Schicksal gehört ihm. Sein Fels ist seine Sache. Ebenso lässt der absurde Mensch, wenn er seine Qual bedenkt, alle Götzenbilder schweigen. [...] Es gibt kein Licht ohne Schatten. Der absurde Mensch sagt ja, und seine Anstrengung hört nicht mehr auf. Wenn es ein persönliches Geschick gibt, dann gibt es kein übergeordnetes Schicksal oder zumindest nur eines, das er unheilvoll und verachtenswert findet. Darüber hinaus weiß er sich als Herr seiner Tage. In diesem besonderen Augenblick, in dem der Mensch sich seinem Leben zuwendet, betrachtet Sisyphos, der zu seinem Stein zurückkehrt, die Reihe unzusammenhängender Handlungen, die sein Schicksal werden, als von ihm geschaffen, vereint unter dem Blick seiner Erinnerung und bald besiegelt durch den Tod. Derart überzeugt vom ganz und gar menschlichen Ursprung alles Menschlichen, ein Blinder, der sehen möchte und weiß, daß die Nacht kein Ende hat, ist er immer unterwegs. Noch rollt der Stein. [...] Dieses Universum, das nun keinen Herrn mehr kennt, kommt ihm weder unfruchtbar noch wertlos vor. Jeder Gran dieses Steins, jedes minerali-

Sisyphos in einer Darstellung Tizians. »Und weiter sah ich den Sisyphos in gewaltigen Schmerzen: wie er mit beiden Armen einen Felsblock, einen ungeheuren, fortschaffen wollte. Ja, und mit Händen und Füßen stemmend, stieß er den Block hinauf auf einen Hügel. Doch wenn er ihn über die Kuppe werfen wollte, so drehte ihn das Übergewicht zurück: von neuem rollte dann der Block, der schamlose, ins Feld hinunter. Er aber stieß ihn immer wieder zurück, sich anspannend, und es rann der Schweiß ihm von den Gliedern, und der Staub erhob sich über sein Haupt hinaus.«
Homer, »Odyssee«, 11. Gesang, 593–600, übersetzt von Wolfgang Schadewaldt.

sche Aufblitzen in diesem in Nacht gehüllten Berg ist eine Welt für sich. Der Kampf gegen Gipfel vermag ein Menschenherz auszufüllen. Wir müssen uns Sisyphos als einen glücklichen Menschen vorstellen.«*

Wir hoffen, dass Camus allen, die unser Buch in den Händen halten, genauso hilft, wie er uns half und hilft. Weitermachen, auch wenn man zwischendurch das Gefühl hat, es hat doch sowieso keinen Sinn! Gerade deshalb! Es kommen andere nach uns, und denen ein Vorbild an Haltung sein, den Kopf hoch und der Welt die eigene Würde entgegenhalten, das ist Menschsein seit den Tagen der Griechen und ihrer Götter und Helden.

* Albert Camus, »Der Mythos des Sisyphos«, Rowohlt, Reinbek 2010, S.157 ff.

wir noch nicht an dem Punkt, an dem wir sagen könnten, hier wollen wir hin.

Wir werden uns damit abfinden müssen, dass auf längere Sicht neben den vielen, wunderbaren Vorschlägen für ökologisch sinnvolles Handeln eine weniger ökologische Realität existiert. Daher kommt es darauf an, dass die politischen Rahmenbedingungen so gesetzt werden, dass sie ökologisches gegenüber nicht ökologischem Handeln bevorzugen. Das ist die Grundentscheidung, die wirklich getroffen werden muss. Es geht also nicht alleine um die Entscheidung für eine Minderung von CO_2-Emissionen, sondern bedeutend ist die von allen getragene Übereinkunft, der Konsens, dass die Gesellschaft sich als Ganzes eher dem Ökologischen zuwendet als dem Nichtökologischen.

Um wieder an den Anfang, zu Kant, zurückzukommen: Die Möglichkeit, eine Gesellschaft zu schaffen, die ökologisch sinnvoll handelt, ist automatisch mit der Bedingung verbunden, dass dieses ökologische Handeln auch möglich sein muss in Gegenwart von nicht ökologischen Handlungsoptionen.

Ein paar Beispiele: Wir werden in den kommenden Jahren zunehmend Elektromobile auf den Straßen sehen, und es werden mehr und mehr erneuerbare Energiequellen angezapft werden. Trotzdem wird es noch eine Weile monströse SUV geben und Kraftwerke, die nicht mit erneuerbaren Energien betrieben werden.

Irgendwann müssen wir natürlich die Entscheidung treffen, dass wir vollständig aus der CO_2-Emission aussteigen. Mit einem höheren Anteil regenerativer Energiequellen an der Deckung des Primärenergiebedarfs gehen wir in die richtige Richtung. Weil die regenerativen Energiequellen aber das Risiko mit sich bringen, Schwankungen zu unterliegen und nicht liefern zu können, brauchen wir Kraftwerke im Stand-by-Betrieb. Das sollten allerdings keine sein, die mit dem Miesesten, was der Boden zu bieten hat, mit Braunkohle, betrieben werden. Von den schlechten Alternativen sollten wir das Allerbeste wählen, und das sind moderne Gaskraftwerke. Die allerdings sind teuer. Die Gesellschaft muss sich daher auch dafür entscheiden, Geld zu investieren. Solche Ausgaben sind vernünftige Infrastrukturinvestitionen für die Zukunft. Wir wollen ja nicht in die »Kodak-Falle« tappen.

Kodak hatte einst fast ein globales Monopol auf die Herstellung von Filmmaterial für Foto- und Filmkameras. Da die Manager offenbar nicht wahrhaben wollten, dass der größte Teil der Menschheit aufgrund der rasanten Entwicklung der digitalen Fotografie sehr bald keine Kodak-Filme mehr kaufen würde, ging die Firma beinahe zugrunde. Kodak hat zu spät gemerkt, dass der Kodak-Zug abgefahren war.

Wenn ein Unternehmen nicht mutig genug ist, allen Widrigkeiten zum Trotz das Steuer herumzureißen, dann landet es in der Kodak-Falle. Kodak war eines Tages weg. Von einem Tag auf den anderen. Verschwunden. Das wird mit Gesellschaften so nicht passieren. Was aber einer Gesellschaft passieren kann, die sich nicht entscheidet, sind dramatische Auswirkungen auf die soziale Stabilität. Die aber ist, siehe oben, die Voraussetzung dafür, dass eine Gesellschaft sich überhaupt ökologisch sinnvoll entwickeln kann.

Andersherum: Die gesellschaftliche Stabilität würde gefährdet werden, wenn die politischen Repräsentanten dieser Gesellschaft nicht früh genug begännen, die entsprechenden Rahmenbedingungen zu schaffen, die es ermöglichen, dass ökologisches Handeln sich durchsetzen wird.

Das war jetzt vielleicht alles ein bisschen viel. Aber es ist wichtig, wenn man sich darüber Gedanken machen will, was kann ich tun? Ich als Einzelperson, ich im Kollektiv. Was kann ich tun, damit diese ökologische Transformation stattfindet?

Es ist tatsächlich so, wenn die politisch Handelnden die entsprechenden Rahmenbedingungen nicht liefern, also praktisch den Zeitgeist schaffen, in der ökologisch sinnvoll gehandelt werden soll, dann kann eine Gesellschaft tun und lassen, was sie will, dann wird die Transformation nicht gelingen.

Auf der einen Seite brauchen wir diejenigen, die an der Basis handeln. Das ist die Graswurzelbewegung, die von unten nach oben den Wandel anschiebt, und da ist jeder von uns gefordert. Und die politisch Handelnden müssen daneben von oben nach unten die Rahmenbedingungen für den Wandel schaffen. Sie müssen auf politischer Ebene einen Konsens herstellen, dass der ökologisch sinnvoll Handelnde immer im Vorteil ist. Dieser kleine Vorteil häuft wie der Zins- und Zinseszinseffekt nach und nach ökologisches Kapital an.

Kleine Anfänge, die dazu führen, dass am Ende doch das Richtige rauskommt. Das ist die große Hoffnung. Dass es dazwischen Widersprüche geben wird, alles Mögliche nebeneinander bestehen wird, ist übrigens auch in der Natur völlig normal. Bis sich wirklich mal eine Lösung durchgesetzt hat, braucht es immer Zeit. In der Natur gibt es diese Koevolution, und es könnte doch sein, dass die auf der einen Seite ökologisch sinnvollen Dinge mit den ökologisch nicht so sinnvollen Dingen für eine ganze Weile in einer Art von Partnerschaft, in einer Art Zweckgemeinschaft nebeneinander existieren. Irgendwann wird sich doch das Richtige, Wahre, Schöne, weil Ökologische, durchsetzen. Damit hätten wir unser Ziel erreicht. Nur, wir dürfen und können nicht mehr warten. Denn, da werden wir auch noch drüber reden, wir haben keine Zeit mehr! Wenn nicht jetzt, wann dann? Der Titel des Buchs ist nicht als Frage gemeint, sondern als Aufforderung!

Am Ende dieses Kapitel finden Sie die 16 Artikel der Erd-Charta. Sie geben mehr als eine Antwort auf die Frage, was wir als Einzelne und im Kollektiv tun können und welche Rahmenbedingungen wir dafür brauchen. Die Tatsache, dass vieles nur in kommunaler, staatlicher und globaler Gemeinsamkeit erreichbar ist, entlässt den Einzelnen nicht aus seiner Verantwortung, im Gegenteil! Jeder von uns kann durch sein Handeln die Erd-Charta mit Leben erfüllen, Tag für Tag.

◆ 21. April 2017

Heute ist in einer großen deutschen Tageszeitung zu lesen, dass immer noch jede Woche auf der Welt fünf Kohlekraftwerke in Betrieb genommen und dass diese Kraftwerke mindestens 40 Jahre laufen werden. Damit würden sie noch in einer Phase Strom produzieren, in der nach dem Paris-Abkommen unsere Kohlendioxidemissionen schon längst bei fast null angekommen sein sollten. So geht es nicht!

Im gleichen Artikel ist aber auch zu lesen, dass Großbritannien durch die Einführung einer Kohlendioxidsteuer seine Emissionswerte so weit drücken konnte, dass sie heute das Niveau des 19. Jahrhunderts erreicht haben.

Noch besser aber: Der 21. April 2017 war der erste Tag in Großbritannien, an dem keine Kohle mehr zur Gewinnung von Elektrizität im Königreich verfeuert wurde. Ein Tag zum Feiern, der in die Geschichte Großbritanniens eingehen wird. Damit ging eine Ära zu Ende, die 1882 mit der Inbetriebnahme des ersten mit Kohle befeuerten Stromkraftwerks in London ihren Anfang genommen hatte. Die Kohle war fast 150 Jahre lang der Brennstoff der industriellen Revolution, sie heizte die britische Wirtschaft an, sie war der schmutzige Rohstoff des Wohlstands, des Aufschwungs, der Entwicklung. Bis 2025 will Großbritannien alle Kohlekraftwerke im Land vom Netz nehmen.

Na also, so geht das. Auch wenn die Briten manchmal sinnlose politische Entscheidungen treffen wie den Brexit, hier zeigt sich ihre Vernunft. Davon sollten wir uns eine Scheibe abschneiden.

◆ Die Erd-Charta

Die Erd-Charta versteht sich als eine inspirierende Vision grundlegender ethischer Prinzipien für die Entwicklung einer gerechten, nachhaltigen und friedfertigen globalen Gesellschaft im 21. Jahrhundert.

Der Text der Erd-Charta wurde im Jahre 2000 nach mehrjährigen weltweiten Konsultationen von Vertreterinnen und Vertretern zahlreicher Organisationen aus verschiedenen Ländern verabschiedet.

Grundlage der Erd-Charta bilden die Achtung vor Natur, Verantwortung für die Umwelt, soziale und wirtschaftliche Gerechtigkeit und eine weltweite Kultur des Friedens. In der Einführung heißt es: »Die Erd-Charta stellt fest, dass die ökologischen, ökonomischen, sozialen, kulturellen, ethischen und spirituellen Probleme und Hoffnungen der Menschheit eng miteinander verbunden sind. Die Herausforderungen zu Freiheit, Gerechtigkeit und Frieden sind eng verknüpft mit dem Schutz der Umwelt und der Sorge um das wirtschaftliche Wohlergehen. Nur in einer globalen Partnerschaft und in gemeinsamer Verantwortung können umfassende Lösungen gefunden werden.«

Die Leitlinien sind in 16 Artikeln formuliert:

1. Achtung haben vor der Erde und dem Leben in seiner ganzen Vielfalt.
2. Für die Gemeinschaft des Lebens in Verständnis, Mitgefühl und Liebe sorgen.
3. Gerechte, partizipatorische, nachhaltige und friedliche demokratische Gesellschaften aufbauen.
4. Die Fülle und Schönheit der Erde für heutige und zukünftige Generationen sichern.
5. Die Ganzheit der Ökosysteme der Erde schützen und wiederherstellen, vor allem die biologische Vielfalt und die natürlichen Prozesse, die das Leben erhalten.
6. Schäden vermeiden, bevor sie entstehen, ist die beste Umweltpolitik. Bei begrenztem Wissen gilt es, das Vorsorgeprinzip anzuwenden.
7. Produktion, Konsum und Reproduktion so gestalten, dass sie die Erneuerungskräfte der Erde, die Menschenrechte und das Gemeinwohl sichern.
8. Das Studium ökologischer Nachhaltigkeit vorantreiben und den offenen Austausch der erworbenen Erkenntnisse und deren weltweite Anwendung fördern.
9. Armut beseitigen als ethisches, soziales und ökologisches Gebot.
10. Sicherstellen, dass wirtschaftliche Tätigkeiten und Einrichtungen auf allen Ebenen die gerechte und nachhaltige Entwicklung voranbringen.
11. Die Gleichberechtigung der Geschlechter als Voraussetzung für nachhaltige Entwicklung bejahen und den universellen Zugang zu Bildung, Gesundheitswesen und Wirtschaftsmöglichkeiten gewährleisten.
12. Am Recht aller – ohne Ausnahme – auf eine natürliche und soziale Umwelt festhalten, welche Menschenwürde, körperliche Gesundheit und spirituelles Wohlergehen unterstützt. Besondere Aufmerksamkeit gilt dabei den Rechten von indigenen Völkern und Minderheiten.
13. Demokratische Einrichtungen auf allen Ebenen stärken, für Transparenz und Rechenschaftspflicht bei der Ausübung von Macht sorgen, einschließlich Mitbestimmung und rechtlichem Gehör.
14. In die formale Bildung und in das lebenslange Lernen das Wissen, die Werte und Fähigkeiten integrieren, die für eine nachhaltige Lebensweise nötig sind.
15. Alle Lebewesen rücksichtsvoll und mit Achtung behandeln.
16. Eine Kultur der Toleranz, der Gewaltlosigkeit und des Friedens fördern.

Den gesamten deutschen Text der Erd-Charta finden Sie unter www.erdcharta.de

Auf der Website können Privatpersonen und Organisationen die Erd-Charta unterzeichnen und sich über zahlreiche weitere Projekte zur Erreichung der oben beschriebenen Ziele informieren.

5 Haltung ... oder wie man mit Widersprüchen fertigwird

Wenn Du erkennst, dass es Dir an nichts fehlt, gehört Dir die ganze Welt.

Laotse

Es gibt Achtung und Haltung.

Wer achtsam ist, der hat eine Haltung.

Eine Haltung haben, bedeutet, einen persönlichen Standpunkt zu haben, aus gewissen Überzeugungen heraus zu handeln. Eine Haltung, könnte man sagen, ist ein Netzwerk von Überzeugungen, die dann zu Konsequenzen beim Handeln führen.

Die Frage: Wie soll ich handeln? verlangt eine Haltung, wenn wir unsere Handlungen begründen wollen. Aber man kann natürlich auch sagen: Nein, ich muss mein Handeln nicht begründen. Warum auch und vor wem? Viele Menschen haben sowieso nur eine einzige Haltung, die *Be-Haltung*, das heißt, sie wollen möglichst viel Geld behalten und sich so verhalten, dass sie noch mehr Geld machen, das sie dann für sich behalten. Das ist auch eine Haltung. Davon soll hier aber gar nicht die Rede sein.

Worauf wir hinauswollen, ist Folgendes: Welche Art von Haltung legt man an den Tag, wenn man sich gewisse Kenntnisse angeeignet hat? Zum Beispiel Kenntnisse darüber, dass sich zumindest Teile der Gattung Homo sapiens in den letzten, sagen wir mal 400 Jahren auf diesem Planeten nicht so verhalten haben, dass es ein guter Plan für die nächsten 400 Jahre wäre. Wie verhält man sich mit der Kenntnis, dass es tatsächlich nicht mehr so weitergeht?

Nehmen wir an, wir säßen auf der Titanic. Wir wissen, das Schiff hat ein Leck. Und obwohl die Schräglage schon bedenklich ist, glauben manche immer noch, das Schiff sei unsinkbar. Jetzt gibt es verschiedene Möglichkeiten. Die einen feiern so lange, bis sie derart betrunken sind, dass sie die Katastrophe des Untergangs nicht mehr mitbekommen. Die gehen sozusagen voll unter. Nach dem Motto: »Wir versaufen unser Oma ihr klein Häuschen.« Das ist eine Haltung. Nach uns die Sintflut. Es gibt Menschen, die so eine Haltung haben. Wenn man jedoch will, dass es nach einem selbst weitergeht, ist das keine gute Haltung. Die Szenarien Titanic, Omas Häuschen und Sintflut bieten keine Zukunftsperspektive, auch nicht für jene, die uns doch möglicherweise am Herzen liegen.

Eine Haltung hat also etwas damit zu tun, dass ich darauf achte, was mein Verhalten, mein Handeln für andere und für die Zeit nach dieser Handlung bedeutet? Soll es danach weitergehen? Soll es danach besser weitergehen? Sollen zum Beispiel gewisse Missstände, die mir aufgefallen sind, in Zukunft abgemildert werden oder gar durch mein Zutun verschwinden? Sollen sie abrupt verändert werden oder eher langsam? Auf jeden Fall geht es um das Danach. Um den Blick in die Zukunft, um Zukunftstauglichkeit. Ökologen verwenden dafür gerne die schöne Formulierung »Enkeltauglichkeit«.

Die Frage, die sich jeder stellen könnte, lautet also: Wenn alle sich so verhalten würden wie ich, wäre das für mich und für alle anderen gut? In dieser Frage spiegelt sich die Verantwortung für all jene, die nach mir kommen. Das wäre eine Haltung, die einem Menschen gemäß wäre, der nicht bloß seinen Trieben und seiner Gier nach Macht, nach Mehr folgt. Wer sich in der Menschheitsgeschichte umschaut und fragt: »Wer waren die herausragenden Persönlichkeiten, solche, die Haltung bewiesen haben?«, der findet unter ihnen kaum Superreiche. Die denken meist wirklich nur ans Geld. Schon eher waren es Menschen wie Mahatma Gandhi, wie Jesus. Wir denken an Nelson Mandela oder an Buddha. Das sind Menschen, die Haltung bewahrt haben, die sich eine Haltung bewahrt haben, die sie ihr ganzes Leben lang getragen hat. Wir denken vielleicht auch an so große Mystikerinnen und Mystiker wie Hildegard von Bingen oder Meister Eckhart. Wir denken an Männer wie Martin Luther, der sich hinstellte und seine Haltung durchgehalten hat.

Wir denken auf jeden Fall an Persönlichkeiten, die ihre Macht nicht dadurch definieren, Dinge zusammenzuraffen, zu kommerzialisieren,

Mahatma Gandhi, indischer Widerstandskämpfer und Pazifist: »Die Welt hat genug für jedermanns Bedürfnisse, aber nicht für jedermanns Gier.«

zu ökonomisieren, sondern die eine humanistische Überzeugung haben oder hatten. Überzeugung und Haltung scheinen eng zusammenzuliegen.

Also fragen wir, was sind unsere Überzeugungen? Welche sind die Überzeugungen derjenigen, die uns erzogen haben? Haben sie nicht vielleicht gedacht, mein Sohn, meine Tochter sollte ein Guter, eine Gute werden? Aber was ist eine gute Überzeugung? Sicher nicht die Gier nach Geld und der Wunsch, alles für sich zu behalten. Das würde zwangsläufig zu Ungleichheiten und Ungerechtigkeiten führen, die in der Weltgeschichte noch nie lange vorgehalten haben.

Wie hieß es in einem Film so schön – ich glaube, es war der zweite Wall-Street-Film –, da fragt der junge Banker den alten Kollegen: »Was ist denn Ihr Limit?« Und der antwortet: »Mehr!« Nun, ein Limit, das sich nur dadurch definiert, dass es kein Limit ist, das kann keine Haltung für alle sein. Wenn für alle das Limit »mehr« gilt, enden alle und alles in einem einzigen Schlachten, im Gegeneinander aller, in einem Schlachten von Hoffnungen, in einem Schlachten von Überzeugungen. So lässt sich keine Welt gerecht und nachhaltig organisieren.

Die Haltung, von der wir sprechen, ist eine, bei der sich ein Mensch –

aber ebenso eine Gruppe, Gesellschaft – seiner selbst bewusst ist und danach fragt: Was tue ich, das nicht nur für mich gut ist, sondern für möglichst viele andere? Welche Konsequenzen hat mein Handeln? Kurzfristige Quartalsberichtüberzeugungen würden hier nicht weiterhelfen. Wir haben es hier mit einer Haltung zu tun, die sich aus anderen Quellen speist als aus den Werten, mit denen wir es normalerweise in ökonomischen oder wissenschaftlichen Zusammenhängen zu tun haben. Dort sind es Messwerte und Zahlen, die sich in irgendwelchen Berechnungen widerspiegeln. Was zum Beispiel ist der Planet Erde wert, die ganze Erde? Da gibt es schon irrwitzige Zahlen. Die Macher des US-amerikanischen Dokumentarfilms »Ausverkauf Erde: Was kostet die Welt?« (2012) kamen nach der Addition aller Rohstoffe wie Gold, Diamanten, seltene Erden, Gas-, Kohle- und Ölreserven, nach der Bepreisung aller Tiere und Pflanzen, allen Ackerbodens, aller Immobilien auf einen Wert von 5,3 Billiarden Euro. Interessant an dieser planetaren Inventur ist, dass der Rohstoff Süßwasser mit 4,3 Billiarden Euro viermal so hoch bewertet wurde wie alle anderen Güter zusammen.

Nicht berechnet wurde das Humankapital, wie Ökonomen heute sagen, wenn sie von Menschen sprechen. Wie heißt es bei Karl Marx so schön: Es ist ein Zeichen des Spätkapitalismus, dass er sämtliche Lebensbereiche ökonomisiert.

Wenn Sie sich fragen, welche Haltung sollte man angesichts all dessen haben, dann sagen wir: zuallererst eine, die möglichst viele Bereiche des Lebens ent-ökonomisiert! Und das heißt, sich nicht für alles, was man tut, jederzeit in Heller und Pfennig oder in Euro und Cent bezahlen zu lassen, sondern Dinge zu tun, weil sie einem wichtig sind.

Es geht nicht immer nur darum, das zu tun, was Spaß und Freude macht, sondern etwas zu tun, das unter Umständen auch mal wehtut. Zum Beispiel: Ich stelle mich einer Gruppe entgegen und bewahre Haltung, um diese Gruppe davon abzuhalten, das nach meiner Meinung Falsche zu tun. Der demokratische Wähler sollte sich nicht immer nur an seinen eigenen Interessen orientieren, sondern von seiner auf den eigenen Bauchnabel gerichteten und außerdem vor allem betriebs- oder volkswirtschaftlich orientierten Betrachtung zu einer Gemeinschaftsbetrachtung gelangen. Wie dient meine Entscheidung der Gemeinschaft? Das kann durchaus ökonomisch begründet sein, wenn es darum geht,

Ressourcen oder Gelder zu schonen. Nur sollte das Ökonomische nicht das erste Ziel sein. Das erste Ziel muss Gedeihlichkeit sein. Gedeihlichkeit, dieser organische Begriff: Blumen und Kinder gedeihen.

Apropos gedeihen: Gerade ist ein Student hereingekommen und hat seine Arbeit in Kosmologie abgegeben. Dieser junge Mann ist einer, der in diesem Bachelorsystem, in diesem *bolognisierten* Universitätssystem, studieren muss. »Muss« muss man hier schon sagen. Die Haltung derjenigen, die dieses System eingeführt haben, war eine rein ökonomische. Es war ein ökonomisches Interesse, dass Studenten möglichst schnell wieder aus der Universität verschwinden, um wirtschaftlich produktiv zu werden. Warum halten wir uns in Deutschland an Ökonomen und nicht an Männer wie Wilhelm von Humboldt, wenn es um das Studium an der Universität geht?

Wilhelm von Humboldt hat im 19. Jahrhundert dargelegt, was Studieren bedeutet, nämlich: selbstständiges Studieren. Und zu studieren heißt, *sich zu befleißigen*, sich einem Thema zu nähern, und zwar in einer Weise zu nähern, dass man es durchdringt und nach einer gewissen Zeit so beherrscht, dass man dieses Thema inhaltlich weiterbringt.

Wilhelm von Humboldt hat nie daran gedacht, dass es mal Studenten geben könnte, die einfach nur auswendig lernen. Aber was wollen Studenten heute sonst machen? In dem System, in dem sie studieren, müssen sie sich anpassen. Andernfalls haben sie keinen Erfolg. Für Humboldt hätte der Erfolg darin gelegen, dass sich das Individuum mit einem Thema auseinandergesetzt und dabei etwas gelernt hat, sich also selbst bildet. Leider ist die Haltung zur Universität heute eine andere, es geht nicht mehr um Bildung, sondern um Ausbildung. Wir haben die Universität einer Nützlichkeitsuntersuchung beziehungsweise Zweckorientierung unterzogen. Wir haben dabei das abgeschafft, was zumindest in weiten Teilen der deutschen Geschichte für die Universität prägend war, nämlich die Selbstständigkeit der Individuen, damit sie in Freiheit studieren können.

Die Freiheit ist heute eingeschränkt. Früher konnte man schlendern beim Studieren, heute wird marschiert. Und das ist eine Art von militärischer Haltung, wenn ein bestimmtes Ziel innerhalb einer gewissen Zeit erreicht werden soll. Da haben sämtliche ökonomischen Gründe die Oberhand gewonnen. So ziehen wir Monokultur heran. Wie bei ei-

Der preußische Gelehrte, Schriftsteller und Staatsmann Wilhelm von Humboldt (1767–1835) war ein bedeutender Bildungsreformer im Geist der Aufklärung und des Neuhumanismus. Sein Ziel war eine möglichst ganzheitliche Bildung und die Selbstbestimmung des Individuums.

Lithografie von Franz Krüger, © gemeinfrei

ner Wiese, die so radikal gemäht wird, dass sich allenfalls Gänseblümchen durchsetzen und Vielfalt keine Chance mehr hat.

Die Vernichtung von Vielfalt widerspricht der Eigenschaft der Natur, möglichst viele verschiedene Optionen für den Fall anbieten zu können, dass sich die Umweltbedingungen verändern. Nur in der Vielfalt lässt sich eine Lösung finden, die unter veränderten Bedingungen das Spiel des Lebens weitertreiben kann. Und damit kommen wir auf einen anderen wichtigen Punkt zu sprechen. Die Haltung von uns Menschen müsste doch – gerade weil wir uns ja auch wissenschaftlich betätigen – wissenschaftlich begründbar sein. Die Frage lautet: Wie soll ich mich in einer Welt verhalten, in der wissenschaftliche Forschung und die Technologien, die aus ihr entstehen, zu negativen Veränderungen der Lebensbedingungen geführt haben? Die Antwort auf diese Frage müsste eigentlich klar sein: Ich sollte mich so verhalten, dass die Handlungen, auch der Wissenschaftler, nicht zu weiteren Verschlechterungen führen. Leider aber hat sich die Welt der Technik vom wissenschaftlichen Bereich fast völlig entkoppelt. Ein Hauptgrund dafür ist, dass ökonomische Grenzbedingungen angelegt werden und nicht mehr die Bedingungen, die der Natur entsprechen.

Die grundlegende Haltung eines Menschen muss doch sein: Ich bin Mensch und vor allem ein Mensch unter Menschen. Das heißt, das menschliche Zusammenleben steht an erster Stelle.

Und an zweiter Stelle: Ich bin nur dann Mensch unter Menschen, wenn die Lebensbedingungen für alle so sind, dass wir Menschen unter Menschen bleiben können ... und nicht zu Tieren werden müssen!

Drittens: Natürlich gibt es in uns Eigenschaften, die einem gedeihlichen Zusammenleben entgegenstehen. Dafür aber haben wir kulturelle Bändigungsmechanismen entwickelt, etwa Rechtsstaatlichkeit und humane Umgangsformen.

Unser neoliberales Wirtschaftssystem und ein Raubtierkapitalismus sprechen aber genau das Tierische in uns an. Mensch unter Menschen zu sein, wird schon allein deswegen immer schwieriger, weil die digitale Welt uns immer häufiger dazu bringt, auf eine nicht menschliche Art und Weise zu kommunizieren. Auch hier wäre Haltung wichtig, nämlich die, dass digitale Technik zunächst einmal wertneutral ist, dass sie als Instrument eingesetzt werden kann, für Gutes wie für Schlechtes, aber nicht zum Lebensinhalt werden sollte. Wer sich jeden Tag fünf oder sechs Stunden in sozialen oder asozialen Netzwerken herumtreibt, der könnte diese fünf oder sechs Stunden auch darauf verwenden, sich mit Menschen zu treffen und vielleicht Menschen zu helfen, mit Menschen zu sein, für Mitmenschen da zu sein. Die digitale Technik verbindet, aber sie trennt und isoliert auch. Die umfassende Digitalisierung hält uns immer mehr davon ab, Mensch unter Menschen zu sein. Stattdessen werden wir mit Informationen bombardiert, die wir kaum noch verarbeiten können, zumal wir häufig Dinge erfahren, die wir gar nicht ändern können, die uns manchmal so aufregen, dass sie uns völlig hilflos machen.

Dieses Buch ist nichts anderes als ein Versuch, darauf hinzuweisen, dass es jede Menge menschlicher Verhaltensweisen gibt, die es möglich machen, als Mensch unter Menschen zu leben und darauf zu achten, dass die Lebensbedingungen für alle nicht schlechter werden. Dazu fällt uns ein Satz aus der Bibel ein: »Der Mensch lebt nicht vom Brot allein.« (Mt. 4,4)

Interessant, oder? Mit diesem einfachen Satz verweist Jesus auf eine Welt voller Ideen und vor allem voller Ideale, die es dem Menschen möglich machen, als freier Mensch mit anderen zusammenzuleben. In diesem Zusammenhang müssen wir auch Rosa Luxemburgs berühmten Satz zitieren: »Freiheit ist immer die Freiheit der Andersdenkenden.« Das heißt, meine Freiheit endet dort, wo die Freiheit des anderen bedroht ist oder eingeschränkt wird. Das zu beachten, ist auch eine Frage der Haltung.

Genauso eine Frage der Haltung wäre es, als Chef eines Unternehmens mindestens vier Wochen im Jahr einmal ganz unten in der Hierarchie zu arbeiten, um den Kontakt zur Wirklichkeit nicht zu verlieren. Wenn es zum Beispiel darum geht, Grenzwerte für Automobile einzuhalten, dann sollte doch jemand aus der Spitze wissen, wie schwierig es offenbar ist, solche Motoren zu bauen, und was dabei wirklich passiert. Es könnte ja sein, dass der Wirklichkeitsverlust derjenigen, die sich immer wieder in merkwürdigen Pressekonferenzen darüber ergehen, was sie alles nicht gewusst haben, so groß ist, weil sie sich tatsächlich in einer Blase befinden.

Wirklichkeitsfern ist, dass sich Führungskräfte aus Hochfinanz und Großindustrie auf privaten Sommerfesten treffen, und einer sagt zum anderen, »meine Frau und ich sind so unzufrieden mit unserer Yacht, aber ich finde einfach keinen Yachtbauer, dem ich den Bau einer neuen Yacht nach unseren Vorstellungen zutrauen würde. Die Yachtbauer, von denen ich wirklich etwas halte, sind auf Jahre ausgebucht.«

Merkwürdige Luxusprobleme. Aber bestimmt keine für die Gemeinschaft nützliche Haltung. Da ist jemand völlig überfordert oder überfüllt.

Eine gute Haltung wäre, mal da hinzugehen, wo die schärfsten »Feinde« sind, diejenigen, die man selbst kritisiert. Wie wäre es, wenn deutsche DAX-Manager sich ab und zu in Flüchtlingsheimen aufhielten? Um zu verstehen, um Hand anzulegen, mitzuhelfen, willkommen zu heißen, dabei zu sein und nicht zu verwalten oder verwalten zu lassen. Und anstatt nur in Aufsichtsräten zu sitzen, um Aufsicht zu führen, einfach mal rein, hinein, mitten ins Leben. Das wäre doch mal eine Haltung. Auch um zu sehen, was alles angerichtet wird dadurch, dass eben der anonyme Shareholder im Hintergrund inzwischen wichtiger geworden ist als alle Lebensbedingungen für Kinder und Kindeskinder. Das wäre doch eine Haltung!

Letztlich läuft alles darauf hinaus, sich maßvoll zu benehmen. Angemessen. Oder vielleicht sollte man bei Aristoteles nachlesen, was die richtige Haltung ist. Jedes Problem verlangt eine angepasste Genauigkeit, schreibt Aristoteles in der »Nikomachischen Ethik«. Jedes Problem verlangt eine neue Haltung.

Was wir also eigentlich brauchen, ist Haltungsflexibilität. Das heißt nun nicht, sich durchzumogeln oder sein Fähnchen nach dem Wind zu drehen, das heißt vielmehr Großzügigkeit, Langsamkeit, Ruhe, Stille. Nicht immer dabei sein müssen, nicht immer online sein, nicht so schnell sein, schon gar nicht so schnell, dass man es nicht mehr kontrollieren kann. Von exponentiellem Wachstum sollte nie die Rede sein. Das bedeutet nämlich Explosion. Beides fängt übrigens mit »ex-« an. Und das steht für aus, Ende, vorbei.

Völlig wollen, müssen, sollen und können wir uns vom Veränderungspotenzial nicht verabschieden. Wir Menschen sind das Tier, das immer ein bisschen unzufrieden sein wird – was uns weit gebracht hat. Die meisten fühlen sich eigentlich in ihren Lebensumständen ganz wohl. Aber es gibt immer einige, die treibt es, die treibt es weg, hinaus, hinauf, immer höher, immer schneller. Wir sehen, wohin das führt. Egal, wohin wir schauen, überall Rokoko. Und das immer öfter übertrieben, extremer. Im Sport: Es wird gedopt. Beim Fußball: Der nächste teuerste Spieler der Welt liegt schon irgendwo am Spielfeldrand und lässt sich die Waden massieren. Es werden nicht 200 Millionen für ihn ausgegeben, sondern dann vielleicht 300 Millionen. Weil irgendjemand das Geld dafür hat. Schauen wir uns einfach nur an, wie sich Menschen verhalten, die über enorm viel Macht verfügen. Der Wirklichkeitsverlust der Eliten ist groß. Sie sind isoliert und entscheiden doch mit ihren Investitionen über das Schicksal von Millionen. Und durch ihr offenbar grenzenloses Streben nach immer mehr entscheiden sie auch über das Schicksal des Planeten. Wie schön wäre es, wenn sie sich wieder mal in die richtige Wirklichkeit begeben würden.

6 Risiko Freiheit anstatt moralischer Imperative

Wir brauchen eine sozial gerechte, stabile Gesellschaft, wir brauchen einen Konsens über die Notwendigkeit ökologischen Handelns, wir brauchen eine Politik, die die nötigen Rahmenbedingungen setzt. Und wir brauchen Menschen, die Haltung bewahren. Aber auf welcher Ethik sollte unser zukünftiges Handeln für eine nachhaltige Welt im Anthropozän basieren? Darüber haben wir mit Markus Vogt, Professor für Christliche Sozialethik an der Ludwig-Maximilians-Universität in München, gesprochen.

Harald Lesch: Herr Vogt, wir haben jetzt zum ersten Mal eine richtige wissenschaftliche Kommission, die sich darüber Gedanken gemacht hat, ob es denn so etwas wie ein Anthropozän tatsächlich gibt. Ein Zeitalter also, das im Hinblick auf die biologischen, geologischen und atmosphärischen Prozesse durch den Menschen geprägt ist. Diese Kommission hat sich dazu entschlossen, den – wie es so schön heißt – entscheidenden Gremien den Vorschlag zu machen, das anzuerkennen. Bedeutet dies für die ethische Diskussion, endlich müssen wir anerkennen, dass wir den Planeten stark verändert haben?

Markus Vogt: Ich denke schon, aber es ist keine ganz andere und neue Ethik, sondern es ist eigentlich ein neuer Relevanzhorizont für die Ethik. Es bedeutet, wenn der Mensch ein geologischer Faktor ist, also wenn der Mensch der wesentliche Akteur ist, der die Lebensbedingungen auf dem Planeten Erde beeinflusst, dann können wir das so gestalten, dass der Mensch und andere Lebewesen eine Zukunft haben, oder aber so, dass die Lebensbedingungen sehr schlecht werden. Das hängt ab von Entscheidungen der Menschen, von unserem Gesellschaftsmodell, von der Art zu kooperieren oder nicht zu kooperieren. Insofern ist es eine neue Dimension der Verantwortung in Bezug auf den Zeithorizont, in Bezug auf die Auswirkungen in der Natur. Das muss natürlich reflektiert werden.

HL: Ist es im Grunde genommen nicht viel zu kompliziert, wenn der Einzelne entscheiden soll, wie er handeln soll? Da könnte man mit dem guten Immanuel Kant und seinem kategorischen Imperativ kommen: Handle so, dass deine Handlungen zum allgemeinen Gesetz erhoben werden können. Aber kann man das für die gesamte Menschheit absehen? Es finden sich doch völlig verschiedene Randbedingungen und lokale Forderungen. Um es mal so zu sagen: Was dem einen sein Uhu, ist dem anderen seine Nachtigall. Kann man eine globale Ethik tatsächlich so umfassend formulieren, dass man weiß, das sind die Grundsätze, denen wir alle zu folgen hätten?
MV: Ich glaube, wir sind darauf angewiesen, so etwas zu versuchen, ob wir es wollen oder nicht. Völlig klar ist, dass wir durch die Vorstellung, wir könnten das Erdsystem managen, überfordert sind. Insofern müsste diese Ethik vor allem eine Kritik an der übertriebenen Vorstellung der Steuerungsfähigkeit von Gesellschaft, von Zukunft sein, gewissermaßen eine Reflexion über die Grenzen der Moral. Durchaus auch bei konkreten Grenzen, bei denen wir sagen: Das zu gestalten, das trauen wir uns nicht zu, bei bestimmten Techniken einfach zu sagen, da sind wir in Bezug auf die Risiken eher vorsichtig. Es geht also um so etwas wie Demut, ein Bewusstsein von Grenzen, eine intelligente Selbstbegrenzung. Das wäre sicher der Ausgangspunkt einer solchen Ethik des Anthropozäns.
HL: Sie sind ja schon einige Zeit in diesem Ethik-Geschäft unterwegs. Haben Sie den Eindruck, es tut sich was? Jetzt mal abgesehen davon, dass ein ökologisches Bewusstsein zumindest in Teilen der deutschen oder europäischen Bevölkerung existiert. Es gibt ein großes Interesse daran, über bessere Nahrungsmittel zu verfügen, besser zu leben, vielleicht nicht mehr so mobil zu sein. Die Mehrheit, egal auf welchem Kontinent, hat sich aber nach wie vor dem ganz normalen Wirtschafts- und Lebensmodell verschrieben. Getreu dem Motto: Ich verbrauche für mein individuelles Lebensglück, was immer ich meine zu brauchen. Gibt es zumindest in Teilen der Gesellschaft eine Bewegung, die sagt: Genug der Worte, wir müssen auch handeln. Lässt sich das erkennen?
MV: Nach meiner Beobachtung ist unsere Situation typisch postmodern, also selbstwidersprüchlich. Einerseits leben wir so, wie wir es gewohnt sind. Wir wollen immer mehr und das immer schneller. Und

Markus Vogt, Professor am Lehrstuhl für Christliche Sozialethik an der Katholisch-Theologischen Fakultät der Ludwig-Maximilians-Universität München

wir wollen hauptsächlich unsere Zukunft sichern. Der Diskurs ist sehr angstbesetzt. In Deutschland sieht man das beim Umgang mit Migranten. Auf der anderen Seite glaube ich, dass unter dieser Oberfläche das Bewusstsein stärker wird, dass wir das bisherige Programm von Fortschritt, von Wohlstandsstreben so nicht verlängern können. Es zeigt sich die Sehnsucht nach anderen Werten. Viele stimmen dem theoretisch schon zu, kommen nur im Alltag selten dazu, es zu realisieren. Diese Selbstwidersprüchlichkeit zeigt sich sehr deutlich. Jetzt müsste man entsprechend versuchen, das unter der Oberfläche vorhandene Bewusstsein auch tatsächlich in Handeln umzusetzen.

HL: Es fehlt doch anscheinend die grundlegende Einsicht für augenfällige Zusammenhänge wie »was weg ist, ist weg«, wenn man an die endlichen Ressourcen denkt, Rohstoffe, die wir verbrauchen und sicher nicht mehr zurückkriegen. Für die digitale Elektronik werden weltweit immer mehr Geräte produziert. Dazu sind ganz besondere Rohstoffe notwendig, die aber irgendwann zu Ende gehen werden. Ab und zu erscheint ein Schild in den Medien: Achtung, Achtung, die Vorkommen an Iridium oder Selen gehen zur Neige. Dann folgt schnell eine Meldung: Ah, wir haben doch wieder was gefunden. Das ist Gott sei Dank noch mal gut gegangen, knapp, aber doch. Dass wir selbst so offenkundige, einfache Zusammenhänge nicht sehen wollen! Sind wir Wesen, die absolute Grenzen einfach nicht wahrhaben wollen?

MV: Vermutlich sind wir biologisch nicht so gebaut, dass wir diese Art von Grenzen tatsächlich wahrnehmen, verinnerlichen. Wir sind es gewohnt, diese Grenzen zu verdrängen. Wir haben natürlich auch die positive Erfahrung, die vermutlich eher unbewusst eingesickert ist, dass das die letzten paar Hundert Jahre überraschend gut funktioniert hat. Es werden immer wieder Grenzen neu hinausgeschoben. Da ist viel Dynamik drin. Oft ist die endgültige Grenze auch schwer zu erkennen. Es werden immer wieder neue Wege gefunden auszuweichen, zu verlängern, auf andere, die man nicht sieht, abzuwälzen. Da ergeben sich durchaus noch viele Spielräume.

Ich denke, daraus entsteht diese typische Selbstwidersprüchlichkeit in unserer mentalen Infrastruktur. Wir sind vermutlich durch die Erfahrung eines gelungenen Fortschritts in den letzten paar Jahrhunderten und dessen Narrative geprägt. Sie kennzeichnen unser Wissenschaftsmodell, unsere Vorstellung von Fortschritt und Erfolg. Darauf sind wir programmiert. Die Grenzwahrnehmungen passen einfach nicht dazu und werden wieder verdrängt. In unseren mentalen Infrastrukturen haben wir immer noch eine Vorstellung von grenzenlosem Wachstum. So sind wir programmiert. Das ist offensichtlich etwas, was eine Tiefenschicht in unserer Kultur ausmacht, in der der Einzelne relativ hilflos und trotz besseren Wissens, trotz besserer Einsichten diesen Mustern folgt.

HL: Es gibt ja sogar die Vorstellung davon, dass diese Wachstumsgier in uns evolutionär sehr tief angelegt ist. Wachstum bedeutete früher, wenn die Gruppe größer ist, ist es sicherer. Wenn ich mehr Land habe, kann ich in einem Teil ernten, selbst wenn der andere überflutet ist. Ein Evolutionstheoretiker hat es mal so ausgedrückt: Als Primat hat man die unglaubliche Chance, innerhalb der Hierarchie einer Gruppe aufzusteigen. Als Insekt geht da nichts. Da kommt man entweder als das eine oder das andere auf die Welt. Aber Primaten versuchen praktisch pausenlos, innerhalb der Gruppe, zumindest bis zu einem gewissen Zeitpunkt ihres Lebens, aufzusteigen, entweder bis ganz an die Spitze oder zumindest bis zu einer mittleren Hierarchieebene. Wenn dieses Streben aber tatsächlich so alt ist, ist es schwer, daran etwas zu verändern. Unser bewusster Umgang mit Grenzen wird auch dazu führen, dass wir zum Beispiel unseren Kindern, unseren Jugendlichen klarmachen müssen, dass ein Lebensentwurf mit freiwilliger Begrenzung aus Überzeugung durchaus ein erfüllendes Lebensmodell sein kann.

MV: Genau, das ist allerdings ein tiefgehender Lernprozess. Von unserer ganzen Biologie her sind wir erst einmal auf Wachstum eingestellt, auf ein größeres Revier, auf Beschleunigung, auf mehr Mobilität. Alles Leben ist Wachstum, aber in der Natur ist es natürlich auch ein Rhythmus von Mehrwerden und wieder Wenigerwerden, von Wachsen und Sterben. Wir haben diese biologische Metapher auf unser Verständnis von Wirtschaft und mathematischen Modellen der ständigen Steigerung bis ins Unendliche übertragen, ohne den biologischen Hintergrund mitzudenken. Darin besteht ein wesentlicher Irrtum.

Wir haben auch in den 1930er-Jahren oft diese Metapher, dass die Gesellschaft ein Organismus sei, gebraucht. Da findet sich die Vorstellung von Solidarität, vom Zusammenwirken verschiedener Einzelner. Insbesondere in den Kirchen wurde diese Solidaritätsmetapher verwendet. Wir haben nicht bemerkt, dass damit im Hintergrund ein kollektivistisches Denken mittransportiert wurde. Im Organismus zählt ja das einzelne Individuum nichts. Auf diese Weise wurde ein totalitäres Gesellschaftsmodell befürwortet, ohne dessen dunkle Seite zu bemerken.

So ähnlich verinnerlichen wir auch die Metapher des Wachstums, in der ja eine richtige Erfahrung enthalten ist: Leben ist Dynamik. Die Kehrseite aber bemerken wir nicht. Insofern sind wir dabei, am eigenen Erfolg zu ersticken, uns selbst durch die Vernichtung der ökologischen Lebensgrundlagen zu zerstören.

HL: Jetzt befürchten ja einige, dass es so etwas wie eine Ökodiktatur geben könnte. Wenn man die ökologischen Bedrohungen sieht, müsste eine übergeordnete Institution dem Kollektiv Menschheit oder dem Kollektiv Europa vorgeben, wie es sich zu verhalten hätte. Wäre das nicht eine Top-down-Ethik, die von oben nach unten die Bedingungen festlegt, die von allen erfüllt werden müssten? Sonst fahren wir mit Karacho gegen die Wand.

MV: Klar, das war ja auch einmal eine stärkere Strömung in der Umweltbewegung. Da wurde teilweise radikal gesellschaftskritisch gegen den Liberalismus agiert. Mir fällt hier Hans Jonas ein: Er forderte ein Wohlwollen gegenüber dem wohlinformierten, dem von der richtigen Einsicht beseelten Tyrannen. Er glaubte nicht, dass die Leute freiwillig bereit seien, weniger zu konsumieren. Natürlich kann das sein, dass solche totalitären oder zentralistischen Modelle, wie jetzt ja auch teilweise in China, uns in vielen Bereichen der Umwelttechnologie, wie

Wind und Solar, überholen. Liberale Gesellschaften sind im Hinblick auf die Verständigungsprozesse oft sehr träge. Ich glaube trotzdem, dass sich das Risiko der Freiheit lohnt. Es gibt für mich keine Alternative. Der mühsame Prozess der Bewusstseinsbildung ist der bessere Weg. Dafür brauchen wir aber neue politische Modelle, zum Beispiel Regionalisierung, weil man da vor Ort selber mitgestalten kann.

Das geht jedoch auch an die Substanz unseres Freiheitsverständnisses, dass Freiheit eben nicht bedeutet, beliebig viele Möglichkeiten zu haben und zu nutzen, zumindest theoretisch. Praktisch haben diese Freiheiten nur die, die Geld haben. Wir dagegen müssen sagen, Freiheit entsteht durch Bindung an den Ort, durch Bindung an eine Gemeinschaft, weil erst in dieser Vertrauensbeziehung, diesen gewachsenen Beziehungen, habe ich als Einzelner tatsächlich die Möglichkeit, auch wirklich etwas zu verändern. Es gilt, den Freiheitsbegriff zu transformieren auf soziale, ökologische Rücksichten, auf regionale Bindungen. Das ist ein mühsamer Verständigungsprozess. Ich glaube aber, dass es dazu keine sinnvolle Alternative gibt.

HL: Das würde ja so etwas bedeuten wie *religio**, also die Rückbindung an die Schöpfung, an das, was um uns herum ist. Das spielt eine ganz neue, wichtige Rolle, oder?

MV: Ja, ich denke, dass die Religion dabei eine ganz wichtige Rolle spielt. Das Grundproblem einer Ethik im Anthropozän sind die großen Imperative. Diese sind plausibel begründet, jeder stimmt ihnen zu, aber keiner handelt danach, weil sich jeder überfordert fühlt. Also ist die eigentliche Schwierigkeit nicht die Begründung, warum wir sparsamer sein sollten, warum wir Rücksicht nehmen sollten. Die eigentliche Schwierigkeit ist wohl die Antwort auf die Frage: Wie kommen wir dahin, uns mit uns selbst und mit den anderen zu verständigen, etwas tatsächlich zu tun, jetzt und heute anzufangen. Wir brauchen eine Transformationsethik, nicht noch eine Begründungsethik.

Das ist der Schwerpunkt der Religionen, damit hat das Christentum 2000 Jahre Erfahrungen gesammelt, dass wir ständig das nicht tun, von

* Das lateinische religio bedeutet Bedenken, Gewissenhaftigkeit, Frömmigkeit, Religion, abgeleitet vom Verb relegere, überdenken, wieder lesen. Andere führen religio jedoch auf religare, zurückbinden, zurück.

dem wir wissen, dass wir es tun sollten. Da gilt es Formen zu entwickeln, mit Riten, mit Geschichten, die man erzählt, mit Symbolen, mit Gemeinschaftsbildung, mit sozialen Strukturen, mit neuen Kommunikationsformen. All das gilt es einzuüben, damit wir tatsächlich ein bisschen mehr das tun, von dem wir denken, wir sollten es tun. Genau diese Sinnmuster sind in der liberalen Gesellschaft vernachlässigt worden. In der deliberativen Demokratie meint man, man müsse sich nur rational über das Richtige verständigen, und dann wird es schon geschehen.

HL: Ich muss gerade an Hartmut Rosas Buch »Resonanz«* denken, in dem er sagt, der Mensch fühlt sich dann wohl, wenn er mit seiner Umgebung in einer bestimmten positiven Resonanz ist. Da gibt es Rückkopplungsprozesse, die der Person mitteilen: Du bist hier wohlaufgehoben. Es sind vor allem positive Erfahrungen mit anderen Menschen, aber auch mit der Umgebung.

Kann man aber eine Gesellschaft als Ganzes zeitnah so verändern? Ist es nicht wie bei einem großen Tanker, den man nur ganz langsam in eine bestimmte Richtung manövrieren kann? Es drängt sich mir eher das Bild sehr vieler kleiner Boote auf, die gemeinschaftlich in eine neue Richtung steuern. Wäre es nicht besser, eine Gesellschaft zu dezentralisieren? Dann würde allerdings die Idee einer Europäischen Union in die falsche Richtung laufen, oder wie muss ich mir das vorstellen?

MV: Ich weiß nicht, ob das zwingend so ist. Die Länder der Europäischen Union sind ja im Unterschied zu den Vereinigten Staaten von Amerika nicht die Vereinigten Staaten von Europa. Sie sind eine Union, also föderal organisiert, mit einer hohen Selbstständigkeit der einzelnen Nationen, sogar einer hohen Selbstständigkeit von einzelnen Regionen innerhalb der Staaten. Bayern nutzt das und sagt, die Nation Deutschland ist nicht das Alleinseligmachende. Wir können auch direkte Beziehungen zur EU haben und als Region mit Regionen in Österreich, im Alpengebiet direkten Kontakt pflegen. Das ist eine verschachtelte Mehrebenenpolitik. Die Gefahr ist, wenn man dann wiederum nur regional denkt, dass man in den Provinzialismus zurück-

* Hartmut Rosa, »Resonanz: Eine Soziologie der Weltbeziehung«, Suhrkamp, Frankfurt am Main 2016

kippt. Gerade bei den Umweltproblemen müssen wir transnational und international zu Regeln kommen und kooperieren. Insofern brauchen wir das Unterschiedliche. Lange ist Europa dafür ein hervorragendes Beispiel gewesen. Im Augenblick stockt diese Zustimmung, weil wir viele Fehler gemacht haben, weil wir nur den Markt liberalisieren und übernational organisieren. Im sozialen Bereich, im kulturellen Bereich, in vielen anderen Bereichen haben wir nicht entsprechend mitgestaltet. Jetzt erhalten wir die Quittung. Die Gefahr ist sehr groß, dass Europa zerfällt.

Viele positive Elemente der Geschichte Europas nach dem Zweiten Weltkrieg wären eher Anknüpfungspunkte und Beispiele für eine solch verschachtelte Mehrebenenpolitik, bei der aber auch die Region zu ihrem Recht kommt und man zugleich national und international handlungsfähig ist. Ich glaube, wir könnten die Idee von Europa, auch als politisches Modell, für eine Ethik im Anthropozän viel stärker nutzen. Wenn Europa ausfällt, wäre das auch für die Weltgemeinschaft ein Riesenproblem. Lange war Europa in vielen Fragen, beispielsweise beim Klimaschutz, ein Motor. Der ist jetzt durch die Selbstblockade erheblich geschwächt.

HL: Das sehe ich auch hochkritisch: die Vorstellung, dass rechtspopulistische, nationalistische Regierungen in Europa die Oberhand gewinnen. Eine Vernetzung wäre dann erheblich erschwert. Nehmen wir die Energiewende. Da geht es um einen europäischen Energieverbund. Da geht es nicht um ein polnisches, ungarisches oder deutsches Energienetz, sondern in irgendeiner Form müssen die Energiemengen hin und her geschoben werden. Ich bin sehr gespannt, wie das im konkreten Fall ausgeht.

Wenn ich Sie richtig verstehe, Herr Vogt, dann geht es um einen neuen Zeitgeist in dem Sinn, dass die Entwicklung in einem Zivilisationsraum wie Europa ohne verschiedene Ebenen von Vernetzung gar nicht funktioniert. Und dies zugleich in Anerkennung von Grenzen, sowohl lokaler Grenzen als auch der Grenzen, die ein Kontinent als Ganzes natürlich hat. Das würde aber bedeuten, dass man sich von der Vorstellung, es geht immer weiter nach oben, es wird immer besser, wirklich verabschiedet. Die Herausforderung daran ist, wie Gesellschaften mit ihren Geschichten, mit ihren Narrativen umgehen. Was geben sie an die nächste Generation weiter? Das ist eine Riesenaufgabe für die Ethik im Anthropozän.

MV: Das Wichtigste einer Ethik im Anthropozän ist, dass man nicht zu kurzatmig moralisiert, also nur moralische Imperative erzeugt. Die gibt es zuhauf in Sonntagsreden. Diese Art von Ethik im Anthropozän wird in der Regel gebraucht, um eigene Machtansprüche zu legitimieren, und ist im Grunde überdimensional. Wenn man da zuhört, weiß man nach fünf Minuten, das funktioniert so nicht. Wir brauchen eher eine Ethik der Befähigung – auch der einzelnen Region zu eigenem Handeln – sowie eine Ethik der Verantwortung als Erfahrung von Resonanz, das heißt der Verantwortung und Sorge für andere Menschen, für eine Region, für eine Kultur, als Erfahrung von menschlichem Gelingen – nicht das Moralisieren im Imperativ, der uns bedrückt, wo wir das Gefühl haben, wir müssten etwas tun, das wir nicht wollen. Es geht um die mühsame Vermittlung von Erfahrungen gelungenen Lebens, was meines Erachtens anthropologisch nur in Verbindung mit Verantwortung, mit Sorge auch für die Umwelt, für andere Menschen möglich ist. Wenn diese Erfahrungen verbunden sein sollen mit menschlichen Begegnungen, müssen sie vor Ort verwurzelt sein. Da kann ich nicht abstrakt für den am fernsten Lebenden Verantwortung übernehmen wollen, sondern da muss sich bewähren, wie ich hier und heute mit meinem Nächsten umgehe. Sonst erzeugt man eben nur Imperative, die andere durchführen sollen. Selber tut man es nicht.

Dieses *Bei-sich-selber-Anfangen* und damit in der eigenen Region und im eigenen Alltag die Sachen verwurzeln, das ist wichtig. Dabei gilt es aber auch, den überregionalen, internationalen Horizont nicht aus den Augen zu verlieren. Diese Art von Ethik wäre sicherlich ein wesentliches Element einer Ethik im Anthropozän.

HL: Ja, dann sollten wir das machen.

7 Angst vor Veränderung

Das größte Hindernis auf jeder Stufe der Transformation unserer Welt ist, dass es uns an der Klarheit und Vorstellungskraft mangelt zu begreifen, dass es anders sein könnte.

Roberto Unger, brasilianischer Politologe

Grüße nach Norderstedt. Norderstedt ist ökologisch eine der Vorzeigegemeinden Deutschlands. Die haben sich was getraut, die haben was verändert. Da gehen viele mit, da gibt's offenbar ein gemeinschaftliches Gefühl, die sagen: Wir machen das jetzt! Wie genau sie das machen, dazu später, im Kapitel »Licht aus zur Erleuchtung«, mehr.

Norderstedt ist nur ein Beispiel für etliche andere Gemeinden und Kommunen in Deutschland. Gemein ist allen, dass sie beschließen: Wir wollen von einem bestimmten Zeitpunkt an nur noch erneuerbare Energien verbrauchen. Wir wollen, dass unsere Landwirtschaft ökologisch betrieben wird.

Es darf aber nicht nur bei der Zielsetzung bleiben. Um ein Ziel zu erreichen, muss viel passieren. Menschen in Gemeinden und Kommunen müssen aktiv werden. Sie müssen wollen, dass Änderungen stattfinden und dies direkt in der eigenen Umgebung. Eine solche kollektive, reformerische, möglicherweise sogar revolutionäre Grundhaltung ist in Deutschland nicht so weit verbreitet. Hier neigt man mehr dazu auszuhalten, sich anzupassen, manchmal auch nur, sich durchzuwurschteln. Aber mal so richtig was ändern, mit anderen gemeinsam die eigene Meinung vertreten, das ist die Sache der Deutschen nicht. Ausnahmen bestätigen die Regel, großer Dank an all jene, die 1989 in der damaligen DDR dafür gesorgt haben, dass das Unvorstellbare Wirklichkeit wurde.

Menschen stehen, wenn sie einen bestimmten sozialen Status erreicht haben, Veränderungen meistens ziemlich ablehnend gegenüber. Wenn alles fein läuft, reibungsfrei und geschmeidig, dann kann man diese Haltung verstehen. Aber wenn nun schon seit Längerem immer wieder Warnungen laut werden, kleine und große Hinweise darauf, dass es unausweichlich zu großen, möglicherweise schmerzhaften Veränderungen unseres Handelns und Daseins kommen muss, dann, ja dann wird die Trägheit ein Problem. Braucht es immer Katastrophen, also persönliche Katastrophen, traumatische Ereignisse, damit sich der Mensch verändert? Oder kann man Menschen auch so ganz langsam von ihrem alten auf einen neuen Kurs bringen?

Wer ist das? Dieser Anthropos? Dieser Homo sapiens? Man könnte ja in der Tat so etwas wie eine Anthropologie der Umweltzerstörung schreiben. Warum kommen wir aus dem Wachstumsimperativ – also dem Befehl zu wachsen, wachsen, wachsen – nicht heraus? Warum nehmen wir dabei die Zerstörung unserer Umwelt in Kauf? Und warum stellen Veränderungen für uns eine Bedrohung dar?

Wenn wir uns für einen Moment in eine Urzeit-Savannensituation hineinversetzen, dann waren dort stabile Lebensverhältnisse das A und O, weil unter solchen Umständen eine Gruppe prosperieren konnte. Prosperieren im evolutionären Sinne heißt immer, dass die Population anwächst. Wenn ständig irgendwelche Gefahren drohen – das kann man schon am Einzelnen nachweisen –, ist der Ausstoß von Stresshormonen so stark, dass die Fruchtbarkeit beim Homo sapiens nachlässt.

Friedliche Bedingungen sind daher wichtig für den evolutionären Erfolg der Einzelnen und der Gruppe. Frieden ist Angstfreiheit und für den menschlichen Körper das Paradies. Aber auch für unseren Geist. Wer sich nicht ständig davor fürchten muss, umgebracht zu werden oder Haus und Hof, Sippe und Stamm zu verlieren, kann seinen Gedanken freien Lauf lassen. Äußere Stabilität und Frieden führten deshalb bereits in frühesten Kulturen zu Kooperation und Spezialisierung. Niemand muss in einer Gemeinschaft alles selber machen. Sozialisation, das heißt miteinander kooperieren und sich dabei als Individuum finden und spezialisieren, um wiederum der Gruppe, der Sippe, dem Stamm als Ganzes zu dienen, das macht einen Teil des Erfolgs des Säugetieres Homo sapiens aus.

Der Erfolg bringt Anerkennung durch die anderen. Sich spezialisieren heißt also auch, dass man innerhalb einer Gruppe einen anderen Wert bekommt, einen höheren, wenn man gut ist in dem, was man tut, wenn man sein Handwerk beherrscht, wenn man eine Meisterschaft erreicht hat.

Wer einmal im Besitz eines bestimmten Rangs innerhalb der Gruppe ist, der möchte diesen natürlich auch nicht mehr verlieren. Jede Art von Veränderung beinhaltet dann natürlich das Risiko, dass man innerhalb der Gruppe unter den veränderten Umständen seinen Rang verliert.

Diejenigen, die schon einmal einen sozialen Absturz erlebt haben, wissen, wovon die Rede ist. Sie haben erfahren, wie tief man fallen kann. Auf einmal fehlen die Macht- und Erfolgssymbole, die innerhalb der alten Gruppe gezählt haben.

Das Downsizing von erfolgreichen Menschen führt oft dazu, dass ihre Gruppe, in der sie vorher gelebt, mit der sie bis dahin kommuniziert haben, ihre Peergroup also, auf einmal gewaltig schrumpft. Wie heißt es so schön? Da lernt man erst wirklich diejenigen kennen, die sich vorher Freund genannt haben.

Veränderung ist also mit einem Risiko verbunden, weil man nicht weiß, was passieren wird. Und genau das bedeutet Zukunft. Die Zukunft ist ein offenes System, niemand kann exakt sagen, was alles passieren kann und wird.

Und was bedeutet das für den Menschen des 21. Jahrhunderts? Was für eine Art Leben führen wir denn? Eigentlich doch ein merkwürdiges, widersprüchliches. Wir möchten so frei wie möglich sein. Es sei denn, es passiert uns etwas. Dann soll sofort eine Person oder Institution vorhanden sein, die uns beschützt, uns hilft, die uns aus einer Krisensituation rausholt. Aber ansonsten möchten wir total frei sein. Das funktioniert natürlich nicht. Ist ja klar. Also, entweder oder. Alles oder nichts. Beides zusammen ist schwierig.

Wir erleben auf der einen Seite eine zunehmende Kontrolle unserer Lebensäußerungen in allen Variationen, nicht nur dadurch, dass wir im Internet in sozialen oder asozialen Netzwerken unterwegs sind. Irgendjemand hat uns die ganze Zeit auf dem Schirm, auf dem Bildschirm. So etwas war bisher nur eine Idee aus George Orwells Büchern oder Science-Fiction-Filmen, heute ist es längst alltägliche Routine: jemanden auf Schritt und Tritt digital genau zu verfolgen – egal, wohin. Kameras, Mikrofone, Computer und Software lassen uns nicht mehr aus ihren digitalen Augen. So ist China gerade dabei, durch digitale Totalüberwachung eine Erziehungsdiktatur zu schaffen, die sozial schlechtes Verhalten – wie lästern über die Partei im Internet, bei Rot über die Ampel gehen, zu Hause heimlich Pornos schauen oder sich an der Kasse vordrängeln – mit Punkteabzug bestraft.

Andererseits lieben wir die Freiheit, die möglichst grenzenlose Auswahl von Optionen. Alles tun zu können, auszuprobieren, und das mit möglichst geringem Risiko. Dass Freiheit auch Scheitern bedeuten kann, auch Verlieren, wird im modernen Freiheitsbegriff oft vernachlässigt. Wenn wir heute scheitern, dann soll bitte sofort ein Netz da sein, das uns auffängt, uns rettet oder zumindest den Zustand vor der Niederlage wiederherstellt. Das ist die Freiheit in ihrer Luxusvariante: baden, ohne nass zu werden. Wenn schon fallen, dann möglichst weich.

Bei der Transformation in eine ökologisch sinnvoll handelnde Gesellschaft ist es genauso. Wir wissen nicht, was das alles bedeuten wird. Wir wissen aber eigentlich schon, dass wir uns verändern müssen. Aber, und jetzt kommt das große *Aber*, aber bitte so, dass wir die Wende kaum bemerken. Alles bitte nur in kleinen Dosen, ohne allzu schmerzhafte Einschnitte. Bitte nur ganz weiche Störungen. Nur mal kleine Veränderungen ausprobieren.

Technische Entwicklungen lassen wir uns gerne gefallen, die verlangen scheinbar relativ geringe Veränderungen, unter anderem genau deshalb, weil erfolgreiche Technologien sogar darauf beruhen, dass sich ein Ablauf exakt wiederholt. Immer das Gleiche, null Veränderung. Eine technische Innovation ist dann eine leichte Variation des bereits Bekannten, das wiederum sehr stark auf präzise Wiederholung drängt. Das gilt zum Beispiel für die Mobilitätstechnologie im Fall von Flugzeugen, Schiffen oder Automobilen. Es gilt eigentlich für sämtliche Technologien um uns herum, sie basieren auf möglichst perfekten, exakten Wiederholungen.

In dem Moment, wo ihre Stabilität in irgendeiner Weise labil wird, wird Technik zum Risiko. Die Unkenntnis über die Konsequenzen erzeugt Unsicherheit und die Möglichkeit des Scheiterns. Solange aber die Bedingungen immer gleich sind, ist alles in bester Ordnung. Man denke nur an ein Auto, dessen Motor mit 3000 Umdrehungen pro Minute läuft. In zehn Minuten hat sich der Vorgang dann 30 000-mal wiederholt. 30 000 Mal. Egal, ob der Weg holprig ist, die Straße nass, ob es kalt oder warm ist. Völlig unabhängig von den äußeren Bedingungen.

Es ist beeindruckend, wie stark sich die unveränderliche technische Stabilität inzwischen in unser Leben eingeschlichen hat und heute die Grundbedingung für das moderne Dasein bildet. Was bleibt denn von unserem Leben, wenn wir alle modernen Technologien wegdenken? Fast nichts mehr. Kein Telefon, kein Computer, kein Auto, keine Flugzeuge, kein elektrischer Strom. Wir sind längst zu Abhängigen der Technik geworden, fühlen uns aber noch als freie Wesen. Dabei steckt die stabile Wiederkehr des möglichst *Immerselben* in allen technischen Geräten, die unseren Wunsch nach freier Kommunikation, Mobilität und globalisierter Ökonomie überhaupt erst möglich machen. Interessant, wie weit wir von den Zwängen sich exakt wiederholender Technologie abhängen, wenn es um unsere Freiheit geht! Veränderungen stören da eher, da sie den möglichst reibungsfreien Ablauf aus dem Takt bringen könnten.

Und auch in uns wiederholen sich Vorgänge, allerdings nicht technisch in einem Takt, sondern rhythmisch. Rhythmus bedeutet, dass es gewisse Spielräume gibt, ein leichtes Hin und Her, einen Korridor, eine Bandbreite. Und in dieser Bandbreite können Schwankungen und damit auch sanfte Veränderungen stattfinden.

Ohne Veränderungen würden wir Menschen heute gar nicht existieren. Wenn sich seit Jahrmilliarden immer das Gleiche exakt wiederholt hätte, immer und seitdem immer wieder, wie ein technischer Apparat, dann hätte sich der Homo sapiens nicht entwickelt. Wir sind das Resultat von Veränderungen, von sprunghaften wie auch von allmählichen. Das Allmähliche ist die Anpassung an das, was um uns herum ist. Das Sprunghafte hat damit zu tun, dass auf einer bestimmten Ebene von materieller Organisation, auf der Molekularebene, spontane Veränderungen auftreten können, sogenannte Mutationen. Mutationen haben häufig keinerlei Auswirkung auf die Anpassungsfähigkeit, aber falls sie positive Auswirkungen haben sollten, setzen sich diese auf lange Sicht durch.

Das heißt, wir sind eigentlich der Beweis dafür, dass die Wirklichkeit, in der wir leben, dass die Natur – die sich von selbst macht, wie

Aristoteles sie definierte – ganz grundlegend auf Veränderungsprozessen basiert. Natur ist überhaupt nur Natur, weil sie sich verändern kann, weil sie eben instabil ist. Natur ist Selbstorganisation, sie organisiert sich aufgrund interner Faktoren, die ihrerseits wiederum die äußeren Bedingungen verändern können. Ein Wechselspiel von Ursachen und Wirkungen, die auf sich selbst zurückwirken und so den Kreislauf des Lebens ermöglichen. Das Leben dreht sich mit sich im Kreis von Wirkungen und Ursachen und macht sich so vor allem auch zukunftsfähig. Was morgen kommt, ist allerdings offen, auch die Natur ist kein Prophet. Aber sie sorgte dafür, dass die Bedingungen lebenswerter wurden.

Ein Beispiel dafür ist, wie der Sauerstoff in die Atmosphäre kam. Bestimmte Einzeller hatten die Photosynthese entwickelt und dadurch gleichzeitig die Atmosphäre in der Weise verwandelt, dass sich eine Ozonschicht hat bilden können, die das Leben auf der Erde vor der ultravioletten Strahlung der Sonne schützte. Damit war die Tür geöffnet für Leben in den oberen Schichten der Meere und an Land und auch für immer komplexere Lebewesen, denn die zerstörerische UV-Strahlung kam seit dem Aufbau der Ozonschicht nur noch sehr abgeschwächt auf der Oberfläche der Erde an. Solche Veränderungsmechanismen, die sich selbst unterstützen und durch Rhythmen und vernetzte Prozessketten auf sich selbst wirken und immer wieder leicht verändern, das nennen wir Leben. Ohne diese positive Rückkopplung würde das alles nicht funktionieren.

Am Grunde des Lebens steht also die Tendenz komplex organisierter organischer Materie, immer wieder neue Kombinationen auszuprobieren. Man könnte aus einer ganz menschlichen Perspektive von einer Neugier der Natur sprechen. Ständig was Neues, nie aufhören. Dagegen steht das Beharrungsvermögen der individuellen Lebewesen. Auch wir Menschen wollen keine pausenlose Veränderung, obwohl wir schon ungeheuer neugierig sind und wissen wollen, was sich hinter Bekanntem verbirgt. Gibt es da irgendetwas Neues? Ist da eine Grenze, die man überwinden könnte?

Diese Neugier hat verschiedene Wurzeln. Eine hängt damit zusammen, dass im Reich der Primaten immer wieder Artgenossen ausgestoßen wurden, weil die Population zu groß geworden war oder weil Rang-

◆ Das Spiel der Veränderungen

Irgendwann, rund zwei Milliarden Jahre nach der Entstehung der Erde, ist es passiert: Bakterielle Prototypen des Lebens erschlossen sich auf einmal eine völlig neue Energiequelle. Sie zapften das Licht der Sonne an. Das passierte genau zu der Zeit, als sich der dichte Schleier der Atmosphäre zu lichten begann und Sonnenstrahlen ihren Weg auf die Erdoberfläche fanden. Eine neue, im wahrsten Sinne des Wortes lichte Zeit brach an, in der die Cyanobakterien sich mehr und mehr für die Sonnenstrahlen erwärmten und die einzigartige Photosynthese auf der Erde entwickelten. Dieser extrem komplizierte, biochemische Prozess, bei dem die Energie der Sonne in Zuckermoleküle und Sauerstoff verwandelt wird, ist bis heute nicht vollständig entschlüsselt.

Der Sauerstoff erwies sich für alle bis dahin existierenden Lebewesen, außer den Cyanobakterien, als tödliches Gift. Der neue Wunderstoff in der Atmosphäre der Erde führte so zum größten Massensterben, das dem Leben auf der Erde jemals widerfahren ist. Bis auf ganz wenige Ausnahmen, die sich gerade noch so durchmogeln konnten, hieß das neue Lebensmotto für alle: Atme Sauerstoff, oder du stirbst! Was für eine Veränderung!

Die Entwicklung der Photosynthese war ein richtungsweisender Meilenstein auf dem Weg des Lebens. Mit der Oxidation hatte sich das Leben eine neue Energiequelle für Milliarden Jahre gesichert. Genau das ist es, worum es im Leben geht: Ständig mithilfe sich wiederholender, stabiler chemischer Prozesse Energie freizusetzen, die den Stoffwechsel aufrechterhält – hier haben wir die Essenz des Lebens.

Milliarden Jahre, nachdem die Natur die Photosynthese eingeführt hatte, um aus dem Licht der Sonne Zuckermoleküle und Sauerstoff zu erzeugen, war ein atmosphärischer Schutzschild entstanden, der seitdem die Fähigkeit besitzt, die ultraviolette, zerstörerische Strahlung der Sonne abzuweisen. Man könnte fast meinen, dass sich das Leben auf einen Landgang irgendwann in ferner Zukunft vorbereitet hat.

Wieder Milliarden Jahre später erscheint ein zweibeiniges Lebewesen auf der Erde, das mittels besonderer Fähigkeiten in der Lage ist, Moleküle zu erfinden, die die Ozonschicht zerstören: Fluorchlorkohlenwasserstoff, kurz FCKW genannt. 1929 wird FCKW zum ersten Mal als Kühlmittel eingesetzt, und alle sind begeistert, denn mit den neuen Kühlanlagen halten sich Nahrungsmittel viel länger, und sogar Gebäude können im heißen Sommer gekühlt werden. Wieder einmal ist es dieser einzigartigen Spezies Mensch gelungen, sich vor natürlichen, aber für sie nachteiligen Eigenschaften ihrer Umgebung zu schützen.

Das Langzeitrisiko von FCKW wurde erst Jahrzehnte später offenbar. Der Blick von außen hat uns erkennen lassen, was wir mit der Erde und ihrer Atmosphäre anrichten. Wir haben in einer relativ kurzen Zeitspanne den lebenswichtigen Schutzmantel der Ozonschicht zerstört, für dessen Aufbau unser Planet seit Milliarden von Jahren Sauerstoff erzeugt und freigesetzt hat.

Den Erfindern des FCKWs ist kein Vorwurf zu machen. Woher sollten sie damals wissen, welche Auswirkungen dieses Molekül auf die Ozonschicht hat? Heute wissen wir es und haben Ersatzstoffe entwickelt, die zwar die Ozonschicht verschonen, aber andere Probleme aufwerfen: Sie sind noch stärkere Treibhausgase als Kohlendioxid und Methan. Das alte Risiko ist durch ein neues ersetzt worden.

Trotz der Schwierigkeiten, ungefährliche Ersatzstoffe für FCKW zu finden, können wir festhalten, dass die Menschheit damals, mit dem Montreal-Abkommen von 1987, ziemlich schnell auf die globale Gefahr reagiert hat. Die wissenschaftlichen Fakten waren klar: Die Fluorchlorkohlenwasserstoffe zerstören unsere Ozonschicht. Zwei Jahre später stand das Abkommen. Es wurde tatsächlich entschieden, FCKW abzuschaffen.

Die Menschheit hat gezeigt, dass sie auf Herausforderungen schnell reagieren kann. Das sollte uns eigentlich Hoffnung machen für all die anderen schwerwiegenden Probleme, die unserer Erfindungskraft und dem stetig wachsenden globalen Einfluss der Spezies Mensch geschuldet sind, denn wir sind der Homo faber, der schaffende Mensch.

kämpfe Verlierer produzierten. Die mussten dann das Weite suchen und alleine ihres Weges ziehen. Auf einmal waren sie in einer Situation, die anders war als vorher.

In einer Gruppe zu sein, bedeutet, sicher zu sein, zumindest sicherer, als wenn man alleine wäre. In einer Gruppe kann man sich gemeinsam vor Gegnern oder den Gefahren der Natur schützen. Alleine ist man grundsätzlich gefährdet, vor allem durch jene, die nicht alleine sind. Rudelbildung von Raubtieren ist ja kein Zufall, sondern ein bedeutendes Erfolgsrezept. Wenn ein Individuum die Gruppe verlassen muss, dann ist es in Gefahr, im Stress. Von alleine verlassen nur diejenigen die sichere Gruppe, die sehr neugierig sind, das Risiko schätzen, die weniger Angst vor dem Unbekannten haben. Neugier hat also etwas damit zu tun, dass die Dynamik der frühen Stämme dazu führte, dass von Zeit zu Zeit Mitglieder ausgestoßen wurden oder von selber gingen.

Auch die Weltgeschichte zeigt, dass zu allen Zeiten Gruppen losgezogen sind, die etwas gesucht haben, weil sie sich in ihrer alten Situation nicht mehr wohlfühlten. Die Wikinger genauso wie die nach Amerika ausgewanderten Puritaner. Und dann gab es noch diese einzelnen Personen, die unbedingt zeigen wollten, dass zwischen Europa und Indien ein Seeweg zu finden sei. Und was haben die entdeckt? Amerika. Viele der Entdecker hatten gar keine rationalen Gründe loszuziehen, sondern waren von Neugierde getrieben, von der Lust, Grenzen zu überwinden. Das steckt offenbar in uns drin. Aber nicht in jedem von uns.

Bei vielen ist die Angst vor Veränderung einfach übergroß. Unter anderem deshalb, weil mit einer Veränderung Sicherheit verloren gehen könnte. Das ist ein ganz wesentlicher Grund für die ins Stocken geratenen ökologischen Transformationsprozesse. Überlegen Sie mal: Die Vertreter von 195 Staaten haben sich im Dezember 2015 in Paris darauf geeinigt, den globalen Temperaturanstieg seit Beginn der Industrialisierung auf 1,5 Grad Celsius zu begrenzen. Vorher lag das angepeilte Ziel noch bei 2 Grad Celsius. Doch offenbar war das nicht ausreichend, vor allem für die Gruppe der kleinen Inselstaaten, die am meisten vom Klimawandel und vom Anstieg des Meeresspiegels betroffen sein werden. Jetzt aber wird unseren Staatenlenkern klar, Mensch, wenn wir das wirklich erreichen wollen, müssen große Veränderungen stattfinden. Dramatische und schnelle Veränderungen in allen möglichen Bereichen.

Damit sich die geeigneten Technologien durchsetzen können, müssten neue Steuersysteme eingeführt werden, um diese zu finanzieren. Man müsste ärmere Staaten finanziell unterstützen, damit sie nicht das tun, was sie tun wollen, nämlich Kohlekraftwerke aufbauen, sondern damit sie tun können, was sie tun sollen, nämlich wenigstens Gaskraftwerke, besser noch Solar- oder Windkraftwerke bauen. Wir müssten eigentlich sofort global wirksame Ordnungsinstrumente und Regulationsmechanismen entwickeln, um dieses kühne Ziel zu erreichen.

Aber was passiert? Nichts davon, gar nichts. Ist ja auch kein Wunder. In demokratischen Staaten wird regelmäßig gewählt. Was würde denn mit einem Politiker passieren, der in Friedenszeiten – ähnlich wie Churchill früher zu Kriegszeiten – fordern würde: »Ich bringe euch nichts anderes als Blut, Schweiß und Tränen, wir werden eine Transformationsphase durchleben, in der wir Opfer bringen müssen. Wir alle müssen Opfer bringen, damit am Ende das Ziel erreicht wird, dass diese Gesellschaft auf lange Sicht keinen Kohlenstoff mehr emittiert. Ihr müsst eure Mobilität einschränken, ihr müsst euer Ernährungsverhalten ändern. Ihr müsst teilen lernen. Vor allen Dingen müsst ihr bezahlen. Wir werden einen Kohlenstoffpreis einführen.«

Mal ehrlich, wird ein solcher Politiker oder eine solche Politikerin gewählt werden? Nein. Natürlich nicht. Das politische Verhalten der Wähler selektiert genau die Politikerinnen und Politiker, die den Wählern und den Wählerinnen das sagen, was die hören wollen. Es werden die gewählt, die versprechen, »alles wird so gut bleiben, wie es ist. Und wenn wir etwas verändern, dann merkt ihr das gar nicht. Es wird euch nicht wehtun. Und sollte es etwas kosten, dann geht das nicht zu euren Lasten. Wir stecken es euch in die eine Tasche und holen es aus der anderen wieder raus. Das können wir.«

Es gibt zudem eine Entwicklung, die auch in Zukunft den Veränderungswillen der westlichen Länder ziemlich infrage stellen wird: der demografische Wandel!

Bald werden immer mehr ältere Menschen eine immer größere Gruppe darstellen, bis hin zur Mehrheit. Ältere Menschen sind im Allgemeinen ein bisschen ängstlicher, wenn es um Veränderungen geht, als die jüngeren. In den saturierten, älteren Gesellschaften Mitteleuropas, Nordamerikas oder auch Japans ist das Veränderungspotenzial nicht besonders groß, aber die Angst, etwas zu verlieren, umso größer. Lebenserfahrung ist ja eben oft die Erfahrung von Verlust. Und angesichts der immensen Herausforderung sind nicht nur die älteren Mitbürger eher zurückhaltend. Auch die *jungen Wilden* fliegen nach dem Abitur lieber um den Globus, um sich auf Bali oder in Neuseeland mittels *work and travel* ein wenig den immer wärmer werdenden Wind einer global aufgeheizten Erde um die westeuropäische Nase wehen zu lassen, als in Europa an der dringend nötigen Energiewende zu arbeiten. Zu viele Betriebswirte, zu wenig Ingenieure, zumindest ist das unsere Meinung.

Worauf läuft das alles hinaus? Die Angst vor Veränderung ist nicht irrational. Sie hat, wie gezeigt, durchaus ihre Gründe in der evolutionären Entwicklung und der Kultur des Menschen. Es war und ist von Bedeutung, in stabilen Verhältnissen zu leben. Und in einem früheren Kapitel haben wir ja davon gesprochen, dass die Stabilität einer Gesellschaft eine Voraussetzung dafür ist, dass sie sich überhaupt in eine ökologisch handelnde Gesellschaft verwandeln kann.

Aber neben Stabilität und sozialer Gerechtigkeit braucht es auch einen Veränderungswillen, und zwar einen unbedingten und ziemlich drastischen, wenn es zum Beispiel darum geht, eine Kohlendioxidsteuer einzuführen – auf alle Produkte. Die Briten und die Schweden haben es vorgemacht, dort existieren CO_2-Steuern.

Gerade das skandinavische Gesellschaftsmodell ist ja dadurch geprägt, dass die Menschen zwar viel Steuern bezahlen, dafür aber auch etwas zurückbekommen. Vielleicht wäre das ein geeignetes Modell für Mittel- und Osteuropa. Nicht umsonst sind im Glücksatlas der Welt die skandinavischen Länder immer unter den ersten zehn. Offenbar macht ihr Gesellschaftsmodell sehr viele Menschen sehr glücklich und das schon seit langer Zeit.

◆ »World Happiness Report« 2018 der Vereinten Nationen

Die Lebensqualität der Menschen eines Landes lässt sich nicht nur über das Bruttosozialprodukt messen, das den Wert aller Dienstleistungen und produzierten Waren in einer Volkswirtschaft innerhalb eines Jahres angibt. Zitieren wir hier noch einmal Robert F. Kennedy zum Thema Bruttosozialprodukt: »Es misst alles, außer diejenigen Dinge, die das Leben lebenswert machen.« Deswegen gibt es zum Beispiel in Deutschland einen Nationalen Wohlfahrtindex (NWI), der Faktoren wie Naturverbrauch, Einkommensverteilung und Zufriedenheit berücksichtigt.

Seit 2012 veröffentlichen die Vereinten Nationen jährlich den »World Happiness Report«, der den Faktor »Glück« dem Faktor »Wachstum« entgegenstellt. Um den Faktor Glück möglichst genau zu bestimmen, werden in 155 Ländern weltweit jeweils rund 3000 Menschen von Forschern und Experten befragt. Weitere Kriterien zur Bestimmung des Glücksfaktors sind neben der Selbstwahrnehmung der Befragten die Lebenserwartung, geistige und körperliche Gesundheit, soziales Umfeld, Bruttoinlandsprodukt pro Kopf, Vertrauen in die Regierung, Wahrnehmung von Korruption, Freiheit der Lebenswahl, Arbeitsmöglichkeiten, Solidarität.

Jedes Land wird auch mit einer hypothetischen Nation namens Dystopia verglichen. Die Dystopie stellt die niedrigsten nationalen Durchschnitte für jede Schlüsselvariable dar.

Der »World Happiness Report« 2018 war der sechste Report dieser Art. Erstellt wird er vom Sustainable Development Solutions Network (SDSN) der Vereinten Nationen.

Die glücklichsten Menschen leben danach im Norden Europas. Dieses Mal belegt Finnland den Spitzenplatz. Deutschland ist gegenüber dem Vorjahr um einen Rang auf Platz 15 gestiegen. Die Vereinigten Staaten sind um vier Plätze abgerutscht.

1. Finnland
2. Norwegen
3. Dänemark
4. Island
5. Schweiz
6. Niederlande
7. Kanada
8. Neuseeland
9. Schweden
10. Australien
11. Israel
12. Österreich
13. Costa Rica
14. Irland
15. Deutschland
16. Belgien
17. Luxemburg
18. USA
19. Großbritannien
20. Vereinigte Arabische Emirate

Mehr zum »World Happiness Report 2018« unter worldhappiness.report

Nikolaus Kopernikus (1473–1543), Astronom, Arzt und Domherr. Porträt aus dem Holzschnitt in Nicolaus Reusners »Icones« (1578), nach einem angeblichen Selbstporträt von Kopernikus gefertigt.

Wäre es nicht ein sinnvolles Ziel, dass wir alle auf lange Sicht erhebliche Steuern zahlen, damit der Staat, sprich diejenigen, die wir als Repräsentanten in Parlament und Regierung geschickt haben, das tun, was wir wollen? Wir würden uns in dem Fall bewusst dafür entscheiden, Teile unserer Rationalität, die sich aus der Natur ableiten, zu überstimmen und den Weg eines ökologischen Wandels einzuschlagen.

Wir wissen so viel über die Natur, verstehen so viel von den Zusammenhängen in der Natur, dass wir uns nicht mehr wie *nur Naturwesen* verhalten, sondern mit der Macht unserer kulturell geprägten Rationalität einen Weg der Veränderung leben, weil wir überblicken, was wir angerichtet haben. Das könnte doch ein Veränderungsschritt sein, mit dem man als Einzelperson leben kann.

Vielleicht sollte man in diesem Zusammenhang Nikolaus Kopernikus in Erinnerung bringen. Ja, das klingt jetzt vielleicht ein bisschen merkwürdig. Aber er steht am Anfang einer geistigen Bewegung, die den Menschen weniger als Naturwesen ansieht, sondern vor allem als ein Wesen mit geistigen Eigenschaften. Kopernikus argumentierte: Wäre der Mensch ausschließlich Naturwesen, würde er nur seinen Sinnen folgen. Alles, was er sehen kann, wäre für ihn dann die Wirklichkeit. Entsprechend dieser sinnlichen Wirklichkeit würde sich das Universum um die Erde drehen. Wenn der Mensch allerdings allgemeinere, eben geistige Prinzipien anerkennt, wird er mehr über die Wirklichkeit erfahren. Er wird erkennen, dass sich die Erde um die Sonne dreht und nicht die Sonne um die Erde. Die Wirklichkeit des Kopernikus war für die meisten seiner Zeitgenossen abstrakt und unbegreiflich, weil sie die Welt völlig auf den Kopf stellte, aber wir wissen heute, dass Kopernikus richtiglag.

Vielleicht ist das ein gutes Beispiel dafür, welche Art von kopernikanischer Wende wir brauchen, um ein Land wie die Bundesrepublik Deutschland, einen Kontinent wie Europa, ja, die ganze Welt in eine ökologisch völlig andere Struktur hineinzuverwandeln, als sie momentan existiert. Uns scheint, das ist der einzige Weg. Denn viel Zeit haben wir nicht mehr, wir müssen uns beeilen. Wenn nicht jetzt, wann dann! Handeln wir für eine Welt, in der wir leben wollen!

8 Klimawandel – Gesellschaftswandel

Die eine Generation pflanzt den Baum, die nächste genießt den Schatten.

Chinesisches Sprichwort

Ihr wisst schon genug. Ich auch. Nicht an Wissen mangelt es uns. Was fehlt, ist der Mut, begreifen zu wollen, was wir wissen, und daraus die Konsequenzen zu ziehen.

Sven Lindqvist

Die zwei einleitenden Zitate sind einem Kapitel des »Human Development Report 2007/2008« des United Nations Development Programme vorangestellt. Der Schwerpunkt des Reports, der sieben Jahre vor den Pariser Klimaverhandlungen erschien, war der Klimawandel. Zu Beginn heißt es dort:

> *»Zum Anbruch des 21. Jahrhunderts sind auch wir mit der ›gnadenlosen Dringlichkeit‹ einer Krise konfrontiert, die Gegenwart und Zukunft miteinander verbindet. Diese Krise ist der Klimawandel. Noch lässt sie sich abwenden – aber nicht mehr lange. Der Welt verbleibt nicht einmal ein Jahrzehnt, um das Ruder herumzureißen. Es gibt kein Problem, das dringenderer Beachtung oder rascheren Handelns bedürfte.«*

Wir schreiben das Jahr 2018. Das Jahrzehnt, von dem oben die Rede war, haben wir durchlebt. Wir haben etwas geändert, aber das Ruder herumgerissen haben wir seitdem sicher nicht. Doch lesen wir, wie es weitergeht im Human Development Report 2007/2008:

»Der Klimawandel ist das alles überragende Problem der menschlichen Entwicklung in unserer Generation. Bei jeglicher Entwicklung geht es letztendlich um mehr Möglichkeiten und größere Freiheit für die Menschen. Es geht darum, dass Menschen die Fähigkeiten entwickeln, die es ihnen ermöglichen, Entscheidungen zu treffen und ein sinnvolles Leben zu leben. Der Klimawandel droht die Freiheiten der Menschen auszuhöhlen und ihre Wahlmöglichkeiten einzuschränken. Auch das Prinzip der Aufklärung, nämlich dass durch das Voranschreiten des Menschen die Zukunft besser aussehen wird als die Vergangenheit, wird dadurch infrage gestellt.
*Die ersten Warnsignale sind bereits zu erkennen. Heute erleben wir hautnah mit, wie sich der möglicherweise größte Rückschlag für die menschliche Entwicklung anbahnt, den es zu unseren Lebzeiten geben wird. In vielen Entwicklungsländern sind Millionen der ärmsten Menschen dieser Erde schon jetzt dazu gezwungen, die Auswirkungen des Klimawandels zu bewältigen. Diese Auswirkungen rücken nicht als apokalyptische Ereignisse in das Rampenlicht der Berichterstattung in den Weltmedien. Auf den Finanzmärkten und bei der Ermittlung des Bruttoinlandsprodukts (BIP) der Welt finden sie keine Beachtung. Dennoch sind die Armen der Welt schon heute verstärkt von Dürren, immer heftigeren Stürmen, Überschwemmungen und Umweltbelastungen betroffen, die es ihnen unmöglich machen, ein besseres Leben für sich und ihre Kinder aufzubauen.«**

Heute, zehn Jahre nachdem das geschrieben wurde, sind die »apokalyptischen Ereignisse« sehr wohl ins Rampenlicht der Berichterstattung gerückt, vor allem was die Flüchtlinge betrifft, die unter größten Gefahren versuchen, nach Europa zu kommen, weil sie eben vor der Unmöglichkeit stehen, in ihrer Heimat »ein besseres Leben für sich und ihre Kinder aufzubauen«.

Haben Sie sich schon einmal gefragt, was wir mit diesen Menschen

* United Nations Development Programme, »Human Development Report 2007/2008«, deutsche Ausgabe unter dem Titel »Bericht über die menschliche Entwicklung 2007/2008«, herausgegeben von der Deutschen Gesellschaft für die Vereinten Nationen e. V., Berlin 2007, S. 1 f.

gemeinsam haben? Wie wäre es mit folgender Antwort des Human Development Report:

> *»Der Klimawandel unterscheidet sich von anderen Problemen, denen sich die Menschheit gegenübersieht – und er zwingt uns auf vielen Ebenen zum Umdenken. Vor allem zwingt er uns, darüber nachzudenken, was es bedeutet, als Teil einer ökologisch voneinander abhängigen menschlichen Gemeinschaft zu leben.*
> *Ökologische Interdependenz ist kein abstrakter Begriff. Die Welt, in der wir leben, ist auf vielen Ebenen gespalten. Zwischen den Menschen tun sich in Bezug auf Wohlstand und Chancen riesige Klüfte auf. In vielen Regionen liefert der Nationalismus rivalisierender Gruppierungen Konfliktstoff. Nur zu oft werden religiöse, kulturelle und ethnische Identität dazu benutzt, sich von anderen abzugrenzen und abzusondern. Angesichts dieser ganzen Zwistigkeiten erinnert uns der Klimawandel nachdrücklich an das Einzige, was wir alle gemeinsam haben – unseren Planeten, die Erde. Alle Nationen und alle Menschen haben dieselbe Atmosphäre. Und wir haben nur diese eine.«**

Zum Thema soziale Gerechtigkeit und ökologische Interdependenz, also gegenseitige oder wechselseitige Abhängigkeit, heißt es in dem Bericht weiter:

> *»Es gibt viele Theorien über soziale Gerechtigkeit und Wege zur Effizienz, die in die Klimaschutzdebatten eingebracht werden können. Vielleicht die zutreffendste wurde durch Adam Smith, den Philosophen und Ökonomen der Aufklärung, formuliert. Für die Erwägung, wie ein gerechter und ethischer Handlungsweg aussehen könnte, schlug er als einfachen Test vor, ›unser eigenes Verhalten so zu prüfen, wie wir uns vorstellen, dass irgendein fairer und unparteiischer Zuschauer es prüfen würde‹ (Smith, 1854).*
> *Ein solcher ›fairer und unparteiischer Zuschauer‹ gewänne einen schlechten Eindruck von einer Generation, die nichts gegen den*

* »Bericht über die menschliche Entwicklung 2007/2008«, S. 3.

Klimawandel tut. Künftige Generationen potenziell katastrophalen Risiken auszusetzen, könnte als unvereinbar mit dem Engagement für zentrale menschliche Werte betrachtet werden. Artikel 3 der Allgemeinen Erklärung der Menschenrechte legt fest, dass ›jeder das Recht auf Leben, Freiheit und Sicherheit der Person hat‹. Tatenlosigkeit angesichts der vom Klimawandel ausgehenden Bedrohung würde eine ganz unmittelbare Verletzung dieses universalen Rechts darstellen.

Der Grundsatz der Generationengerechtigkeit steht im Mittelpunkt des Nachhaltigkeitsgedankens. Zwei Jahrzehnte sind vergangen, seit die Weltkommission für Umwelt und Entwicklung den Gedanken der nachhaltigen Entwicklung zu einem zentralen Thema der internationalen Agenda machte. Der Kerngrundsatz verdient es, hier erneut wiederholt zu werden, und sei es auch nur, um hervorzuheben, wie umfassend er verletzt wird, wenn es weiterhin nicht gelingt, dem Klimaschutz Priorität einzuräumen: ›Eine nachhaltige Entwicklung bemüht sich darum, den Bedürfnissen und Bestrebungen der Gegenwart gerecht zu werden, ohne die Fähigkeit zu gefährden, auch denjenigen der Zukunft gerecht zu werden.‹

Diese Vision hat nichts an Aktualität verloren und ist durchaus auf die politischen Debatten über den Klimaschutz anwendbar. Natürlich kann nachhaltige Entwicklung nicht bedeuten, dass jede Generation die Umwelt der Erde genau so hinterlässt, wie sie sie vorgefunden hat. Es geht vielmehr um die Erhaltung der Chancen künftiger Generationen, wesentliche Freiheiten zu genießen, Entscheidungen zu treffen und ein Leben zu führen, das ihnen wertvoll erscheint. Der Klimawandel wird diese Freiheiten und Wahlmöglichkeiten letztlich einengen. Er wird den Menschen die Kontrolle über ihr eigenes Schicksal verwehren.

Über die Zukunft nachzudenken heißt nicht, dass wir uns weniger Gedanken über soziale Gerechtigkeit zu unseren Lebzeiten machen sollten. Ein unparteiischer Beobachter könnte sich auch fragen, was Untätigkeit angesichts des Klimawandels über die Einstellungen zu sozialer Gerechtigkeit, Armut und Ungleichheit in unserer Zeit aussagt. Das ethische Fundament einer jeden Gesellschaft muss zum Teil daran gemessen werden, wie sie ihre schutzlosesten Mitglieder behandelt. Wenn zugelassen würde, dass die Armen der Welt die größte Last des nicht von ihnen verursachten Problems des Klimawandels tragen müssen, wäre das ein Hinweis auf eine hohe Toleranz für Ungleichheit und Ungerechtigkeit.

Für die menschliche Entwicklung sind Gegenwart und Zukunft miteinander verknüpft. Es gibt keinen langfristigen Zielkonflikt zwischen Klimaschutz und der Entwicklung der menschlichen Fähigkeiten. Wie Amartya Sen in seinem Sonderbeitrag zu diesem Bericht ausführt [siehe Seite 117], sind menschliche Entwicklung und ökologische Nachhaltigkeit integrale Bestandteile der grundlegenden Freiheiten des Menschen.

In der Durchführung sorgfältig geplanter Strategien gegen den Klimawandel wird die Entschlossenheit zum Ausdruck kommen, die wesentlichen Freiheiten zu erweitern, über die die Menschen von heute verfügen, ohne dass dadurch die Fähigkeit künftiger Generationen beeinträchtigt würde, auf diesen Freiheiten aufzubauen. Die Herausforderung liegt darin, den menschlichen Fortschritt heute auf eine dauerhafte Grundlage zu stellen und gleichzeitig den erhöhten Risiken Rechnung zu tragen, denen ein beträchtlicher Teil der Menschheit aufgrund des Klimawandels in seinem täglichen Leben ausgesetzt ist.

Der moralische Imperativ zur Bekämpfung des Klimawandels wurzelt vor allem in Ideen über Schutz, soziale Gerechtigkeit und ethische Verantwortung. In der heutigen Welt mit einer viel stärkeren wirtschaftlichen und ökologischen Interdependenz sind die Abstände zwischen den konzentrischen Kreisen erheblich kleiner geworden. Der Philosoph Kwame Appiah schrieb dazu: ›Jede Person, von der du etwas weißt und auf die du einwirkst, ist jemand, für den du Verantwortung trägst. Dies zu sagen, heißt nichts anderes, als den Grundgedanken einer sittlichen Gesinnung zu bekräftigen.‹ (Appiah, 2006)

Heute ›wissen wir etwas‹ von Menschen in weit entfernten Orten – und wir wissen etwas darüber, wie unser Energieverbrauch im Wege des Klimawandels auf ihr Leben ›einwirkt‹.

Unter diesem Blickwinkel konfrontiert uns der Klimawandel mit harten moralischen Fragen. Der Energieverbrauch und die damit

zusammenhängenden Emissionen von Treibhausgasen sind keine abstrakten Konzepte. Sie sind Aspekte der menschlichen Interdependenz. Jeder, der in Europa das Licht anknipst oder in Amerika ein Klimagerät einschaltet, ist durch das globale Klimasystem mit Menschen verbunden, die zu den schutzlosesten der Welt gehören – mit Kleinbauern in Äthiopien, die mühsam ihren Lebensunterhalt verdienen, mit Slumbewohnern in Manila und mit Menschen, die im Gangesdelta leben. Er ist auch mit künftigen Generationen verbunden, nicht nur mit seinen eigenen Kindern und Kindeskindern, sondern ebenso mit denjenigen anderer Menschen auf der Welt. Angesichts der Belege für die Folgen gefährlicher Klimaänderungen in Form von Armut und künftigen Katastrophenrisiken käme die Missachtung der Verantwortung, die mit der ökologischen Interdependenz und ihren Auswirkungen auf den Klimawandel einhergeht, einer moralischen Verweigerung gleich.
*Der moralische Imperativ zur Bekämpfung des Klimawandels wurzelt vor allem in Ideen über Verantwortung, soziale Gerechtigkeit und ethisches Handeln. In einer Welt, in der häufig weltanschauliche Überzeugungen einen Keil zwischen die Menschen treiben, sind dies Ideen, die die religiöse und kulturelle Spaltung überbrücken können.«**

* »Bericht über die menschliche Entwicklung 2007/2008«, S. 73 ff.

◆ Klimapolitik als menschliche Entwicklung

Von Amartya Sen

Wie hängt die menschliche Entwicklung mit unserer Sorge um die Umwelt im Allgemeinen und über den Klimawandel im Besonderen zusammen? In den Diskussionen über politische Konzepte hat sich die Tradition etabliert, Entwicklung und Umweltschutz eher als etwas Gegensätzliches zu betrachten. Die Aufmerksamkeit konzentriert sich häufig darauf, dass die weltweit zu beobachtenden Trends einer zunehmenden Schädigung der Umwelt, einschließlich der globalen Erwärmung und anderer beunruhigender Belege für Klimaänderungen, in vielen Fällen mit verstärkter Wirtschaftstätigkeit zusammenhängen, also industriellem Wachstum, erhöhtem Energieverbrauch,

Amartya Kumar Sen, geboren am 3. November 1933, ist ein indischer Wirtschaftswissenschaftler und Philosoph. Er lehrt an der Harvard University. Zu seinen Forschungsschwerpunkten gehören die Themen Armut und Wohlfahrtsökonomie sowie der Zusammenhang zwischen sozialer Sicherheit, ökonomischer und politischer Freiheit. 1998 wurde er mit dem Alfred-Nobel-Gedächtnispreis für Wirtschaftswissenschaften ausgezeichnet.

intensiverer Bewässerung, kommerziellem Holzeinschlag und anderen Aktivitäten, die häufig mit wirtschaftlicher Expansion einhergehen. Oberflächlich gesehen könnte man den Eindruck gewinnen, dass der Entwicklungsprozess für Umweltschäden verantwortlich sei.

Auf der anderen Seite werfen die Entwicklungsenthusiasten häufig den Umweltprotagonisten vor, sie seien »Entwicklungsgegner«, weil ihre Aktivitäten sich vielfach gegen potenziell einkommensfördernde und armutsverringernde Prozesse richten, denen sie nachteilige Auswirkungen auf die Umwelt zuschreiben. Gleich ob die Linien dieser Auseinandersetzung klar abgesteckt sind oder nicht – die Spannungen, die in unterschiedlichem Ausmaß zwischen den Verfechtern der Armutsbekämpfung und der Entwicklung einerseits und den Befürwortern von Ökologie und Erhalt der Umwelt andererseits bestehen, sind nicht zu übersehen.

Bietet uns das Konzept der menschlichen Entwicklung die Möglichkeit, besser zu verstehen, ob zwischen Entwicklung und ökologischer Nachhaltigkeit ein echter oder nur ein scheinbarer Konflikt besteht? Dieses Verständnis kann durch das Konzept der menschlichen Entwicklung, dessen zentrale Perspektive und Ausgangspunkt darin besteht, Entwicklung als Erweiterung der grundlegenden menschlichen Freiheit zu betrachten, enorm an Klarheit gewinnen. Unter diesem breiteren Blickwinkel muss die Bewertung von Entwicklung das Leben, das die Menschen führen können, und die tatsächlichen Freiheiten, die sie genießen, unbedingt berücksichtigen. Entwicklung kann nicht nur in Kategorien lebloser Komforterweiterungen gesehen werden, wie zum Beispiel als Anstieg des Bruttosozialprodukts (oder des persönlichen Einkommens). Dies ist die grundlegende Einsicht, die das Konzept der menschlichen Entwicklung von Anfang an in die Entwicklungsliteratur einbrachte. Diese Einsicht ist auch heute außerordentlich wichtig, wenn wir uns klarmachen wollen, was ökologische Nachhaltigkeit eigentlich bedeutet.

Die Erkenntnis, dass die Welt unter der breiteren Perspektive der wesentlichen Freiheiten des Menschen betrachtet werden muss, macht sofort einsichtig, dass Entwicklung nicht von Umweltanliegen getrennt werden kann. Vielmehr sind wichtige Komponenten der menschlichen Freiheiten – und entscheidende Bestandteile unserer Lebensqualität – in grundlegender Weise von der Unversehrtheit unserer Umwelt abhängig, also von der Luft, die wir atmen, dem Wasser, das wir trinken, dem epidemiologischen Umfeld, in dem wir leben, und so weiter. Entwicklung muss die Umwelt mit einschließen, und die Vorstellung, Entwicklung und Umwelt befänden sich auf einem Kollisionskurs, ist mit den zentralen Grundsätzen des Konzepts der menschlichen Entwicklung unvereinbar.

Die Umwelt gilt manchmal irrtümlich als der in Messzahlen wie Waldfläche, Tiefe des Grundwasserspiegels usw. ausgedrückte Zustand der »Natur«. Ein solches Verständnis ist jedoch aus zwei wichtigen Gründen höchst unvollständig. Erstens darf der Wert der Umwelt nicht lediglich an ihrem Istzustand gemessen werden, sondern es müssen auch die durch sie eröffneten Chancen berücksichtigt werden. Zu den wichtigen Kriterien für die Beurteilung des Reichtums unserer Umwelt gehört unter anderem die Auswirkung auf das menschliche Leben. Der vorausschauende Bericht »Unsere gemeinsame Zukunft«, den die Weltkommission für Umwelt und Entwicklung 1987 unter dem Vorsitz von Gro Harlem Brundtland veröffentlichte, machte dies deutlich, indem er den Schwerpunkt auf die nachhaltige Befriedigung menschlicher »Bedürfnisse« legte. Wir können jedoch über die im Brennpunkt des Brundtland-Berichts stehenden menschlichen Bedürfnisse hinausgehen und die umfassendere Sphäre der menschlichen Freiheiten einbeziehen. Das Konzept der menschlichen Entwicklung verlangt nämlich, Menschen nicht nur unter dem Aspekt ihrer »Bedürftigkeit« zu sehen, sondern als Wesen, deren Freiheit, wohlbegründete Dinge zu tun, wichtig ist und dauerhaft erhalten (und nach Möglichkeit erweitert) werden muss.

Menschen haben natürlich Gründe für die Befriedigung ihrer Bedürfnisse, und die elementaren Anwendungen des Konzepts der menschlichen Entwicklung (beispielsweise die Erkenntnisse aus dem HDI [Human Development Index, siehe S.122], einem einfachen Index für menschliche Entwicklung) konzentrieren sich genau darauf.

Aber die Sphäre der Freiheiten kann weit darüber hinausreichen. Die umfassendere Perspektive der menschlichen Entwicklung kann auch die Freiheit der Menschen umfassen, Dinge zu tun, die nicht ausschließlich von ihren eigenen Bedürfnissen bestimmt werden. So ist das Überleben des Fleckenkauzes vielleicht kein offensichtliches menschliches »Bedürfnis«, und dennoch können Menschen Grund dazu haben, sich dem Aussterben dieser Tierart zu widersetzen. In diesem Fall kann der Wert ihrer Freiheit, dieses bewusst angestrebte Ziel zu verwirklichen, die Basis für ein wohlbegründetes Urteil bilden. Die Verhinderung des Aussterbens von Tierarten, die wir Menschen erhalten wollen (nicht so sehr, weil wir dieser Tiere in einem konkreten Sinn »bedürften«, sondern weil wir zu der Auffassung gelangt sind, dass es falsch wäre, vorhandene Tierarten für immer verschwinden zu lassen), kann ein integraler Bestandteil des Konzepts der menschlichen Entwicklung sein. Wahrscheinlich ist die Erhaltung der Artenvielfalt sogar eines der Anliegen, die bei unserer verantwortungsbewussten Auseinandersetzung mit dem Problem des Klimawandels eine Rolle spielen.

Zweitens geht es im Hinblick auf die Umwelt nicht nur um passive Bewahrung, sondern um aktive Bemühungen. Wir dürfen uns die Umwelt nicht ausschließlich als vorgegebene natürliche Bedingungen vorstellen, denn sie kann auch ein Ergebnis menschlichen Schaffens sein. So ist beispielsweise die Gewässerreinigung Teil einer Verbesserung der Umwelt, in der wir leben. Die Beseitigung von Epidemien wie z. B. Pocken (die bereits erreicht wurde) und Malaria (die demnächst erreicht werden sollte, wenn wir es schaffen, gemeinsam zu handeln) ist eine gutes Beispiel für eine Umweltverbesserung, die durch uns herbeigeführt werden kann.

Diese positive Anerkennung ändert natürlich nichts an der bedeutsamen Tatsache, dass der Prozess der wirtschaftlichen und sozialen Entwicklung in zahlreichen Fällen auch sehr zerstörerische Folgen haben kann. Diese schädlichen Effekte müssen klar benannt und entschlossen abgewehrt werden, während gleichzeitig die positiven und konstruktiven Beiträge der Entwicklung gestärkt werden müssen. Zwar können zahlreiche menschliche Aktivitäten, die mit dem Prozess der Entwicklung einhergehen, zerstörerisch wirken, aber es liegt auch in der Macht der Menschen, Widerstand zu leisten und durch rechtzeitiges Handeln viele dieser negativen Folgen rückgängig zu machen.

Wenn wir darüber nachdenken, durch welche Schritte die Umweltzerstörung aufzuhalten ist, müssen wir nach konstruktiven Interventionsmöglichkeiten suchen. So kann beispielsweise eine Verstärkung der Bildungs- und

Beschäftigungschancen für Frauen und Mädchen zu einer Senkung der Fertilitätsraten beitragen, sodass sich langfristig der zu globaler Erwärmung und zunehmender Zerstörung natürlicher Lebensräume führende Druck verringert. In ähnlicher Weise kann die Ausweitung von Schulbildung und die Verbesserung ihrer Qualität unser Umweltbewusstsein schärfen. Eine bessere Kommunikation und eine reichere Medienvielfalt können uns die Notwendigkeit eines umweltorientierten Denkens stärker bewusst machen.

Auf jeden Fall ist die Mitwirkung der Öffentlichkeit an der Sicherstellung der ökologischen Nachhaltigkeit unverzichtbar. Ebenso entscheidend ist es, wichtige Bewertungsfragen, die Nachdenken und gesellschaftliche Beratungsprozesse erfordern, nicht auf technokratische, durch die Berechnung von Formeln zu lösende Aspekte einzuengen. Nehmen wir als Beispiel die laufende Debatte darüber, welcher »Diskontierungssatz« verwendet werden sollte, um die Opfer, die wir heute bringen müssen, gegen künftige Sicherheit aufzuwiegen. Ein zentraler Aspekt einer solchen Diskontierung ist die gesellschaftliche Bewertung von Gewinnen und Verlusten im Zeitverlauf. Letztendlich ist dies eine Aufgabe, die tiefgreifende Überlegungen erfordert und der öffentlichen Erörterung bedarf, und keine, die sich für eine mechanische Lösung auf Grund einer einfachen Formel eignet. Die wohl erkennbarste Sorge entstammt der Ungewissheit, die unausweichlich mit jeder Prognose einhergeht. Einer der Gründe, warum auf die Zukunft gerichtete »beste Schätzungen« mit Vorsicht zu behandeln sind, ist die Aussicht, dass wir im Falle eines Irrtums schließlich in einer höchst ungemütlichen Welt leben würden. Es gibt sogar Befürchtungen, dass das, was heute noch zu verhindern ist, praktisch irreversibel wird, wenn nicht unverzüglich Vorbeugungsmaßnahmen ergriffen werden, ganz ungeachtet dessen, wie viel die künftigen Generationen aufzuwenden bereit wären, um die Katastrophe umzukehren. Besonders nachteilig könnten sich solche kritischen Situationen für die Entwicklungsländer auswirken (wenn zum Beispiel Teile Bangladeschs oder der ganze Malediven-Archipel durch den Anstieg des Meeresspiegels überflutet würden).

Dies sind außerordentlich wichtige Fragen, die in der Öffentlichkeit behandelt und erörtert werden müssen, und der Aufbau eines solchen öffentlichen Dialogs ist ein wichtiger Teil des Konzepts der menschlichen Entwicklung. Die öffentliche Erörterung ist für die Auseinandersetzung mit dem Klimawandel und der Gefahr für die Umwelt ebenso notwendig und wichtig wie für die Auseinandersetzung mit den traditionelleren Problemen von Benachteiligung und fortbestehender Armut. Was uns als menschliche Wesen vielleicht stärker als alles andere auszeichnet, ist unsere Fähigkeit, nachzudenken und miteinander zu sprechen, zu beschließen, was getan werden muss, und dies dann auch zu tun. Wir müssen diese zutiefst menschliche Fähigkeit ebenso gut für eine wohlbegründete Bewahrung der Umwelt nutzen wie für die koordinierte Beseitigung der herkömmlichen Armut und Benachteiligung. Bei beidem geht es um menschliche Entwicklung.

Aus dem »Bericht über die menschliche Entwicklung 2007/2008«, herausgegeben von der Deutschen Gesellschaft für die Vereinten Nationen e. V., Berlin 2007, S. 37 f.

◆ Human Development Index

Der Human Development Index (HDI), der Index der menschlichen Entwicklung, ist ein Indikator für den Wohlstand der Staaten dieser Erde. Er wird seit 1990 im jährlich erscheinenden »Human Development Report« des United Nation Development Programme (UNDP) aufgeführt. Zur Berechnung des HDI werden drei Faktoren herangezogen:

1) Der Lebensstandard, gemessen am Bruttonationaleinkommen pro Kopf (BNEpK)

2) Der Bildungsindex, gemessen an der durchschnittlichen und voraussichtlichen Schulbesuchsdauer

3) Lebenserwartungsindex, die Lebenserwartung eines Menschen bei seiner Geburt

Entwickelt wurde der HDI vom Indischen Ökonomen Amartya Sen, seinem pakistanischen Kollegen Mahbub ul Haq und dem britischen Wirtschaftswissenschaftler Maghnad Desai, die einen aussagekräftigeren, stärker die Bedürfnisse der Menschen berücksichtigenden Index erstellen wollten. In der Einleitung des ersten »Human Development Reports« von 1990 hieß es: »Menschen sind der wahre Reichtum eines Landes. Das grundlegende Ziel von Entwicklung ist es, eine Umgebung zu schaffen, in der Menschen ein langes, gesundes und kreatives Leben genießen können. Das mag wie eine einfache Wahrheit erscheinen, gerät jedoch häufig in Vergessenheit hinter dem Anliegen der Anhäufung materieller Güter und finanziellen Reichtums.«

Über die Aussagekraft des HDI wird immer wieder gestritten, unter anderem darüber, welche Faktoren in welchen Anteilen in die Erstellung des Index einfließen sollten. Zum Beispiel werden soziale Gerechtigkeit, demokratische Strukturen oder ökologisches, nachhaltiges Handeln nicht berücksichtigt. So kritisiert etwa der WWF, dass gerade Länder mit einer sehr hohen menschlichen Entwicklung einen besonders großen ökologischen Fußabdruck haben. Diesen müsse man als Faktor berücksichtigen, wenn man ein intaktes Ökosystem als Grundlage für menschliches Wohlergehen und eine hohe Lebenserwartung betrachte. Die Organisation geht davon aus, dass aktuell kein Land die Bedingungen eines angemessenen Lebensstandards bei gleichzeitig erdverträglichem, ökologischem Fußabdruck erfüllt.

Rangliste des Index der menschlichen Entwicklung 2016 (Auszug)
Sehr hohe menschliche Entwicklung (hier die ersten 25 Staaten)

Rang		Land	HDI	
Rang für 2016	Änderung zum Rang von 2015		Index für 2016	Änderung zum Index für 2015
1	–	Norwegen	0,949	▲ 0,001
2	▲ (1)	Australien	0,939	▲ 0,002
2	–	Schweiz	0,939	▲ 0,001
4	–	Deutschland	0,926	▲ 0,002
5	▲ (1)	Dänemark	0,925	▲ 0,002
5	▼ (1)	Singapur	0,925	▲ 0,001
7	▼ (1)	Niederlande	0,924	▲ 0,001
8	–	Irland	0,923	▲ 0,003
9	–	Island	0,921	▲ 0,002
10	▼ (1)	Kanada	0,920	▲ 0,001
10	▲ (1)	Vereinigte Staaten	0,920	▲ 0,002
12	–	Hongkong	0,917	▲ 0,001
13	–	Neuseeland	0,915	▲ 0,002
14	▲ (1)	Schweden	0,913	▲ 0,004
15	▼ (1)	Liechtenstein	0,912	▲ 0,001
16	–	Vereinigtes Königreich	0,909	▲ 0,002
.2	–	Macau	0,905	▲ 0,001
17	–	Japan	0,903	▲ 0,001
18	–	Südkorea	0,901	▲ 0,002
19	–	Israel	0,899	▲ 0,001
20	–	Luxemburg	0,898	▲ 0,002
21	▲ (1)	Frankreich	0,897	▲ 0,003
22	▼ (1)	Belgien	0,896	▲ 0,001

23	–	Finnland	0,895	▲ 0,002
24	–	Österreich	0,893	▲ 0,001
25	–	Slowenien	0,890	▲ 0,002

Geringe menschliche Entwicklung (hier die untersten 25 Staaten)

163	▲ (2)	Uganda	0,493	▲ 0,005
165	–	Sudan	0,490	▲ 0,002
166	▲ (1)	Togo	0,487	▲ 0,003
167	▲ (1)	Benin	0,485	▲ 0,004
168	▼ (9)	Jemen	0,482	▼ 0,017
169	–	Afghanistan	0,479	–
170	–	Malawi	0,476	▲ 0,003
171	▲ (1)	Elfenbeinküste	0,474	▲ 0,008
172	▼ (1)	Dschibuti	0,473	▲ 0,003
173	–	Gambia	0,452	▲ 0,002
174	–	Äthiopien	0,448	▲ 0,007
175	–	Mali	0,442	▲ 0,004
176	▲ (2)	Demokratische Republik Kongo	0,435	▲ 0,010
177	–	Liberia	0,427	–
178	▲ (1)	Guinea-Bissau	0,424	▲ 0,003
179	▲ (2)	Eritrea	0,420	▲ 0,002
179	▼ (1)	Sierra Leone	0,420	▼ 0,011
181	▲ (1)	Mosambik	0,418	▲ 0,004
181	▼ (1)	Südsudan	0,418	▼ 0,003
183	▼ (2)	Guinea	0,414	–
184	–	Burundi	0,404	▼ 0,002
185	–	Burkina Faso	0,402	▲ 0,003
186	–	Tschad	0,396	▲ 0,002
187	–	Niger	0,353	▲ 0,002
188	–	Zentralafrikanische Republik	0,352	▲ 0,006

Auffällig ist, dass die letzten 25 Plätze von Uganda bis zur Zentralafrikanischen Republik mit Ausnahme von Afghanistan und Jemen von Staaten des afrikanischen Kontinents besetzt sind.

Die Vereinten Nationen sprechen von einer Krise, mit der wir konfrontiert sind, und doch – man glaubt es nicht – gibt es noch immer Menschen und selbst ernannte Experten, die der Meinung sind, es gebe keinen Klimawandel. Und wenn es einen gibt, dann ist er nicht von uns Menschen gemacht. Eigentlich möchte man gar nicht mehr darüber reden. Aber gut, lassen wir für alle Zweifler noch einmal ein paar Fakten der jüngeren Zeit sprechen.

Da ist zum Beispiel die Meldung der »Washington Post« von Anfang Dezember 2016. Es geht um die Hauptstadt auf Spitzbergen. Der Inselarchipel liegt weit oben im Norden, östlich von Nordgrönland, zwischen dem 77. und 78. Grad nördlicher Breite, also weit jenseits des Polarkreises (66° 33′ 55″) und weit links oberhalb von Claus Klebers Kopf beim »heute-journal« des ZDF. Dort oben hat es Anfang Dezember 2016 im Dunkel der Polarnacht so geregnet, dass die Hauptstadt Longyearbyen in Teilen evakuiert werden musste. Innerhalb weniger Stunden fielen mehr als 100 Liter Regen pro Quadratmeter, das ist etwa ein Drittel der Jahresniederschlagsmenge. Anfang Dezember sollte es aber auf Spitzbergen überhaupt nicht regnen. Da sollte es – wenn überhaupt – schneien. Doch es war zu warm, viel zu warm. Die Temperaturen lagen 15 Grad über dem langjährigen Mittelwert auf Spitzbergen.

Eine andere, ziemlich dramatische Nachricht war ein paar Tage vorher zu lesen. Am Nordpol ist es normalerweise sehr, sehr kalt im arktischen Winter. Mitte November 2016 war es dort jedoch warm, sehr warm. Die Temperaturen lagen unglaubliche 20 Grad Celsius über den langjährigen Durchschnittswerten.

Das Jahr 2016 hat nach 2015 und 2014 erneut alle Klimarekorde gebrochen. Damit zählt das 21. Jahrhundert 16 der 17 wärmsten Jahre in der Geschichte der Wetteraufzeichnungen. Nach Angaben der WMO (World Meteorological Organization) lag die globale Erwärmung 2016 1,1 Grad Celsius über den Werten der vorindustriellen Zeit.

Der globale Klimarekord brachte zahlreiche lokale Hitzerekorde auf unserem Planeten mit sich. Im April 2016 wurde mit 44,8 Grad Celsius ein neuer nationaler Höchstwert in Thailand gemessen. Einen Monat später wurde mit 51 Grad Celsius eine Rekordtemperatur für Indien festgestellt. Die höchste Temperatur wurde im Nahen Osten im Juli 2016 im kuweitischen Mitribah gemessen: 54 Grad Celsius. Im Schatten!

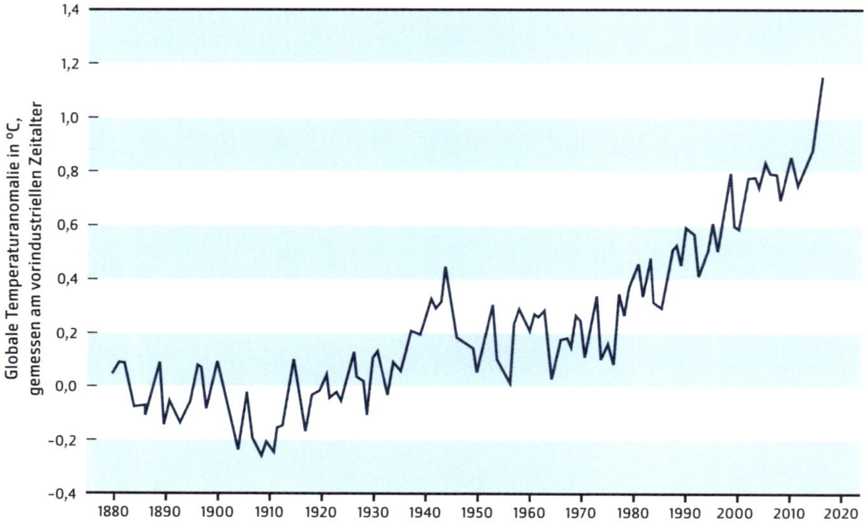

Anstieg der globalen Durchschnittstemperatur seit Messung der Wetterdaten im vorindustriellen Zeitalter nach von der WMO zusammengestellten Daten

Quelle: WMO nach Daten von NOAA; NASA; UK Met Office/CRU

Mit den Temperaturrekorden einher gingen neue Rekordwerte für den CO_2-Gehalt der Atmosphäre. 2016 kletterte der Jahresmittelwert mit 407,7 ppm (parts per million) erstmals über die 400-ppm-Marke.

Der Anstieg der Oberflächentemperatur in den Ozeanen war dramatisch und geschah viel schneller als erwartet, ebenso das Schrumpfen des arktischen Meereises. Drei Mal kam es laut WMO im Winter 2016/2017 zu regelrechten Hitzewellen in der Arktis. Während sich so am Nordpol kaum neue winterliche Meereisflächen bilden konnten, schmolzen zur gleichen Zeit die antarktischen Eisflächen im südlichen Sommer auf ein Rekordtief zusammen. In einem Interview mit »Zeit Online« sagte der Ozeanograf und Klimaforscher Mark Brandon: »Die Arktis wird in den nächsten 10 bis 20 Jahren im Sommer eisfrei werden – wenn es einen Kipp-Punkt gibt, dann ist er schon überschritten.«

Der Generalsekretär der WMO, Petteri Taalas, kommt zu dem Schluss: »Unser Report bestätigt, dass das Jahr 2016 das wärmste Jahr seit der Aufzeichnung von Wetterdaten war. Es lag bemerkenswerte 1,1 Grad Celsius über der vorindustriellen Zeit und 0,06 Grad über dem bisherigen

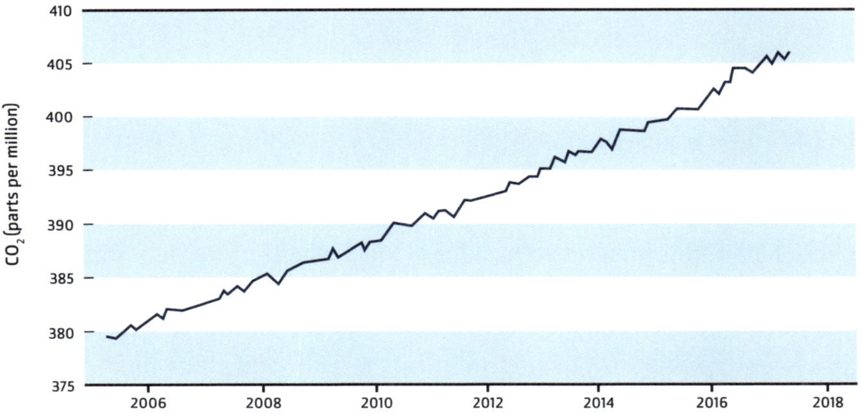

Anstieg des Treibhausgases CO_2 in der Erdatmosphäre. Quelle: climate.nasa.gov

Rekordjahr 2015. Dieser Anstieg der globalen Durchschnittstemperatur geht einher mit anderen Veränderungen im Klimasystem.

Die globale durchschnittliche Oberflächentemperatur der Ozeane war die zweitwärmste je gemessene. Weltweit steigt der Meeresspiegel

Der CO_2-Gehalt der Atmosphäre in den letzten 400 000 Jahren bis heute. Die historischen Werte wurden durch die Untersuchung von Eisbohrkernen gewonnen. Quelle: NOAA

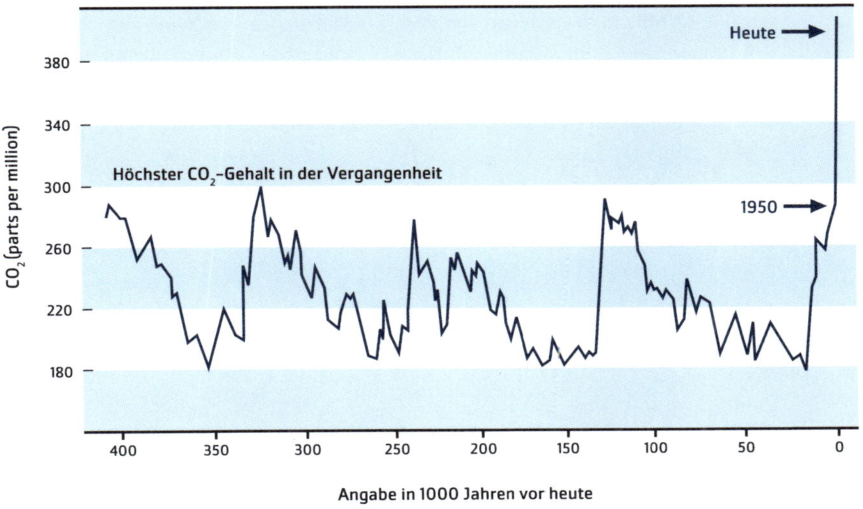

weiter. Die Ausdehnung des arktischen Meereises lag das ganze Jahr über weit unter dem Durchschnitt.

Die Werte des CO_2 in der Atmosphäre brechen ständig neue Rekorde. Der Einfluss menschlicher Aktivitäten auf das Klimasystem wird mehr und mehr offensichtlich.«

Noch dramatischer klingt der Kommentar von David Carlson, dem Leiter der Klimaforschung bei der WMO: »Auch ohne den starken El Niño des letzten Jahres sehen wir 2017 dramatische Veränderungen auf unserem Planeten, die die Grenzen unseres Verständnisses für das Klimasystem sprengen. Wir befinden uns jetzt in wahrhaft unkartierten Gewässern.«

Das Problem ist die Frage der Energieaufnahme bei steigenden Temperaturen. Der Planet wird einfach immer wärmer. Was will er auch sonst machen. Die Sonne hat eine fast gleichbleibende Leuchtkraft, ihre Schwankungen sind auf keinen Fall für die überall auf der Erde spürbare Erwärmung verantwortlich. Es ist ganz simpel: Land, Luft und Wasser erwärmen sich, weil sich durch die ungebremste starke Anreicherung der Atmosphäre mit Treibhausgasen ein gewaltiger globaler Energiespeicher entwickelt. Und der gibt seine Energie an alle anderen Komponenten, Land, Wasser, Eis, ab. Das sind die Fakten.

Minimum des Arktischen Seeeises: Im September erreicht die Ausdehnung ihr Jahresminimum. Dieses Minimum hat sich in den letzten 30 Jahren um 13,3 Prozent pro Dekade verringert. Im September 2016 betrug die Ausdehnung 4,72 Millionen Quadratkilometer, 20 Jahre zuvor, im September 1996 7,87 Millionen Quadratkilometer. Die entsprechenden Daten wurden mit Satelliten ermittelt. Quelle: climate.nasa.gov

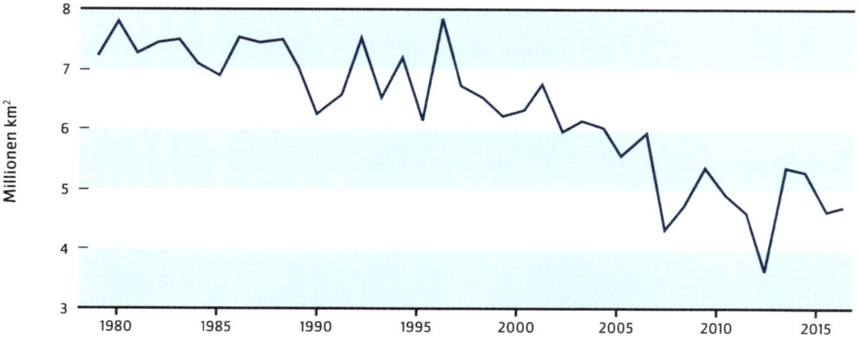

Noch ist die Reaktion der flüssigen Komponenten bis jetzt verzögert, weil Wasser eben eine Menge an Wärme aufnehmen kann. Daher ist die wirkliche Wärmeleistung, die der Planet Erde durch die anthropogene Erwärmung erfahren hat, noch gar nicht richtig spürbar geworden. Nur allmählich merken wir, dass die verschiedenen Sphären ihre Wärme, die in ihnen gespeichert ist, zusätzlich abgeben. Es geht also nicht nur um die Erwärmung der Atmosphäre, sondern auch um die Erwärmung der Hydrosphäre. Und die dynamischen Reaktionen der Natur sind offensichtlich.

Der Klimawandel ist real, und er ist vom Menschen gemacht. 33 700 Autorinnen und Autoren von Peer-Review-Fachbeiträgen zum Thema Klimawandel sagen genau das. Nur 34 Autoren sind der Meinung, der Mensch sei nicht der Verursacher – das ist gerade mal ein Promille. Keiner kann also behaupten, die Wissenschaft sei sich nicht einig, dass es einen menschengemachten Klimawandel gibt. Die Wissenschaft ist sich da völlig einig.

Wenn wir die Natur und die in ihr wirkenden Kräfte nicht ernst nehmen, das sollte jetzt endlich jedem klar sein, dann müssen wir uns auf einiges gefasst machen.

Es ist ja nicht so, dass die Natur wütend zurückschlägt, ein Monster ist oder vergrämt. Die Natur ist die Natur. Die Natur macht sich selbst. Und wenn wir etwas in die Natur einbringen, dann geht sie damit um.

◆ Attribution Science

Die Physikerin Friederike Otto vom Environmental Change Institute an der University of Oxford entzaubert die Klimawandel-Leugner mit ihren Zahlen. Die aus Kiel stammende Wissenschaftlerin ist Mitbegründerin der »Attribution Science«, was in Deutsch so viel heißt wie »Zuordnungswissenschaft«.

Ganz einfach gesagt arbeiten die Wissenschaftler der Attribution Science mit einer Masse an Klima- und Wetterdaten und berechnen mithilfe von Klimamodellen, wie wahrscheinlich das Auftreten einer Extremwettersituation war. Dazu wird mit komplexen Rechenverfahren die Wahrscheinlichkeit für das Auftreten eines solchen Wetterereignisses in einer simulierten Welt ohne aufgeheizte und mit CO_2 angereicherter Atmosphäre bestimmt.

Otto und ihre Wissenschaftskollegen konnten mit diesem Verfahren nachweisen, dass zum Beispiel die Hitzewelle in der Arktis im Winter 2016/2017 aufgrund des Klimawandels dreihundert Mal wahrscheinlicher war. Im Umkehrschluss heißt das, ohne den Klimawandel wäre ein solches Ereignis so gut wie unmöglich. Und sollte die globale Erwärmung nicht wie jetzt rund ein Grad Celsius, sondern zwei Grad Celsius erreichen, werden vorweihnachtliche Hitzewellen in der Arktis der Wahrscheinlichkeit nach alle fünf Jahre auftreten. Und noch ein Ereignis ist für die Wissenschaftler der Attribution Science eindeutig auf den Klimawandel zurückzuführen. Friederike Otto: »Ich habe in all den Studien, die wir auf der ganzen Welt gemacht haben, noch nie so klare Änderungen gesehen, wie bei den Hitzewellen der letzten Jahre in Europa. Diese sind ein deutliches Beispiel, an dem man wirklich sieht, dass Klimawandel eben nichts ist, was in ferner Zukunft, sondern genau hier und heute bei uns passiert.« Und sie fügt hinzu: »Wenn man möchte, dass es bei einer Erwärmung von zwei Grad Celsius bleibt, dann ist die Braunkohle nichts, was man braucht. Dann ist der Dieselmotor keine Brückentechnologie.«

Bringen wir zum Beispiel Treibhausgase in gigantischen Mengen in die Atmosphäre ein, dann hat das Folgen für das System Erde. CO_2, Methan, Stickoxide, die mehr als 200-mal treibhausaktiver als Kohlendioxid sind – wir sollten einfach aufhören mit dem Mist. Wir wissen es doch.

Mit den Folgen umzugehen, wird Geld kosten, viel Geld, und gerade hier, in der sogenannten westlichen Welt, wird es auch Privilegien kosten. Es wird unser Leben verändern. Natürlich. Wir machen uns ja jetzt schon viel mehr Gedanken über den Klimawandel. Nicht aus Ängstlichkeit, sondern weil wir uns neu organisieren müssen. Nicht umsonst denken wir darüber nach, wie wir in Zukunft unseren Strom erzeugen. Und wie wir ihn verbrauchen.

Das ist die heutige Lage. Wir stehen an einem Kipp-Punkt, an einem Tipping-Point. An dem Punkt, hinter dem die Konsequenzen unserer Handlungen nicht mehr berechenbar, geschweige denn beherrschbar sind. Den meisten von uns ist vielleicht nicht so richtig klar, dass wir keine Zeit mehr zu verlieren haben. Wir können es uns nicht mehr erlauben zu warten, nach dem Motto, ach, die werden schon noch irgendetwas Tolles erfinden. Nein, wir müssen das selbst machen. Schon der alte Konfuzius hat gesagt: »Der Mann, der den Berg abtrug, war derselbe, der anfing, kleine Steine wegzutragen.«

Eins muss man – und der hat mit Konfuzius nun wirklich nichts zu tun – Donald Trump lassen. Er hat mit seinem Irrsinn die Leute in Amerika nicht nur auf die Straße gebracht, sondern ihnen auch klargemacht, dass ein Thema wie Klimaschutz und Klimawandel nicht den Institutionen überlassen werden darf. Jeder muss auf die Straße gehen, muss aktiv werden.

Die Standardfloskel von Politikern und Institutionen lautet: »Die Antwort auf den Klimawandel kann nur eine nachhaltige Industrie-, Energie- und Klimapolitik sein.«

Nachhaltig. Was heißt nachhaltig? Nachhaltig, das klingt so *nachhalt-dich*. Was soll das sein? Klingt so locker, so hip – oder? Weil es auch dauernd benutzt wird, hat *nachhaltig* inzwischen den Charakter einer Worthülse, eines Platzhalters, den man in fast jeder zweiten Werbung liest oder hört. Das Wort ist verbraucht, zerdeutet, vernutzt, ausgehöhlt.

Nachhaltig: Ich kann nicht mehr rausnehmen, als reinkommt. Das ist ökonomisch gedacht. Und zu Ende gedacht heißt es: In Wirklichkeit muss etwas ganz anderes dabei rauskommen.

Nur so nebenbei: Warum dann nicht gleich ein anderes Wort für nachhaltig? Ja, uns gefällt *gedeihlich* besser. Gedeihlich – das hat etwas Organisches. Etwas wächst und gedeiht, etwas entwickelt sich seinem Wesen gemäß richtig. Gedeihen. Wenn Kinder gedeihen, wenn Pflanzen gedeihen, wenn die Welt gedeiht, wenn eine Gesellschaft gedeiht, wenn alles und alle zusammen gedeihen, dann öffnet sich die Perspektive für eine gedeihliche Zukunft.

Eine nachhaltige, gedeihliche Industrie-, Energie- und Klimapolitik, ja, was kann das sein? Das muss natürlich bedeuten, raus aus den fossilen Ressourcen, und zwar so was von raus, rauser geht's gar nicht mehr, und das sofort.

Wenn Sie Geld haben, irgendwo, wo es sowieso keine Zinsen bringt, denken Sie doch mal darüber nach, vielleicht zu einer Umweltbank zu gehen. Dort könnten Sie Ihr Geld in ethisch saubere Projekte investieren, die auch das Klima schützen und zugleich den Menschen helfen. Stellen Sie sich das mal vor. So was Großartiges. Oder bauen Sie sich mit Ihrem Geld eine Fotovoltaikanlage aufs Dach, oder beteiligen Sie sich an einer Biogasanlage oder an einem Windrad. Auf jeden Fall erneuerbar, erneuerbar, erneuerbar! Alles, was keinen Kohlenstoff in die Atmosphäre entlässt, ist genau das Richtige.

Natürlich muss eine nachhaltige, gedeihliche Industrie-, Energie- und Klimapolitik auch den sozialen Fortschritt voranbringen. Denn – wenn Sie sich an den Anfang des Buches erinnern – die Bedingung der Möglichkeit für ökologisch sinnvolles Handeln ist soziale Stabilität. Dass sich das Kapital immer weiter konzentriert und große Teile der Gesellschaft zunehmend abgehängt werden – so darf es nicht weitergehen.

Aber wie kann es weitergehen? Woran sollen wir uns orientieren? Bei der Beantwortung dieser Frage kann uns ein Buch helfen, das schon vor fast 40 Jahren (1979) erschien, aber trotzdem großartig ist und bleibt: »Das Prinzip Verantwortung« von Hans Jonas. Da heißt es:

»Handle so, dass die Wirkungen deiner Handlung verträglich sind mit der Permanenz echten menschlichen Lebens auf Erden. [...] Handle so, dass die Wirkungen deiner Handlung nicht zerstörerisch sind für die künftige Möglichkeit solchen Lebens. [...] Gefährde nicht die Bedingungen für den indefiniten Fortbestand der Menschheit auf Erden. [...] Schließe in deine gegenwärtige Wahl die zukünftige Integrität des Menschen als Mit-Gegenstand deines Wollens ein.«*

* Hans Jonas, »Das Prinzip Verantwortung«, Suhrkamp, Frankfurt am Main 2015, S. 36.

Keine Panik! Wir werden hier jetzt nicht zu *fach-philosophisch* werden. In diesen von Hans Jonas formulierten Imperativen geht es um das Überleben der Gattung Mensch und um das Überleben der Einzelperson im soziokulturellen Kontext. Das hört sich jetzt ein bisschen komisch an, *soziokulturell*. Was soll das heißen? Na ja, unter anderem, dass man als Einzelperson Respekt genießt, den Respekt der Anderen. Man könnte auch sagen, wichtig ist, dass alle daran denken, dass der Andere eine Würde hat. Und zwar nicht im Konjunktiv, sondern im Indikativ, das heißt: Der Andere *hat* die Würde, der würde nicht die Würde haben, er hat sie! Haben wir schon darüber gesprochen, genau. Aber man kann es nicht oft genug wiederholen. Und wir müssen uns darum kümmern, dass niemand von uns diese Würde verliert. Auch die Ökonomie darf uns, darf niemandem die Würde nehmen. Da sind wir beim Punkt! Um das zu erreichen, muss eine neue Vision unserer Gesellschaft her.

Aber sprechen wir zunächst noch mal darüber, vor welchen Herausforderungen die Menschheit – die es als juristische Person ohnehin nicht gibt, aber von der ja immer gerne gesprochen wird – steht. Von was sind wir alle als Menschheit betroffen? Die fünf anthropozentrischen Ringe fassen es in einem Bild zusammen.

Klimawandel, Energiewende und Ressourcen sind die drei übergeordneten Themen, die alle Menschen auf der Welt betreffen. Wir

Die fünf anthropozentrischen Ringe

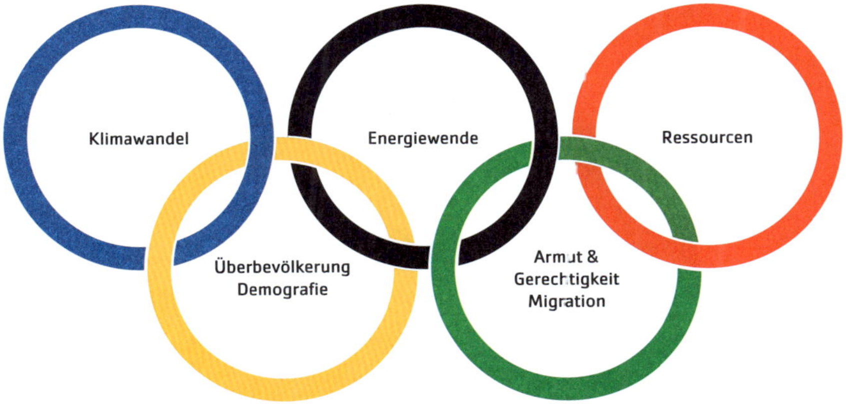

müssen aus den auf Kohlenstoff basierenden Ressourcen raus, sonst scheitern wir nicht nur mit dem Klimawandel, sondern auch an der Ressourcenendlichkeit. Wie heißt es so treffend im Rheinland, »wat fott is, is fott!« So geht es mit vielen Ressourcen, die man nicht ohne Weiteres zurückholen kann, Stichwort *Recycling*. Wir müssen die Energiewende auch dazu nutzen, möglichst viel saubere Energie zu produzieren, um großräumige und kleinstteilige Recyclingkreisläufe in Gang zu bringen, damit wir wertvolle Rohstoffe nicht unwiederbringlich verlieren – auf diesem Raumschiff Erde.

Ein weiteres Problem, das die gesamte Menschheit angeht, ist das Bevölkerungswachstum und die daraus resultierende Überbevölkerung.

◆ Die Erde hat Mensch

… und zwar 7,6 Milliarden (Stand Januar 2018).

Zu Beginn unserer Zeitrechnung lebten rund 300 Millionen Menschen auf der Erde. Um das Jahr 1800 herum bewohnten schon mehr als 1 Milliarde Menschen den Planeten. Im 20. Jahrhundert vervielfacht sich die Zahl der menschlichen Erdenbewohner. Gründe dafür sind die Verbesserungen im Gesundheitswesen, die industrielle Revolution, technischer Fortschritt und die landwirtschaftliche Revolution Anfang der 1960er-Jahre mit dem großflächi-

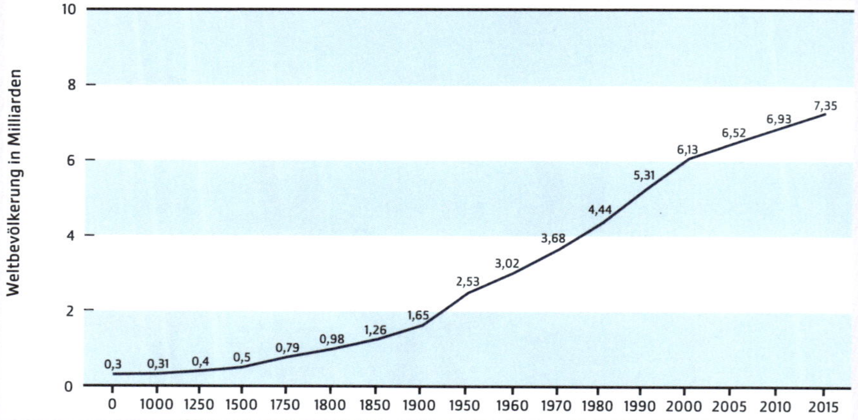

Bevölkerungsentwicklung vom Beginn unserer Zeitrechnung bis zum Jahr 2015.

Quelle: www.census.gov

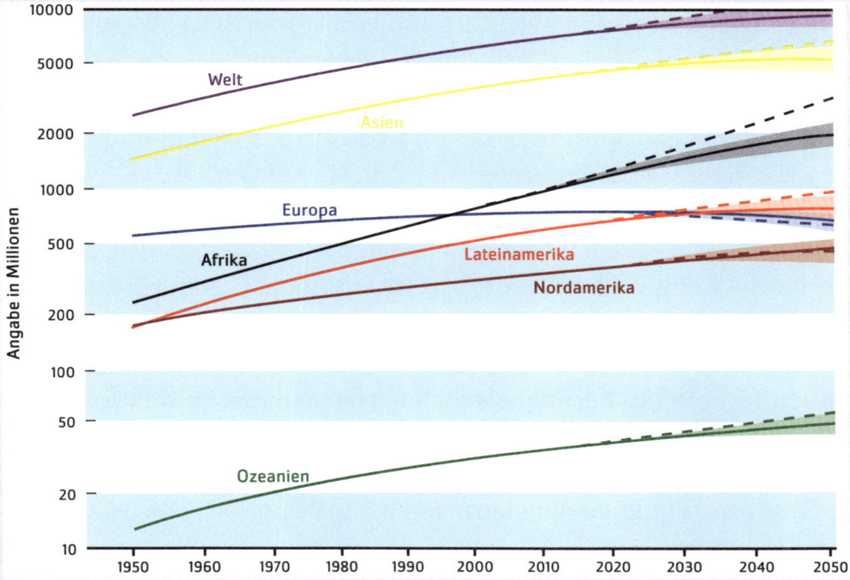

UN-Bevölkerungsanalyse und -prognose nach Kontinenten.

Quelle: wikimedia creative commons nach Daten von http://esa.un.org/unpp

gen Einsatz von Dünger, Herbiziden und Pestiziden sowie der Industrialisierung der Nahrungsmittelproduktion.

Im Januar 2018 lebten laut Deutsche Stiftung Weltbevölkerung 7,6 Milliarden Menschen auf der Erde. Jede Sekunde wächst die Bevölkerung heute um 2,5 Menschen: 4,3 Menschen werden geboren, 1,8 sterben. Die UN prognostiziert bis 2020 eine Wachstumsrate von rund 78 Millionen Menschen pro Jahr. Mit einer mittleren Projektion von angenommenen 2,5 Kindern pro Frau werden 2025 rund 8 Milliarden Menschen auf der Erde leben. Die 9-Milliarden-Marke werden wir 2040 überschreiten. 2060 werden wir 10 Milliarden Menschen sein und am Ende des Jahrhunderts über 11 Milliarden.

Je nach Land und Kontinent wird sich das Bevölkerungswachstum sehr unterschiedlich entwickeln. Den stärksten Zuwachs werden die Entwicklungsländer und die ärmeren Staaten verzeichnen. In vielen Industrieländern ist in den letzten Jahren ein Rückgang des Bevölkerungswachstums zu sehen.

Es wird eng auf dem Planeten! Viele stellen sich die Frage: Wie viele von uns verträgt die Erde? Die Frage, die aber zuerst und zuvorderst gestellt werden sollte, lautet: Wie viel Ungerechtigkeit und wie viel Ungleichverteilung ist verträglich?

Aber was heißt denn eigentlich »Überbevölkerung«? Wir in Europa sind nicht überbevölkert. Wir können Gäste empfangen, wir haben genügend Platz, Nahrung und Ressourcen. Europa ist einer der attraktivsten, wenn nicht der attraktivste Kontinent auf der Welt überhaupt. Europa ist der schönste Kontinent der Welt. Ja, wirklich.

Wir haben die besten fruchtbaren Böden, wir sind geologisch relativ geschützt. Erdbeben sind selten, ebenso Vulkanausbrüche. Es gibt so gut wie keine Wirbelstürme oder Überflutungen. Naturgewalten toben überall auf der Erde. Nur bei uns so gut wie nie. Wir haben ein gutes, noch angenehmes Klima. Wir haben vor allen Dingen Staaten, in denen weitgehend Rechtssicherheit herrscht, politische Stabilität und die eine fantastische Infrastruktur haben. Wo also würde man sein Leben einfacher leben können als in Europa?

Deswegen kommen die Menschen zu uns. Logisch. Was würden Sie denn machen, wenn Sie in Afrika wären und nichts mehr zu essen hätten? Unter anderem vielleicht deshalb, weil die subventionierten landwirtschaftlichen Produkte der Europäischen Union gerade die landwirtschaftlichen Wirtschaftskreisläufe in Ihrem afrikanischen Heimatland haben zusammenbrechen lassen. Das sollten wir alle uns fragen. Aber das ist eine andere Geschichte.

So jedenfalls entstehen Migrationsströme, Wanderungsströme von Menschen, die von dort fortgehen, wo sie nicht mehr leben können, und da hingehen, wo sie leben wollen. Und damit kommen wir zum fünften der anthropozentrischen Ringe: Armut, Gerechtigkeit und Migration.

Wir in den reichen Ländern werden gar nicht anders können, als die globalen sozialen und ökonomischen Ungleichheiten auszugleichen, sonst werden die Menschen aus den ärmeren Ländern sie ausgleichen. Das ist eine Erkenntnis, die man als Experte für komplexe Systeme nicht oft genug betonen kann. Zu große Unterschiede führen in der Natur immer zu Instabilitäten. Immer! Und Instabilitäten sind nichts anderes als Ausgleichsverfahren, um ein System wieder in eine Balance zu bringen. Diese Balance muss nicht statisch sein, sie kann auch dynamisch sein. Eine naturwissenschaftliche Tatsache ist: Je mehr sich Unterschiede verstärken, umso größer wird die Gefahr, dass ein System völlig instabil wird. Und Instabilitäten können das Allerschlimmste bedeuten. In dieser Welt tut die Natur alles, um Unterschiede, zum Beispiel zwischen Energiezuständen, auszugleichen. Das muss auch unser Lösungsweg sein. Und wir müssen genau gucken, wie wir das machen.

Stanisław Lem hat in »Eine Minute der Menschheit« geschrieben, würde man die gesamte Menschheit versammeln und an einer Stelle zusammenpferchen, so würde sie einen Raum von nicht einmal einem Kubikkilometer einnehmen. Trotzdem sind wir zur aktuell dominanten Struktur auf diesem Planeten geworden. Folgende Zahlen belegen das im wahrsten Sinne des Wortes nachdrücklich. Die gesamte Technosphäre, also alles von Menschen Gemachte, hat eine Masse von 30 Billionen Tonnen. Gleichmäßig verteilt entspräche das einer Last von 50 Kilogramm auf jedem Quadratmeter Erdoberfläche.*

Die Vielfalt der menschengemachten Objekte übertrifft bereits die heutige biologische Artenvielfalt. Das ist auch kein Wunder. Die Vielfalt der Objekte, die wir produzieren, von der Stecknadel bis zur Mondrakete, vom Bleistift bis zum Computer, wird stetig größer, während wir die biologische Artenvielfalt radikal von Tag zu Tag dezimieren.

50 Kilogramm auf jedem Quadratmeter Erdoberfläche – das muss man sich mal vorstellen. Die Erde hat richtig Mensch, und er hinterlässt seinen schweren Fußabdruck überall. Der Elefant im Porzellanladen ist im Vergleich dazu harmlos. Nur geht es hier nicht um Porzellan, sondern um Regenwälder, die abgeholzt werden, um den Raubzug in den Ozeanen, die Verschmutzung der Atmosphäre, das Ausbeuten der Rohstoffe, den Verlust fruchtbarer Böden ... und alles und immer nur für eins: ja, für Geld! Für Geld sind wir dabei, den gesamten Planeten zu bearbeiten. Man könnte deswegen das Anthropozän, das Erdzeitalter, das durch den Menschen gemacht ist, auch treffender als *Kapitalozän* bezeichnen.

Es wird nur noch ums Goldene Kalb getanzt. Dieses Goldene Kalb, selbst wenn es zur Goldenen Kuh ausgewachsen ist, gibt jedoch keine Milch. Der Kapitalismus ist die wesentliche Antriebskraft dafür, den Planeten Erde so zu zerstören, wie wir es momentan tun. Und es ist ja jetzt nicht so, dass wir das Geld für irgendwas Sinnvolles verwenden würden, sondern wir legen es an. Angeblich ist ja Geld das Einzige, was

---

* »The Anthropocene Review«, November 2016.

sich ständig vermehrt. Geld ist einer dieser merkwürdigen Stoffe, wo ich als Physiker sagen würde, da stimmt irgendwas nicht.

In der Ökonomie wird Tag für Tag vom immerwährenden Wachstum gesprochen. Immerwährend, es wächst und wächst und wächst und wächst. Jeder Physiker aber weiß, dass sich ein System mit einer endlichen Ressource immer stabilisieren wird. Das kann man mathematisch beweisen. Nur bei der Ökonomie scheint das anders. Obwohl auch die Ökonomie nur endliche Ressourcen verwendet. Die Zeit ist endlich, die Rohstoffe sind endlich, und auch der Mensch ist nur eine endliche Ressource.

Vielleicht will der Mensch mithilfe von Maschinen und der Digitalisierung seine eigene Endlichkeit überwinden. Dann werden wir eine unendlich laufende Maschinerie haben, die noch mehr Geld erzeugt. Aber selbst da wird irgendwann einmal Schluss sein, denn natürlich ist das Maximum an Energie, das die Erde zur Verfügung hat, die Strahlung, die sie von der Sonne bezieht. Aber worauf wir eigentlich hinauswollen, das ist die Verwendung von Geld.

50 Kilogramm Technosphäre pro Quadratkilometer. Metropolen wie Shanghai tragen einen gewichtigen Teil dazu bei. Geza Radics, flickr.com, gemeinfrei

Was machen wir mit dem Geld? Es gibt eine Unmenge von Geld auf Konten aller Art. Solche, die die Finanzämter kennen, solche, die die Finanzämter noch nie gesehen haben, und solche, von denen sie nicht einmal wissen, dass es sie überhaupt gibt. Es gibt Menschen, die haben so viel Geld, dass sie gar nicht mehr wissen, wie viel Geld sie haben. Denen ist es auch egal, wie viel Geld sie haben, sie haben einfach Geld. Das aber soll sich ständig vermehren. Rendite. Rendite, so hoch und so schnell wie möglich.

Und da kommen wir zu einem wichtigen Punkt: Was wir hier treiben, ist eine völlige Vergegenwärtigung sämtlicher Zeiten. Auf der einen Seite holen wir mit dem Kohlenstoff in Form von Kohle oder Öl eine uralte Vergangenheit an die Luft, setzen diese in der Atmosphäre frei und machen sie damit zu einer Atmosphäre, die immer mehr Energie speichert. Auf der anderen Seite machen wir die Zukunft zur Gegenwart, allein schon mit der Frage: Wann wird das Geld, das wir investiert haben, die erste Rendite bringen? Ob Vergangenheit oder Zukunft – wir vergegenwärtigen alles. Auf diese Weise werden wir immer weiter Ungleichheiten und Instabilitäten erzeugen. Und irgendwann ist es vorbei. Eine der wichtigsten Erkenntnisse, an denen wir dringend arbeiten müssen, ist, dass wir mit dieser Art von Wirtschaftsmodell bestimmt keine Probleme lösen, die dieses Wirtschaftsmodell selbst erzeugt hat. Wie hat Albert Einstein so treffend gesagt: »Probleme kann man niemals mit derselben Denkweise lösen, durch die sie entstanden sind.«

Die große Herausforderung, vor der wir stehen und die wir uns immer wieder klarmachen müssen, heißt: Wie kriegen wir das, was wir wollen, mit dem zusammen, was möglich ist?

Die Natur, das ist der Raum der Möglichkeiten. Und wir sind die Wesen, die über viel mehr Fähigkeiten verfügen, als uns klar ist. Wir haben uns über die letzten Jahrhunderte besonders in unserem Teil der Welt stark darauf konzentriert, vor allem Geld zu verdienen. Selbst Erkenntnisgewinn in der Grundlagenforschung wird heute meistens damit begründet. Ja, Wissen ist Macht. Und mit Macht kann man Geld machen.

Die Macht- und Geldeliten treffen oftmals ohne Fachwissen Entscheidungen, die Konsequenzen für weite Teile der Welt haben. Ihr Ziel ist persönlicher Machterhalt und Bereicherung. Immer mehr Menschen ahnen und erkennen, dass wir in einem Wirtschaftssystem leben, das alleine den Kapitalinteressen dient. Sie erinnern sich, Ähnliches haben Sie schon in Kapitel 1 gelesen. Die Interessen der Menschen, der Gesellschaft insgesamt sowie die Bewahrung der Natur und die Schonung der Ressourcen stehen, wenn sie überhaupt berücksichtigt werden, an hinterster Stelle. Verluste werden als Kollateralschaden billigend in Kauf genommen. Ein Wirtschaftssystem dieser Art ist weder konsensfähig, noch sind dessen Akteure konsenswillig. Wenn wir damit nicht aufhören, dann werden wir keine großen Chancen haben. Und damit sind wir wieder bei der Frage nach einer Vision. Was für eine Vision brauchen wir?

Das Problem mit Visionen ist, dass sie meist auf eine zeitlich ferne Zukunft gerichtet sind. Besser wäre doch, wenn man die Menschen – wie man so schön sagt – gleich mitnehmen könnte. Aber wenn man die *Mit*menschen *mit*nehmen will, dann braucht man am besten ein *mit-*

telfristiges Ziel, das man in absehbarer Zeit erreichen kann. Und wenn man es erreicht hat, dann kann man feiern. Das ist wichtig! Ja, wirklich wichtig.

Eine der schlimmsten Entwicklungen der letzten hundert Jahre ist sicher die allmähliche *Verbreiung* von Zeit. Es gibt heute so wenig Unterschiede im Gestalten und Erleben der Zeit. Zu wenige Feiertage, zu wenige Feierstunden. Zu selten wird zusammen gefeiert, was geschafft worden ist. Es wäre doch prima zu sagen: »So, das haben wir jetzt hingekriegt, jetzt feiern wir, und dann kommt der nächste Schritt.« Stattdessen alles ein Brei. Die digitalen Medien machen aus jedem neuen Tag einen gleichen Tag. Früher hieß es, jetzt ist Wochenende. Heute läuft alles weiter, nicht nur tagsüber, sondern auch nachts. Wir sind erreichbar und verfügbar, das wird von uns erwartet, und wir erwarten es von anderen. Kaum jemand kommt noch raus und zur Ruhe. Wir bräuchten einen Rückzugsraum für alle. Das könnten die Ruhetage, die Feiertage sein.

Wir wollen jetzt nicht theologisch werden. Obwohl es in der Bibel steht: Der Mensch braucht einen Tag in der Woche, an dem er ruht, an dem er für sich ist oder mit denen, mit denen er zusammenlebt. Das wäre eine Maßnahme. Aber zurück zu den Visionen.

Große Visionen werden idealerweise über Zwischenziele realisiert. Das nennt man nach Karl Popper ein *Schritt-für-Schritt-Vorgehen*. Das heißt, man versucht, ein großes Problem in Schritten zu lösen, und dabei überprüft man immer wieder, ob die Richtung noch stimmt.

Karl Popper spricht in diesem Zusammenhang von einem fortwährenden Prozess von Verbesserungsversuchen und Irrtumskorrekturen, der nicht nur Bedingung für eine offene, pluralistische Gesellschaft ist, sondern auch zu ihrer evolutionären Fortentwicklung führt.

Wenn die Dinge komplex und kompliziert werden, ist das Gremium, die Kommission, die Gruppe, der Einzelne als Teil einer aktiven Zivilgesellschaft viel mehr gefragt, als wenn es um einfache Sachverhalte geht. Wenig erstaunlich ist es, dass Mitglieder der Gesellschaft, denen die Welt zu kompliziert oder komplex geworden ist, der Meinung sind, es sollte einer entscheiden, denn das entlastet. Aber gerade dann, wenn Komplexität und Kompliziertheit groß sind, kommt es auf die Gruppe an, weil der kritische Rationalist weiß, dass er irren kann. Deswegen freut er sich, wenn noch jemand da ist. Zwei irren weniger, weil sie sich gegenseitig korrigieren können. Noch besser können sich die Mitglieder einer Gruppe korrigieren. Jeder kann sein Know-how einbringen, und auf einmal ist die Lösung realisiert. Und das nicht, weil einer gesagt hat, wo es langgeht, sondern weil die Gruppe festgestellt hat, jetzt haben wir alle Fehler im Griff.

Natürlich muss man sich vorher auf eine Richtung einigen. Eine Gesellschaft, die sich entscheidet, in Zukunft ökologisch sinnvoller zu handeln, hat ein Ziel vor Augen. Aber auf dem Weg dahin kann sie immer wieder Richtungsentscheidungen vornehmen. Denn manche Lösungen, die sich auf den ersten Blick als richtig oder gut erwiesen haben, erweisen sich unterwegs, auf den zweiten Blick, vielleicht als nicht ganz so gut. Da muss die Gesellschaft korrigieren können.

Also, die Vision von einer Gesellschaft, in der Menschen kooperieren und nach Ausgleich und Nachhaltigkeit streben, das wäre die Vision, die wir anstreben könnten. Wir alle aber haben kein fertiges Programm, wie auch? Wir können uns immer nur Schritt für Schritt fortbewegen. Wie macht man das?

An erster Stelle steht die Problemanalyse. Die Problemlage haben wir in den vergangenen Kapiteln schon umrissen.

Der zweite Schritt wäre die Entwicklung einer Vision. Da sind wir mit der Idee einer Gesellschaft, die nach Ausgleich und Nachhaltigkeit strebt, auf dem richtigen Weg.

Der dritte Schritt ist das Experiment, das Umsetzen der Idee, die Mobilisierung der Akteure – und da hapert es! Warum zum Beispiel können wir uns in Deutschland nicht viel stärker, offener, direkter und ehrlicher der Energiewende zuwenden? Warum investieren wir unsere Gelder nicht öfter in erneuerbare Energien? Das wäre doch was, ein *Ingenieurbüro Deutschland*, und drunter steht: *Wir machen das!*

Wir wären alle Teilhaber an dem großen Energieunternehmen Deutschland. Uns gehörten dann die Windräder, die Fotovoltaikanlagen, die Solarthermieanlagen, die Biogasanlagen. Das würde alles uns, der Gesellschaft, gehören. Wir müssen es sowieso bezahlen. Warum also sollen wir es privaten Energieunternehmen überlassen?

Wir machen das Richtige, weil wir erkannt haben, dass die Ressourcen endlich sind, weil wir anerkennen, dass der Klimawandel überhaupt nur gestoppt werden kann, wenn wir die fossilen Ressourcen nicht mehr anrühren. Etwas Besseres kann dem Planeten, kann der Menschheit nicht passieren. Dieses *Ingenieurbüro Deutschland,* also wir, würde in diesem Prozess eine Menge Erfahrungen sammeln, die wir dann mit all jenen teilen können, die noch nicht so weit sind. Das wäre echter Wissenstransfer. Der Transfer von gutem Know-how. Ja, ja … klingt romantisch, aber wir werden so weitermachen. Wenn wir das Experiment Energiewende durchgeführt haben, betrachten wir die Konsequenzen, lernen daraus und unternehmen den nächsten Schritt. So kann es gehen.

Der dritte Schritt, das Experiment. Dafür benötigen wir dringend eine Mobilisierung der Akteure, das heißt, wir brauchen einen Bewusstseinswandel beim Einzelnen, in Wirtschaft und Politik und last, but not least natürlich bei uns selbst. Und wie schaffen wir das?

Indem wir erstens Optimismus und Aufbruchsstimmung in der Bevölkerung erzeugen. Deutschland muss sich in drei Jahrzehnten ähnlich verändern wie von den Nachkriegsjahren bis 1980.

Zum Zweiten brauchen wir stimmige Entscheidungen. Das heißt, dass wir persönliche, privatwirtschaftliche und öffentliche Entscheidungen und Investitionen auf ein gemeinsames Ziel ausrichten.

Ein dritter Punkt ist das Anstoßen von Forschung und Entwicklung in Unternehmen und an Hochschulen.

Und viertens gilt es, ein innovatives, positives Image der Energieautonomie zu vermitteln und staatliche Förderungen und Gesetze konsequent aufeinander abzustimmen. Erneuerbare Energien müssen wir weiter fördern, Subventionen für fossile Energieträger und überholte Technologien sofort stoppen oder kurzfristig auslaufen lassen.

So ist ein Transformationszyklus, der unsere fossile Industriegesellschaft in eine ökologisch verträgliche, gedeihliche Gesellschaft verwandelt, zu realisieren. Mit anderen Worten: Klimawandel braucht Bewusstseinswandel, braucht Gesellschaftswandel.

Wäre nur noch die Frage, wann wir anfangen. Warum nicht gleich jetzt? Also Hintern hoch und los.

9 Irgendwannzeit

Deutschland 2018 – bräsig wie ein verregneter Samstag.

Träge beginnt dieser Samstag. Es regnet, nicht viel, nur so viel, dass man gerne zu Hause bleibt. Erst mal einen Kaffee, natürlich einen Espresso, nicht diesen Kapselsaft, sondern einen richtigen aus der neuen Espressomaschine. Alles an ihr glänzt, die Rohre, sogar das Gurgeln des Wassers glänzt. Der Kaffee wird frisch gemahlen, das Wasser kommt aus Frankreich, aus den tiefen Quellen der Vogesen. Das gut riechende Pulver aus den Bohnen fremder Länder verteilt seinen Duft in der Küche, die auch glänzt, selbst die Holzoberflächen glänzen, mit Olivenöl gewienert.

Durch die orangegelben Stoffe der Gardinen dringt das Dumpflicht des Samstagmorgens. Die Maschine blubbert, der koffeinhaltige kleine Muntermacher tropft ins dicke Porzellan der Espressotasse. Währenddessen die Zeitung hereinholen, jetzt liegen die Schlagzeilen auf dem Küchentisch.

Wenn Geschriebenes reden könnte, dann würde es schreien. Hurrikans in der Karibik, Erdbeben in Mexiko, Fastkriege, Rocket Man und Trump-Tweets, Orban und Kaczynski und Erdogan, ein bisschen Putin, Theresa May, Boris Johnson, Kurz und bündig in Österreich, die Katalanen wollen keine Spanier mehr sein, die Bayern nur noch mia, und Neuer fällt bis Weihnachten aus.

Die Zeit klebt vor sich hin. Keine Lust, irgendwas zu denken, irgendwas zu tun. Es ist so wohlig warm in den vier Wänden. Gut behütet hockt man da und glotzt vor sich hin. Gott sei Dank haben die Geschäfte bis 20 Uhr geöffnet, da kann man noch einkaufen, irgendwann. Genau, irgendwann. Samstagmorgen ist Irgendwannzeit. Die Ihr-könnt-mich-alle-mal-Zeit. Die Lasst-mich-in-Ruhe-Zeit. Mir geht es gut, und das reicht.

Genau, uns reicht es ja auch. Genauer, für uns reicht es. Wir haben alles, was wir brauchen. Und was wir brauchen, kommt von irgendwoher, irgendjemand hat das gemacht, wir bezahlen es mit irgend so etwas wie

Geld, aber nicht in bar, sondern per Knopfdruck, Code und Karte. Alles nur virtuell, alles so schön bunt hier. Loungestimmung in Deutschland, endlich chillen, entspannen, dösen, dumpf dösen. Schlapp, schlapp, schlapp. Klar, man könnte, aber nur wenn man wollte. Aber haben wir noch einen Willen? Wollen wir noch was wollen? Warum denn? Wir haben doch alles. Eben. Also.

Ich glaube, ich nehme noch einen Espresso.

10 Irren – Bedingung für eine menschliche Zukunft

Ein Genie macht keine Fehler. Seine Irrtümer sind Tore zu neuen Entdeckungen.

James Joyce

Ich bin nicht entmutigt, denn jeder erkannte Irrtum ist ein weiterer Schritt nach vorn.

Thomas Alva Edison

Was sollen wir machen? So lautet die Standardfrage, wenn es um Klimawandel, Energiewende, um die Herausforderungen der Zukunft geht.

Wir könnten etwas Neues machen, etwas ausprobieren, oder wir können so weitermachen wie bisher. Wer weiß schon, was richtig ist? Das weiß vermutlich keiner. Im Umkehrschluss heißt das, man könnte irren, wenn man entscheidet, etwas zu tun, man könnte irren und in der Folge des Irrtums scheitern, man könnte das Ding vor die Wand fahren.

Scheitern als Chance ist vielleicht im Wochenend-Coaching-Seminar für Manager eine Option. Aber in der Realität des profit- und erfolgsorientierten und auf Effizienz getrimmten Alltags ist Scheitern nicht gerne gesehen. In einer voll digitalisierten, kontrollierten und von Algorithmen perfektionierten Welt will niemand mehr irren. Der Mensch, der irrt, wird zur Schwachstelle im sonst perfekt operierenden digitalen Kosmos. Schwachstellen müssen so weit wie möglich eliminiert werden. Deswegen wollen wir alle von Beginn an das Richtige tun.

Aber oft führt der Weg zum Gelingen über den Irrtum. Das heißt: Das Wissen von dem, was falsch ist, öffnet den Blick auf das Richtige. Sherlock Holmes würde sagen, wenn man alle Möglichkeiten ausgeschlossen hat, dann muss das Unmögliche die Lösung sein.

Offenbar haben wir oft ein Problem damit, uns zu entscheiden. So kennen wir zum Beispiel viele Fakten, die belegen, dass wir als Homo sapiens für den Klimawandel maßgeblich verantwortlich sind, und wir kennen aus der Wissenschaft eine Menge von Vorschlägen, was wir deswegen tun sollten und könnten. Aber trotzdem passiert wenig. Wir tun nicht genügend, um die Ziele zu erreichen, die wir erreichen wollen.

Und warum ist das so? Ein Grund ist sicher die gesellschaftliche Haltung, eine Art Zeitgeist – es gibt ja verschiedene Zeitgeister –, der sich darin zeigt, dass Teile der Gesellschaft bei uns gerne alles so lassen würden, wie es ist. »Da weiß man, was man hat«, so lautete der Werbeslogan eines deutschen Waschmittelherstellers schon 1973. Und ganz in diesem Sinne sprach Frau Merkel am Abend nach der Bundestagswahl im Herbst 2017, die ihrer Partei große Verluste beschert hatte: »Ich sehe nicht, was wir anders machen sollten.«

Also lassen wir es, wie es ist, natürlich in der vollen Kenntnis, dass das nicht so sein kann. Um es mit den Worten des italienischen Schriftstellers Giuseppe Tomasi di Lampedusa zu formulieren: »Wenn wir wollen, dass alles so bleibt, wie es ist, dann ist es nötig, dass sich alles verändert.«

Sich für eine Veränderung zu entscheiden, das liegt uns wenig. Wir scheuen Risiken und bleiben am liebsten bei dem, was wir haben, und dem, worin wir schon immer erfolgreich waren: produzieren und exportieren. Das liegt uns ja offenbar schon fast im Blut, oder wie der Ministerpräsident eines deutschen Bundeslandes es einmal formulierte, man muss als Politiker praktisch Benzin im Blut haben.

Mal abgesehen davon, dass wir Menschen grundsätzlich auch ein gewisses Beharrungsvermögen im Blut haben, weil die Stabilität der Lebensverhältnisse für ein gedeihliches Zusammensein wichtig ist, warum tun wir uns mit Veränderungen so schwer? Unsere These wäre: Wir geben dem Irrtum nicht genügend Platz!

Sich zu irren, wird bei uns schon in der Schule bestraft – und setzt sich fort durch unser gesamtes Leben. Wer sich irrt, der ist nicht irre, sondern der macht Fehler. Und wer Fehler macht, wird nicht befördert. Deswegen heißt es ja auch so schön: Wer nichts tut, macht auch keine Fehler, und wer keine Fehler macht, der wird befördert.

Vielleicht liegt es tatsächlich daran, dass wir einen falschen Begriff von Irrtum haben. In den Naturwissenschaften zum Beispiel gilt der Satz: Wir irren uns empor. Das heißt, jedes Mal, wenn wir ein Ergebnis haben, wissen wir, dass das nur vorübergehend der letzte Punkt sein wird, der uns zur Wahrheit führt. Denn bald wird wieder etwas Neues auftauchen, das uns zum nächsten Kenntnisstand führt. Unser Erkenntnisgewinn in den Naturwissenschaften besteht darin, immer genauer sagen zu können, was nicht der Fall ist. Dieses sogenannte Falsifikationsverfahren ist etwas, das uns im normalen Alltag natürlich außerordentlich schwerfällt, denn der, der ständig Fehler macht, kann nicht befördert werden.

Dabei ist ein richtig guter Fehler, einer, der eindeutig zeigt, dass wir eine falsche Richtung eingeschlagen haben, ein unglaublicher Gewinn, weil man diese Richtung jetzt ausschließen kann. Etwas Besseres gibt es doch gar nicht. Angesichts der Komplexität unserer Wirklichkeit ist der Irrtum sozusagen der Normalfall. Und anstatt diesem Normalfall den entsprechenden Wert zuzubilligen – »ja, wir haben uns geirrt, und diesen Irrtum nehmen wir jetzt in die Liste unserer großen Irrtümer auf, den wollen wir nicht ein zweites Mal machen« –, erklären wir von vornherein die Fähigkeit, sich zu irren, zur sprichwörtlichen Unfähigkeit. Wir möchten nicht, dass die Leute sich an Irrtümern orientieren, sondern dass sie sich am Richtigen, am Gelingen orientieren.

Aber die Methode, das Richtige zu finden, das Gelingen zu realisieren, ist der Irrtum. Und der Zweifel? Zweifeln heißt zu denken, so wie es ist, kann es nicht bleiben. Ich zweifle am Jetzt-Zustand. Ich verzweifle nicht, sondern ich bezweifle. Das ist der große Unterschied. Zweifel ist kein Gemütszustand, sondern Methode. Und weil man zweifelt, probiert man etwas Neues aus. Und wenn man etwas Neues ausprobiert, kann es sein, dass man sich dabei auch irrt. Aber das weiß man erst hinterher. Und vorher, bevor man dieses Neue tut, braucht man Mut.

Mut scheint in Deutschland ein seltener Stoff geworden zu sein. Mutig zu sein und etwas auszuprobieren, den Irrtum zu riskieren, das ist offenbar ein großes Problem für eine Gesellschaft, die sehr auf den unmittelbaren Erfolg ausgerichtet ist.

Das Unmittelbare des Erfolges ist eben genau das Problem. Dieses Denken liegt unserer Ansicht nach in den ökonomischen Prinzipien der unmittelbaren, schnellen Renditen begründet. Wenn wir etwas investiert haben, möchten wir so schnell wie möglich den Return on Investment haben. Und das Ganze soll natürlich möglichst risikofrei sein.

Wenn man aber etwas Neues beginnt, gibt man dem Irrtum eine Chance. Und begibt sich ins Risiko. Aber es gibt bei uns zu wenig Risikokapital, und es gibt viel zu wenig Risikobewusstsein. Denn nur mit einem ordentlich begründeten Risikobewusstsein lässt sich ein Schritt ins Neuland tun.

Der Schritt ins Neuland ist gewissermaßen das Zentrum der wissenschaftlichen Tätigkeit. In diesem Sinne sollte unsere Gesellschaft vielleicht ein bisschen wissenschaftlicher werden. Wir sollten das Risiko auf uns nehmen, dass im Reich des Neulandes noch nicht alle Pfade so betoniert oder asphaltiert sind wie unsere Autobahnen. Nein, wer sich auf diesen Wegen bewegt, setzt sich der Gefahr aus, sich irren zu können.

Eine andere Problematik ist, dass wir bei vielen Dingen, bei denen wir uns geirrt haben, den Irrtum einfach nicht anerkennen wollen. Stichwort: Diesel! Beim Diesel haben wir uns offenbar geirrt. Lange Zeit waren Politiker und Ingenieure in Deutschland der Meinung, der Diesel sei der richtige Weg. Er wäre vielleicht der richtige Weg gewesen, hätte man anstelle einer Schummelsoftware die richtige Hardware in den Motor eingebaut.

Hier wäre also zu überprüfen, ob da nicht ein großer Fehler gemacht worden ist. Und es sieht alles danach aus. Die Fehler müssen korrigiert werden. Das meinen wir nicht im strafrechtlichen Sinne. Wir sollten uns vielmehr die grundlegende Frage stellen, welche unserer Technologien, mit denen wir bis jetzt den Wohlstand in diesem Lande garantiert haben, wir eigentlich langfristig noch am Leben halten können. Vielleicht unterliegen wir ja einem großen Irrtum, wenn wir annehmen, dass es einfach immer so weitergeht wie bisher. Weil andere unsere Maschinen schon kaufen werden, auch dann noch, wenn diese Maschinen deren Luft genauso verpesten wie die unsere. Aber vielleicht wollen die anderen das gar nicht mehr. Vielleicht wollen die andere Technologien haben. Dazu aber wäre es notwendig, Menschen die Gelegenheit zu geben, ihre Ideen vorzustellen, um daraus etwas Neues zu entwickeln. Auch auf die Gefahr des Irrtums hin.

Übrigens, die Natur irrt sich nie. Die Natur ist ein Zusammenhang, der durch Gesetzlichkeiten mit Rand- und Anfangsbedingungen vollständig bestimmt ist. Und die Lösungen, die dabei realisiert werden, sind eben die sogenannten natürlichen Lösungen. Die haben mit uns gar nichts zu tun. Die Natur kennt keinen Irrtum. Die Natur ist ein Ablauf von Prozessen, der nach den jeweiligen Bedingungen vonstattengeht, ohne Wenn und Aber.

Wir sind zwar ein Teil dieses Systems, aber wir sind mit der unglaublich tollen Eigenschaft ausgerüstet, einen Fehler – der eben nur dann ein Fehler ist, wenn er unseren Zwecken und Zielen nicht gehorcht – als solchen erkennen und damit auch Korrekturen vornehmen zu können. Wir können nämlich etwas tun, was die Natur nicht kann: Wir simulieren Zukunft. Wir stellen uns etwas vor, wir entwickeln Szenarien. Wie wäre es, wenn ...? Wenn wir dieses und jenes täten, was würde dann passieren?

Bei dieser Art von Zukunftsbetrachtung haben wir bei uns in Deutschland große Defizite. Vielleicht liegt es daran, dass einer unserer Kanzler mal gesagt hat, wer Visionen hat, der solle zum Arzt gehen.

Die Vision von einer Gesellschaft, die sich darum kümmert, dass sie nicht weiter den Planeten aufheizt, ist keine, die beim Arzt behandelt werden muss. Sie ist die Vision schlechthin. Weil wir wissen, was das Richtige wäre, nämlich eine Gesellschaft zu sein, in der möglichst wenig treibhausaktive Gase emittiert werden. Eine Gesellschaft zu sein, in der Einzelne möglichst wenig dazu beitragen, die Umwelt oder vielmehr die Mitwelt zu zerstören oder so zu verändern, dass sie für uns und uns nachfolgende Generationen irgendwann keine Lebensgrundlage mehr darstellt. Das ist eine Vision, der doch eigentlich alle nur zustimmen können. Vor allem ist es eine zukunftsfähige Vision, denn es geht dabei um diejenigen, die nach uns kommen werden.

Das heißt, was wir brauchen, ist eine Ethik im besten Hans Jonas'schen Sinne, eine, die uns immer wieder an die Zukunft erinnert. Irrtumsfähig zu sein bedeutet nämlich nichts anderes, als Visionen der Zukunft zu entwickeln und mögliche Wege in die Zukunft zu simulieren und zu probieren. Da die Zukunft eine grundsätzlich offene ist, aber ihr Schicksal vom Jetzt bestimmt wird, müsste man sich regelmäßig an die Zukunft erinnern, wenn man die Gegenwart entsprechend verändern will.

◆ Katastrophe

Die Nuklearkatastrophen von Tschernobyl (26. April 1986) und Fukushima (11. März 2011) haben Bilder des Grauens produziert und wurden damit zum Sinnbild für einen Irrtum. Aber muss es immer erst zu einer Katastrophe kommen, bevor der Mensch einen Irrtum eingesteht?
Die Katastrophe des Klimawandels liefert (noch) keine Bilder des Grauens, die sich ins kollektive Gedächtnis eingebrannt haben, und weckt deswegen in uns nicht den unbedingten Willen radikal anders zu handeln. Aber langfristig wird diese Katastrophe mehr Opfer fordern, größere Zerstörungen anrichten.

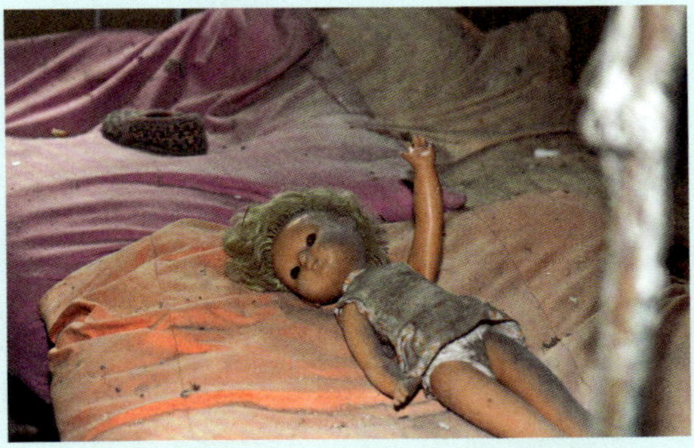

Szene aus einem verlassenen Dorf innerhalb der »Verbotenen Zone« um das Kernkraftwerk Tschernobyl.

Zu diesen Gegenwartsveränderungen gehört, wie schon mehrmals gesagt, unsere Industrie möglichst ohne Kohlenstoffemission zu betreiben, sie zu dekarbonisieren. Uns als Gesellschaft zu dekarbonisieren bedeutet unter anderem, dass wir unsere individuelle Mobilität ändern (weniger Fliegen, weniger Kreuzfahrtgiganten, weniger SUV), dass wir unser Nachfragen nach bestimmten Waren ändern. Wir sind in unserem kapitalistischen Wirtschaftssystem diejenigen, die letztlich darüber entscheiden, was nachgefragt wird. Natürlich unterliegen wir Manipulationen der Industrie. Aber wir haben immer noch die Freiheit, uns für oder gegen irgendwelche Produkte zu entscheiden, von denen wir wissen – nachweislich wissen –, dass sie schädlich sind. Erinnern Sie sich, Sie können sich jeden Tag neu entscheiden – in der Entscheidung, in der Tat des Einzelnen, liegt das reine Vermögen, die Lösung.

Insofern stellt sich wirklich die Frage, wieso wir Konsumenten nicht endlich aufhören, all die Produkte zu konsumieren, von denen wir wissen, dass sie zukunftsuntauglich sind. Warum machen wir das nicht? Wir könnten doch einfach mal damit anfangen. Könnten einfach mal diese oder jene Produkte nicht mehr erwerben. Dann wäre die Nachfrage nicht mehr da. Dann würde das Angebot verschwinden, und siehe da, wir hätten die Welt ein Stückchen verändert.

Vielleicht wird sie sich nicht in allen Teilen so ändern, wie wir es gerne haben wollen. Diese Irrtümer können, ja müssen wir dann wieder korrigieren. Aber regelmäßig darüber zu reden, ob wir noch auf dem richtigen Weg sind, welche Irrtümer wir auf dem Weg zu unserem Ziel gemacht haben, diese Irrtümer zu benennen, sie öffentlich zu machen, damit alle wissen, das ist der falsche Weg – das wäre eine wichtige Sache. Wir könnten doch zum Beispiel Schüler dafür belohnen, dass sie einen richtigen, einen schweren Irrtum begangen haben, den dann in der Klasse niemand mehr begehen muss. Warum? Weil es dumm ist, Fehler aus falschem Wettbewerbsgedanken oder falschem Konkurrenzdruck für sich zu behalten. Sich solidarisch zu zeigen hieße dann, allen anderen mitzuteilen, hört mal, das ist der falsche Weg, wir müssen einen anderen gehen.

Organisieren wir uns gegen den Druck eines Wirtschaftssystems, das uns am liebsten so weit manipuliert, dass wir alles kaufen, was man uns anbietet, und das alle, die kein Geld zum Kaufen haben, sowieso ausgemustert hat. Die haben nämlich zu viele Fehler und Irrtümer begangen und sind deswegen nicht mehr systemdienlich.

Haben Sie sich auch schon einmal gefragt, wie die Zeit der Postmoderne in hundert Jahren einmal beschrieben werden wird? War es die Zeit der Verängstigten, der Mutlosen, derer, die sich nicht getraut haben, Dinge auszuprobieren, weil sie Angst hatten, sich zu irren, weil sie Angst hatten zu scheitern, weil sie sich zukunftslos festhielten am Jetzt?

Visionäre erkennt man daran, dass sie etwas wagen und sich nicht deshalb von etwas abhalten lassen, weil sie irren könnten, dass sie Fehler als Möglichkeit sehen.

Also, organisiert euch. Irrt euch und verändert die Zukunft.

Beherzt und mutig.

◆ Ein mutiger Schritt

Mit der Unterzeichnung des Klimavertrags von Paris hatte Deutschland sich freiwillig verpflichtet, den Ausstoß von Treibhausgasen bis 2020 um 40 Prozent gegenüber 1990 zu vermindern. Die bisher realisierten Maßnahmen reichen nach Berechnungen jedoch nur für eine Senkung der Treibhausgasemissionen um höchstens 32 Prozent aus. Deswegen wurde im Koalitionsvertrag vom Februar 2018 zwischen CDU/CSU und SPD das nationale Klimaziel für das Jahr 2020 aufgegeben. Da heißt es, man wolle »Ergänzungen vornehmen, um die Handlungslücke zur Erreichung des Klimaziels 2020 so schnell wie möglich zu schließen«.

Frau Merkel, Sie waren mutig! Sie haben nach der Nuklearkatastrophe von Fukushima die nur kurz vorher von Ihnen bewilligte Laufzeitverlängerung für Atomkraftwerke in Deutschland einkassiert und in eine Laufzeitverkürzung umgewandelt. Auf Ihre Initiative hin hat der Bundestag im Juni 2011 mit breiter Mehrheit den Ausstieg aus der Atomenergie bis Ende 2022 beschlossen. Sie und die meisten Mitglieder des Parlaments haben erkannt, dass wir uns mit der Atomenergie geirrt hatten.

Einen solchen Mut brauchen wir auch heute! Wir wissen, dass die herkömmlichen Verbrennungsmotoren für Diesel und Benzin ebenso abgestellt gehören wie unsere Kohlekraftwerke. Beide Technologien sind heute ein Irrtum. Ein Irrtum im Hinblick auf die Klimaziele in Paris, ein Irrtum im Hinblick auf die Gesundheit der Menschen und ein Irrtum, den zukünftige Generationen teuer bezahlen werden. Wir alle wissen, wir haben uns geirrt, und fordern unsere Politiker auf, die mutigen, richtigen Schritte jetzt zu tun und »die Handlungslücke zu schließen«.

Mut ist gefordert

11 Wechselklima versus Klimawandel

Kein Wechselklima, hieß es vor der letzten Bundestagswahl.

Kein Wechsel für das Klima nach der letzten Bundestagswahl.

Ruhe ist immer noch die erste Bürgerpflicht.

Wir sind die schweigende Mehrheit.

Die politische Hitze schießt uns schon lange nicht mehr ins Gesicht.

Stimmt, wir Deutschen haben überhaupt kein Fieber, für gar nichts (obwohl es ständig wärmer wird). Keine Wende, kein Wandel, kein Wechsel.

Hier bei uns, da weiß man, was man hat.

Änderungen vorbehalten!

Nichts da, können wir das bitte streichen. Genau!

Streichen, wir streichen die Segel, wir geben auf. Wir leben von der Substanz. Neuigkeiten finden höchstens noch im Kleingedruckten statt. Dort aber so drastisch, dass Änderungen dann immer alternativlos sind.

Irgendwie erinnert das alles an den Anfang des »Hitch-Hiker's Guide to the Galaxy« von Douglas Adams. Klar hätten die Erdlinge sich beschweren können. »Alle Planungsentwürfe und Zerstörungsanweisungen haben 50 ihrer Erdenjahre in ihrem Planungsamt auf Alpha Centauri ausgelegen.« Sie hatten also Zeit genug, aber die Erdlinge haben keinen Einspruch erhoben. Jetzt ist die Frist abgelaufen. Die intergalaktische Umgehungsstraße wird gebaut. Die Erde zerstört.

Beim Klimawandel können wir uns damit nicht rausreden: Kein Planungsamt auf Alpha Centauri, nichts Intergalaktisches, alles ist zutiefst irdisch – und noch können wir etwas tun.

Aber Deutschland versagt auf ganzer Linie. Wir werden die selbst gesetzten Klimaziele für 2020 nicht erreichen, also streichen wir sie gleich. Die Kohlendioxidemissionen steigen weiter, den erneuerbaren Energien legen wir Fesseln an, der Bau nötiger Hochspannungsleitun-

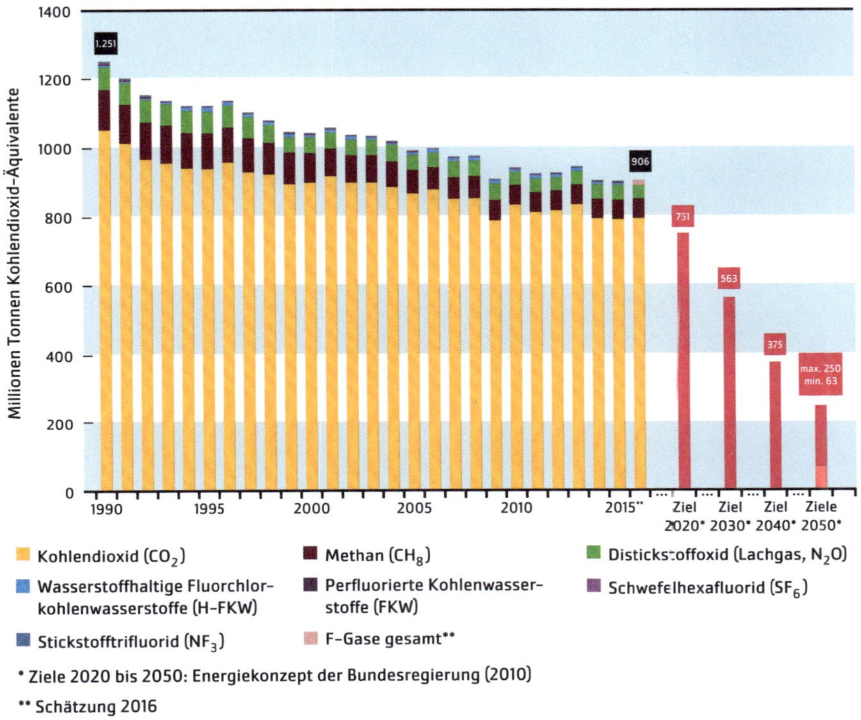

Treibhausgas-Emissionen seit 1990 nach Gasen

Quelle: Umweltbundesamt, Nationale Treibhausgas-Inventare 1990 bis 2015 (Stand 02/2017) und Schätzung für 2016 (Stand 03/2017).

gen wird verzögert. Man könnte rasend werden. Aber wir Deutschen rasen lieber (freie Fahrt für freie Bürger), statt rasend zu werden. Wir verheizen zwar nicht unser Oma ihr klein Häuschen, aber dafür umso mehr Braunkohle – auch so ein Fall kollektiven Wahnsinns.

Vom Umweltbundesamt heißt es dazu: »In Deutschland wurden 2016 insgesamt fast 906 Millionen Tonnen Treibhausgase freigesetzt, das sind etwa 4 Millionen Tonnen mehr als 2015. Am stärksten gestiegen sind die Emissionen im Verkehrssektor: Hier sind es 5,4 Millionen Tonnen mehr als 2015, ein Plus von 3,4 Prozent. Der Anstieg der Verkehrsemissionen geht vor allem darauf zurück, dass mehr Diesel getankt wurde und der Straßengüterverkehr um 2,8 Prozent gewachsen ist.

Deutschland hat sich das Ziel gesetzt, seine Emissionen bis 2020 um

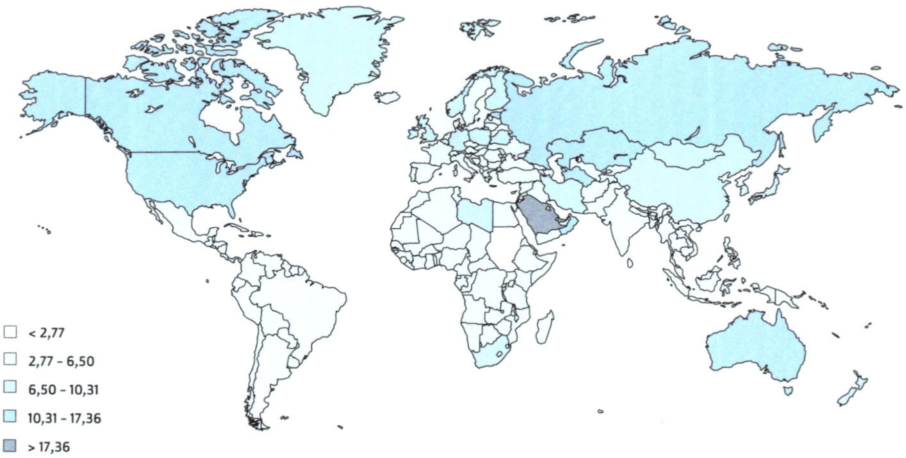

CO_2-Emissionen in Tonnen pro Kopf

Quelle: Weltbank

40 Prozent zu mindern, derzeit ergibt sich nur eine Minderung von 27,6 Prozent [gegenüber 1990].«

Deutschland wird seine selbst gesetzten Klimaziele für 2020 deutlich verfehlen.

Selbst die Chefin des Internationalen Währungsfonds (IWF), Christine Lagarde, äußerte sich im Oktober 2017 mit klaren, drastischen Worten: »Wenn wir jetzt nichts gegen den Klimawandel unternehmen, werden wir in 50 Jahren getoastet, geröstet und gegrillt«, sagte sie gegenüber Wirtschaftsvertretern aus Saudi-Arabien und anderen Ländern in Riad.

Wir erinnern uns alle noch an die euphorische Stimmung nach der Verabschiedung des Klimavertrages von Paris.

In der französischen Metropole einigten sich die Staatenlenker von 197 Nationen im Dezember 2015 darauf, die Begrenzung der globalen Erwärmung auf deutlich unter 2 Grad Celsius, möglichst aber auf 1,5 Grad Celsius, im Vergleich zum vorindustriellen Zeitalter (1850–1900) festzuschreiben.

Soll dieses 1,5-Grad-Ziel ohne Einsatz von CCS-Technik, das heißt ohne das im Englischen »Carbon Capture and Storage« genannte Ver-

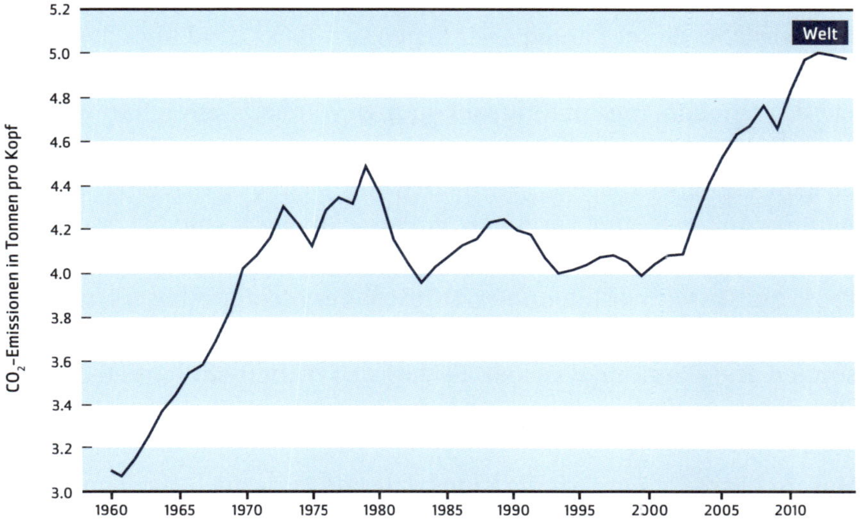

CO_2-Emissionen in Tonnen pro Kopf Quelle: Weltbank

fahren der CO_2-Abscheidung und -Speicherung, erreicht werden, muss die Verbrennung fossiler Energieträger bis 2040 weltweit eingestellt und die Energieversorgung in diesem verbleibenden Zeitraum vollständig und global auf erneuerbare, regenerative Energien umgestellt werden. Mit dem Einsatz von CCS-Technik könnte dieses Zeitfenster um 20 Jahre verlängert werden.

Voraussetzung für das Inkrafttreten des Paris-Abkommens war, dass mindestens 55 Staaten, die mindestens 55 Prozent der weltweiten CO_2-Emissionen verursachen, den Weltklimavertrag ratifizieren. Anfang Oktober 2016 war es so weit. Einige Wochen später, am 4. November 2016, weniger als ein Jahr, nachdem man sich auf den Vertrag geeinigt hatte, war er sozusagen rechtsgültig. Mit im Klima-Boot saßen vor allem die großen treibhausgasproduzierenden Nationen der Welt: China und Indien, die USA und Brasilien sowie die EU. Allein die EU-Staaten haben freiwillig zugesagt, bis 2030 mindestens 40 Prozent weniger CO_2 zu emittieren als 1990.

Während man sich also 2016 an die Umsetzung des Klimavertrages von Paris machte, stellte das Klima genau in diesem Jahr neue Negativrekorde auf, davon haben wir ja ausführlich in Kapitel 8 gesprochen.

Angesichts dieser Zahlen – wir liegen bereits 1,1 Grad über der Temperatur im vorindustriellen Zeitalter – fragt man sich doch: Wie wollen wir das schaffen, was im Klimaabkommen von Paris vereinbart wurde? Um diese Frage besser beantworten zu können, haben wir mit einem ausgewiesenen Experten gesprochen, der selber als Berater, Unterhändler und gefragter Vermittler in Paris dabei war und EU und Bundesregierung in Klimafragen beraten hat und es auch noch weiter tut: Professor Dr. Ottmar Edenhofer, Direktor des Mercator Research Institute on Global Commons and Climate Change in Berlin. Für den Philosophen und Ökonomen ist klar: Es darf sich nicht mehr lohnen, Kohle, Öl und Gas zu verbrennen und damit weiter CO_2 in die Luft zu blasen.

Harald Lesch: Wenn wir die Klimaziele von Paris noch erreichen wollen, geht das überhaupt noch ohne die CCS genannte Abscheidung und Speicherung von Kohlendioxid?
Ottmar Edenhofer: Durch den internationalen Klimavertrag von Paris wurden die Klimaziele verschärft, wir reden nicht mehr von einem 2-Grad-Ziel, wir reden jetzt von einem 1,5-Grad-Ziel. Das muss man schon mal kurz skizzieren, um zu sehen, was das bedeutet.

Wenn wir ein 2-Grad-Ziel erreichen wollten – lassen Sie uns die Unsicherheiten rausnehmen und über Mittelwerte reden –, dann hätten wir ungefähr noch ein 800-Gigatonnen-Budget an Kohlenstoff zur Verfügung. Das würde bedeuten, dass dieses Budget bei heutigen Emissionen in etwa zwei Dekaden aufgebraucht wäre. Wenn wir jetzt aber das 1,5-Grad-Ziel erreichen wollen, dann haben wir im Grunde genommen das Budget an Emissionen durch die Verbrennung von Kohlenstoff schon nahezu ganz aufgebraucht. Das heißt, jede Tonne CO_2, die wir heute emittieren, muss später kompensiert werden.

Wie bei der Produktion von Stahl, Aluminium oder Zement gibt es sogenannte industrielle Prozessemissionen. Man kann sich nicht einmal vorstellen, dass die einfach von heute auf morgen wegfallen. Das heißt, man wird früher oder später irgendwelche Verfahren benötigen, um das freigesetzte CO_2 wieder einzufangen. Durch das Klimaabkommen von Paris ist dramatisch deutlich geworden, dass wir negative Emissionen benötigen, das heißt, wir brauchen Technologien, die uns erlauben, der Atmosphäre CO_2 zu entziehen.

Professor Dr. Ottmar Edenhofer, Direktor des Mercator Research Institute on Global Commons and Climate Change (MCC) in Berlin

Da gibt es mehrere Möglichkeiten. Eine relativ simple Option sind Aufforstungsprogramme. Bäume binden die CO_2-Emissionen. Diese Strategie ist finanziell vergleichsweise günstig. Doch je größer der Aufforstungsmaßstab, desto mehr Fläche und Wasser wird verbraucht.

Eine der bedeutendsten Techniken ist Bio-Energy with Carbon Capture and Storage (BECCS): Biomasse wird etwa in Kraftwerken verbrannt, CO_2 abgeschieden und unterirdisch gespeichert. Dieses Verfahren liefert sogar Energie. Aber die Akzeptanz der Bevölkerung für die Carbon-Capture-and-Storage-Variante ist gering, und die Infrastrukturkosten sind hoch. Zudem steht BECCS wegen enormen Flächenverbrauchs in Konkurrenz zu anderen Zielen, etwa der Nahrungsmittelproduktion.

Weniger Land wird beim Direct Air Capture (DAC) benötigt: CO_2 würde durch Chemikalien aus der Luft gefiltert. Theoretisch ließe sich so sehr viel CO_2 der Atmosphäre entziehen. Doch das würde etwa ein Drittel des derzeitigen Energiebedarfs der Welt verschlingen. Und die unterirdische Speicherung von CO_2 in großem Umfang stellt eine enorme Herausforderung dar.

Tatsache ist, die Klimaziele wurden so ambitioniert formuliert, dass wir uns mit solchen negativen Emissionstechnologien beschäftigen müssen. Dazu gibt es auch eine ganze Reihe von Forschungen, Programmen, Versuchen und angepeilten Pilotprojekten. Und um Ihre Frage direkt zu beantworten, ohne CCS werden wir die Klimaziele von Paris nicht schaffen.

◆ CO2 wird versteinert

»Ohne CCS werden wir die Klimaziele von Paris nicht schaffen.« Die Aussage von Ottmar Edenhofer ist eindeutig und wird von vielen anderen Wissenschaftlern bestätigt. Das Problem der unterschiedlichen CCS-Methoden ist, sie sind entweder zu teuer oder wie bei der unterirdischen Speicherung von CO_2 als Gas nicht ungefährlich. Jetzt haben isländische Forscher der University of Iceland unter der Leitung von Reykjavik Energy und in Zusammenarbeit mit Wissenschaftlern aus Frankreich, Spanien, der Schweiz und den USA das CarbFix2-Projekt realisiert.

CarbFix2 ist Teil des Geothermiekraftwerks Hellisheidi im Südwesten Islands. Das Kraftwerk produziert Strom und Warmwasser aus dem Vulkan Hengill mit einer installierten Leistung von 300 MW Strom und 120 MW thermisch. Ohne Gasabscheidung und -einspeisung durch die CarbFix-Anlage würde das Kraftwerk etwa 40 000 Tonnen CO_2 und 12 000 Tonnen H_2S jährlich ausstoßen. Dabei betragen die CO_2-Emissionen lediglich fünf Prozent dessen, was ein Kohlekraftwerk gleicher Größe ausstoßen würde.

Hier kommt CarbFix2 zum Einsatz: Das Wasser des Geothermiekraftwerks wird mit dem freigesetzten Kohlendioxid und Schwefelsulfat angereichert und dann wieder 700 Meter in die Tiefe gepumpt. Der Untergrund besteht aus dem für vulkanische Böden typischen porösen Basaltgestein, das reich an Magnesium, Kalzium und Eisen ist. Wenn das Kohlendioxid, das im Wasser

Das isländische Geothermiekraftwerk Hellisheidi © Arni Saeberg, Reykjavik Energy

als Kohlensäure gelöst ist, mit den Mineralien in Kontakt kommt, versteinert es, Karbonate entstehen. Dieser Versteinerungsprozess ist nach rund zwei Jahren abgeschlossen. Wissenschaftler vermuteten früher, dass ein solcher Prozess bis zu 20 Jahre dauern könnte. Das zu Stein gewordene Kohlendioxid ist jetzt sicher im Boden eingelagert.

Die Pilotanlage CarbFix2 hat zusammen mit einem von der Schweizer Firma Climeworks entwickelten CO_2-Kescher, der das Klimagas mithilfe von Wärme (liefert das benachbarte Geothermiekraftwerk) aus der Luft filtert, im Jahr 2016 10 000 Tonnen CO_2 (25 Prozent der Kraftwerksemissionen) und 7000 Tonnen H_2S (50 Prozent der Kraftwerksemissionen) unterirdisch entsorgt. Die Entwicklung der injizierten Gase wird durch ein geochemisches Programm laufend überwacht. Die Ergebnisse zeigen eine schnelle und dauerhafte Mineralisierung der Gase im Boden.

Nach Aussage der beteiligten Wissenschaftler birgt diese Technologie ein gewaltiges Potenzial, weil Basalt im wahrsten Sinne des Wortes ein Allerweltsgestein ist. Alleine in Island ließen sich rund 400 Gigatonnen CO_2 versteinern, das ist ungefähr die zehnfache Menge an CO_2, die zurzeit weltweit jährlich emittiert wird. Allerdings funktioniert diese Technologie nur in wasserreichen Regionen. Es braucht je nach Temperatur 22 bis 27 Tonnen Wasser, um eine Tonne CO_2 darin zu lösen. Das Wasser steht aber wieder zur Verfügung. Salzwasser lässt sich für dieses Verfahren auch nutzen. Eine zweite Voraussetzung ist saubere Energie in Form von Solarstrom oder Geothermie, weil die Extraktion des CO_2 aus den Filtern der Climeworks-Kescher nur mit Wärme funktioniert. Noch sind die Kosten für das gesamte Verfahren hoch.

HL: Von der Forschung über Pilotprojekte bis zum wirklichen Einsatz einer Technologie – in einem Land oder global – vergehen viele, sehr viele Jahre. Angesichts dessen gewinnt man fast den Eindruck, dass es wohl eine Art von – wie soll man sagen – Sektlaune gewesen sein muss, sich in Paris auf ein 1,5-Grad-Ziel zu einigen. Wir haben weder negative Emissionen noch eine sichere und funktionierende Speichertechnologie. Gut, wir haben jede Menge hochgradig interessanter Forschungsprojekte, die aber möglicherweise erst nach vielen Dekaden real und aktiv werden. Wie kommt man dann auf der politischen Ebene auf den Gedanken, ein Ziel, das man ohnehin nicht erreichen kann, offenbar

◆ Geoengineering – No!

Die unterschiedlichen CCS-Methoden sind oft sehr teuer oder wie bei der unterirdischen Speicherung von CO_2 als Gas nicht ungefährlich. Gewarnt sei in diesem Zusammenhang vor dem *Geoengineering*. Klaus Milke von der Organisation Germanwatch (siehe Seite 196) formulierte seine Warnung so: »Mit der Klimakrise haben wir ein wahrlich gewaltiges Großexperiment mit der Menschheit und unserer Mitwelt losgetreten. Seien wir wachsam, auf dass nicht demnächst neue, noch größere und in ihren Konsequenzen unvorhersehbare, Geoengineering genannte Technikexperimente zur Anpassung an die Klimaerwärmung gestartet werden – gerade aus der Ecke der Trumps, der heutigen Skeptiker, Bremser und Klimawandel-Verharmloser.« Wer anfängt, die Atmosphäre mit Sonnenstrahlen reflektierenden Partikeln zu impfen, oder wer glaubt die Algenblüte in den Ozeanen antreiben zu müssen, der spielt mit dem Schicksal des gesamten Planeten. Die Folgen für die gesamte Biosphäre unseres Planeten sind nicht mehr kalkulierbar.

noch zu verschärfen? In den Bayerischen Alpen haben wir die 1,5-Grad-Marke doch schon gerissen.

OE: Man muss da den politischen Prozess ein bisschen verstehen. Das war weniger eine Sektlaune, sondern dieses 1,5-Grad-Ziel in Paris wurde vor allem von der Gruppe der kleinen Inselstaaten gefordert. Die wollten mit der Anerkennung dieses 1,5-Grad-Ziels so etwas wie eine internationale Anerkennung ihrer Klimarisiken. Denn eines ist ganz klar, die Festlegung auf ein 2-Grad-Ziel rettet die kleinen Inselstaaten nicht. Die werden untergehen, und die Menschen werden umziehen müssen. Deswegen wollen sie mit der Anerkennung dieses 1,5-Grad-Ziels völkerrechtlich versichert sein. Sie wollen, dass diese Klimarisiken von der Völkergemeinschaft anerkannt werden. Sie wollten nicht, dass die Weltgemeinschaft sich auf ein 2-Grad-Ziel einigt und damit billigend in Kauf nimmt, dass die Inselstaaten untergehen. Das war sozusagen die politische Rationalität in diesem ganzen Prozess.

HL: Dieser Aspekt ist in der Berichterstattung viel zu wenig transportiert worden.

OE: Das ist richtig. Das ist viel zu wenig transportiert worden. In der Öffentlichkeit wurde es so dargestellt, wenn wir schon die 2 Grad nicht erreichen, dann können wir vielleicht sogar versuchen, die 1,5 Grad nicht zu erreichen.

Ich glaube, es gibt eine Neigung bei den Klimadiplomaten, vor allem über Ziele zu verhandeln, aber viel zu wenig die Mittel in Betracht zu ziehen, mit denen diese Ziele zu erreichen sind.

Das Pariser Klimaabkommen hat ja drei wichtige Komponenten. Die eine Komponente ist die Festlegung der Ziele. Darüber haben wir jetzt gesprochen. Dann gibt es – und das ist die Neuerung in Paris gewesen – die sogenannten freiwilligen Selbstverpflichtungen. Also im Gegensatz zu Kyoto ist nicht erwartet worden, dass die Staaten jetzt eine Verpflichtung eingehen, eine völkerrechtliche Verpflichtung, wie sie das Ziel erreichen, sondern sie legen gewissermaßen ihre freiwilligen Beiträge auf den Tisch.

Wenn man sich jetzt aber mal diese freiwilligen Beiträge, die sie auf den Tisch legen, anschaut, dann reichen die natürlich nicht einmal für ein 2-Grad-Ziel, weder hinten noch vorne. Und das wurde auch im Paris-Abkommen explizit anerkannt. Deswegen hat man gesagt, wir brauchen jetzt bis 2030 einen Prozess, in dem das Ambitionsniveau schrittweise angehoben wird.

Sieht man sich diese freiwilligen Selbstverpflichtungen einzelner Staaten näher an, dann zeigt sich, dass bis zum Jahr 2030, wenn wir global auf diesem Emissionsniveau blieben, nahezu das gesamte Budget für ein 2-Grad-Ziel verbraucht ist.

In diesen freiwilligen Selbstverpflichtungen, die Emissionen zu senken, sind widersprüchlicherweise eine ganze Menge neuer Kohlekraftwerke geplant, und das nicht nur in China, sondern auch in Indien, in Vietnam, in Bangladesch, in Südafrika. Rechnet man jetzt mal aus, wie viele Emissionen die über die gesamte ökonomische Lebensdauer emittieren, und addiert dann noch die Emissionen der Kraftwerke hinzu, die wir schon am Netz haben, dann kommt man zu dem Ergebnis, dass allein die Kohlekraftwerke zwischen 400 und 600 Gigatonnen emittieren. Das zeigt, von welchen Größenordnungen wir hier reden. Und das heißt, allein die Kohlekraftwerke schlagen die Tür zum 2-Grad-Ziel zu, wenn wir so weitermachen.

Deswegen, glaube ich, muss man das Paris-Abkommen politisch richtig interpretieren. Und die richtige Interpretation ist aus meiner

Sicht: Was muss in den nächsten Jahren geschehen, damit die Tür überhaupt offen bleiben kann? Meiner Meinung nach ist die entscheidende Frage die nach der Kohle, sie ist international die drängendste Frage.

Wir reden in Europa gerne darüber, dass der Anteil der erneuerbaren Energien zunimmt, das tut er auch international. In den letzten zwei Jahren haben wir das erste Mal, seit wir Klimapolitik betreiben, einen globalen Effekt bei den Erneuerbaren sehen können. Aber es bleibt trotzdem dabei: Obwohl der Anteil der Erneuerbaren zunimmt, nimmt die Kohlenutzung zu oder bleibt zumindest auf einem so hohen Niveau, dass es viel zu lange dauert, um am Ende den Tanker umzusteuern.

HL: Wie könnte man denn Länder dazu kriegen, anstelle von Kohlekraftwerken andere Kraftwerksformen zu nutzen? Was für Anreizsysteme hätte man?

OE: Ein Beispiel: Die Staaten Afrikas fallen momentan kaum ins Gewicht, wenn es um die weltweiten Emissionen von CO_2 geht. Aber die Wachstumsraten bei den Emissionen sind in Afrika zweistellig. Und es gibt viele Staaten in Afrika, die sagen, nein, uns interessiert das erneuerbare Potenzial nicht, wir wollen weiter auf Kohle setzen.

Aus meiner Sicht gibt es ein wichtiges Instrument, über das man reden muss, auch in Deutschland und in Europa, um eben zu verhindern, dass in diesen Ländern weiter auf Kohle gesetzt wird.

Man wird in manchen Ländern den Bau neuer Kohlekraftwerke vielleicht verbieten können. Man kann die Entwicklungsbanken dazu bringen, dass diese keine Kohlekraftwerke mehr finanzieren. Das aber ist meiner Meinung nach zu wenig. Das Entscheidende wird sein, wir müssen diese Länder überzeugen, dass sie CO_2-Preise einführen, und zwar CO_2-Preise, die so hoch sind, dass sich die Kohlenutzung nicht mehr rentiert.

Es ist übrigens ein großer Mythos, dass Kohlenutzung am Ende des Tages für die Gesellschaft billig ist. Das Gegenteil ist der Fall, denn die Kohle hat erhebliche Auswirkungen auch auf die lokale Luftverschmutzung. Und die lokale Luftverschmutzung, das muss man immer wieder ganz klar sagen, tötet Menschen.

Wenn wir in Polen die lokale Luftverschmutzung und deren Folgen berechnen würden, nur die lokale Luftverschmutzung, nicht die Gesamtauswirkungen auf das Klima, müsste ein CO_2-Preis von 91 Dollar pro Tonne emittiertem CO_2 festgesetzt werden. Damit wäre die Kohle auch in Polen draußen.

Das heißt mit anderen Worten, wir müssen mit Schwellen- und Entwicklungsländern darüber reden, dass die Kohle am Markt zwar billig ist, aber sie kommt am Ende der Gesellschaft teuer zu stehen. Wir müssen sie davon überzeugen, dass es nützlich und nachhaltig ist, einen CO_2-Preis einzuführen, um die Kohle aus dem Markt zu drängen.

Jetzt kommen noch zwei Aspekte dazu. Wenn ein Staat CO_2-Preise einführt, was hat er davon? Er hat Anreize für neue Technologien. Dann würden Gaskraftwerke, aber vor allem auch die Erneuerbaren rentabel.

Der dritte wichtige Aspekt ist, es werden Einnahmen generiert. Und mit diesen Geldern kann man Infrastrukturen aufbauen. Man kann dank dieser Einnahmen andere Steuern senken. Manche Länder könnten damit ihre Staatsverschuldung abbauen.

Jetzt werden diese Länder trotzdem sagen, wir können uns aber keinen hohen CO_2-Preis leisten. Und da haben sie vielleicht sogar recht. Deswegen glaube ich, wir müssen – und das Klimaabkommen von Paris erlaubt es uns und bietet uns dafür auch die institutionelle Struktur – diese Länder unterstützen, damit sie den CO_2-Preis erhöhen können. Das geht einfach so, dass wir, die reichen Länder, sagen, die Zusatzkosten, die ihr damit habt, die kriegt ihr ersetzt. Und wir haben ja – das ist die eine wichtige Komponente des Pariser Abkommens – die Klimafinanzierung. Und aus dieser Klimafinanzierung könnte so ein Programm finanziert werden.

HL: Das klingt alles wunderbar – eigentlich. Es erinnert mich ein bisschen an die lange geplante und vielfach vorgeschlagene Einführung der Finanztransaktionssteuer, die ja für jeden, der sich diese globalen Finanzströme anschaut, auch selbstverständlich erscheint. Diese Steuer, das wissen wir auch alle, muss gar nicht hoch sein, weil das Gesamtvolumen so riesengroß ist. Da käme doch für jedes Land eine erhebliche Mehreinnahme heraus.

Nachdem die Briten und mit ihnen der Finanzplatz London jetzt auf dem Weg aus der europäischen Union sind, hätte man eigentlich erwarten können, der Rest von Europa führt nun endlich die Finanztransaktionssteuer ein. Sie tun es aber nicht. Und eine Kohlenstoffsteuer gibt es auch nicht. Wir könnten doch innerhalb der EU beschließen, dass wir in Zukunft genauso wie die Entwicklungsbanken nur noch den Ausbau von ökologisch sinnvollen Energiestrukturen unterstützen. Das könnten die in Brüssel doch machen, wenn sie es wollten?

OE: Ja, das könnten sie tun. Aber vielleicht ist es ganz nützlich, wenn man sich mal ansieht, wie wir das in Deutschland gemacht haben. Wir haben seit 2002 elf Kohlekraftwerke gebaut. Natürlich haben wir auch den Anteil der Erneuerbaren erhöht, ganz ohne Frage. Aber wir haben dadurch, dass der europäische Emissionshandel nicht funktioniert, auch in Deutschland die Braunkohlenutzung hochgradig rentabel gemacht, rentabler als Steinkohle und sowieso rentabler als die Gaskraftwerke. Die Gaskraftwerke bei den Stadtwerken zahlen sich nicht aus, weil die Braunkohle so billig ist. Und die Emissionen in Deutschland sinken nicht; sie steigen auch nicht, aber sie sinken nicht in dem Ausmaß, wie wir das eigentlich wollten und sollten, um unsere Klimaziele zu erreichen. Warum? Weil dieser europäische Emissionshandel so nicht funktionieren kann.

Im Februar 2017 ist ja die Reform des europäischen Emissionshandels in der EU beschlossen worden. Das Ergebnis ist – ich will nicht sagen unbedingt desaströs, aber es ist nicht wahnsinnig ermutigend. Wir haben einen CO_2-Preis, der dümpelt irgendwo bei drei bis vier Euro pro Tonne CO_2 herum. Es ist völlig klar, bei dem Preis werden die Kohlekraftwerke nicht aus dem System gedrängt. Aus meiner Sicht gäbe es eine ganz einfache Möglichkeit, den Emissionshandel zu reformieren: Man führt einen steigenden Mindestpreis ein.

Das große Problem ist meiner Ansicht nach, dass die Politik zwar in der Zwischenzeit gut darin geworden ist, klimapolitisch ungeheuer ambitionierte Ziele zu formulieren, ob für Deutschland, Europa oder global, aber die Politik ist nicht gut darin, die notwendigen Instrumente und Mittel zu schaffen, die dann auch beißen.

Und es ist ja nicht so, dass es diese CO_2-Bepreisungssysteme international nicht gibt, das ist eine Fehlwahrnehmung – vielleicht weil sie viel zu wenig bekannt sind. Wir haben zum Beispiel in Schweden eine CO_2-Steuer von 130 Euro pro Tonne emittiertem CO_2. 130 Euro! Wenn man sich mal vorstellt, der europäische Emissionshandel würde einen Preis von 50 oder 60 Euro ansetzen, dann bin ich ganz sicher, dass wir an vielen Stellen in Deutschland Abgesänge auf das Abendland hören würden. Schweden aber war 2015 – mit einer CO_2-Steuer von 130 Euro pro Tonne – auf Rang sechs unter den am schnellsten wachsenden Volkswirtschaften.

Um jetzt ein bisschen Optimismus in die Sache zu bringen, ich glaube, dass die Verhandler und die Politik verstanden haben, dass sie CO_2-Bepreisungssysteme benötigen. Immerhin sind schon rund 15 Prozent der weltweiten Treibhausgasemissionen in irgendeinem CO_2-Bepreisungssystem. Dem muss man jetzt sozusagen ein bisschen mehr Kraft und Biss geben. Verhandlungen auf großen internationalen Foren wie dem G20 könnten die Bepreisung von CO_2 voranbringen. Wenn uns das nicht gelingt, dann wird uns das Ganze aus dem Ruder laufen, und dann bleibt auch Paris nur ein diplomatischer Erfolg, der aber in der Substanz wenig gebracht hat.

HL: Und wie sehen Sie die Chancen, einen Mann wie Donald Trump von solchen Bepreisungssystemen zu überzeugen?

OE: Bei Donald Trump liegt meine Hoffnung ein bisschen auf den Finanzministern. Die haben vielleicht kein so großes Interesse an der Klimapolitik, aber die Finanzminister in der G20 haben ja gesagt, wir haben in vielen Ländern, vor allem in den Schwellenländern, einen gewaltigen Infrastrukturbedarf. Und wenn wir an Infrastruktur denken, sollten wir nicht primär an Straßen oder an Kohlekraftwerke denken, sondern da geht es um Dinge wie einen universellen Zugang zu sauberem Trinkwasser, zu sauberem Strom. In diesem Zusammenhang ist interessant, dass zum Beispiel ein CO_2-Preis von 20 oder 30 Euro heute ausreichen würde, einen globalen, universellen Zugang zu sauberem Trinkwasser zu schaffen. Das ist doch eine sehr konkrete Utopie und würde wahrscheinlich für menschliches Leben und die Verminderung menschlichen Leids unglaublich viel bedeuten. Stellen Sie sich vor, Kinder auf dem ganzen Planeten hätten Zugang zu sauberem Trinkwasser. Das könnte man eigentlich alles mit einer CO_2-Steuer finanzieren.

Eine CO_2-Bepreisung wäre der richtige Weg, und man könnte sogar – das haben wir an unserem Institut ausgerechnet – die United Nation Millennium Development Goals (Millenniums-Entwicklungsziele der Vereinten Nationen) beziehungsweise deren Fortschreibung in der Agenda 2030 zu einem erheblichen Teil finanzieren. Und damit hätte man einen großen Schritt in die richtige Richtung gemacht. Meine

Hoffnung ist nicht nur die Hoffnung auf schwierige, leidvolle internationale Konferenzen, sondern meine Hoffnung liegt auch ein bisschen bei den Finanzministern, die in ihren Ländern Infrastrukturinvestitionen tätigen müssen und Wege suchen, wo sie das Geld herbekommen.

HL: Wunderbar. Weiß die Bundesregierung das?

OE: Die Bundesregierung weiß das, und wir sind mit der Bundesregierung über die Fragen im intensiven Gespräch.

HL: Danke.

◆ Regionale und nationale CO2-Bepreisungsinstrumente, die bereits implementiert wurden oder zur Umsetzung anstehen

Die nebenstehende Grafik der Weltbank aus dem »State and Trends of Carbon Pricing«-Report (2015) zeigt die Zahl der CO_2-Bepreisungssysteme verschiedener Nationen oder Regionen und die Menge der globalen Treibhausgasemissionen, die damit erfasst, sprich besteuert oder bepreist wird. Die Jahreszahlen zeigen an, seit wann die jeweiligen Bepreisungssysteme in Kraft sind. Diese Systeme müssen wachsen, darüber sind sich Wissenschaftler wie Politiker einig. Mit den eingenommenen Geldern lassen sich lebenswichtige Infrastrukturmaßnahmen (Wasserversorgung) ebenso realisieren wie die Erschließung regenerativer Energiequellen. Leider wurde der Emissionshandel als entscheidendes Leitinstrument im Kampf gegen den Klimawandel durch die Vereinbarungen im Koalitionsvertrag zwischen CDU/CSU und SPD im Februar 2018 wieder nicht gestärkt. Trotz der Vielzahl der CO_2-Bepreisungsinstrumente werden bis heute nur knapp 14 Prozent aller CO_2-Emissionen in irgendeiner Weise bepreist beziehungsweise besteuert.

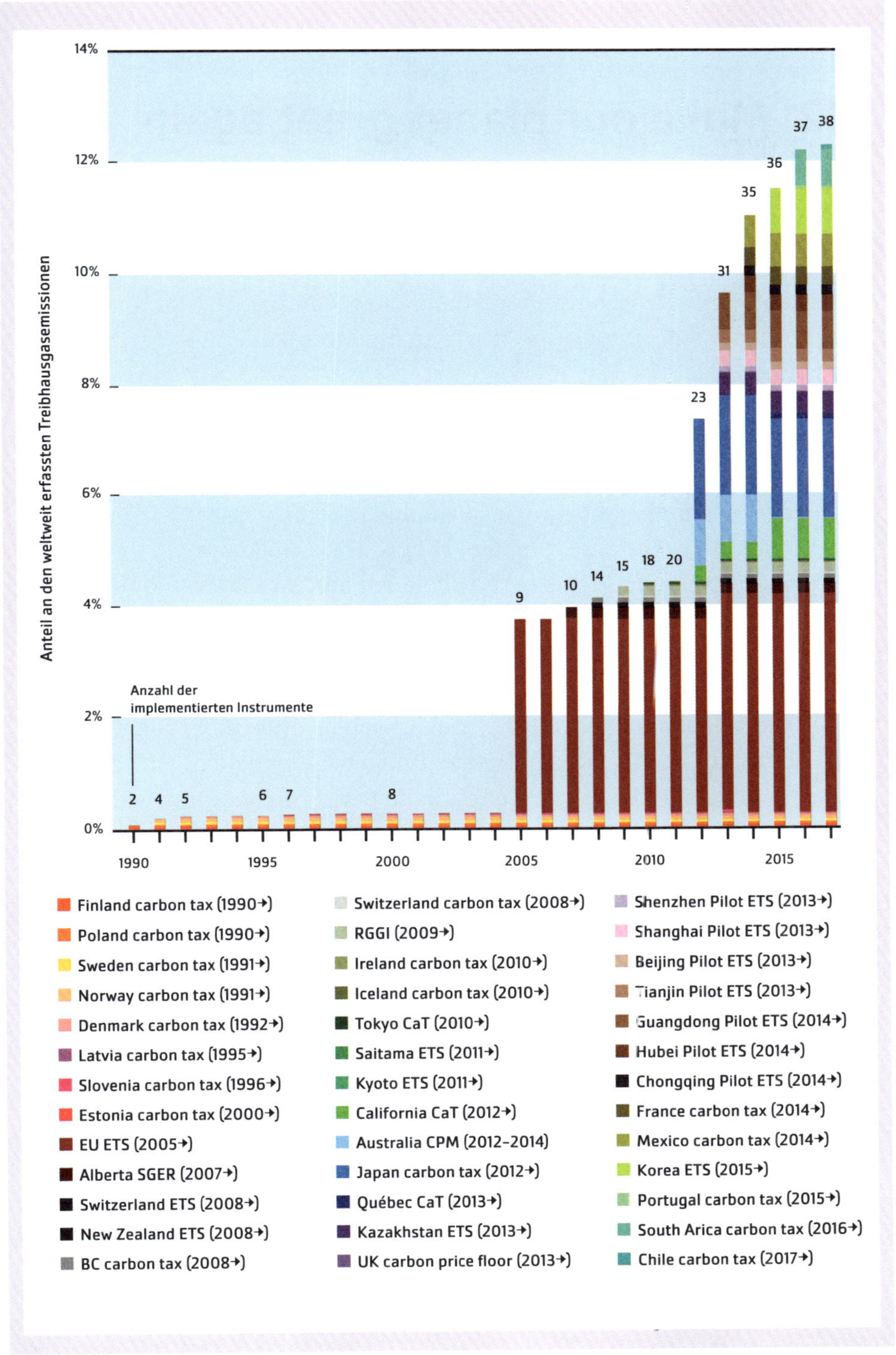

Anteil an den weltweit erfassten Treibhausgasemissionen
14%
12%
10%
8%
6%
4%
2%
0%
Anzahl der implementierten Instrumente
2
4
5
6
7
8
9
10
14
15
18
20
23
31
35
36
37
38
1990
1995
2000
2005
2010
2015
Finland carbon tax (1990→)
Poland carbon tax (1990→)
Sweden carbon tax (1991→)
Norway carbon tax (1991→)
Denmark carbon tax (1992→)
Latvia carbon tax (1995→)
Slovenia carbon tax (1996→)
Estonia carbon tax (2000→)
EU ETS (2005→)
Alberta SGER (2007→)
Switzerland ETS (2008→)
New Zealand ETS (2008→)
BC carbon tax (2008→)
Switzerland carbon tax (2008→)
RGGI (2009→)
Ireland carbon tax (2010→)
Iceland carbon tax (2010→)
Tokyo CaT (2010→)
Saitama ETS (2011→)
Kyoto ETS (2011→)
California CaT (2012→)
Australia CPM (2012–2014)
Japan carbon tax (2012→)
Québec CaT (2013→)
Kazakhstan ETS (2013→)
UK carbon price floor (2013→)
Shenzhen Pilot ETS (2013→)
Shanghai Pilot ETS (2013→)
Beijing Pilot ETS (2013→)
Tianjin Pilot ETS (2013→)
Guangdong Pilot ETS (2014→)
Hubei Pilot ETS (2014→)
Chongqing Pilot ETS (2014→)
France carbon tax (2014→)
Mexico carbon tax (2014→)
Korea ETS (2015→)
Portugal carbon tax (2015→)
South Arica carbon tax (2016→)
Chile carbon tax (2017→)

12 Make our planet great again

Am 10. Februar 2017, drei Monate bevor er im Mai zum neuen Präsidenten Frankreichs gewählt wurde, richtete Emmanuel Macron in einer Videobotschaft folgende Worte an die Amerikaner und an Donald Trump:

»Das ist eine Botschaft an alle amerikanischen Wissenschaftler, Unternehmer und Ingenieure, die sich mit dem Klimawandel befassen. Letzten Samstag habe ich Sie eingeladen, nach Frankreich zu kommen, um hier zusammen mit europäischen und französischen Wissenschaftlern am Klimawandel zu arbeiten. Hier sind Sie willkommen.

Ich weiß, dass Ihr Präsident entschieden hat, Ihre Etats und Ihre Aktivitäten zu untergraben, weil er den Klimawandel bezweifelt. Ich habe keine Zweifel am Klimawandel und daran, dass wir verpflichtet sind, uns mit ihm zu befassen. Deswegen hier meine zwei Botschaften.

Die erste richtet sich an die französischen und die europäischen Wissenschaftler. Wir werden unsere Budgets beibehalten, wir werden unsere Investitionen, unsere öffentlichen und privaten Investitionen, erhöhen, um so mehr tun zu können und unsere Aktivitäten zu beschleunigen, damit wir zu Ergebnissen kommen, die im Einklang mit dem Klimaabkommen von Paris stehen.

Die zweite Botschaft richtet sich an Sie: Bitte, kommen Sie nach Frankreich, Sie sind hier willkommen, es ist Ihre Nation, wir mögen Innovationen, wir wünschen uns innovative Menschen, wir wünschen uns Menschen, die sich mit dem Klimawandel, mit Energie, regenerativen Energien und neuen Technologien befassen. Frankreich ist Ihre Nation. Danke.«

Knapp vier Monate später, am 1. Juni 2017 kündigte der amerikanische Präsident Donald Trump das Klimaabkommen von Paris. »Pittsburgh statt Paris«, rief Trump seinen Zuhörern im Rosengarten des Weißen Hauses zu und schloss seine Rede mit dem Satz »Make America great again«.

Emmanuel Macron, Staatspräsident von Frankreich

Der Bürgermeister von Pittsburgh, Bill Peduto, stellte allerdings gleich klar: »Pittsburgh steht an der Seite der Welt und wird die Kriterien des Pariser Abkommens einhalten.«

Neben einzelnen Bürgern sind es immer mehr Staaten, Städte und Unternehmen in den USA, die wie der Bürgermeister von Pittsburgh die Erfüllung der Klimaziele von Paris fordern. Tesla, Disney, Apple, Intel, Facebook und sogar ExxonMobil stellen sich wie viele andere amerikanische Großunternehmen gegen den von Trump verkündeten Ausstieg der USA aus dem Pariser Klimaabkommen. In einem offenen Brief kritisieren sie seine Entscheidung. Sie stellen klar, dass sie eine energieeffiziente und wenig Treibhausgase ausstoßende Industrie und Wirtschaft anstreben. In dem Brief heißt es unter anderem: »Kosteneffiziente und innovative Lösungen können uns dabei helfen, diese Ziele zu erreichen. Sich von dem Ziel einer emissionsarmen Wirtschaft zu verabschieden, setzt den amerikanischen Wohlstand aufs Spiel.«

Die Kündigung des Pariser Klimavertrags ist frühestens drei Jahre nach seinem Inkrafttreten möglich – also im November 2019. Wirksam wird die Kündigung erst nach einem weiteren Jahr, im November 2020. Dann stehen aber auch schon wieder die nächsten Präsidentschaftswahlen in den USA an.

Der französische Staatspräsident Emmanuel Macron verkündete am gleichen Tag: »Heute hat der Präsident der Vereinigten Staaten von Amerika, Donald Trump, seine Entscheidung bekannt gemacht, das Klimaabkommen von Paris für die USA aufzukünden. Ich respektiere diese Entscheidung, aber ich denke, es ist ein schwerer Fehler, für beide, für die USA und für unseren Planeten.« Dann wiederholt Macron seine Einladung an Wissenschaftler, Ingenieure und Unternehmer, die von Trumps Entscheidung enttäuscht sind. Sie alle würden in Frankreich eine zweite Heimat finden.

»Ich lade Sie alle ein, hier mit uns zusammenzuarbeiten. Ich betone, das Abkommen von Paris ist unwiderruflich und wird umgesetzt werden, nicht nur von Frankreich, sondern von allen anderen Nationen auch. Und am Ende werden wir erfolgreich sein, weil wir uns voll und ganz dafür engagieren. Wo immer wir leben, wer immer wir sind, wir alle teilen die gleiche Verantwortung: Make our planet great again!«

Die Leiterin des ifo Zentrums für Energie, Klima und Ressourcen in München, die Ökonomin Professor Dr. Karen Pittel, würde den Aufruf Macrons sicher unterstützen. Wir haben sie gefragt, was sie vorschlägt, um unseren Planeten ökologisch wieder großartig zu machen.

Harald Lesch: Frau Pittel, stellen Sie sich vor, Sie sind die Königin, Sie hätten das gesamte Projekt globaler Klimaschutz und Energiewende unter Ihren Fittichen, und Sie hätten alle Mittel und Möglichkeiten zur Verfügung, das Projekt zu organisieren und zu realisieren. Kann man so etwas wirklich mit einem Masterplan anpacken, also sagen, das sind die Bedingungen, und das ist das Ziel? Es wird ja immer davon gesprochen, die Energiewende sei eine Art Apollo-Programm. Da war das Ziel klar: der erste Mensch auf dem Mond.
Karen Pittel: Wenn ich wirklich die Königin wäre und über mein Königreich hinaus wirklich die Möglichkeit hätte, jedem zu sagen, was er machen sollte, wie er zu agieren hat, dann, denke ich, wäre vieles möglich. Aber Realität ist, ich bin nicht die Königin, und die Menschen machen, was sie wollen. Und unter diesen Bedingungen muss ich versuchen mit einzukalkulieren, wie die Menschen auf Politik reagieren, auf ihr Umfeld reagieren. Und wenn es um den Klimawandel geht, reicht es nicht, dass ich Königin in meinem Reich bin, da müsste ich auch Kaiserin der Welt sein.

Der Kern der Energiewende ist ja der Versuch, die Emissionen zu reduzieren. Das ist für mich immer noch der absolute Kern. Und wenn wir die Emissionen reduzieren wollen, den Klimawandel einbremsen wollen, dann müssen wir das global machen.

Professor Dr. Karen Pittel, Leiterin des ifo Zentrums für Energie, Klima und Ressourcen, einer Einrichtung des Forschungsverbunds der Münchner CESifo-Gruppe. © Karen Pittel

Selbst wenn ich jetzt alle Mittel zur Verfügung hätte und heute alles planen könnte, dann würden wir ein langfristig inkonsistentes Ergebnis sehen. Denn ich kann natürlich nicht voraussehen, wie sich gewisse Technologien entwickeln, was später möglich sein wird und was nicht möglich sein wird. Wir sind ja alle überrascht worden, wie schnell zum Beispiel die Kosten für Solarenergie runtergegangen sind. Das war nicht abzusehen. Das hat keiner gedacht, selbst die optimistischen Ingenieure nicht. Und die sind eigentlich immer wesentlich optimistischer als der Rest der Welt.

Das gleiche Phänomen haben wir jetzt auch, wenn es um die Speicher geht. Speicher sind eines der zentralen Elemente der Energiewende. Sie werden mit darüber entscheiden, ob die Energiewende langfristig funktioniert oder nicht. Aber welche Speicher werden sich durchsetzen? Wie teuer werden sie sein? Wie steil sind die Lernkurven? Da sind sich noch nicht einmal die Ingenieure einig.

Das heiß also, ein Masterplan, der von heute an vorschreibt, wir werden im Jahre 2020, 2025, 2030 den folgenden Energiemix haben, wir werden die folgenden Technologien haben, wir werden genau wissen, dass wir 35 Prozent Elektrofahrzeuge haben, 20 Prozent Wasserstoffantrieb und so weiter – so einen Masterplan haben wir nicht. Und deswegen – da tritt die Ökonomin in mir sofort wieder in den Vordergrund – brauchen wir meiner Ansicht nach Rahmen, die flexibel darauf reagieren, die kein ständiges Nachsteuern erfordern. Je technologisch spezifischer ich meine Rahmen setze, desto stärker ist die Notwendigkeit, ständig nachzusteuern. Und das verunsichert natürlich auch Investoren.

HL: Der Planet Internet – just a click away –, der ist ja auch nicht aus einem Masterplan entstanden. Wenn man das Internet geplant hätte, würde es wahrscheinlich ganz anders aussehen als das, was wir heute haben. Worauf ich hinauswill: Wenn man vom Klimawandel und der Energiewende redet, heißt es immer, es ist ein globales, ein vernetztes Problem, das wir mit einer Energiewende in Deutschland kaum lösen werden.

KP: Ich sage nicht, dass wir uns zurücklehnen und nichts tun sollen. Ich sage nur, das Problem global in den Griff zu kriegen, das können wir alleine nicht schaffen.

HL: Aber wir können einen Beitrag leisten. Und der ist ja nicht unerheblich.

KP: Wenn wir ihn leisten, ja.

HL: Wir leisten ihn also nicht?

KP: Nicht in dem Maße, wie es möglich wäre, wenn die Energiewende von vorneherein in all ihren Facetten besser durchdacht worden wäre. Es ist schon ein bisschen desillusionierend, wenn ich mir die Emissionsentwicklungen der letzten Jahre anschaue und sehe, wie viel wir in den Ausbau erneuerbarer Energien gesteckt haben. Unsere Emissionen sind aufgrund der Energiewende bisher kaum gesunken. Das Bedeutendste, das Deutschland durch den stark geförderten Ausbau erneuerbarer Energien erreicht hat, ist, den globalen Preisverfall für Wind- und vor allen Dingen für Solarenergie zu unterstützen. Der großartige Effekt ist, dass andere Länder jetzt auch diesen Schritt gehen können, leichter und günstiger gehen können. Damit haben wir mit Sicherheit global wesentlich mehr erreicht als das, was wir in Deutschland geschafft haben.

Ein weiteres Problem ist, dass wir keinen Zeitgeist erzeugt haben, in dem eine Gesellschaft wie unsere die Energiewende wirklich als etwas wahrnimmt, was wichtig ist. Sachthemen wie die Energiewende und der Klimaschutz werden in der öffentlichen Wahrnehmung immer wieder in den Hintergrund gedrängt durch Vorgänge, die im aktuellen Tagesgeschäft wichtiger erscheinen – sei es der Brexit oder seien es die Entwicklungen in Polen, Ungarn und Tschechien oder ein Herr Trump in den USA. Populistische Strömungen und Regierungen negieren die Wichtigkeit solcher Sachthemen ohnehin gerne oder sind gleich der Meinung, der Klimawandel sei eine Erfindung der Chinesen und der

Wissenschaftler, man denke in diesem Zusammenhang nur an Herrn Trump.

HL: Neben den Rahmenbedingungen, die Staaten setzen können, gibt es die Rahmenbedingungen, die Investoren setzen. Immer mehr Investoren, darunter auch sehr große, steigen aus der Kohlenstoffindustrie aus. Im Wesentlichen läuft bei den Investitionen aber alles wie eh und je. Oder können Sie europaweit beziehungsweise global eine allmähliche Veränderung des Investoreninteresses hin zu mehr erneuerbaren Energien und damit auch am Klimaschutz feststellen?

KP: Man kann eine Tendenz beobachten, aber diese Tendenz reicht bisher bei Weitem nicht aus, um allein die notwendigen Reduktionen an Emissionen zu erreichen. Dies kann sich langsam ändern, wenn es sich weiter durchsetzt, dass Anleger nicht nur auf den monetären Vorteil achten, den sie aus einer Aktie ziehen. Es gibt ja auch schon nachhaltige Aktienfonds.

◆ Geldanlage – ökologisch und sozial

Immer mehr Menschen berücksichtigen ethische, soziale und ökologische Kriterien, wenn es um das Erwirtschaften einer Rendite durch ihre Geldanlagen in Form von Aktien, ihre Lebensversicherungen oder ihre Rente geht. Die einen beruhigen das eigene Gewissen, andere folgen ihrer Überzeugung. Von Bedeutung ist aber auch, dass durch die zunehmenden Investitionen in ökologisch und sozial nachhaltige Firmen und Projekte der Druck auf die Industrie wächst, ihre Standards für Umweltschutz und Menschenrechte zu verbessern. Wie ökologisch oder wie sozial gerecht eine Aktie oder ein Investmentfonds wirklich ist, lässt sich leicht im Internet herausfinden.

Auf der Seite utopia.de werden zehn Aktienfonds für grünes Geld vorgestellt. Darunter der GLS Bank Aktienfonds, über den es auf der Website von GLS heißt: »Langfristige und weltweite Beteiligungen an nachhaltigen Unternehmen statt kurzfristiger Spekulationsgewinne, das zeichnet die besondere Investitionsphilosophie des GLS Bank Aktienfonds aus. Denn nachhaltig anlegen bedeutet zukunftsgerichtet investieren. Diese Sinneshaltung erhöht die Robustheit des Portfolios. Der Fonds investiert in Aktiengesellschaften, die die sozialen und ökologischen Gesichtspunkte in ihrer Unternehmenskultur und in ihren Produkten oder Dienstleistungen verankert haben.«

Zum GLS Bank Klimafonds heißt es: »Zerstörte Ernten, ausgetrocknete Flüsse, Wetterextreme und der zunehmende und unwiederbringliche Verlust der biologischen Vielfalt: Die Veränderungen des Klimas sind inzwischen auch in den Industrieländern angekommen. Ein Grund für die Veränderungen sind Klimagase, vor allem Kohlenstoffdioxid. Der GLS Bank Klimafonds ist ein Mischfonds, der in besonders klimafreundliche Unternehmen, Staaten und Projekte investiert. Sein Ziel ist es, einen Beitrag zur Eindämmung des Klimawandels zu leisten. Er investiert im Sinne der UN Sustainable Development Goals (SDG), insbesondere der Ziele sieben (Erneuerbare Energien) und dreizehn (Maßnahmen zum Klimaschutz). Die Investitionen des Fonds unterliegen einer strengen Prüfung.«

Nein, die GLS Bank sponsert dieses Buchprojekt nicht.

Weitere Empfehlungen und Bewertungen für Green Investment findet man auf der Seite ECOreport.de.

Mitte 2017 waren mehr als 500 Fonds mit Nachhaltigkeitsbezug gelistet. Diese Menge ist auf der einen Seite erfreulich, auf der anderen Seite stellt sich natürlich die Frage nach den von den Fonds jeweils angelegten Kriterien für Nachhaltigkeit. Verbraucherzentrale, Stiftung Warentest und Finanztest kamen in ihren Untersuchungen zu ernüchternden Ergebnissen. Gesetzliche Mindeststandards gibt es für nachhaltige Fonds nicht. Man darf im Fondsnamen mit »Sustainability«, »Green« oder »Öko« werben und trotzdem Millionen von Anleger-Euros in Firmen investieren, die Kaffeekapseln oder Schummelsoftware-Automobile produzieren. Deswegen ist jeder Anleger selbst gefragt, die Aktie oder den Fonds genau nach den Kriterien zu bewerten, die er für wichtig hält.

Die Befürchtungen vieler Anleger, dass sie auf ihre Rendite verzichten müssen, wenn sie ihr Geld in nachhaltige Fonds anlegen, sind nicht begründet. Grüne Fonds erzielen eine ähnlich hohe Rendite wie herkömmliche Fonds, weil sie jedoch aufgrund ihrer Ausschlusskriterien oft nicht so breit gefächert sind, sind die Risiken ein wenig höher.

Und wenn Sie nicht investieren wollen oder können, könnten Sie darüber nachdenken, vielleicht Ihr Girokonto bei einer grünen Bank zu eröffnen. Eine Liste der besten grünen Banken finden Sie unter anderem auf utopia.de

Eine steigende Zahl von Anlegern überlegt bewusst, in welches Unternehmen will ich investieren, ist dieses Unternehmen ökologisch nachhaltig, oder agiert es sozial gerecht? Wenn Unternehmen dadurch Gewinne machen, dass sie nachhaltig agieren, dann sind dies genau die Anreize, die wir brauchen. Dies geschieht nicht zuletzt durch unsere Kaufentscheidungen. Trotzdem werden wir auf absehbare Zeit auf staatlich gesetzte Rahmenbedingungen nicht verzichten können, um die Entscheidungen von Unternehmen und Haushalten so zu steuern, dass sie in die Nachhaltigkeitsrichtung gehen. Man darf allerdings nicht vergessen, dass sich auch diese Rahmenbedingungen kontinuierlich weiterentwickeln müssen. Wenn sie national wie global so bleiben würden, wie sie heute sind, dann werden wir damit niemals rechtzeitig so viele grüne, ökologische Investitionen bekommen, dass wir den Klimawandel auch nur unter drei Grad halten.

HL: Unter drei Grad?

KP: Ja, drei. Natürlich gibt es im Rahmen der Green Economy bereits viele Beispiele für Unternehmensvertreter, die sich für Nachhaltigkeit engagieren. Aus welchen Gründen auch immer. Aber das ist durchaus nicht das Prinzip, nach dem die Mehrheit der Wirtschaft agiert. Die Mehrheit funktioniert nach wie vor nach traditionellen Regeln – nicht zuletzt aus der realistischen Annahme heraus, dass die meisten Menschen bei ihrer Geldanlage immer noch primär auf die Rendite schauen. Dies bedeutet natürlich auch für Unternehmen, dass sie für Anleger umso attraktiver sind, je höher die Rendite ist, die sie erwirtschaften.

HL: Gerade demokratisch verfasste Gesellschaften reagieren ja auf solche Herausforderungen wahnsinnig langsam. Da gibt es viele komplizierte, um nicht zu sagen komplexe Strukturen, die zur Entscheidungsfindung beitragen. Das dauert alles ewig und drei Tage. Und dann sind die Entscheidungen immer wieder Kompromisse, bedingt durch allerlei starke Interessengruppen, die eben ihre Ziele durchsetzen.

KP: Natürlich kann ein autokratisches Land wie China von oben durchregieren, positiv wie negativ. Aber wir leben in einer Demokratie, und das ist – da sind wir uns einig – gut so. In einem gewissen Umfang prallen in Demokratien die Notwendigkeiten, schnell auf Umweltverschmutzung und Klimawandel zu reagieren, auf ein von Kompromissen und Wahlzyklen geprägtes System. Nachhaltigkeit und Demokratie sind nicht immer die besten Freunde. Nichtsdestotrotz gelten auch für eine Demokratie die Naturgesetze, und mit der Natur lässt sich nicht verhandeln. Wollen wir irgendeine Chance haben, die Klimaziele von Paris zu erreichen, müssen wir jetzt aktiv werden und unsere Anstrengungen auf eine wirksame Bekämpfung des Klimawandels konzentrieren.

HL: Genau! Dabei wäre es wichtig, dass die Wissenschaft sich einmischt, auch in die Politik und die Beratung von Politik.

KP: Wünsche ich mir manchmal, dass die Politik der Wissenschaft mehr zuhört? Ja natürlich, häufig sogar. Steigender Populismus macht dieses Unterfangen nicht leichter. Allerdings sind beide Seiten nicht komplett unschuldig. Wirksame Politikberatung verlangt auch von den Wissenschaftlern, der Politik zuzuhören, und auch das ist nicht immer gegeben.

HL: Welche Anreize finanzieller Art können die Ökonomen setzen, um ökologisches Verhalten zu fördern?

KP: Ich glaube zwar schon an das Gute im Menschen, natürlich ist das Gute im Menschen vorhanden. Aber ich glaube nicht, dass dies ausreicht, damit die Menschen ihre Gewohnheiten schnell genug ändern, um den Klimawandel aufzuhalten. Worauf Menschen in der Gesellschaft schnell reagieren, das zeigt auch die Geschichte, sind finanzielle Anreize. Das heißt, wenn ich Dinge teurer mache, werden diese im Durchschnitt weniger genutzt. Im Prinzip müssten sich die wirklichen Kosten, die wir immer noch der Gesellschaft und den zukünftigen Generationen aufbürden, in unseren Preisen widerspiegeln. Das ist das, was Ökonomen allgemein wollen. Dass dies momentan nicht der Fall ist, da sind wir uns einig. Fünf Euro pro Tonne CO_2, das ist der aktuelle Preis im europäischen Emissionshandel, liegen weit unter dem, was eine Tonne CO_2 langfristig an Schäden verursachen dürfte. Und diese fünf Euro pro Tonne CO_2 betreffen auch nur die Hälfte der Emissionen in der EU. Nur rund 45 Prozent der CO_2-Emissionen in Europa werden durch Emissionshandel erfasst.

Aus ökonomischer Sicht wäre es natürlich sinnvoll, man hätte höhere CO_2-Preise. Inwieweit und, noch viel wichtiger, wie schnell die Neuregelung des Emissionshandels dies erreichen wird, ist momentan nur schwer abzusehen. Das eigentliche Problem aber ist, dass die Unternehmen nur aktiv werden, wenn sie wirklich glauben, dass die Preise

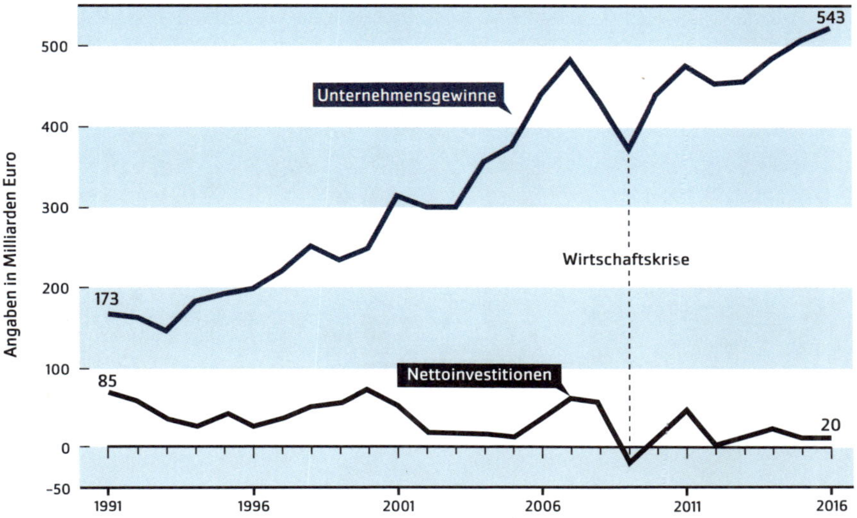

Das Kapitalozän in Deutschland: Geld wird gehortet, selbst in der Industrie.
Quelle: IMK

steigen werden. Aus diesem Grund werden auch so häufig Mindestpreise oder sogar nationale CO_2-Steuern diskutiert. Die Hoffnung ist, dass die Unternehmen mit einer solchen Aussicht anders planen, anders investieren, anders forschen und neue Technologien entwickeln.

HL: Anders investieren. Da gebe ich Ihnen recht. Es gibt unglaublich viel Geld auf der Welt. Und dieses Geld scheint sich ja mithilfe von teilweise eher zweifelhaften Finanzprodukten auch noch immer weiter und weiter zu vermehren. Das heißt aber doch, dass das Wirtschaftsprojekt Energiewende, ob nun national, kontinental oder global, offenbar die Investoren insgesamt noch gar nicht erreicht hat. Die Unternehmensgewinne in Deutschland summierten sich 2016 auf 543 Milliarden Euro, die Nettoinvestitionen betrugen ganze 20 Milliarden Euro. Wo ist der Rest der Gewinne hin? 25 Jahre zuvor, 1991, wurden 174 Milliarden Euro an Unternehmensgewinnen verbucht. Diesem Betrag standen immerhin 85 Milliarden Nettoinvestitionen gegenüber.

In Europa und insbesondere in Deutschland haben wir einen gewaltigen Investitionsbedarf in Bildung, in Infrastruktur, in die Zukunft. Aber die großen Geldströme fließen in den Finanzmarkt ab, weil mit

Ehemalige Produktionsstätte des Luxuswagenherstellers Packard in Detroit: Ausgeruht auf satten Märkten, weitere Entwicklung verpasst.

Computern, die mit Lichtgeschwindigkeit rechnen, mehr verdient werden kann. Selbst der Staat investiert viel zu wenig. Warum wird so wenig in die Zukunft investiert, gerade auch von deutschen Energieunternehmen oder auch von der Automobilindustrie?

KP: Es gibt ein Phänomen, das man häufig bei großen Unternehmen beobachtet, aber auch bei großen Staaten. Unternehmen, die eine gewisse Größe und Marktvorherrschaft erreicht haben und sich über lange Zeit erfolgreich und bequem auf einem Markt haben austoben können, entwickeln die Neigung, neue Entwicklungen nur eingeschränkt wahrzunehmen. Schauen Sie sich Detroit an. Hier haben sich die amerikanischen Autobauer ihr Imperium geschaffen und sich dann auf ihren satten Märkten ausgeruht. Die weitere Entwicklung haben sie verschlafen. In gewisser Weise ist das aus meiner Sicht auch das, was bei den deutschen Energie- und Automobilkonzernen passiert ist – natürlich auch mit der Überzeugung, uns wird schon nichts passieren, so schnell wird das schon nicht gehen. Und plötzlich ist die Zeit über sie hinweggeschwemmt.

HL: Nutzen wir die Zeit, die uns bleibt. Vielen Dank für das Gespräch.

◆ Kursänderung verschlafen

Was ist das für ein Phänomen, von dem Frau Dr. Pittel vorher gesprochen hat? Diese seltsame Mischung aus Trägheit und Selbstüberschätzung. Ob Staaten oder große Unternehmen, ob das Imperium Romanum oder Kodak, sie waren über lange Zeit erfolgreich, bedeutend, wegweisend und gewichtig, dann wurden sie zu bequem, zu träge, zu satt, zu unflexibel. Neue Entwicklungen wurden nur partiell zur Kenntnis genommen oder belächelt. Am Ende waren sie Geschichte, Kodak ebenso wie das Römische Reich, Detroit ebenso wie ... wie heißen die großen deutschen Automobilstädte?

Wer auf neue Herausforderungen mit Schummelsoftware reagiert, mit Lügen, Verheimlichen und Betrügen, der ist ebenso wenig zukunftsfähig wie eine Regierung, die ihre Klimaziele einfach streicht. Noch ist das Kind nicht in den Brunnen gefallen, noch haben wir die Wahl, noch können wir uns für eine konsequent ökologische Entwicklung im Bereich Mobilität und Energie entscheiden.

Aber wo sind im Ingenieurland Deutschland die Vor-, Nach- und Querdenker geblieben? Wurden ihre Ideen einfach dem Kommerz geopfert? Und wo sind in der Politik die Querlenker, die den Mut haben, das Steuer rechtzeitig umzulegen, bevor eine ganze Gesellschaft aus der Kurve fliegt?

Und wo sind wir? Wir sitzen weich gepolstert am Steuer unserer schönen Autos und verschlafen im Stau stehend die nötige Kursänderung. Aber sieht denn keiner, wir sind doch in Eile, wir müssen die Tochter zur Schule bringen, dann zum Yoga, und jeder weiß ja, dass es verdammt schwer ist, dort einen Parkplatz zu finden. Aber das Om am Morgen muss sein. Besinnen. Zu sich kommen. Vielleicht taucht es dann ja irgendwo vor unserem geistigen Auge auf, das kleine Ego, das doch eigentlich immer nur mehr will.

Und diesen Wunsch wollen wir ihm doch nicht abschlagen.

13 Die Welt-Versicherer

Der Rechnungshof der USA kommt Ende 2017 zu dem Ergebnis, dass in den vergangenen zehn Jahren mehr als 350 Milliarden Dollar an Steuergeldern für Hilfsprogramme nach Flut-, Sturm- und Brandkatastrophen aufgewendet werden mussten. In der Rechnung noch nicht enthalten sind die Folgekosten der großen Hurrikans und Waldbrände des Jahres 2017. Diese zählen zu den teuersten in der Geschichte des Landes. Fazit: Der Klimawandel kostet die Steuerzahler in den USA schon heute Jahr für Jahr viele Milliarden Dollar. Kosten, die in den kommenden Jahrzehnten durch eine klimabedingte Zunahme der Naturkatastrophen steigen werden.

Wie reagieren große Versicherungsgesellschaften auf solche Meldungen? Die Münchener Rückversicherungs-Gesellschaft, kurz Münchener Rück oder Munich Re, ist eine der weltweit führenden Rückversicherungsgesellschaften. Sie beschreibt sich selbst als »führender Experte für globale und lokale Risikolösungen«.

Hier also werden Risiken versichert und rückversichert, man könnte auch sagen, hier wird mit der Absicherung gegen Katastrophen und vor allem mit Katastrophen, die nicht stattgefunden haben, Geld verdient.

Viel Geld steckt die Munich Re deswegen vor allem in die Erforschung von Ursachen und in die Vermeidung von möglichen Katastrophen. Zu diesem Zweck hat der Versicherer Abteilungen für *Geo Risks Research* und das *Corporate Climate Centre*. Hier werden Daten zu Naturkatastrophen gesammelt, und hier werden Maßnahmen erarbeitet, um die Folgen dieser Katastrophen in Zukunft so klein wie möglich zu halten. Der Leiter dieser Abteilung war bis Ende 2017 Professor Dr. Dr. Peter Höppe. Er hat mit uns über Risiken und mögliche Lösungen gesprochen.

Harald Lesch: Herr Höppe, Sie warnen ja schon seit vielen Jahren vor den globalen Folgen des Klimawandels. Haben Sie den Eindruck, dass

Der Biologe und Meteorologe Professor Dr. Dr. Peter Höppe leitete von 2005 bis 2017 die Abteilung GeoRisikoForschung der Munich Re und ist Vorstandsvorsitzender der Munich Climate Insurance Initiative, die er 2005 gegründet hat.

die Situation insgesamt besser geworden ist, oder sind wir dabei, immer tiefer in ein Handlungsdesaster zu steuern?

Peter Höppe: Ich habe zumindest den Eindruck, dass man uns glaubt und auch willens ist zu reagieren. Global gesehen gibt es natürlich unterschiedliche Signale. In den USA sind die aktuell ganz anders als zum Beispiel in China. Dort, im Fernen Osten, zeigt sich ein starkes Commitment zu handeln, vor allem und natürlich auch aufgrund der Luftqualitätsprobleme, die dort herrschen. Ich glaube, dass wir da als Wissenschaftler und Rückversicherer hilfreich sind, weil die Politiker – deswegen war ich auch im Bayerischen Klimarat – denken, dass wir ein neutraler Beobachter der Dinge sind und diese Dinge auch sachlich und objektiv darstellen. Die Daten von Munich Re in der weltweit größten Datenbank ihrer Art, dem NatCatSERVICE, lassen klar erkennen, dass zum Beispiel die gewitterbedingten Ereignisse in Europa und in den USA zunehmen. Ein Grund dafür ist die Tatsache, dass der Wasserdampfgehalt der Atmosphäre gestiegen ist. Die Meere sind wärmer geworden, es verdunstet mehr Wasser in die Atmosphäre, mit dem zusätzlichen Wasserdampf haben wir mehr Treibstoff in der Wettermaschine.

HL: Wir Wissenschaftler werden immer wieder angegriffen ob unserer Äußerungen zum Klimawandel. Die einen behaupten, den Klimawandel gibt es nicht, die anderen sagen, er sei nicht menschengemacht, und die Dritten unterstellen der Wissenschaft Panikmache mit dem Ziel, an weitere Forschungsmittel zu gelangen. Ich sage dann immer, wenn ihr uns nicht glaubt, dann fragt doch mal die Experten der Munich Re. Da geht es nämlich um Geld, um viel Geld. Vielleicht glaubt ihr denen.

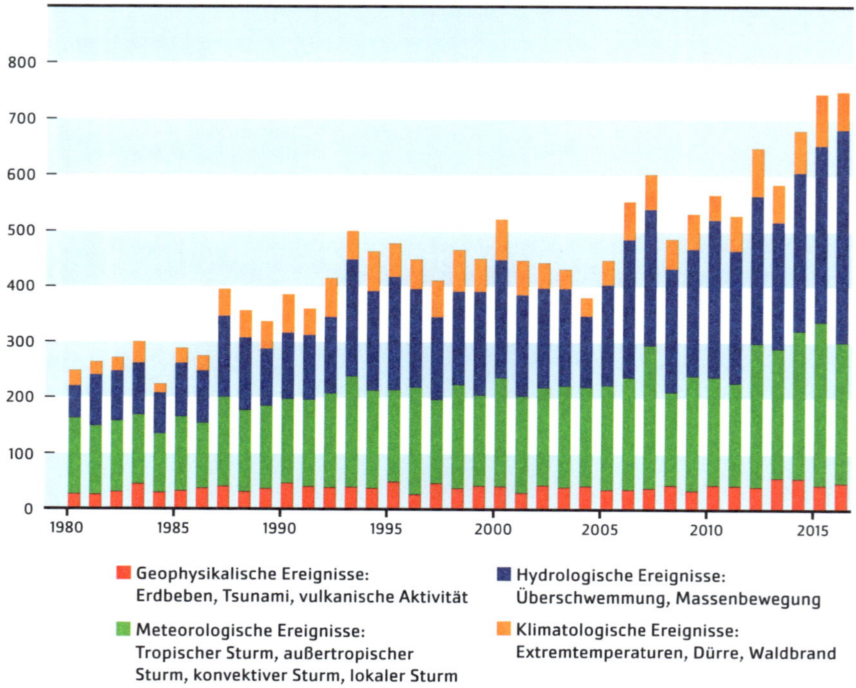

Anzahl der Schadenereignisse weltweit 1980 bis 2016

Quelle: Munich Re, NatCatSERVICE

PH: Ähnliche Erfahrungen machen wir auch. Manche halten uns aber vor, dass wir den Klimawandel und dessen Auswirkungen überbetonen, weil wir die Prämien hochtreiben wollen. Aber diese Art Einwände sind bei uns seltener, als es in der Wissenschaft der Fall ist. Und unsere Zahlen sind letztlich nachprüfbar und zu großen Teilen einsehbar, seit kurzer Zeit sind sie sogar für jeden auf einer Website (http://natcatservice. munichre.com) zugänglich. Man muss sich nicht einmal registrieren. Es kostet nichts. Dort kann man auf unsere Daten zugreifen, Statistiken für einzelne Regionen und Naturgefahren sogar selber erstellen. Dadurch dass wir unsere Daten transparent und überprüfbar machen, untermauern wir auch unsere Glaubwürdigkeit.

HL: Munich Re zählt zu den Großen, wenn es darum geht, alle möglichen Geo-Daten zu sammeln und auszuwerten.

PH: Ja, da verfolgen wir seit 40 Jahren eine klare Linie, die wir nicht verlassen haben. Professor Dr. Gerhard Berz, ein studierter Meteorologe, war der erste Naturwissenschaftler, der hier 1974 mit dem Aufbau der Geo-Risks-Abteilung begonnen und diese bei Munich Re bis 2004 fortgeführt hat. Ich bin dann 2005 sein Nachfolger geworden. Wir haben auch – und das wissen die wenigsten – bei den Reports des IPCC (Intergovernmental Panel on Climate Change, Weltklimarat) mitgeschrieben. Gerhard Berz hat beim dritten Assessment Report (Sachstandsbericht) 2001, der jetzige Kollege, Dr. Eberhard Faust, beim fünften Sachstandsbericht des IPCC (2013/2014) jeweils als »Lead Author« mitgewirkt. Gerhard Berz hat sogar einen Anteil der Friedensnobelpreisurkunde bekommen, die 2007 dem IPCC und dem ehemaligen US-Vizepräsidenten Al Gore zugesprochen wurde, weil sie schon sehr früh die Gefahren des globalen Klimawandels erkannt haben.

HL: Wenn Sie in wenigen Sätzen den aktuellen Stand der Dinge beschreiben sollten, Stichworte »Energiewende in Deutschland« und »globaler Klimawandel« – kann man das überhaupt in einen Zusammenhang bringen?

PH: Ich denke schon. Weil die Energiewende und unser Einspeisegesetz die Wettbewerbsfähigkeit der erneuerbaren Energien beschleunigt haben, auch global! Das hatte vor allem einen Einfluss auf China: Durch den Einstieg der Chinesen in die Produktion ist zum Beispiel die Fotovoltaik immer günstiger geworden. Das war meiner Meinung nach ganz bedeutend. Was ich jetzt schade finde, ist, dass wir als ehemalige Vorreiter der Energiewende heute schwächeln. Wir schaffen es zum Beispiel nicht, die nötigen Leitungen zu bauen. Bayern ist hier leider keine rühmliche Ausnahme.

HL: In diesem Fall liegt es aber vor allem an der Bevölkerung, nicht einmal so sehr an der Politik?

PH: Es liegt aus meiner Sicht an beiden Seiten. Anstatt jedem kleinen Protest nachzugeben, sollte die Politik zuallererst ein schlüssiges, überzeugendes Gesamtkonzept anbieten. Das wäre mein Wunsch an die Politik, den Menschen mal reinen Wein einzuschenken, auch darüber, was die Alternativen sind. Ohne irgendwelche Einschränkungen geht es nicht, wenn wir unseren Lebensstandard erhalten wollen. Wenn wir bereit sind, den Lebensstandard herunterzuschrauben, brauchen wir die Leitungen nicht mehr.

◆ Der Weltklimarat

Der IPCC (Intergovernmental Panel on Climate Change), der zwischenstaatliche Ausschuss für Klimaänderungen, kurz auch als Weltklimarat bezeichnet, ist eine Institution der Vereinten Nationen, die 1988 von der UNEP (Umweltprogramm der Vereinten Nationen) und der WMO (Weltorganisation für Meteorologie) gegründet wurde. Der IPCC, dem heute 195 Nationen angehören, forscht nicht selber, sondern trägt die Forschungsergebnisse Tausender Wissenschaftlerinnen und Wissenschaftler weltweit zusammen, bewertet diese aus wissenschaftlicher Sicht und beschreibt aufgrund dieser Faktenlage die Folgen sowie Risiken des Klimawandels und zeigt Möglichkeiten auf, wie die Menschheit den Klimawandel mindern und sich an eine globale Erwärmung der Erde anpassen kann.

Dazu veröffentlicht der IPCC seit 1990 alle fünf bis sieben Jahre die IPCC Assessment Reports, die Sachstandsberichte. Diese gelten in der Wissenschaft als umfassendste und fundierteste Informationsquelle bezüglich des Forschungsstandes zum Thema Klima, Klimawandel sowie über Möglichkeiten des Umgangs damit.

Seit seinem Bestehen hat der IPCC fünf Sachstandsberichte (1990, 1995, 2001, 2007, 2013/14) sowie mehrere Sonderberichte veröffentlicht. Der nächste Sachstandsbericht soll 2022 veröffentlicht werden. Der letzte Sachstandsbericht, an dem mehr als 800 Wissenschaftler als Autoren und mehrere Tausend Forscher als wissenschaftliche Gutachter beteiligt waren, beschreibt auf mehreren Tausend Seiten schon 2014 dramatische Veränderungen im Klimasystem der Erde:

- Die Durchschnittstemperatur der Erdoberfläche ist von 1880 bis 2012 um 0,85 °C angestiegen.
- Es ist wahrscheinlich, dass auf der Nordhalbkugel der Zeitraum von 1983 bis 2013 die wärmste 30-Jahr-Periode der letzten 1400 Jahre war.
- Es kann davon ausgegangen werden, dass die Ozeane zwischen 1971 und 2010 90 Prozent der zusätzlichen Energie durch die globale Erderwärmung aufgenommen haben. Am stärksten erwärmten sich die Schichten nahe der Wasseroberfläche. In den oberen 75 Metern stieg die Temperatur von 1971 bis 2010 um durchschnittlich 0,11 °C pro Jahrzehnt an. Nahezu sicher erwärmten sich die oberen 700 Meter von 1971 bis 2010.
- Es wird angenommen, dass der grönländische Eisschild und der antarktische Eisschild in den beiden letzten Jahrzehnten Masse verloren ha-

ben. Der Massenverlust betrug von 2002 bis 2011 beim grönländischen Eisschild 215 Milliarden Tonnen pro Jahr, beim antarktischen Eisschild 147 Milliarden Tonnen pro Jahr. Die Gletscher der Erde verloren von 1993 bis 2009 nahezu 275 Milliarden Tonnen Eis pro Jahr.

- Die Ausdehnung des arktischen Meereises im Sommer ging sehr wahrscheinlich um 9,4 bis 13,6 Prozent pro Jahrzehnt zurück, das entspricht 730000 bis 1070000 Quadratkilometern.
- Die nordpolare Schneedecke ging seit Mitte des 20. Jahrhunderts zurück.
- Der Meeresspiegelanstieg im Zeitraum von 1901 bis 2010 betrug 19 ± 2 Zentimeter. Es ist wahrscheinlich, dass der Anstieg sich seit Anfang des 20. Jahrhunderts beschleunigt hat; von 1993 bis 2010 betrug der Anstieg sehr wahrscheinlich 3,2 Millimeter pro Jahr.
- Die aktuelle Konzentration von Treibhausgasen in der Atmosphäre ist die höchste seit 800000 Jahren. Durch menschliche Aktivitäten wurden seit 1750 insgesamt 555 Milliarden Tonnen Kohlenstoff freigesetzt; im Vergleich zur vorindustriellen Konzentration hat der Gehalt an Kohlendioxid um 40 Prozent zugenommen. Die Geschwindigkeit des Anstiegs der Konzentration der Treibhausgase im 20. Jahrhundert war mit sehr hoher Wahrscheinlichkeit die höchste der vergangenen 22000 Jahre. 155 Milliarden Tonnen des freigesetzten Kohlenstoffs wurden vom Ozean aufgenommen; der pH-Wert der obersten Schicht hat um 0,1 abgenommen.

Zusammengefasst kommen die Wissenschaftler zu dem Ergebnis: Die Erwärmung des Klimasystems ist eindeutig, und viele der seit den 1950er-Jahren beobachteten Veränderungen waren vorher über Jahrzehnte bis Jahrtausende nie aufgetreten. Die Atmosphäre und der Ozean haben sich erwärmt, die Schnee- und Eismengen sind zurückgegangen, und der Meeresspiegel ist angestiegen.

Wer den IPCC-Sachstandsbericht ausführlicher studieren will, besuche die deutschsprachige Website de-ipcc.de oder die englischsprachige Website ipcc.ch.

Wir könnten auch die Atomkraftwerke länger laufen lassen, das will die Mehrheit aber auch nicht. Dann müssen wir weiter die Erneuerbaren ausbauen, und dazu brauchen wir mehr Speichersysteme und mehr Leitungen, um Angebot und Nachfrage großflächig auszugleichen. Aber das müssen die Politiker den Menschen, ihren Wählern, klar sagen. Dann muss man einen demokratischen Prozess zur Entscheidung führen, der von der Mehrheit der Bevölkerung getragen werden muss. Und die Minderheit, die dagegen war, muss auch mitziehen, selbst wenn es Härten beinhaltet. Anders lässt sich der Umbau unserer Energieversorgung nicht realisieren.

HL: Mein Eindruck ist, dass die Politik es über Jahrzehnte versäumt hat, die Bevölkerung darüber aufzuklären, welcher Aufwand an Infrastruktur in Deutschland überhaupt notwendig ist, damit dieses Land auch in Zukunft so funktioniert, wie es funktioniert.

PH: In einem Land wie China vollzieht sich der Wandel hin zu regenerativen Energien um einiges entschlossener. Das heißt aber nicht, dass ich deswegen das politische System in China favorisiere. Wir müssen uns damit abfinden, dass in einer Demokratie Prozesse manchmal sehr viel schwieriger und langwieriger sind.

HL: Was also sollten wir Ihrer Meinung nach hier in Deutschland, in Europa dringend ändern?

PH: Als Erstes sollte eine offene Diskussion mit der Bevölkerung beginnen. Und dann sollten Entscheidungen getroffen werden, dass dort, wo die Treibhausgase emittiert werden, konsequent dagegen gehandelt wird. In Deutschland ist vor allem auch der Verkehr ein großes Problemfeld. Da ist zu wenig passiert. Seit 1990 sind die Emissionen nicht gesunken, obwohl die Kraftfahrzeuge effizienter geworden sind. Sie sind aber im gleichen Maß auch größer geworden. Dass man hier nicht eingreift, ist für mich unverständlich. Wie wollen wir unter diesen Umständen unsere Klimaziele erfüllen? Also, da bin ich enttäuscht, wenn ich in einem Land lebe, dessen Regierung verspricht, wir sind die Klimaschützer Nummer eins, und konkrete Ziele vorgibt, und dann ist es absehbar, dass man daran weit vorbeischrammt.

HL: Ich bin eigentlich eher enttäuscht von den Ingenieuren.

PH: Die sind doch fleißig und kreativ. Die Technologien sind doch da. Die Batterien werden immer besser. Sie werden leichter, die Kapazität wird größer. Der Ferntransport von Strom funktioniert fast verlustfrei. Also, es ist doch eigentlich alles da. Wir haben Elektroautos.

HL: In der Automobilindustrie haben wir in den letzten 30 Jahren eine Entwicklung hin zu einem Dinosaurier erlebt. Da braucht es fast, um im Bild zu bleiben, einen Asteroiden, der einschlägt. Dann sind die SUVs weg. Aber was für ein Asteroid soll das sein? Wenn die Bundesregierung wirklich gewollt hätte, dass sich da etwas tut, hätte man schon sehr, sehr viel früher eingreifen können. Welche Entscheidung hätte man treffen sollen, um die Emissionsziele zu erreichen?

PH: Ich glaube, das geht alles nur über finanzielle Förderung klimafreundlicher beziehungsweise finanzielle Belastungen von klimaschädlichen Technologien. Im konkreten Fall heißt das, man muss Elektrofahrzeuge fördern. Und eben nicht nur, dass man 4000 Euro beim Neukauf dazugibt, sondern man muss auch die Infrastruktur dazu schaffen. Die hohen Preise und die fehlende Infrastruktur halten die meisten Menschen davon ab, ein Elektroauto zu kaufen. Auf der anderen Seite gilt es diejenigen, die Treibhausgase emittieren, zu belasten, indem man die Steuern entsprechend anpasst.

HL: Eine CO_2-Steuer einführen?

PH: Eine CO_2-Steuer wäre nur eine Möglichkeit. Wir bei Munich Re haben schon sehr lange einen möglichst globalen Preis auf CO_2-Emissionen gefordert, wir sehen das als die effizienteste Lösung. Ein passend gestalteter Emissionshandel wirkt grundsätzlich besser als eine Steuer. Aber wenn der Emissionshandel nicht funktioniert, dann kann auch die Steuer eine Lösung sein. Das Problem ist nur, wenn lediglich Deutschland diese Besteuerung einführt, dann haben wir einen Wettbewerbsnachteil, und das ist natürlich auch nicht erstrebenswert.

Ideal wäre ein global funktionierender Emissionshandel. Aber man kriegt das System einfach nicht ins Laufen. In Europa gibt es das jetzt seit mehr als zehn Jahren, und der Preis dümpelt bei unwirksamen drei, vier Euro pro Tonne herum. Und statt dass man beschließt, ausreichend Zertifikate aus dem Markt zu nehmen, hat man großen Emittenten diese Zertifikate kostenlos in die Schubladen gelegt.

HL: Ist der Einfluss der Kohlenstoffindustrie so stark, dass da politisch nichts passiert? Wenn man sich mit einzelnen politischen Persönlichkeiten unterhält, dann sind die alle ...

PH: … hoch motiviert!

HL: Ja, so was von hoch motiviert.

PH: Die Bundeskanzlerin hat in dieser Sache in früheren Jahren wirklich viel bewegt. Aber sobald es darum geht, bei den Kraftfahrzeugen an der Schraube zu drehen, sodass die großen Verbraucher emissionsärmer werden müssen, legt die deutsche Bundesregierung in Brüssel ihr Veto ein.

HL: Was steckt dahinter?

PH: Dahinter stecken die nachvollziehbaren Interessen der Industrie und auch die vielen Arbeitsplätze, die damit verbunden sind.

HL: Ist es wirklich so banal?

PH: Ja. Und das ist langfristig noch nicht einmal zu deren Vorteil. Denn die Wende, die die Chinesen jetzt vormachen, drohen Industrien bei uns zu versäumen.

HL: Was können denn Versicherungen tun, um Lösungen voranzubringen?

PH: Was wir als Versicherer machen können und was wir seit Jahrzehnten auch tun, ist, Bewusstsein zu schaffen, Bewusstsein dafür, dass der Klimawandel ein großes Problem darstellt. Ich persönlich sehe ihn als das größte Risiko für die Menschheit in diesem Jahrhundert. Alle anderen Risikoszenarien sind kurzfristig zu lösen, wenn man es will.

Wir fördern Lösungsansätze, indem wir etwa den Investoren in neue Technologien über unsere Versicherungsprodukte den Einstieg erleichtern. Wir nehmen ihnen Risiken ab. Wir haben sehr innovative Produkte zum Beispiel für Fotovoltaikbetreiber. Die können sich darüber gegen das verfrühte Altern von Solarzellen absichern. Es könnte ja sein, dass durch eine fehlerhafte Produktionscharge bei Solarzellen nach zehn Jahren plötzlich die Effizienz stark sinkt, was die gesamte Kalkulation von Investitionen gefährdet. Man kann sich auch gegen die jahreszeitliche Fluktuation von Wind und Sonne absichern, sodass der Investor mit einer konstanten Ertragserwartung rechnen kann.

Die Munich Re selber investiert massiv in regenerative Energien. Nicht nur weil es gut für die Umwelt ist, sondern weil es in vieler Hinsicht auch profitabel ist. Für die nächsten Jahre haben wir in diesem Bereich ein Investmentprogramm für Infrastruktur über acht Milliarden Euro aufgelegt.

Darüber hinaus haben wir schon 2005 die MCII gegründet, die Munich Climate Insurance Initiative. Diese gemeinnützige Initiative, die sich aus Versicherern, Wissenschaftlern und Vertretern von Nichtregierungsorganisationen (NGOs) zusammensetzt, wurde von uns ins Leben gerufen, um die Bevölkerung in Entwicklungs- und Schwellenländern gegen steigende Schäden aus wetterbedingten Extremereignissen, also gegen die Risiken durch den Klimawandel, zu schützen. Die Menschen in den Entwicklungsländern sind immer stärker betroffen, weil ihre Regionen besonders unter Wetterextremen leiden und ihre Verletzlichkeit, die sogenannte Vulnerabilität, höher ist. Man kann von den armen Menschen in Afrika nicht verlangen, dass sie eine risikoadäquate Prämie bezahlen für ein Risiko, das zum weitaus größten Teil den Emissionen der Industrieländer geschuldet ist. Sitz der Initiative ist das Institut für Umwelt und menschliche Sicherheit der Universität der Vereinten Nationen (UNU-EHS) in Bonn. Den Vorstandsvorsitz dort habe ich, weil es mir auch ein großes persönliches Anliegen ist.

Neben Bewusstsein schaffen, neben innovativen Versicherungslösungen und Investitionen in regenerative Energien und neben Initiativen wie der MCII ist Prävention ein weiteres wichtiges Werkzeug. Durch präventive Maßnahmen lassen sich viele Schäden und viel Leid vermeiden.

◆ MCII

Die MCII (Munich Climate Insurance Initiative) ist ein Innovationslabor für Klimaschutz und Katastrophenvorsorge als integrative Komponente von nachhaltiger Entwicklung. Die MCII arbeitet zum Thema Klima-Risiko-Management mit Regierungen und humanitären Organisationen sowie mit den Büros zur Klimarahmenkonvention der Vereinten Nationen (UNFCCC) und der internationalen Strategie zur Katastrophenvorsorge (ISDR) zusammen. Die MCII versteht sich als Schnittstelle zwischen Praktikern und Wissenschaftlern für innovative Anwendungen von Risikotransferinstrumenten zur Bewältigung von stetig wachsenden Klimarisiken. Gemeinsames Ziel ist die Stärkung der Widerstandskraft von Gemeinschaften gegenüber Katastrophen. Im Oktober 2017 wurde die Arbeit der MCII mit dem renommierten »Momentum for Change Award« ausgezeichnet.
Mehr über MCII erfahren Sie unter www.climate-insurance.org.

HL: Ich habe den Eindruck, wir sind auf der Seite derjenigen, die klar sagen, welche Bedrohung der Klimawandel ist und dass man dagegen etwas unternehmen muss. Aber sind wir eigentlich noch zu leise?

Mir fällt auch auf, dass es sehr viele Projekte gibt, die in die richtige Richtung gehen. Trotzdem sind wir bei den Erneuerbaren immer noch nicht aus der Babyphase rausgekommen. Wir haben es bisher nicht geschafft, ein wirklich großes Projekt zu realisieren. Ich denke da zum Beispiel an Desertec. Das wäre ein Riesenprojekt geworden, und Munich Re war ja federführend dabei.

PH: Also weltweit haben die Erneuerbaren inzwischen durchaus einen sehr signifikanten Anteil. Laut »Süddeutscher Zeitung« vom 5. Oktober 2017 erwartet die Internationale Energie-Agentur (IEA) bis 2022 eine Zunahme globaler Kapazitäten bei Erneuerbaren von 920 Gigawatt. Das entspräche mehr als der Hälfte der Kohlekraftkapazitäten, die dafür 80 Jahre gebraucht haben.

Aber jetzt zu Desertec. Wir waren tatsächlich zusammen mit der Desertec-Foundation die Initiatoren des Desertec-Projekts! Und wir glauben immer noch, dass sich diese Vision realisieren ließe. Die Argumente dafür sind nicht widerlegt, lediglich die politischen Rahmenbedingungen in Nordafrika und Südeuropa sind derzeit nicht förderlich.

HL: Wir haben mit Dr. Trieb vom Deutschen Zentrum für Luft- und Raumfahrt (DLR) gesprochen (siehe Seite 209). Die haben das Thema Strom aus der Wüste neu konzipiert und durchgerechnet. 30 Milliarden, dann würde alles funktionieren, dann hätten wir regelbaren Strom so viel wir wollen.

PH: Also, wir sind nach wie vor stolz auf die damals geleistete Arbeit der Dii (Desertec Industrial Initiative). Es ist vernünftig, in die Wüsten zu gehen, wo man den Platz hat, wo man die größte Sonnenscheinintensität und -dauer hat. Wir sind nach wie vor in Verbindung mit der nun nach Dubai umgezogenen Dii. Das Ziel der Dii ist weiterhin, im Nahen Osten und in Nordafrika die Energieversorgungssicherheit durch Wüstenstrom zu verbessern. Ob dann langfristig auch ein Export des sauberen Stroms nach Europa organisiert werden kann, bleibt zu hoffen. Diese Idee ist ja bisher nicht umgesetzt, weil die südeuropäischen Staaten kein Interesse haben, dass Leitungen nach Nordafrika gebaut werden, weil die den heimischen Strommarkt stören könnten. Denn

Hurrikan Harvey, aufgenommen von der Internationalen Raumstation ISS am 28. August 2017 © NASA

es gibt schon heute ein viel zu großes Stromangebot auf den eigenen Märkten, und der EU-Strommarkt funktioniert leider noch nicht ungehindert.

HL: Reden wir einmal über die nächsten 30 Jahre. Was wird passieren, wenn das Unvorhersehbare eintritt, wenn wir tatsächlich die Grenze von zwei Grad überspringen?

PH: Die Grenze von zwei Grad ist ja keine physikalische Grenze, sondern politisch gewählt. Klar ist, je mehr sich die Atmosphäre und die Weltmeere erwärmen, umso mehr intensive Wetterextreme werden wir erleben. Harvey und Irma sind nur zwei Beispiele für Extremereignisse. Für jeden Einzelnen dieser Hurrikans kann nicht bewiesen werden, dass hier der Klimawandel bereits eine Rolle spielt. Die sich verändernden Statistiken zeigen jedoch, dass solche Extremereignisse häufiger oder intensiver werden. Tatsächlich haben beide Hurrikans neue Rekorde aufgestellt. Der Trend zu stärkeren Extremereignissen wird wohl leider so weitergehen. Das zeigen die Daten, die wir gesammelt haben. Die Schäden werden in vielen Regionen und bei jenen Naturgefahren ansteigen, bei denen man durch Prävention nicht gegensteuern kann.

Man möchte meinen, dass eine solche Entwicklung für die Branche gut ist, weil dann mehr Versicherungen verkauft werden können. Das gilt aber nur, solange die Risiken versicherbar sind. Sie müssen also kalkulierbar bleiben und nicht so hoch sein, dass niemand mehr die Prämien bezahlen kann. Zudem sind wir alle Menschen, die auf dieser Erde auskömmlich leben wollen und die das Leid der Betroffenen nicht kaltlässt.

Ein großes Problem werden auch die Migrationsströme sein. Menschen werden die Regionen verlassen, in denen man nicht mehr leben kann, in denen man keine ausreichende Landwirtschaft mehr betreiben kann. Und diese Menschen kommen zu uns, kommen dahin, wo man noch gut leben kann.

HL: Schon heute sind mehr als 68 Millionen Menschen weltweit auf der Flucht, das sind mehr, als Frankreich Einwohner hat.

PH: Noch ein großes Fragezeichen ist für mich, was mit Russland und Kanada passieren wird. Diese riesigen Länder, die zwei größten Flächenländer auf unserem Globus, haben große Regionen, die momentan landwirtschaftlich nicht genutzt werden. Diese könnten bei einer weiteren Erwärmung eventuell nutzbar werden. Da gibt es durchaus Chancen, wenn der Klimawandel schon nicht mehr vermeidbar ist. Aber das wird natürlich enorme politische Verwerfungen zur Folge haben, wenn auf einmal Russland und Kanada die Kornkammern dieser Erde werden sollten.

HL: Bevor man das Land allerdings nutzen kann, kommen erst der große Matsch und Massen von Methan, die freigesetzt werden. Das wiederum würde zu einer weiteren Erwärmung der Erdatmosphäre führen.

PH: Ja, man müsste sich viele Jahrzehnte durch große Krisen und Probleme wuchten, um am Ende dieses Tunnels in einer wärmeren Welt andere, in manchen Regionen eventuell positivere Bedingungen zu finden.

HL: Sie haben am Anfang unseres Gesprächs gesagt, die Art und Weise, wie in Deutschland zu Beginn mit der Energiewende umgegangen worden ist, hatte globale Auswirkungen.

PH: Ja, Deutschland wurde in diesem Bereich immer als positives Beispiel gesehen. Aber wir laufen Gefahr, den Ruf, dass wir auf der ingenieurtechnischen Seite und auch beim Management von Krisen einfach gut sind, zu verspielen. Vor einigen Jahren war es noch so, wenn die Deutschen etwas machten, dann haben die anderen gesagt: Das müssen wir uns genau anschauen, da ist vielleicht was dran. Und dann hatten wir Nachahmer im positiven Sinne.

HL: Da sind natürlich die Ingenieursdesaster und Betrugsmanöver, wie wir sie in der Automobilindustrie erlebt haben, wenig förderlich.

PH: Einen Teil dieses Rufs haben einige wenige Manager beschädigt.

HL: Vertrauensverlust ohne Ende. Trotzdem vertrete ich die Meinung, dass wir Deutschen immer noch so wohlhabend sind, dass wir der Welt eine Dienstleistung erbringen könnten, nämlich die Fehler zu machen, die bei großen Projekten immer passieren können. Wir können uns diese Fehler leisten und für die anderen daraus lernen. Auf diese Art und Weise können wir vielleicht dazu beitragen, dass sich das ökologisch Gute beschleunigt.

PH: Richtig. Wir als Versicherer müssen aber auch sehen, welche Rolle und welche Aufgabe wir haben. Wir sind ein profitorientiertes Unternehmen. Wir haben Aktionäre, die wollen von uns am Ende des Jahres einen Gewinn sehen. In dieser Lage sind wir. Wir wollen gerne aktiv die Welt verbessern, aber das ist nicht unsere Hauptaufgabe. Da ist die Politik gefordert, da ist der Einzelne gefragt. Die Wirtschaft sollte dann mit Wissen und innovativen Ideen ihren Beitrag leisten. Munich Re tut das gerne und aktiv.

HL: Vielen Dank, Herr Höppe.

14 Klimarisiko – Klimarettung

Nach der UN-Klimakonferenz in Paris 2015 und der Folgekonferenz in Marrakesch 2016 fand die 23. UN-Klimakonferenz, die COP 23 (United Nations Framework Convention on Climate Change, 23rd Conference of the Parties), im November 2017 in Bonn statt. Den Vorsitz der Konferenz hatte zum ersten Mal der pazifische Inselstaat Fidschi, der infolge der globalen Erwärmung vom ansteigenden Meeresspiegel und den zunehmenden Wetterextremen besonders bedroht und betroffen ist. Deutschland war lediglich der technische Ausrichter der Konferenz.

Zur Weltklimakonferenz erschien der jährlich von Germanwatch e. V. erstellte globale Klima-Risiko-Index (KRI), dessen Ausarbeitung von Brot für die Welt* und dem Bundesministerium für wirtschaftliche Zusammenarbeit (BMZ) gefördert wird. Er zeigt, in welchem Maße einzelne Staaten von Wetterextremen wie Überschwemmungen, Stürmen, Hitzewellen oder anderen Klimafolgen betroffen sind. Untersucht werden die menschlichen Verluste (Todesopfer) sowie die direkten ökonomischen Verluste. Als Datenbasis dient die Datenbank NatCatSERVICE der Münchner Rückversicherungsgesellschaft unter Einbeziehung weiterer demografischer (Bevölkerungszahl) und wirtschaftlicher Daten (Bruttoinlandsprodukt) des Internationalen Währungsfonds. Im KRI 2018 sind die Extremereignisse des Jahres 2016 und des Zeitraums von 1997 bis 2016 erfasst.

Wenngleich die Auswertungen der jährlichen Todesopfer und Sachschäden keine Aussage darüber erlauben, welchen Einfluss der langfristig wirkende Klimawandel bereits bei diesen Ereignissen hatte, so lässt sich doch ein Bild der Verwundbarkeit der Staaten zeichnen. Dies

---

* Mehr über die Entwicklungs- und Umweltorganisation Germanwatch sowie das Hilfswerk der evangelischen Landeskirchen und Freikirchen erfahren Sie unter www.germanwatch.org und www.brot-fuer-die-welt.de.

Der Entwicklungs- und Klimaexperte Klaus Milke, Vorstandsvorsitzender von Germanwatch

kann als ein Warnsignal verstanden werden, sich auf zukünftig möglicherweise vermehrte und stärkere Extremwetterereignisse durch Katastrophenvorsorge und Anpassung an den Klimawandel besser vorzubereiten.

Mit dem Vorsitzenden von Germanwatch, Klaus Milke, haben wir nach seiner Teilnahme an der Klimakonferenz in Bonn über Klimarisiken und Klimarettung gesprochen.

Harald Lesch: Sie haben rechtzeitig zur Klimakonferenz von Bonn den globalen Klima-Risiko-Index 2018* vorgestellt. Was sind die Haupterkenntnisse?

Klaus Milke: Kleine Inselstaaten gehören schon heute zu den am stärksten von Extremwetter betroffenen Ländern weltweit. Eine Reihe von Entwicklungs- und Schwellenländern haben mittlerweile regelmäßig mit Wetterkatastrophen zu kämpfen, und vor allem ärmere Länder wie Haiti, Sri Lanka oder Vietnam stellt das vor große Herausforderungen. Dies sind einige der Kernaussagen des am 9. November beim Klimagipfel in Bonn veröffentlichten globalen Klima-Risiko-Index von Germanwatch. Überdies könnte nach jetzigem Stand 2017 das Jahr mit den weltweit größten Schäden durch Extremwetter werden, die jemals registriert wurden.

Im Langfrist-Index zeigt sich vor allem die große Verwundbarkeit

* Den gesamten Bericht können Sie auf der Website von Germanwatch nachlesen und herunterladen: www.germanwatch.org.

Weltkarte des globalen Klima-Risiko-Index für die Jahre 1997 bis 2016

Quelle: Germanwatch und Munich Re NatCatSERVICE

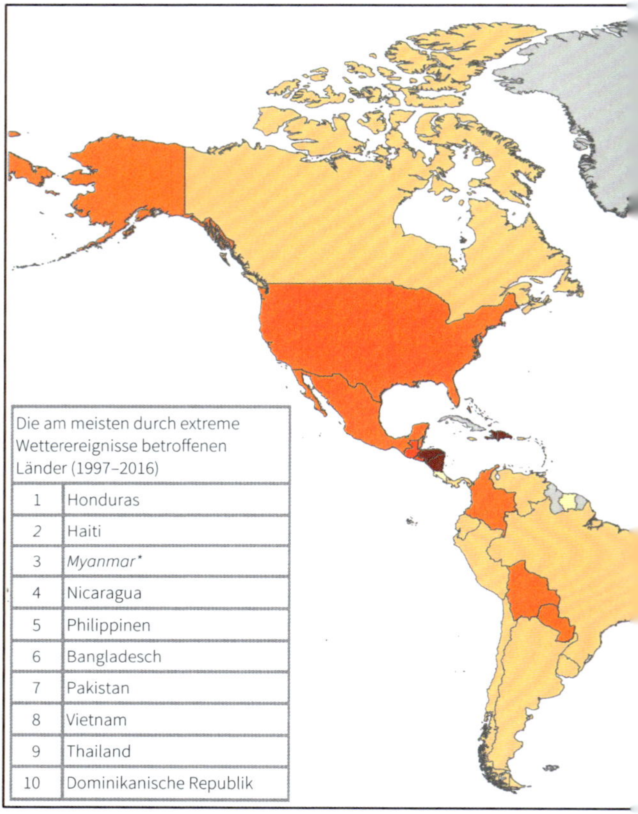

Die am meisten durch extreme Wetterereignisse betroffenen Länder (1997–2016)	
1	Honduras
2	Haiti
3	*Myanmar**
4	Nicaragua
5	Philippinen
6	Bangladesch
7	Pakistan
8	Vietnam
9	Thailand
10	Dominikanische Republik

* Hier traten mehr als 90 % der Verluste/Todesfälle in einem Jahr/bei einem Ereignis auf.

ärmerer Länder, neun der zehn von 1997 bis 2016 meistbetroffenen Staaten sind Entwicklungsländer mit niedrigem oder unterem mittleren Pro-Kopf-Einkommen. Doch auch Industrienationen müssen aktiver werden im Umgang mit Klimafolgen. Außerdem ist effektiver Klimaschutz im Eigeninteresse dieser Länder. Das sieht man zum Beispiel an den USA, die 2016 mit 267 Todesopfern und rund 47,4 Milliarden US-Dollar Schäden durch Wetterextreme auf Rang zehn lagen.

HL: Wie war die allgemeine Stimmung auf der COP 23, vor allem angesichts der Tatsache, dass die neuesten Zahlen über globale Treibhausgasemissionen, Temperaturanstiege und Minderung der polaren

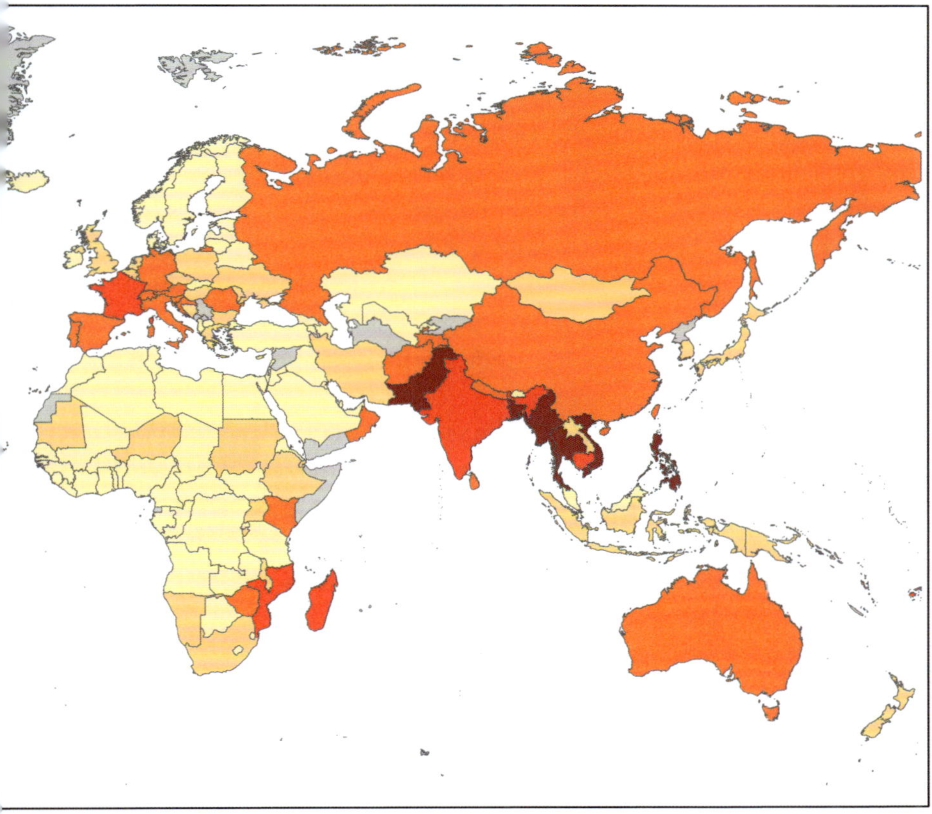

Rangfolge der Länder mit extremen Wetterereignissen:

1–10 | 11–20 | 21–50 | 51–100 | >100 | Keine Daten

Eisflächen jegliche Diskussion über ein Erreichen eines 1,5-Grad- oder unter 2-Grad-Ziels, wie es im Klimaabkommen von Paris vereinbart ist, fast absurd erscheinen lassen.

Selbst das Umweltprogramm der Vereinten Nationen (UNEP) kommt zu dem Ergebnis, dass die Temperaturen bis zum Ende des Jahrhunderts um mindestens drei Grad im Vergleich zur Zeit vor der Industrialisierung steigen werden, und das selbst bei Einhaltung aller bisher vorgelegten Klimaschutzzusagen. Das war das Ergebnis des sogenannten 8th Emissions Gap Report, den das Umweltprogramm der UN wenige Tage vor Beginn der Klimakonferenz in Bonn vorgestellt hat. In dem

Bericht hieß es: »Es besteht dringend Bedarf, die kurzfristigen Maßnahmen zu beschleunigen und die langfristigen Ziele ehrgeiziger zu gestalten.«

KM: Die Erkenntnisse über die Defizite beim konkreten Tun und bei den kurz- und mittelfristigen Maßnahmen nehmen zu. Der Handlungsdruck ist in der Tat enorm, und er wächst. Ein kollektives Versagen zeichnet sich ab, und wir schießen derzeit sicher über das 2-Grad-Limit hinaus. Die Konsequenzen sind eine nicht mehr friedlich zu managende Klimakrise. Da reichen ehrgeizigere Ziele allein nicht aus. Diese müssen – das muss uns klar sein – immer verbunden werden mit belastbaren Umsetzungsschritten.

Die Stimmung in Bonn war aber angesichts und trotz der den meisten bewussten Bedrohungslage und der Unzulänglichkeiten der aktuellen Anstrengungen eher gut. Vor allem ist es gelungen, einen ganz lauten Störer außen vor zu lassen. Über Trump wurde bei der COP 23 so gut wie nicht geredet, ja sein Name wurde eher vermieden. Es gab Wichtigeres zu tun. Die Delegation der US-Regierung verhielt sich auch eher ruhig.

Es ging bei dieser COP ja zunächst darum, das *Rule-Book*, die Details zur Umsetzung des Pariser Klimaabkommens, abzustimmen, damit darüber bei der nachfolgenden COP 24 in Polen entschieden werden kann. Zusätzlich ging es darum zu ermitteln, was ein Land, eine Region oder ein Sektor mehr tun könnte, um die insgesamt unzureichenden Ambitionen nach oben zu schrauben.

Begeisternd war, die anderen Akteure aus den USA – Bundesstaaten, Städte, Unternehmen und Verbände – zu hören und zu sehen. Es sind die, die manifest gemacht haben, dass sie das, was die Zentralregierung der USA nicht mehr bereit ist zu tun, durch eigene Anstrengungen kompensieren wollen, ja noch zu übertreffen bereit sind.

Das vielleicht wichtigste Signal der COP 23 ist der sogenannte *Talanoa-Dialog 2018* der Fidschi-Präsidentschaft, der die erste Nachbesserungsrunde der nationalen Klimapläne bis 2020 festlegt. *Talanoa* heißt übersetzt *Geschichten erzählen*. Es geht hier um inspirierende und Mut machende Geschichten über schon existierende oder bald mögliche Praktiken der Transformation. Die Erwartung ist nun, dass sich die großen Emittenten nächstes Jahr im Dezember dazu bekennen, ihre Ziele für die eigene Emissionsminderung und für die Unterstützung ärmerer Länder auch im Hinblick auf die Ziele der Agenda 2030 zu erhöhen.

Beim *Rule-Book*, der Ausgestaltung der Umsetzungsregeln des Paris-Abkommens, erreichte die COP 23 nur die allernötigsten Fortschritte. Viele Schlüsselfragen bleiben für die Entscheidungen auf der COP 24 im polnischen Katowice im Dezember 2018 noch offen.

HL: Deutschland als Ausrichter, Fidschi als Gastgeber der COP 23. Frau Merkel betont, dass den Worten des Pariser Klimaabkommens nun auch Taten folgen müssten, um die festgelegten Klimaziele zu erreichen.

Aber wie will sie die Senkung der Emissionen bis 2020 erreichen, wenn sie weiter an der Verstromung von Braunkohle festhält und den Außenminister Briefe nach Brüssel schreiben lässt, mit denen dieser erfolgreich durchgesetzt hat, dass zum Schutz der deutschen Automobilindustrie weder eine E-Mobilitätsquote noch eine drastische Senkung der CO_2-Emissionen für die Autoflotten festgeschrieben wurde? Haben die den UNEP-Report nicht gelesen, oder nehmen sie diesen nicht ernst?

Die rund 225 Millionen Euro, die Frau Merkel für Klimaschutzmaßnahmen zugesagt hat, sind doch Peanuts im Vergleich zu den mehr als 50 Milliarden, mit denen fossile Industrien nach wie vor in Deutschland subventioniert werden.

KM: Deutschland war ein umsichtiger und guter Gastgeber für die Klimakonferenz und kooperierte hervorragend mit der Präsidentschaft des sehr verwundbaren kleinen Inselstaats Fidschi, wie viele Beobachter feststellten. Mit der COP 23 im eigenen Land geriet die Bundesregierung durch die legitimen Forderungen der Entwicklungsländer zu den Verpflichtungen der Industriestaaten für die Zeit vor 2020 und zu mehr Klarheit über die zukünftig an sie zu zahlende Klimafinanzierung unter großen Druck.

Ganz klar für die internationalen Verhandlungen ist: 2018 braucht entschlossene Entscheidungen zum Kohleausstieg, es braucht Entscheidungen zur Finanzierung erneuerbarer statt fossiler Energien, Entscheidungen zu Anpassungsmaßnahmen und zum Schutz der bereits vom Klimawandel betroffenen Menschen und Staaten. Ein neues System geteilten Leaderships in der internationalen Klimapolitik muss sich 2018 weiterentwickeln und bewähren. Deutschland kann und sollte dabei eine Rolle spielen – aber das erfordert endlich die ernsthafte Umsetzung eingegangener internationaler Verpflichtungen im eigenen Land. Die Widersprüche hierzulande sind deutlich sichtbar. Deutschland als ambitionierter Vorreiter im Klimaschutz ist Vergangenheit. Die Braunkohle ist dabei der größte Glaubwürdigkeitsmakel. Doch auch die nicht vorhandene Bereitschaft zu einer klimafreundlicheren Mobilitätswende oder gar zu einer entsprechenden Ernährungs- und Agrarwende ist hier massiv zu kritisieren.

HL: Zwei Zahlen sind uns dennoch positiv in Erinnerung geblieben: 51 und 18. 51 große deutsche Unternehmen und Verbände, darunter Germanwatch, haben eine Erklärung unterzeichnet, dass die nächste Bundesregierung Klimaschutz zur zentralen Aufgabe machen muss. Wie ist es zu dieser Erklärung gekommen, und welche konkreten Maßnahmen sollten daraus folgen?

KM: Hintergrund ist, dass immer mehr Unternehmen sich angesichts des Paris-Abkommens und der globalen Entwicklungsziele (Sustainable Development Goals, SDGs, auch Agenda 2030) der UN fragen: Was sind denn die tragfähigen Geschäftsmodelle für die Zukunft? Was müssen wir neu und anders machen?

Mit der 2-Grad-Stiftung von Unternehmern, dem Bundesdeutschen Arbeitskreis Umweltorientiertes Management (B.A.U.M), haben wir zur COP 23 eine konzertierte Aktion durchgeführt und ganz viele Unternehmen kontaktiert und für ein gemeinsames Statement um Stellungnahme gebeten. 51 Unternehmen haben wir gewonnen, und da waren in der Tat einige ganz große darunter, die man so überhaupt nicht mit Umwelt- oder Klimaschutz in Verbindung bringt.

◆ Erklärung von 51 Unternehmen und Verbänden

Eine breite Allianz von über 50 großen und mittelständischen Unternehmen sowie Unternehmensverbänden forderte die Parteien in den Sondierungsgesprächen nach der letzten Bundestagswahl auf, den Klimaschutz zur zentralen Aufgabe der künftigen Bundesregierung zu machen.

Zusammen bringen die Unternehmen über 450 000 Beschäftigte alleine in

Deutschland und einen globalen Umsatz von mehr als 350 Milliarden Euro (mehr als der Bundeshaushalt 2017) auf die Waage. Damit ist dies die größte und umfassendste Unternehmenserklärung für ambitionierten Klimaschutz, die in Deutschland je veröffentlicht wurde. Sie lehnt sich an ähnliche Äußerungen und Initiativen aus der Wirtschaft in jüngster Vergangenheit an.

In der Erklärung drängen die Unternehmen auf konkrete Maßnahmen für die Umsetzung des Klimaschutzplans. Dazu gehören ein Anheben der Ausschreibungsmengen für Ökostrom, Anreize für eine entschieden beschleunigte Gebäudesanierung und Vorfahrt für Stromnetze und -speicher. Die Unternehmen halten einen verlässlichen und sozialverträglichen Ausstiegspfad bei der Kohleverstromung für unverzichtbar und fordern einen investitionsrelevanten CO_2-Preis. Die neue Regierung solle zudem die Modernisierung von Steuern und Abgaben sowie die Beendigung fossiler Subventionen bis 2025 prüfen. Deutschland und die EU bräuchten jetzt einen konsequenten Einstieg in die Verkehrswende auf Schiene und Straße. Von der Bundesregierung erwarten die Unternehmen entschiedene und effiziente Maßnahmen, damit das Ziel, die Emissionen bis 2020 um 40 Prozent zu verringern, erreicht werden kann. Das Klimaziel für 2050 solle auf bis zu 95 Prozent Emissionssenkung angehoben werden. Den gesamten Text der Erklärung finden Sie auf der Website der Stiftung 2 Grad: www.stiftung2grad.de.

Die Unterzeichner der Erklärung sind:

adidas Group | AIDA Cruises | Alfred Ritter GmbH & Co. KG | Alba Group | ALDI SÜD | Alnatura | Baufritz | Bausparkasse Schwäbisch Hall | CEWE | DAIKIN Airconditioning Germany | Deutsche Börse | Deutsche ROCKWOOL | Deutsche Telekom | Deutsche Wohnen | elobau | EnBW | ENTEGA | E. ON | EPSON DEUTSCHLAND | EWE | Gegenbauer Holding | GLS Bank | Hermes Germany | HOCHTIEF | Interseroh | ista International | IWAN BUDNIKOWSKY | Lebensbaum | LR Facility Services | Max Bögl | Metro | Naturstrom | Nestlé Deutschland | Otto Group | Papier- und Kartonfabrik Varel | PUMA | SAP | Schneider Schreibgeräte | Schüco International KG | Siemens | Sparda-Bank München | Stadtwerke München | Stadtwerke Tübingen | Tchibo | Triodos Bank | Trianel | Verband Deutscher Verkehrsunternehmen e. V. (VDV) | Viebrockhaus | WALA | Wilkhahn | Zentralverband Elektrotechnik- und Elektronikindustrie e.V (ZVEI)

Schade nur, dass offenbar derzeit in der Regierung niemand die Weitsicht besitzt, dass gut gemachte Klimapolitik ein Motor für die Wirtschaft sein kann. Dazu würde auch gehören, ein europäisches investitionsrelevantes CO_2-Preissignal zu setzen.

HL: Die 18. 18 Staaten verkündeten den Verzicht auf Kohleenergie. »Wir hoffen, dass unsere globale Allianz nächstes Jahr auf 50 Mitglieder angewachsen sein wird«, hat Großbritanniens Umweltministerin Claire Perry dazu in einem Interview gesagt. Welche konkreten Zahlen stecken hinter dieser Initiative? Und wenn Deutschland schon nicht bei den 18 Erstunterzeichnern ist, werden wir nächstes Jahr bei den von Claire Perry erhofften 50 sein?

KM: Die inzwischen 20 Länder der in Bonn in Erscheinung getretenen Anti-Kohle-Allianz (Powering Past Coal Alliance) verpflichten sich, in den nächsten Jahren oder spätestens 2030 vollständig aus der Kohleverstromung auszusteigen. In dieser von Großbritannien, Kanada und den Marschallinseln initiierten Allianz fehlt Deutschland. Die Bundesregierung muss hier Flagge zeigen. Sie muss sich intensiv auf die CO_2-Bepreisung auf allen Ebenen einlassen. Sie sollte – ähnlich der 2011 nach der Katastrophe von Fukushima eingesetzten Ethikkommission beim Atomausstieg – unverzüglich eine Kommission für einen ambitionierten und gleichzeitig sozial verträglichen Kohleausstieg auf den Weg bringen.

◆ Anti-Kohle-Allianz

Bis zum Juli 2018 sind 28 Staaten, drei US-Bundesstaaten und zahlreiche große Unternehmen der Anti-Kohle-Allianz (Powering Past Coal Alliance) beigetreten. Die Unterzeichner haben sich verpflichtet, bis spätestens 2030 vollständig auf die Kohleverstromung zu verzichten. Die teilnehmenden Länder und US-Bundesstaaten sind:

Angola
Äthiopien
Belgien
Costa Rica
Dänemark
El Salvador
Fidschi
Finnland
Frankreich
Großbritannien
Irland
Italien
Kanada
Lettland
Liechtenstein
Litauen
Luxemburg
Marshall Inseln
Mexiko
Neuseeland
Niederlande
Niue
Österreich
Portugal
Schweden
SchweizTuvalu
Vanuatu
US-Bundestaaten
Kalifornien, Oregon und Washington

HL: Wenn die Regierung sowohl beim Thema Energie als auch beim Thema Verkehr den Bremser spielt, weil eine mächtige Lobby vieles zu verhindern weiß, was können wir dann als Zivilgesellschaft dazu beitragen, die Klimawende zu beschleunigen?

KM: Ein Weg ist sicherlich die Entfachung von mehr Bewegung und Ambition, Mut zur Veränderung und Innovation für mehr transformatives Tun. Wichtig ist auch gerade der Aufbau von ungewöhnlichen Allianzen, wie wir ihn seit vielen Jahren als Germanwatch mit Erfolg beschreiten. Ein Beispiel: Mit unserer Germanwatch-nahen Stiftung, der Stiftung Zukunftsfähigkeit, haben wir mit Foundations 20 (F20) eine neue, internationale Stiftungsplattform für die Umsetzung der SDGs und des Pariser Abkommens auf die Beine gestellt.* Mit Foundations 20 wollen wir vor allem im G20-Kontext aktiv sein, denn nur, wenn die ganz großen wirtschaftsstarken und klimasündigen Staaten sich in die richtige Richtung bewegen, können wir die globalen Herausforderungen tatsächlich im Sinne der Ärmsten der Armen gestalten. In Hamburg, zum G20-Gipfel, ist diese Stiftungsplattform entstanden. Sie will sich nun beim G20-Gipfel in Argentinien, dann beim Gipfel in Japan und 2020 beim Gipfel in Saudi-Arabien einmischen und dazu zunächst mindestens drei Jahre weiterwirken. Stiftungen können als »Teil der Lösung« zur Umsetzung der UN-Agenda 2030 und der Klimabeschlüsse von Paris erheblich beitragen. Sie können gleichzeitig mithelfen, die Freiräume für die Zivilgesellschaft in der Welt zu erhalten.

HL: Was hielten Sie von Montagsdemonstrationen fürs Klima? Montagsdemonstrationen haben schon mal eine reale Mauer zu Fall gebracht, vielleicht würden sie helfen, Mauern im Kopf mancher Politiker niederzureißen?

KM: Nachhaltigkeits-Montagsdemos – oder wie man das immer in Abgrenzung nennen sollte; oder eben Flagge für mehr Nachhaltigkeit und mehr Ambition im Klimaschutz –, das ist eine interessante Idee. Vielleicht sollte man das gleich mit der Europäischen Dimension verknüpfen und in vielen europäischen Ländern stattfinden lassen, ganz im Sinne der Sonntagsdemos *Pulse of Europe*.

---

* Mehr über die Stiftung und die Stiftungsplattform unter www.stiftungzukunft.org und www.foundations-20.org.

Der französische Präsident Macron wartet auf mehr gemeinsame deutsch-französische Initiativen und eine Antwort auf seine vielfältigen Angebote. Die Umsetzung der Agenda 2030 mit den SDGs und die Klima- und Nachhaltigkeitspolitik können und müssen eine neue, positive Identität für und in Europa stiften.

HL: Ein wunderbares Beispiel für eine aktive Zivilgesellschaft ist die Klage des peruanischen Bauern Saúl Luciano Lliuya gegen RWE. Sie unterstützen ihn. Was gibt es da zu berichten?

KM: Großemittenten von Treibhausgasen wie RWE können grundsätzlich für Schutzmaßnahmen gegen Klimaschäden verantwortlich gemacht werden. Das bestätigte das Oberlandesgericht Hamm am 30. November 2017 – wenige Tage nach der COP 23 – im Fall »Saúl Luciano Lliuya gegen RWE« mit der Verkündung der Entscheidung, in die Beweisaufnahme zu gehen. Die Richter des Oberlandesgerichts Hamm haben schon in der mündlichen Verhandlung am 13. November klar zu erkennen gegeben, dass große Emittenten wie RWE grundsätzlich verpflichtet sind, von Klimaschäden betroffene Menschen in ärmeren Ländern zu unterstützen.

Saúl Luciano Lliuya hat mit dieser Gerichtsentscheidung im Kampf für Klimagerechtigkeit für sich und seine Mitmenschen in der Andenstadt Huaraz zwar schon einen wichtigen Etappensieg errungen, aber die konkrete Klage noch nicht gewonnen. Mit dem Einstieg in die Beweisaufnahme wurde immerhin ein Stück Rechtsgeschichte geschrieben, das nicht nur in Deutschland, sondern auch weltweit von größter rechtlicher Bedeutung ist. Denn erstmals hat ein Gericht bejaht, dass ein privates Unternehmen für seine Mitverursachung von klimabedingten Schäden verantwortlich ist. Dies gilt, sofern ein Anteil konkreter Schäden oder Risiken für das Eigentum einer Privatperson den Aktivitäten eines Unternehmens zugeordnet werden kann.

Saúl Luciano Lliuya ist froh über diesen ersten Erfolg. Nicht nur für sich und seine Familie, sondern für alle Menschen in Huaraz und anderen Teilen der Welt, wo Klimarisiken drohen. Mit dem eindeutigen Votum des Oberlandesgerichts Hamm gibt es für diese Menschen nun die reale Hoffnung, dass Unternehmen wie RWE, die erheblich zum Klimawandel beigetragen haben, Verantwortung übernehmen und zu Schutzmaßnahmen beitragen müssen.

Nachdem die rechtliche Begründung für diesen Fall vom Gericht akzeptiert ist, geht es in der nächsten Etappe des Falls – der wissenschaftlichen Beweisaufnahme – darum, die konkreten Klagepunkte vor Gericht zu belegen: Ist das Haus von Saúl Luciano Lliuya tatsächlich akut bedroht durch eine Gletscherflut? Betragen die historischen Emissionen von RWE tatsächlich etwa ein halbes Prozent der globalen Emissionen seit Beginn der Industrialisierung? Und kann bewiesen werden, dass dieser Anteil an den Emissionen zum Risiko einer Überflutung beigetragen hat? Die Klärung dieser und weiterer Fragen wird für den erfolgreichen Verlauf der Verhandlung eine entscheidende Rolle spielen.

Germanwatch berät Saúl Luciano Lliuya mit seiner langjährigen Klimaexpertise von Anfang an. Für die bei dieser Musterklage anfallenden Gerichts-, Anwalts- und Gutachtenkosten aufzukommen, hat sich die Germanwatch-nahe Stiftung Zukunftsfähigkeit bereit erklärt. So hat das Gericht mit dem Eintritt in die Beweisaufnahme Saúl Luciano Lliuya dazu aufgefordert, bis zum 2. März 2018 einen Vorschuss von 20 000 Euro an die Justiz zu zahlen. Eine Summe, die er selbstverständlich nicht alleine tragen könnte.*

HL: Herr Milke, vielen Dank und weiterhin viel Erfolg.

Inzwischen steht fest, dass die Bundesregierung sich von den Klimazielen 2020, eine Senkung der CO_2-Emissionen um 40 Prozent im Vergleich zu 1990 zu erreichen, verabschiedet hat und eine konkrete Stärkung des europäischen Emissionshandels nicht in Aussicht stellt.

Das ist sie wieder, die Angst vor Veränderung. Und dass der Klimaschutz ein solches Schattendasein führt, ist nicht alleine die Schuld der Politiker, wir Verbraucher wollen auch nicht unbedingt unser Leben zu sehr verändern, sonst müssten wir ja gleich auf unsere Flugreise an den Strand, auf unseren PS-Liebling und unser Grillfleisch im Sonderangebot verzichten.

So oder so, die klare Verabschiedung von den nationalen Klimazielen 2020 ist international ein mehr als schlechtes Signal für alle und für das Klima!

---

* Mehr über die Klage des peruanischen Bauern Saúl Luciano Lliuya gegen RWE erfahren Sie unter: www.stiftungzukunft.org.

15 Strom aus der Wüste

Das Ziel, das wir nach wie vor und zeitnah erreichen wollen, ja müssen, ist Energiegewinnung ohne Emission von Treibhausgasen. Die folgenden Zahlen sprechen erst einmal deutlich gegen die Erreichung dieses Ziels in naher Zukunft: Die Bundesrepublik Deutschland hat laut BMU, das ist das Bundesministerium für Umwelt, Naturschutz und nukleare Sicherheit, im Jahr 2016 mehr als 52 Milliarden Euro an Subventionen für umweltschädliche Energieträger geleistet. Wenn Sie glauben, das sei viel, hier die Gesamtsumme der weltweiten Subventionen für fossile Energien: Die betrug laut Internationalem Währungsfonds (IWF) im Jahr 2016 5,3 Billionen Dollar, das sind 10 Millionen Dollar jede Minute oder 14,5 Milliarden an jedem einzelnen Tag im Jahr.

Sie sind schockiert? Nun, die Experten des IWF waren es auch. Denn diese 5,3 Billionen Dollar Subventionen für fossile Energieträger machen mehr als sechs Prozent des weltweiten Bruttoinlandsprodukts aus. Das heißt, für die Subvention von Kohle, Öl und Gas wird weltweit mehr ausgegeben als zum Beispiel für den Gesundheitssektor. Weiterhin kommt der IWF zu dem Ergebnis, dass die weltweiten Treibhausgasemissionen um 17 Prozent fallen würden, würden die Subventionen eingestellt.

Die Internationale Energieagentur (IEA), die im Gegensatz zum IWF nur die direkten Subventionen für Kohle, Öl und Gas kalkuliert hat, kommt auf eine Summe von 523 Milliarden US-Dollar. Das ist laut IEA immer noch sechsmal so viel, wie im gleichen Zeitraum für die Förderung erneuerbarer Energien ausgegeben wurde.

Warum erzählen wir Ihnen das alles? Wir wollten uns doch in diesem Buch auf Lösungsvorschläge konzentrieren! Nun, der Mann, mit dem wir gesprochen haben, Dr. Franz Trieb, hat eine Lösung. Und die würde im Vergleich zu den Zahlen, die eben genannt wurden, nur ganze 30 Milliarden Euro kosten. Das Beste an seinem Vorschlag ist, es gibt keine Folgekosten, wie zum Beispiel bei Kernkraftwerken, und er ist ökologisch wie sozial verträglich, die CO_2-Emissionen sind gleich null.

Dr. Franz Trieb vom Deutschen Zentrum für Luft- und Raumfahrt © Dr. Franz Trieb

Dr. Franz Trieb arbeitet in der Abteilung Systemanalyse und Technikbewertung am Institut für Technische Thermodynamik des Deutschen Zentrums für Luft- und Raumfahrt (DLR). Und sein Fachgebiet und damit auch seine Lösung ist: regelbarer Solarstrom aus der Wüste.

Harald Lesch: Die Stimmung ist gut, die Sonne scheint. Besseres Wetter können wir uns eigentlich für unser Gespräch gar nicht wünschen. Wir werden über Solar-Electricity-Pipelines sprechen, also über ein System, das dafür sorgen soll, dass die Elektrizität von A nach B kommt. Das ist ja etwas, das uns durchaus bekannt ist in Deutschland: Wir haben ein Kraftwerk oder einen Windradpark, und die Leistung, die da freigesetzt wird, sie muss über Leitungen dahin gebracht werden, wo sie gebraucht wird. Aber bei dem Projekt des DLR handelt es sich um etwas Besonderes, um regelbaren Solarstrom, der von Nordafrika nach Europa geleitet werden soll. Was ist das für ein Konzept, Dr. Trieb?
Franz Trieb: Es ist ja so, dass die herkömmlichen Kraftwerke, die bei uns laufen und Strom produzieren, den Brennstoff für die Stromerzeugung von weit her holen. Die Brennstoffe sind Kohle oder Erdgas. Das Erdgas kommt zum Beispiel per Pipeline über eine Strecke von mehreren Tausend Kilometern aus Russland. Bei unserem Projekt geht es darum, Strom zu transportieren, der aus Sonnenenergie gewonnen wird. Sonnenenergie in einer Verfügbarkeit, mit der man genauso sicher Strom erzeugen kann wie aus einem Kohlekraftwerk, ist hier bei uns nicht zu finden, sondern in der Sahara, zwei- bis dreitausend Kilometer entfernt. Da scheint die Sonne praktisch jeden Tag. Und mit einem

Solarthermischen Kraftwerk mit Eintagesspeicher kann man eine Verfügbarkeit von 7000 bis 7500 Stunden im Jahr erreichen. Das entspricht etwa der Leistung eines Kernkraftwerks.

Solarthermische Dampfkraftwerke mit Wärmespeicher in Nordafrika können ihre Leistung flexibel dem aktuellen Strombedarf anpassen. Wenn sie per Hochspannungs-Gleichstrom-Übertragung (HGÜ) direkt mit europäischen Ballungszentren verbunden werden, können sie konventionelle Kraftwerke, deren Brennstoffverbrauch (Erdgas, Kohle und Kernenergie) und deren Beitrag zur Netzstabilisierung und zur flexiblen Lastdeckung, vollständig ersetzen und damit fluktuierende erneuerbare Stromerzeugung hierzulande ideal ergänzen. Der Mehrwert für Europa, die Herausforderungen und auch die Lösungsstrategien solcher interkontinentaler Infrastrukturen entsprechen denen von Öl- und Gaspipelines. Aus dieser Analogie heraus bezeichnen wir das Konzept als »Solar Electricity Pipelines« (SEP).

Solar-Electricity-Pipelines im Vergleich zu Erdgas-Pipelines © DLR

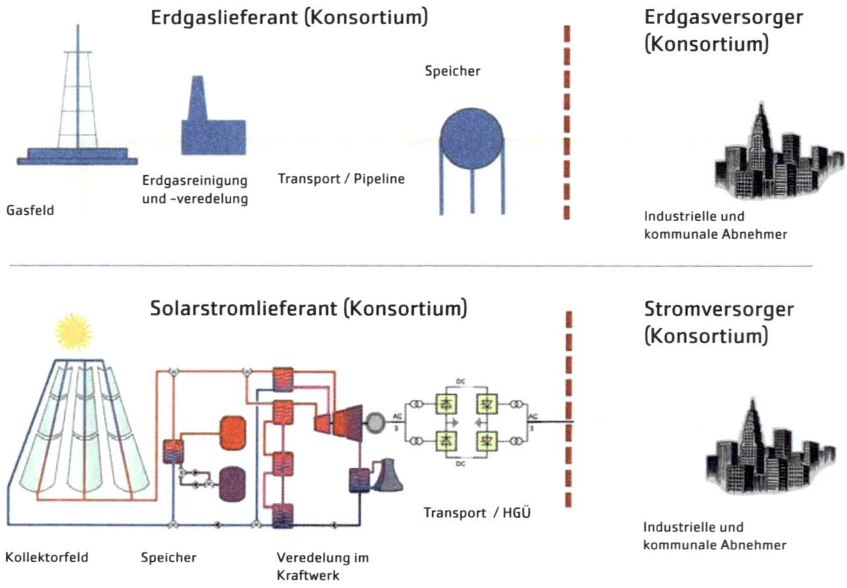

Allerdings bestehen auch große Unterschiede zu herkömmlichen Öl- oder Gaspipelines. Erstens werden nicht Millionen Tonnen Material, sondern lediglich Elektronen über große Entfernungen transportiert, und zweitens werden in Nordafrika keine begrenzten Lagerstätten ausgebeutet, die dadurch späteren Generationen verloren gehen, sondern es wird eine erneuerbare Energiequelle erschlossen und nutzbar gemacht, die das gesamte Energieversorgungsportfolio Europas und Nordafrikas ergänzt und erweitert.

HL: Welche Leistung hätte so eine Anlage?

FT: Ein Modul wäre so um die 100 Megawatt. Man kann natürlich viele Module bis zu mehreren Gigawatt Leistung aus kleineren Einzelmodulen zusammensetzen.

HL: Das entspricht dann ungefähr der Leistung eines Kernkraftwerkes. Es gab ja schon mal die Idee, solarthermische Anlagen in der Wüste zu bauen, das sogenannte Desertec-Projekt. Die Größe, so hieß es, müsse 60 Kilometer mal 60 Kilometer betragen, die benötige man zum Beispiel für den deutschen Stromverbrauch. Ist das hier ähnlich?

FT: Desertec, das war eine Vision. Wir sprechen hier über ein konkretes Projekt, das, wenn man mal genau hinschaut, im Grunde auf allen Kontinenten bereits existiert: ein Kraftwerk, das eine erneuerbare Quelle nutzt und regelbaren, erneuerbaren Strom in ein entferntes Ballungszentrum transportiert.

HL: Das ist ja ganz wichtig: regelbar!

FT: Genau, das ist das Schlüsselwort: regelbar, also nach Bedarf. Nicht wenn die Sonne scheint, nicht wenn der Wind weht, sondern wenn ich den Strom brauche, dann kommt genau die Leistung, die ich gern hätte.

Quellen, die eine solche Qualität liefern, sind oft weit entfernt von Ballungszentren. Sie liegen zum Beispiel in Wüsten. Da wohnen wenige Menschen. Oder es sind regenreiche Bergregionen, da kann man Wasserkraft ernten, aber da wohnen auch nur wenige Menschen. Windige Küsten, windige Steppen, da kann man Windenergie ernten. Aber auch da ist die Bevölkerungsdichte gering.

Deswegen hat die Menschheit schon immer lange Leitungen gebaut, um ein erneuerbares Kraftwerk da einzusetzen, wo die Quelle sehr ergiebig und verfügbar ist, und den Strom dann in ein entferntes Ballungszentrum zu bringen. Beispiele sind riesige Wasserkraftwerke in

China, in Brasilien, in Afrika oder auf den Philippinen, da wird auch durch Geothermie gewonnener Strom übertragen.
HL: Bei Ihrem Projekt geht es aber um große Leistungen, die dann transportiert werden müssen.
FT: Ja, wir reden hier von großen Leistungen, großen Energiemengen.
HL: Das ist nicht das, was wir in Mitteleuropa üblicherweise verwenden, Leitungen mit 380 000 Volt Wechselspannung, da geht es um ganz andere Anlagen.
FT: Wir sprechen hier von 600 000 Volt Gleichspannung. Die Gleichspannungstechnologie, die HGÜ, die Hochspannungs-Gleichstrom-Übertragung, hat auf große Entfernungen viel geringere Verluste. Wir reden bei 3000 Kilometern von zehn bis zwölf Prozent Verlust.
HL: In der Sahara scheint die Sonne, und sie scheint regelmäßig. Damit hätte man eine regelbare Energiequelle. Solarthermie bedeutet ja im Gegensatz zu Fotovoltaikanlagen, man hat Spiegel, die das Licht auf ein Rohr fokussieren, in dem eine Flüssigkeit, meistens Öl, durch das gesammelte Licht aufgeheizt wird. Das heiße Öl geht an einen Wärmetauscher, die Anlage presst den entstandenen Wasserdampf über eine Turbine, und dann produziert man damit Strom.
FT: Genau, man produziert Strom über eine Dampfturbine, wie in einem Kohlekraftwerk. Das Gute daran ist, die Wärme aus diesem Öl kann zwischengespeichert werden, einfach in einem großen heißen Topf. Den heizen Sie tagsüber auf, wenn Sie Überschusswärme produzieren. Nachts können Sie diesen Topf abkühlen und damit immer noch Solarelektrizität erzeugen, eben nach Bedarf. Der Unterschied zur Fotovoltaik ist, dass diese entsprechend ihrer installierten Leistung Strom erzeugt.
HL: Ja, unmittelbar, sofort.
FT: Und das 2000 Stunden im Jahr, in der Wüste. Bei uns sind es etwa 1000 Stunden im Jahr. In der Sahara sind es doppelt so viele, aber eben nur 2000 Stunden im Jahr. Wenn Sie jetzt diese Leistung über eine HGÜ-Leitung zu uns bringen wollten, wäre auch die nur 2000 Stunden im Jahr ausgelastet. Das sind die Möglichkeiten der Fotovoltaik. Durch den Tag- und Nachtbetrieb eines solarthermischen Kraftwerks können Sie bis zu 7000 Stunden erreichen und damit die HGÜ-Leitung wesentlich besser auslasten.

HL: Wenn man diese einzelnen Argumente hört, fragt man sich doch: Warum haben wir das nicht schon längst? Die Vorteile liegen ja auf der Hand. Welche technischen Herausforderungen gibt es denn, wenn man so eine Anlage jetzt tatsächlich in die Wüste bauen will? Und was macht so eine Anlage mit der Wüste?
FT: Das ist ein guter Punkt. Erstens mal spendet sie Schatten. Da stehen viele Spiegel. Unter den Spiegeln entsteht Schatten. Das ist ein Pluspunkt. Weil Schatten in der Wüste wirklich etwas wert ist. Dann muss man diese Spiegel putzen. Da braucht man Wasser. Das ist erst einmal eine Herausforderung, weil in der Wüste kein Wasser ist. Das für die Belegschaft und den Betrieb der Kraftwerke notwendige Trinkwasser muss deshalb per Pipeline herangeschafft werden. Weil das die Wasserversorgung des Landes nicht belasten darf, muss das Kraftwerk einen Teil seiner Energie für die Meerwasserentsalzung und den Transport des Trinkwassers von der Küste zum jeweiligen Standort reservieren.

Da der direkte Wasserbedarf des Kraftwerks deutlich geringer ist als der, der den Bau einer Entsalzungsanlage mit Pipeline rechtfertigen würde, werden umliegende Kommunen und die lokale Land- und Forstwirtschaft gleich mitversorgt. Sie können also davon profitieren.

Wenn aber Wasser da ist, dann tropft es von den Spiegeln runter. Und unter den Spiegeln fängt dann irgendetwas an zu wachsen, zum Beispiel Gras. Da kann man dann Schafe weiden lassen. Das wäre jetzt meine Sicht der Dinge, dieses Land, das ja von den Kollektoren praktisch belegt ist, zusätzlich für Weidewirtschaft zu nutzen.
HL: Man könnte nun einwenden, mein Gott, jetzt kommen die Europäer, bauen denen die Kraftwerke in die Wüste und wollen den ganzen Strom haben. Aber es wäre doch für die Menschen, die dort leben, durchaus von großem Vorteil, solche Kraftwerke vor Ort zu haben.
FT: Es ist ja nicht so, dass wir ihren Strom haben wollen. Marokko hat Strom. Der Strom, den wir einkaufen, wäre ein Exportprodukt. Auch das Kraftwerk wäre speziell für den Export gebaut. Es wäre zusätzlich zu den Kraftwerken, die für Marokko gebaut werden. Das muss so sein; das ist auch laut marokkanischem Gesetz vorgeschrieben. Wir nehmen dort also niemandem Strom weg. Die einzige Möglichkeit, den Marokkanern etwas wegzunehmen, wäre, dort nichts zu bauen.
HL: Genau, die ist nämlich da, die Sonnenenergie.

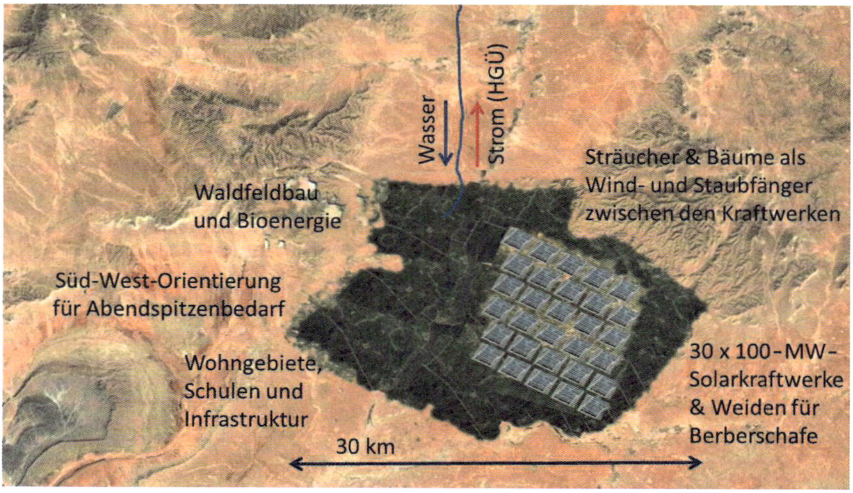

So könnte eine Oase aussehen, die sich um solarthermische Kraftwerke in Nordafrika, die Strom in eine Solar-Electricity-Pipeline speisen, herum entwickelt. © DLR

FT: Sie nicht zu nutzen, wäre die einzige Möglichkeit, den Marokkanern diese Option vorzuenthalten. Wenn ein Solarthermiekraftwerk für den Export im Gigawatt-Maßstab gebaut würde, hätten Tausende Menschen vor Ort Arbeit. Die brauchen natürlich Wasser. Das Putzen der Spiegel braucht, wie schon besprochen, auch Wasser. Das zusammen sind jedoch keine Mengen, die es lohnend machen würden, eine Entsalzungsanlage ans Meer zu bauen und das Wasser zum Kraftwerk zu pumpen. Eine wirtschaftlich arbeitende Entsalzungsanlage wird viel Meerwasser entsalzen. Man hat also einen riesigen Wasserüberschuss. Damit kann man eine Oase schaffen – nicht nur unter dem Solarfeld, sondern auch außen herum. Da kann man Bäume pflanzen, da kann man Agroforstwirtschaft betreiben. Die Bäume sollten idealerweise so gepflanzt werden, dass die Kollektoren geschützt sind.

Ein Problem in der Wüste ist nämlich der Wind. Eine Umzäunung mit Bäumen und Büschen würde den Wind einigermaßen abhalten und zu weniger Spiegelbruch führen. Das wiederum würde die Betriebskosten reduzieren, und vor allem würden Land- und Forstwirtschaft der Bevölkerung viele neue Möglichkeiten schaffen. Da ergeben sich tatsächlich sehr schöne, innovative Möglichkeiten, moderne Technologien mit traditioneller, lokaler Wirtschaft in Einklang zu bringen. Und mit der Biomasse könnte man auch dann Dampf erzeugen, wenn wirklich mal ein paar Tage keine Sonne scheint.

HL: Das heißt, auf der Seite der Produzenten gibt es eine ganze Menge von Vorteilen. Wir nutzen einen Teil der Erde sinnvoll, der ansonsten ja so gut wie nicht genutzt wird. Allerdings gibt es das Problem, dass diese Riesenmengen an elektrischer Leistung nach Europa gebracht werden müssen.

FT: Genau.

HL: Wir brauchen also HGÜ-Leitungen zwischen Marokko und Europa. Da liegen ja ein paar Kilometer Meer dazwischen. Wir brauchen also Seekabel.

FT: Deswegen nutzen wir auch die HGÜ-Technologie, weil man durchs

Mögliche Solar-Electricity-Pipelines (SEP), die regelbaren Strom aus solarthermischen Kraftwerken in Nordafrika in europäische Ballungszentren bringen und dort ins konventionelle Stromnetz einspeisen könnten © DLR

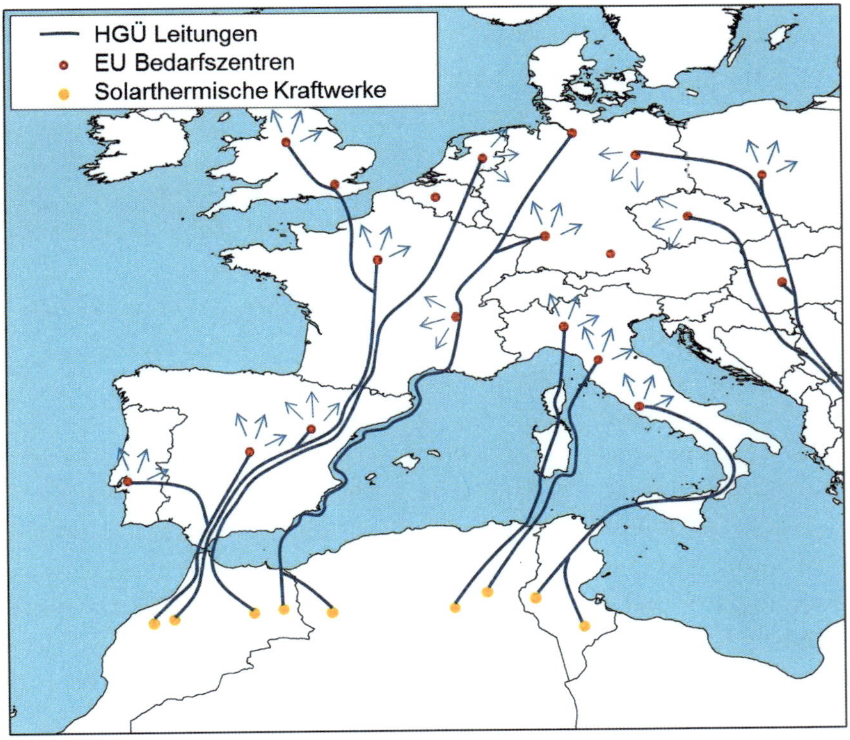

Die Solarthermiekraftwerke PS 10 und PS 20 (Planta Solar) bei Sevilla produzieren seit 2007 und 2009 bereits Strom aus Sonnenenergie.

Mittelmeer muss. Die Leitung bezeichnen wir, wie gesagt, als Solar-Electricity-Pipeline, da sie im Grunde einem Pipeline-Projekt entspricht. So wie das Erdgas aus Russland per Pipeline zu uns kommt, so käme regelbarer Solarstrom per elektrischer Pipeline von der Quelle, die weit entfernt ist, zu uns nach Deutschland und dort in die Ballungszentren.

2022 wird zum Beispiel Block II des Kernkraftwerks Neckarwestheim abgeschaltet. Eine Leitung mit genau derselben Leistung wird angeflanscht, und dann läuft das Ding so weiter, aber mit Solarstrom. Der Vorteil ist, wir erzeugen hier keine großen Schwankungen im Stromnetz, sondern wir können sogar Schwankungen aus unserer heimischen Windkraft und Fotovoltaik ausbalancieren. Wenn mittags hier in Deutschland die Fotovoltaik Strom produziert, liefern die Leitungen aus Marokko weniger. Dafür bringen sie in den Abendstunden mehr Strom, wenn die Fotovoltaik hier vor Ort nichts mehr produziert.

HL: Ihr könnt sofort nachlegen?

FT: Ja, das ist dann ein ganz normales Dampfkraftwerk.

HL: Genauso schnell?

FT: Ja, es hat sogar den Vorteil, dass es ein Dampfkraftwerk ist, das man im Stand-by fahren kann, ohne dabei Brennstoff zu verbrauchen. Wenn man ein Kohlekraftwerk im Stand-by fährt, dann verbraucht es Brennstoff, leistet aber nichts. Das Solarthermiekraftwerk leert seinen Speicher langsam. Und am nächsten Tag ist er wieder voll. Also das ideale Stand-by-Kraftwerk.

HL: Die HGÜ-Leistung kommt bei uns an und wird in Wandlern zu Wechselspannung?

FT: Genau. Das Kraftwerk produziert Wechselstrom. Der wird gleichgerichtet, auf 600 000 Volt hochtransformiert, dann kommt er in die Leitungen, hinten kommt er wieder raus, wird erneut in Wechselstrom umgewandelt und dann auf die Leistung runtertransformiert, die man braucht, um sie bei uns ins Netz einzuspeisen.
HL: Ich finde die einzelnen Argumente schon mal sehr stichhaltig. In der Kombination sind sie sozusagen exponentiell überzeugend. Aber was für Nachteile gäbe es denn?
FT: Eigentlich keine, und das ist zugleich der größte Nachteil. Was ich in den letzten zehn Jahren am meisten gehört habe war: »too good to be true«, »zu gut, um wahr zu sein«. Ehrlich! Und damit war die Diskussion durch. Verstehen Sie?

HL: Wie reagiert die europäische Energiewirtschaft auf solche Kraftwerke, die ja grundlastfähig sind, die durchgängig Strom anbieten, die schnell regelbar sind? Ist das eine Konfrontation mit dem, was jetzt da ist, also mit dem Status quo?
FT: Nein, in Spanien stehen diese Kraftwerke schon. Aber die schaffen dort maximal 5500 Volllaststunden. Im Winter geht die Leistung in Spanien eben auch runter. Wenn man das gleiche Kraftwerk jetzt ein paar Hundert Kilometer südlich nach Marokko stellen würde, hätte es plötzlich 7500 Volllaststunden.
HL: Man hat also auch Erfahrung mit diesen Technologien, es ist alles bereits vorhanden.
FT: Wir haben 2015 weltweit Solarthermiekraftwerke mit rund 5000 Megawatt installiert. 2005 waren es 5000 Megawatt Fotovoltaik. Die Technologie der Solarthermie ist heute bei 5000 Megawatt kostengünstiger, als es die Fotovoltaik damals bei gleicher Leistung war. Und die Solarthermie liefert regelbaren Strom und nicht nur dann Strom, wenn die Sonne scheint. Da gibt es massive Unterschiede. Aber die Solarthermie ist eben erst bei 5000 Megawatt installierter Leistung. Das ist am Anfang dessen, was wir Lernkurve nennen. Die Technologie muss durch den zügigen Ausbau noch billiger werden, ebenso wie die Fotovoltaik das auch getan hat.
HL: Es gibt eine ganze Reihe von sogenannten kritischen Argumenten, über die müssen wir natürlich reden. Die erste Frage ist, sind solche HGÜ-Stromtrassen machbar und bezahlbar?
FT: Ja, die gibt es ja seit 50 Jahren fast überall auf der Welt. Auf fast allen Kontinenten gibt es HGÜ-Leitungen, und ein großer Teil dieser Leitungen dient tatsächlich dazu, regelbaren, erneuerbaren Strom aus der Ferne in ein Ballungszentrum zu bringen. Das sind bisher im Wesentlichen Wasserkraftwerke in Brasilien, in Afrika, in China oder auch Geothermiestrom auf den Philippinen. Dort wird der Strom mit HGÜ-Leitungen von einer auf die andere Insel geschafft. Auf der einen Insel steht das Geothermiekraftwerk, auf der anderen Insel ist der Bedarf. Das macht man mit HGÜ, das ist Stand der Technik. Und das wird seit 50 Jahren überall auf der Welt gemacht, nur nicht in Europa. Es gibt zwar HGÜ in Europa, aber nicht zu dem Zweck, Strom einer erneuer- und regelbaren Quelle in ein Ballungszentrum zu bringen.

HL: Man hat also Erfahrungen mit dieser Technik.
FT: HGÜ ist ein alter Hut. Diese Anlagen laufen überall auf der Welt, und sie laufen weitgehend problemlos. Sie stützen sogar die Infrastruktur und den Netzbetrieb. Sie holen sich mit HGÜ ein Kraftwerk aus der Entfernung an Ihren Standort. Ich sage immer etwas flapsig, es ist ein ganz normales Kraftwerk, nur die Leitung zwischen Trafo und Anschlusspunkt, die ist ein bisschen länger als normal, nämlich zweieinhalbtausend Kilometer, aber sonst ist es dasselbe.
HL: Ein typisches Argument der Kritiker ist auch, dass wir Europäer uns mit Solarimporten aus der Wüste von instabilen Staaten abhängig machen.
FT: Das ist ein Argument, das eigentlich keines ist. Das kam auch im Zusammenhang mit Desertec auf. Damals lag das OECD-Risikorating von Marokko bei drei, das ist der mittlere Bereich. Russland lag damals, vor zehn Jahren, auch bei drei. Aus Russland bekommen wir ja einen großen Teil unseres Erdgases. Aber Marokko wollte man nicht haben, weil das unsere Abhängigkeit vergrößern würde. Wir hätten jedoch unser Risiko dadurch reduziert, dass wir statt einem Versorger zwei haben. Das ist eine ganz einfache Rechnung. Unser Risiko sinkt, wenn wir unsere Versorgung diversifizieren.
HL: Und für ein Land wie Marokko ist die Sonnenenergie eine Geldquelle.
FT: Der Strom aus Sonnenenergie ist ein Exportartikel, der Devisen bringt. Die Marokkaner bewerkstelligen schon heute ihre eigene Versorgung mustergültig mit Erneuerbaren, die haben Windenergie, Fotovoltaik und solarthermische Kraftwerke. Diese wollen sie weiter ausbauen. Das ist alles schon geplant. Die machen da alles richtig. Wir brauchen uns nicht darum kümmern, das machen die Marokkaner selbst.
HL: Die Marokkaner machen uns vor, wie man einen Plan haben und diesen umsetzen kann.
FT: Die haben natürlich auch tolle Quellen: Wind und Sonne und eine Menge Platz. Damit haben sie es schon leichter als wir, das muss man neidlos sagen.
HL: Ein weiteres Argument der Kritiker ist, wir hätten mehr als genug erneuerbare Energiequellen in Europa.
FT: Das stimmt, die haben wir auch. Wir könnten mehr Strom mit Wind,

Fotovoltaik, Wasserkraft und anderen erneuerbaren Quellen produzieren, als wir verbrauchen, auch in absehbarer Zukunft. Dieser Strom steht aber nur zur Verfügung, wenn der Wind weht und wenn die Sonne scheint, und das geschieht nicht unbedingt zur selben Zeit, zu der wir viel Strom brauchen.

HL: Stichwort Regelbarkeit.

FT: Genau. Deswegen wären Importe, zum Beispiel aus Marokko, eine gute Ergänzung zu unseren heimischen Quellen. Sie ersetzen sie auch nicht, sondern sie ergänzen sie, indem sie die Lücken, die Wind und Fotovoltaik noch übrig lassen, gezielt füllen und nicht selber Schwankungen produzieren. Man hat eben keinen Mittags-Peak, weil mittags die Sonne scheint, sondern man kann mit Solarthermie und HGÜ vorrangig auch abends, wenn die Fotovoltaik bei uns langsam nachlässt, Strom erzeugen und liefern. Das ist genau der Mehrwert, den wir importieren können. Das ist eine erneuerbare Energiequelle, die wir selbst nicht haben, die wir aber aus der Ferne nutzen können.

HL: Interessant ist in diesem Zusammenhang ja auch die Stabilität. Auf

Am Ende des Ausbaus wird das Solarthermiekraftwerk Noor 1,2 Millionen Marokkaner mit Strom versorgen. Der Standort in der Nähe von Ouarzazate im Süden Marokkos wurde auch deshalb gewählt, weil die jährliche Sonneneinstrahlung bei 2635 kWh/m² liegt, einem der höchsten Werte weltweit. Die Sonne scheint hier, von ganz wenigen Ausnahmen abgesehen, 365 Tage pro Jahr. Mit dem Bau der Anlage wurde im Mai 2013 begonnen. © MASEN – Moroccan Agency for Solar Energy

der einen Seite für die Verbraucher in Europa, auf der anderen Seite und vor allem aber für die Anbieter, die Produzenten zum Beispiel in Marokko. Eine solche Anlage ist eine stabile Geldquelle für das Land. Und damit wachsen die Lebensqualität, die politische und soziale Stabilität in diesem Land. Solarthermie als stabilisierender Faktor.

FT: Deswegen baut Marokko selbst auch diese Kraftwerke für die Deckung des Eigenbedarfs, zum Beispiel ein Spitzenlastkraftwerk. Das deckt Lastspitzen ab, die man vorher mit Gasturbinen, die mit Diesel befeuert wurden, abdeckte. Diese Kraftwerke waren mit hohem Umweltimpact und hohen Kosten verbunden, die fallen durch das Solarkraftwerk jetzt weg.

HL: Ich habe schon die ganze Zeit die Frage im Hinterkopf, warum, bitte schön, haben wir nicht längst solche Anlagen? Warum geht man da nicht ran? Ist das zu visionär? Oder zu teuer? Was kostet so eine Anlage?

FT: Je nach Größe kann sie zwischen zehn und 30 Milliarden Euro kosten. Das sind unsere wissenschaftlichen Schätzungen, um zwischen einem Gigawatt Leistung – das entspricht in etwa einem Atomkraftwerk – und drei Gigawatt Leistung zu uns zu bringen. Drei Gigawatt sind übrigens die Obergrenze, denn es darf in Europa keine größeren Einheiten geben, weil die verfügbare Reservekapazität im Netz erfordert, dass drei Gigawatt ausfallen dürfen, mehr nicht. So etwas wie in China, da haben sie jetzt, glaube ich, acht oder sogar zehn Gigawatt, dürfen wir bei uns nicht bauen, muss aber auch nicht sein. Wir arbeiten mit

◆ Solarkocher

Rund drei Milliarden Menschen weltweit bereiten ihr Essen mit einfachsten Mitteln zu. Sie kochen mit Holz, Holzkohle, getrocknetem Kuhdung oder, was für die Gesundheit noch schädlicher ist, mit Kerosin. Die Befeuerung der einfachen Kochstellen setzt Ruß, Rauch und Feinstaub frei, der schon bei Kindern Atemwegserkrankungen verursacht. Nach Schätzungen der WHO sterben jährlich 3,5 Millionen Menschen durch die Luftverschmutzung der offenen Feuerstellen. Hinzu kommen die Schäden für Klima und Umwelt.

Eine gesunde, umweltfreundliche und kostengünstige Alternative sind Solarkocher. Ein einfacher Hohlspiegel bündelt die Sonnenstrahlen am Brennpunkt des Spiegels, wo ein meist dunkler Topf, zur besseren Absorbierung der Wärme, aufgehängt ist. Bohnen, Reis, Suppen oder Eintöpfe lassen sich so innerhalb von zwei Stunden garen, ganz ohne Luftverschmutzung, ohne Freisetzung von Atemgiften, ohne Verbrauch von Kerosin oder Holz.

Der Solarkocher funktioniert nach dem gleichen Prinzip wie das Solarthermiekraftwerk.

Solarkocher, die gesunde und umweltfreundliche Alternative zu Holz, Holzkohle oder Kerosin

kleineren Einheiten, und diese Einheiten müssen auch ausfallen können und dürfen. Wenn also irgendeine Katastrophe passiert und die Leitung komplett gekappt wird, muss das passieren dürfen, ohne dass wir bei uns in Europa alle im Dunkeln sitzen.
HL: Nehmen wir an, wir würden wirklich nicht nur in Marokko, sondern auch in anderen Staaten, in der südlichen Sahelzone zum Beispiel, solche Kraftwerke bauen, die nicht notwendigerweise für die Stromversorgung von Europa zuständig sind, sondern für die lokale Versorgung, um die Wirtschaftskreisläufe dort in Gang zu bringen. Das sind Regionen, in denen wir momentan aufgrund der Klimasimulation befürchten müssen, dass es dort noch viel wärmer wird. Die Menschen in diesen Staaten Afrikas werden sich aufmachen und dahin gehen, wo es viel attraktiver ist, nämlich nach Europa. Das heißt, Solarthermie könnte auch eine Art von langfristiger Hilfe zur Selbsthilfe sein.
FT: Das Problem ist die große Investition. Ich hatte ja gesagt, für drei Gigawatt muss man mit 30 Milliarden rechnen. Das wäre dann ein Solarthermiekraftwerk, das auch in den Grundlastbereich hineinarbeiten kann, wie ein Atomkraftwerk. Wenn Sie sich jetzt anschauen, was ein Atomkraftwerk mit gleicher Leistung, gleicher Stromerzeugung im Jahr kostet, da ist die geplante Erweiterung von Hinkley Point in England um zwei Reaktoren ein schönes Beispiel: Die kostet 43 Milliarden. Das ist wesentlich teurer, und die Folgekosten sind hier noch nicht eingerechnet.

Für Entwicklungsländer gibt es aber einfach Grenzen, Unsummen Geld in die Hand zu nehmen. Dazu kommt das Investitionsrisiko, das in einem instabilen Staat oft so hoch ist, dass es viele Investoren abschreckt. Die Lösung könnte ein international gesicherter Abnahmevertrag für den Strom sein, der die Kosten deckt. So ähnlich war es ja auch beim Erneuerbare-Energien-Gesetz (EEG), das die Investitionen in Fotovoltaik und Windräder bei uns erst in Schwung gebracht hat. Man braucht einen gesicherten Abnahmevertrag, sodass aus dieser Investition für Geldgeber eine sehr sichere Investition wird.
HL: Sie brauchen 30 Milliarden für ein solches Kraftwerk. Das ist wirklich eine gesellschaftliche Entscheidung, denn als Stromkunden werden wir es langfristig finanzieren müssen.

Als Laie ist man schon ein bisschen schockiert, dass man mit der

◆ Schätzungen einiger Kenndaten einer Solar-Energy-Pipeline von Marokko nach Deutschland

Leistung:	ca. 3 GW (30 Kraftwerke à 100 MW)
Solarstromertrag:	ca. 800 TWh (20 TWh / Jahr x 40 Jahre)
Fläche Solarkraftwerk:	ca. 300 km^2
Fläche Oase inkl. Solarkraftwerk	ca. 600–900 km^2
Länge HGÜ-Leitung:	ca. 2.600 km
Leitungsverlust HGÜ:	ca. 10 Prozent
Planung und Bau:	ca. 10 Jahre
Wasserverbrauch Kraftwerk:	ca. 10 Mio. m^3 / Jahr
Produktion der Meerwasserentsalzung:	ca. 150 Mio. m^3 / Jahr
Stromverbrauch Meerwasserentsalzung	ca. 100 MW bzw. 0,6 TWh / Jahr
Länge Trinkwasserpipeline:	ca. 300 km
Direkte Arbeitsplätze:	ca. 5.000
Betriebsdauer:	ca. 40 Jahre
Stromgestehungskosten in Deutschland:	ca. 0,12 € / kWh (ohne Steuern)
Investition inkl. Wasserversorgung und HGÜ	ca. 30 Mrd. €
Investition Meerwasserentsalzungsanlage	ca. 2 Mrd. €
Jahresumsatz:	ca. 2,4 Mrd. € / Jahr
Kompensationszahlungen für Landbedarf:	ca. 50 Mio. € / Jahr

Quelle: DLR

Kernkraft eine Technologie unterstützt hat, deren größtes Problem neben der Sicherheit des Reaktors vor allen Dingen darin besteht, wo langfristig der radioaktive Müll hin soll. Diese Kosten sind gar nicht eingepreist in den Kosten für ein Kernkraftwerk. Die Energiekonzerne in Deutschland haben sich für 23 Milliarden Euro aus dem Geschäft rausgekauft, das heißt, zukünftige Generationen werden dafür zahlen müssen, werden an der Frage arbeiten, wohin mit dem ganzen Mist? Da reden wir über zweistellige, dreistellige Milliardenbeträge.

Wenn man alleine an die Asse denkt, dieses Zwischenlager für radioaktive Abfälle: Es wird uns zehn Milliarden Euro kosten, vielleicht sogar noch mehr, nur die beschädigten Fässer da wieder herauszuholen. Man fragt sich doch, warum solche Entscheidungen nicht auf einem ganz anderen Rationalitätsniveau getroffen werden. Es ist doch offensichtlich, dass die Entscheidung für ein Kernkraftwerk eine Sackgassenentscheidung ist, während die Entscheidung für ein Solarthermiekraftwerk ein zukunftsfähiges, ausbaubares Projekt wäre.

FT: Das Problem ist, wenn Sie das Geld schon ausgegeben haben, haben Sie es nicht mehr. Wenn das Geld schon ausgegeben wurde für die Entsorgung von radioaktivem Abfall oder für fossile Brennstoffe, dann haben Sie einfach nichts mehr in der Tasche, um in andere Projekte investieren zu können. Das geht einigen Staaten tatsächlich so.

Wir haben es hier mit einer großen Investition zu tun. Der Punkt ist, der Strom kostet uns Stromkunden, wenn wir am Ende das Solarthermiekraftwerk und die HGÜ-Leitungen bezahlen, etwa so viel wie der Strom aus Gaskraftwerken heute. Das ist ungefähr die gleiche Größenordnung. Für uns Stromkunden ist das nicht unbedingt eine Mehrbelastung. Und wenn es eine wäre, dann wäre es eben tatsächlich eine Investition. Eine Investition in die Zukunft, in eine Technologie, die eine sichere Versorgung mit erneuerbaren Energien bringt. Mit dem EEG haben wir jetzt 20 Jahre lang fast das Gleiche gemacht.

Das Dampfkraftwerk einer Solarthermieanlage verlangt dieselbe Investition, die jemand tätigt, der ein Kohlekraftwerk baut. Aber was machen diese verrückten Ingenieure? Die bauen praktisch die gesamte Kohle für 40 Jahre Betriebszeit als Kollektoren außen herum auch noch mit auf, verwandeln die in ein Kapitalgut, verzinsen sie und versichern alles noch. Das wäre, als würde man für das Kohlekraftwerk noch für 40

Jahre Kohle kaufen, diese neben das Kohlekraftwerk legen und versichern und verzinsen. Verrückt, oder? Das würde kein Mensch machen. Aber das ist genau die Schwierigkeit der Solarthermiekraftwerke. Es ist ein richtiges Kraftwerk mit richtig großer Leistung, und der Brennstoff für 40 Jahre wird am ersten Tag als Kapitalgut mit hingestellt. Das macht das Projekt so schwierig. Die Kapitalrendite für Investoren ist letztlich trotzdem gleich. Vor allem, wenn man ein Triple-A-Projekt hat. Eine wirkliche Triple-A-Investition.

HL: Also eine mit bestem Rating?

FT: Ja. Dann sinken die Zinsen, und dann wird das Projekt billig, weil wir hier nur Kapitalkosten, keine Folgekosten haben. Wenn wir diese Randbedingungen nicht haben, liegt das ganze Risiko beim Entwickler, der verlangt 20 Prozent Zinsen, und dann geht der Strompreis völlig durch die Decke. Dann ist es nicht mehr bezahlbar, weil das Risiko bei dem Investor geblieben ist. Wir brauchen Investoren, die diese Investition auch wirklich tätigen können, und wir brauchen den Rahmen, der die Sicherheit dafür schafft, um daraus ein Triple-A-Investment zu machen. Erst dann wird alles darstellbar.

HL: Falls ein Milliardär oder eine Milliardärin das liest: Bevor Sie in Ihrem Geld baden oder einfach nur auf Ihren Kontostand gucken, überlegen Sie sich doch mal, ob Sie nicht das Geld für ein wirklich interessantes und wichtiges Projekt investieren wollen. Oder wir alle könnten in eine Art Volksaktie – und zwar diesmal in eine erfolgreiche – investieren. Das wäre eine Investition in die Zukunft, nicht nur des eigenen Landes, sondern für den Kontinent Europa und auch für die Menschen, die in Afrika leben und auch dort bleiben wollen. Diesen Punkt haben wir noch gar nicht angesprochen, aber auch darum geht es: Dass wir uns darum kümmern müssen, so zu handeln, dass unsere Handlungen zu einem gedeihlichen Leben für alle führen, so wie Hans Jonas es in seinem Buch »Das Prinzip Verantwortung« formuliert hat. Und eine Solarthermieanlage würde dieses Kriterium erfüllen. Man könnte schon fast mit Platon sagen, das ist das Richtige, das Schöne, das Gute und das Wahre.

Ist doch wunderbar. Dann sollten wir das machen! Ist doch keine Frage. Also los jetzt. Wir machen das und zeigen der Welt, dass es geht.

16 Licht aus zur Erleuchtung

Ökologisch handeln bei der Erzeugung von Energie, wie das gehen könnte, wenn wir uns darum bemühen würden, haben wir eben gesehen. Ökologisch handeln beim Verbrauch der Energie, ist aber genauso wichtig. Und hier kann jeder Einzelne und können kleinere Gemeinwesen wirklich etwas bewirken und der Welt zeigen, dass es besser geht.

Genau das haben sich wohl auch die Stadt und die Bürger von Norderstedt gedacht. Und sie haben nicht nur gedacht, sondern auch und vor allem – gehandelt! Mit welchem Ergebnis, das hat Kirsten Kohlhaw in der Ausgabe »Warmzeit« der »Edition Le Monde diplomatique« beschrieben.

Eine norddeutsche Gemeinde macht Ernst mit dem Klimaschutz – und spart dabei auch noch Millionen Euro

Als die Stadt Norderstedt aus den Gemeinden Friedrichsgabe, Garstedt, Glashütte und Harksheide entsteht, nimmt die internationale Umweltbewegung gerade Fahrt auf. 1970 ist das offizielle Geburtsjahr der neuen Stadt im schleswig-holsteinischen Kreis Segeberg. Und 1970 wird mit mehr als 200 000 Aktionen zum »Europäischen Naturschutzjahr« ausgerufen, auch der Umweltverband »Friends of the Earth« erblickt zu jener Zeit das Licht der Welt. Zwei Jahre später erscheinen die »Grenzen des Wachstums«, der legendäre Bericht an den Club of Rome.

Das junge »Noordersteed«, attraktiv gelegen im Norden der Metropolregion Hamburg, wo sich auch der Flughafen Fuhlsbüttel befindet, entwickelt sich prächtig in diesem Klima. Von den gemütlich gedehnten Vokalen des plattdeutschen Namens möge man sich nicht täuschen lassen. Zur Jahrtausendwende zieht die heute 78 782 Einwohner zählende Stadt auf einmal hörbar die Energiebremse – und überholt mit einem umfassenden Bekenntnis zu Klima und Umwelt viele andere Städte. Mittlerweile stehen mehr als fünfzig

Auszeichnungen für Nachhaltigkeit in der Norderstedter Pokalvitrine, umrahmt von fast einer Million Euro an Preis- und Fördergeldern. Alles für den Klimaschutz. Die Stadt ist spitze, eine echte Vorzeigekommune mit erstaunlichen, ja spektakulären Erfolgen und dem großen Ziel der Nullemissionsstadt.

Wie die Nordlichter das geschafft haben? Wie sie sich motivieren und wie sie mit Hindernissen umgehen? Um das zu erfahren, holen wir gemeinsam mit dem Leiter des städtischen Amtes »Nachhaltiges Norderstedt«, Herbert Brüning, einige Pokale aus dem Regal. Brüning kam 1998 zur Stadt und fand bei seinem Einstand zwar einen Beschluss für eine nachhaltige Entwicklung der Stadt vor, jedoch keinerlei Ressourcen. »Das Thema Energiesparen an Schulen haben wir ganz an den Anfang unserer Maßnahmen gestellt und dabei von Beginn an auf Freiwilligkeit gesetzt«, so Brüning. Er verweist auf die erste Auszeichnung, verliehen vom Bundesdeutschen Arbeitskreis für Umweltbewusstes Management im Mai 2000 für das Lessing-Gymnasium im Wettbewerb »SolarSchulen 2000«.

Beim Thema Umwelterziehung setzen die anfangs fünf teilnehmenden Schulen auf spielerische Selbstkontrolle. Wer als Letzter den Klassenraum verlässt, macht das Licht aus. Man lässt das Wasser nicht unnötig laufen, schaltet die Heizung aus beim Stoßlüften. Ganz einfache Sachen.

Dass das Konzept aufgeht, merken sie, als die ersten Rückmeldungen von den weiterführenden Schulen kommen. »Bei den neuen Fünftklässlern merkte man an ihrem Verhalten genau, wer von einer Energiesparschule kommt und wer nicht«, erinnert sich Brüning an den Bericht der Lehrerinnen und Lehrer. Heute sind alle 23 Norderstedter Lehranstalten, insgesamt 25 Prozent aller Energiesparschulen Schleswig-Holsteins, Teil der Initiative.

Bevor die Erwachsenen es den Kindern gleichtun und in ihrer eigenen Öko-Lernkurve Schwung aufnehmen, musste Brüning erst mal die »Handlungsfelder« für den städtischen Klimaschutz analysieren. Der neue Amtsleiter, der zuvor beim Landesnaturschutzbund aktiv war, untersucht also zunächst den städtischen Gebäudebestand und sämtliche Liegenschaften, dazu die Straßenbeleuchtung, die Ampeln und den Fuhrpark der Verwaltung. Er will sich einen

Überblick verschaffen, wo wie viel emittiert wird und wo und wie die Stadt ihren Bürgern mit gutem Beispiel vorangehen kann. Er kalkuliert Budget- und Personalbedarf, und schließlich bekommt das Amt für Nachhaltigkeit die Unterstützung, die es braucht, »um mit sichtbaren Beispielen glaubwürdig in Vorleistung zu treten«.

Nach und nach nimmt Norderstedt sich einzelne Themenfelder nachhaltiger Stadtentwicklung vor. Energieversorgung, Wirtschaft und Konsum, nachhaltiges Bauen, aber auch den Verkehr. Bereits 2003 erhält die Stadt für vorbildliche Lärmminderungsplanung knapp 90 000 Euro Fördergelder. Sie wird zum offiziellen »Modellprojekt für die Metropolregion Hamburg« ernannt. Wenig später steigt Norderstedt zur »Energiesparkommune« auf und nimmt 2006 erstmals auch auf internationaler Ebene Vorbildfunktion ein.

Andersrum klappt es auch ganz gut: Norderstedt heißt die Welt willkommen. Geflüchtete Menschen werden in kleinen Einheiten mit maximal 200 Personen untergebracht. Sie kommen nicht nur in den Genuss von Sprachförderung, sondern auch von gebrauchten Fahrrädern, die zuvor im stadteigenen Repair-Café flottgemacht wurden. So wird erlebbar, dass Integration und Nachhaltigkeit entspannt Hand in Hand gehen. »Hier lässt sich mit überschaubaren Mitteln eine ressourcenleichtere Lebensweise mit einem sozial gerechten Zugang verknüpfen«, sagt Brüning. »Menschen sollen unabhängig von Geld, Alter und Herkunft an gesellschaftlichen Selbstverständlichkeiten teilhaben.«

Doch wie schafft man von diesen vielen einzelnen Initiativen den Sprung hin zur ambitionierten »Nullemissionsstadt 2040«? Und: Wie weit ist man dabei schon gekommen? Leider lassen sich die unbestreitbaren Erfolge schwer berechnen, denn es gibt bisher in Deutschland keine Statistik, die die konkreten CO_2-Einsparungen auf kommunaler Ebene misst. Über 5 Millionen Euro hat die Stadt Norderstedt nach vorsichtigen Einschätzungen bis 2013 aber bereits eingespart. Und zwar nach Abzug sämtlicher Kosten. Klimaschutz lohnt sich. Wenn man noch genauer in die Details ginge, dann wären es laut Brüning sogar deutlich mehr. »Den zeitlichen Aufwand, das bis ins letzte Detail durchzurechnen, stecken wir aber lieber in konkrete Maßnahmen.«

Einfach weitermachen: als Bundeshauptstadt für Klimaschutz ausgezeichnet werden, bei der Energieolympiade für die Idee zur »Reduktion der Blendwirkung von Geschäftsbeleuchtungen« 10 000 Euro Fördergelder einheimsen. Und sich 2012 im Rahmen der Fördermaßnahme ZukunftsWerkStadt schließlich offiziell das Ziel setzen, bis 2040 Nullemissionsstadt zu werden.

Mit geschätzten 45 Prozent CO_2-Einsparungen bewegt sich Norderstedt aktuell auf gutem Niveau. Den eigenen Berechnungen zufolge, die versuchen, die CO_2-Emissionen ohne den Kfz-Verkehr zu ermitteln, wäre die Stadtverwaltung rechnerisch bereits heute klimaneutral, wenn auch noch nicht CO_2-frei. Man habe sämtliche Dienstleistungen der Stadt klimafreundlich umgestellt und beziehe sauberen Ökostrom, seit die Stadtwerke diesen Service 2008 anbieten. »Das bedeutet, wir haben deutlich über 40 Prozent des Energieverbrauchs gesenkt, wodurch wir viel Geld sparen.« Bis auf zwei Kanalreinigungsfahrzeuge und die Müllwagen besteht die gesamte Dienstwagenflotte aus geleasten Elektroautos. Doch der Austausch des Antriebs allein vermag laut Brüning die Probleme des Autoverkehrs nicht zu lösen. Der Norderstedter Amtsleiter setzt lieber auf umweltfreundliche Nahmobilität.

Partnerschaften mit Nextbike und dem Lastenradprojekt von TINK, der Transportinitiative nachhaltiger Kommunen, werden in der Stadt offensiv gepflegt. Die Belieferung von Apotheken funktioniert schon mal gut über Lastenräder, um nur ein Beispiel zu nennen.

Bleibt die Frage, wie sich bei dieser komplexen Gemengelage, gleichzeitig aber fehlenden Messinstrumenten ein Engagement wie das der Stadt Norderstedt skalieren lässt und wie Lernprozesse auf andere Kommunen übertragen werden können. »Eine Blaupause gibt es nicht. Ich denke da auch gar nicht täglich dran oder arbeite mich an diesem Ziel ab. Ich bin mir aber sicher, dass wir es schaffen!« Das mag ein wenig naiv klingen. Doch die Vorgehensweise, sich nicht an Schwierigkeiten zu verkämpfen, solange es alternative Handlungsfelder gibt, ist sehr wohl übertragbar.

Inzwischen trifft sich Brüning regelmäßig mit anderen Klimakämpfern aus anderen Städten. Man tauscht sich aus und lernt voneinander. Was hat hier gut geklappt? Wo haben wir Nachholbedarf?

Was packen wir als Nächstes an? Eine geschlossene Gruppe, ein geschützter Raum, ein externer Moderator. Ein perfekter Nährboden, auf dem gegenseitige Unterstützung und der Mut, Regeln zu brechen, wachsen können. Für das, was im Wettlauf gegen die Zeit erdacht werden will, existieren wenig Referenzrahmen. »Normal« gibt es für Pioniere ohnehin nicht. So lernt man von den anderen – zum Beispiel von Kopenhagen: Wenn die grüne Welle auf 20 Kilometer pro Stunde, also auf Radfahrtempo eingestellt ist, fällt es leichter, aufs Rad umzusteigen. Dann wird der Verkehr als fließend erlebt.
Dennoch: Um Bürger und Stadträte zu überzeugen, zu involvieren und zu begeistern, dürfe man nie nachlassen, sagt Brüning. Man müsse jede Chance nutzen, Gespräche zu führen und gemeinsames Erleben zu fördern. Das Stadtcafé ist so ein Ort. Oder das Straßenfest. Seit 2000 wird eine der Norderstedter Hauptverkehrsstraßen in eine Mitmachmeile verwandelt, die sich mittlerweile zu einem Festival mit brasilianischem Karneval gemausert hat und den Autoverkehr tanzend lahmlegt. Auch dafür gab's eine Auszeichnung. Nachhaltige Bauprojekte gehören ebenfalls dazu. Neue Wohnquartiere wie die »Grüne Heyde« vereinen umweltbewusstes und sozial verträgliches Leben vom Baumaterial bis zur Infrastruktur. Sie sind nur noch eine Baugenehmigung von der Realisierung entfernt.
Auch für Unternehmen ist die Stadt zunehmend attraktiv. Jüngster Neuzugang ist die Firma Tesa. Sie hat Anfang 2016 ihre Forschungs- und Entwicklungsabteilung nach Norderstedt verlegt. Das Unternehmen hat sich zwar nicht explizit wegen des Nachhaltigkeitskonzepts hier angesiedelt. Dass die Ausrichtung der Stadt mit den eigenen Zielen harmoniere, habe sich vielmehr glücklich ergeben, sagt der Kommunikationschef von Tesa, Reinhart Martin. Tesa erforscht lösungsmittelfreie Verfahren, hat eine Kantine, die vorwiegend regional kocht und vegetarische Aktionswochen veranstaltet, sowie ein eigenes Biotop. Den firmeneigenen Parkplatz zieren zwei Ladestationen für Elektroautos und Firmenfahrräder. Ein Detail, das Amtsleiter Brüning, der Fahrradmobilität besonders fördert, sicher gut gefällt. Der ADFC verlieh Norderstedt in der Kategorie »Städte, die aufholen« im Fahrradklimatest den 3. Platz, die Bronzemedaille.

*Doch nun schließen wir die Vitrine, es zieht. Und der Letzte macht bitte das Licht aus.**

Aber es geht weiter in Norderstedt. Kaum eine Woche, in der die Stadt ihre Bürger nicht durch Aktionen immer wieder neu für ein nachhaltiges Norderstedt begeistert und zum aktiven Mitmachen animiert. Ein Beispiel ist die Pressemeldung des Amts »Nachhaltiges Norderstedt« vom 18. September 2017:

Landesweite Aktion »Dein Klima sagt: Danke!« in Norderstedt

Norderstedt. 40 Schülerinnen und Schüler verschiedener Norderstedter Schulen haben sich an den Bahnhöfen und Umsteigepunkten Norderstedt-Mitte, Garstedt und Glashütter Markt bei den Nutzerinnen und Nutzern von Bus, Bahn und Fahrrad für ihr klimafreundliches Verhalten bedankt und dabei Süßigkeiten aus Fairem Handel verteilt. Die angesprochenen Passanten reagierten durchweg erfreut auf das Engagement der jungen Menschen. In der Tat ist es diese Generation, die die Folgen des Klimawandels besonders zu spüren bekommen wird. Viele junge Menschen haben mittlerweile ein deutlich klimafreundlicheres Mobilitätsverhalten als die Mehrheit der Einwohnerinnen und Einwohner.
In Norderstedt entstammt ein gutes Drittel der CO_2-Emissionen, das sind mehr als drei Tonnen pro Einwohner, dem Verkehr. Davon wird das meiste CO_2 über Verbrennungsmotoren von Pkw, Lkw und Motorrädern freigesetzt. In der Europäischen Mobilitätswoche soll auf den Zusammenhang zwischen Mobilitätsverhalten und CO_2-Ausstoß aufmerksam gemacht, und es sollen unter anderem klimafreundliche Alternativen der Mobilität aufgezeigt werden.
Die Aktion wurde vom Netzwerk der Schleswig-Holsteinischen Klimaschutzmanager anlässlich der Europäischen Woche der Mobilität ins Leben gerufen und fand zeitgleich an 22 weiteren Orten des Landes statt.

---

* Kirsten Kohlaw © 2016 Le Monde diplomatique, Berlin

Die Geschichte von Norderstedt zeigt, dass es geht und wie es geht. Aber Norderstedt ist nur eine unter vielen und immer zahlreicher werdenden Städten und Gemeinden in Deutschland, in Europa und weltweit, deren Ziel es ist, in Zukunft CO_2-neutral und umweltverträglich zu wirtschaften und zu leben.

Welche Städte das sind, welche Ziele sie verfolgen und wie die Stadt der Zukunft aussehen könnte, lesen Sie im nächsten Kapitel.

17 Geballte Zukunft: die Metropolen

Die Frage nach der Stadt der Zukunft ist weitaus bedeutender, als man glaubt, denn die Zukunft der Menschheit wird sich in den Städten entscheiden. Zu Beginn des 21. Jahrhunderts wohnten zum ersten Mal in der Geschichte mehr Menschen in Städten als auf dem Land. 50 Jahre zuvor lebten noch 70 Prozent aller Menschen auf dem Land, 100 Jahre zuvor waren es 93 Prozent.

Heute leben 54,9 Prozent der Erdbevölkerung in Städten,* rund die Hälfte von ihnen in Großstädten mit mehr als einer Million Einwohnern – davon gibt es heute 470 weltweit – und 8,4 Prozent in sogenannten Megacitys mit mehr als zehn Millionen Einwohnern, von denen es heute 32 gibt.

Bis zum Jahr 2030 werden nach Schätzungen der Vereinten Nationen 60 Prozent der Weltbevölkerung in Städten leben und im Jahr 2050 vermutlich mehr als 75 Prozent der dann 9,7 Milliarden Erdenbürger in gigantischen Metropolregionen. Die Urbanisierung vollzieht sich vor allem in den Schwellenländern in Asien, Südamerika und Afrika. Diese Tendenz lässt sich auch aus der Tabelle der 20 größten Metropolregionen der Welt (2016) ablesen.

Neben der Gesamtzahl der Einwohner ist die Bevölkerungsdichte, das heißt die Zahl der Einwohner pro Quadratkilometer, entscheidend für die Versorgung und die Lebensqualität der einzelnen Bewohner einer Metropolregion.

Faszinierende Einblicke in die komplexe Struktur der urbanen Welten gibt die derzeit größte und umfassendste Datenbank über Metropolen, die Daten zu mehr als 10 000 Stadtregionen weltweit enthält. Wissenschaftler der Gemeinsamen Forschungsstelle der EU-Kommission haben die von ihnen erstellte und für jeden zugängliche Daten-

---

* Quelle: Demographia World Urban Areas, 13. Ausgabe, April 2017.

Die 20 größten Metropolregionen der Welt

Name	Millionen Einwohner	Land – Kontinent	Einwohner pro km²
Tokio	37,900	Japan – Asien	4400
Jakarta	31,760	Indonesien – Asien	9600
Delhi	26,495	Indien – Asien	12 000
Manila	24,245	Philippinen – Asien	13 600
Seoul	24,105	Südkorea – Asien	8800
Karatschi	23,545	Pakistan – Asien	23 300
Shanghai	23,390	China – Asien	6000
Mumbai	22,885	Indien – Asien	26 000
New York	21,445	USA – Nordamerika	1700
São Paulo	20,850	Brasilien – Südamerika	6900
Peking	20,415	China – Asien	4900
Mexiko-Stadt	20,400	Mexiko – Nordamerika	8600
Guangzhou	19,075	China – Asien	5000
Osaka	17,075	Japan – Asien	5300
Dhaka	16,820	Bangladesch – Asien	45 700
Moskau	16,710	Russland – Europa	2900
Kairo	16,225	Ägypten – Afrika	8500
Bangkok	15,645	Thailand – Asien	5100
Los Angeles	15,500	USA – Nordamerika	2300
Buenos Aires	15,355	Argentinien – Südamerika	4800

Quelle: Demographia World Urban Areas, 13. Ausgabe, April 2017

Paris ist nicht nur Finanz-, Wirtschafts- und politisches Zentrum Frankreichs, sondern auch eine der großen Kunst- und Kulturmetropolen der Welt.

bank »Global Human Settlement Layer« (GHSL) im Februar 2018 auf dem World Urban Forum in Kuala Lumpur vorgestellt.*

Um mehr über die Zukunft der Städte sagen zu können, werfen wir einen kurzen Blick in die Geschichte der Urbanisierung: Hier lässt sich feststellen, je komplexer eine Gesellschaft wurde, desto weiter schritt offensichtlich die Bildung von Metropolen voran. Beispiele dafür sind das alte Babylon, Athen, das antike Rom, das Mexico City der Azteken, aber natürlich auch das Aufblühen europäischer Metropolen im 19. Jahrhundert – Wien, Paris, Moskau, London oder Berlin. Die Bildung von Metropolen muss Vorteile gehabt haben und immer noch haben.

Städte wie Paris oder Rom gelten als Kunst- und Kulturmetropolen, Los Angeles als Medien- und Filmmetropole. Citys wie London, New York oder Singapur sind klassische Finanz- und Wirtschaftsmetropolen, Hongkong und Shanghai Handelsmetropolen.

Als Metropolen werden Städte bezeichnet, die über ihre Grenzen hinaus von sozialer, politischer, wirtschaftlicher, kultureller Bedeutung und Strahlkraft sind. Sie sind Zentren der Mobilität und Kommunikation, des Handels und der Dienstleistungen, Brennpunkte sozialer Spannungen und Geburtsstätten nachhaltiger, resilienter Zukunftsvisionen.

Auf der einen Seite benötigen Metropolen gewaltige Mengen an Ressourcen: Wasser, Nahrung, Energie und Konsumgüter. Notwendig für das Überleben des Organismus *Stadt* ist zudem eine hochtechnologische, komplexe, vernetzte Infrastruktur, die die Koexistenz vieler Menschen auf engstem Raum möglich macht. Der räumliche Fußabdruck der Metropolregionen ist mit rund drei Prozent der Erdoberfläche klein. Riesig im Vergleich dazu ist der ökologische Fußabdruck: 75 Prozent aller erzeugten Energie und Nahrung wird in den Städten verbraucht, im Gegenzug produzieren Städte drei Viertel aller anfallenden Abfälle und 80 Prozent aller Treibhausgase. Aber hier werden laut dem Human Development Report 2016 auch 80 Prozent der globalen Umsätze erwirtschaftet.

Megastädte erzeugen materielle und immaterielle Produkte für den lokalen und globalen Bedarf. Sie sind Magnete für Arbeitskräfte, für

---

* Zugang zu dieser einmaligen Datenbank erhalten Sie unter: http://ghsl.jrc.ec.europa.eu/ccdb2016visual.php.

Wissenschaftler und Künstler, aber auch Auffangbecken für nationale und internationale Migranten und Flüchtlinge, die ohne Perspektive hier stranden. Letztere machen heute fast 25 Prozent der mehr als 3,5 Milliarden Stadtbewohner weltweit aus. Sie leben in Slums, Favelas und Barrios, geduldeten (Elends-)Vierteln, die in den Metropolen in unmittelbarer Nachbarschaft zu den Zentren des Konsums und der Wirtschaft wachsen.

Nirgendwo leben und arbeiten Menschen in so enger Nachbarschaft zueinander und sind doch oft einsam und alleine. Metropolen sind schnell, laut, stickig, ohrenbetäubend, hektisch, grell, gefährlich, voll, dicht, bunt, gedrängt, lebendig, anonym, vielschichtig, hässlich und schön, wunderbar dreidimensional, schmutzig, multikulturell, Fluchtpunkt und Heimat, gegensätzlich und verbindend, vernichtend und produktiv.

Die Stadt ist eine Erfolgsgeschichte. Sie ist ein radikal unnatürlicher Lebensraum, ein vom Menschen für den Menschen geschaffener Biotop, der erst vor rund 11 000 Jahren auf der Erde entstanden ist und heute mehr als 50 Prozent unserer Spezies beherbergt.

Metropolen sind Zentren der Menschen und der menschengemachten ökologischen Probleme und Lösungen. In den Ballungsräumen ballen sich im wahrsten Sinne des Wortes die Menschen und die Folgen ihres Tuns. Im Lauf ihrer kurzen Geschichte hat sich die Stadt als Lebensraum immer wieder zerstört, wieder aufgebaut, neu erfunden, neu entworfen.

Entweder werden die Städte von heute zu den Brutstätten für Zukunftsideen und Laboratorien für gelebte, ökologische Modelle, die wir für unsere Spezies dringend brauchen, oder sie werden nur noch Ruinen und skelettöse Mahnmale ihrer Erbauer (für wen auch immer) sein. Der ehemalige UN-Generalsekretär Ban Ki-moon formulierte es kurz und prägnant so: »Städte sind Orte, an denen der Kampf für nachhaltige Entwicklung gewonnen oder verloren wird.«

Ob Wissenschaftler, Architekten, Designer, Ingenieure, Soziologen, Ökonomen, Literaten, Politiker, Stadtplaner oder Stadtbewohner, jeder zeichnet andere Visionen von den komplexen, urbanen Systemen der Zukunft. Welche Minimalvoraussetzungen müssen diese Zentren unserer Zivilisation in Zukunft erfüllen? Da wären zu nennen:

Kibera ist der größte Slum auf dem afrikanischen Kontinent. In dem Elendsviertel der kenianischen Hauptstadt Nairobi drängen sich bis zu eine Million Menschen auf einer Fläche von 2,5 Quadratkilometern in Lehm- und Wellblechhütten, meist ohne Strom, ohne Wasser und Toiletten zwischen Müll und Abfällen. Fast 1 Milliarde Menschen leben weltweit unter ähnlich prekären Bedingungen.

© Trocaire, Flickr: Kibera19, Creative Commons 2.0

- Null Treibhausgasemissionen.
- Energieversorgung ausschließlich durch regenerative Energien.
- Ökologisch verträgliche Wasserversorgung und Abwasserentsorgung.
- Öffentlicher Nahverkehr, der lärm-, emissions- und kostenfrei für die Bürger ist.
- Stadt der kurzen Wege.
- Lebensqualität und Sicherheit im Wohn- und Außenbereich.
- Ökologische, lokale Baustoffe.
- Regionale Versorgung mit Lebensmitteln.
- 100-prozentige Abfallverwertung, Kreislaufwirtschaft.

In der von uns eingangs zitierten Agenda 2030, die die nachhaltigen Entwicklungsziele der Vereinten Nationen festhält, heißt es dazu unter

Ziel 11: »Städte und Siedlungen inklusiv, sicher, widerstandsfähig und nachhaltig machen.«

Ein Ziel, das, wie der Name der Agenda sagt, in naher Zukunft erreicht werden soll.

Beim dritten Weltgipfel der Vereinten Nationen zum Thema nachhaltige Stadtentwicklung (Habitat III) im Oktober 2016 in Quito, Ecuador, hat die Weltgemeinschaft einen 20-Jahres-Plan für die Zukunft von Städten beschlossen. Diese »New Urban Agenda«* soll den Weg zu einer nachhaltigen, integrierten Stadtentwicklung weisen. Vom hiesigen Umweltbundesamt heißt es dazu:

> *»Mit der New Urban Agenda haben die Staaten ein Dokument vorgelegt, das sich mit der Entwicklung, Funktion und nachhaltigen Ausgestaltung von Städten befasst – und das zum ersten Mal unter dem Eindruck einer bereits heute stark verstädterten Welt und mit der Perspektive weiter zunehmender Urbanisierung. Die New Urban Agenda ist für Stadtverwaltungen von großem Wert – auch wenn sie eine unverbindliche Vereinbarung ist –, denn sie stellt klare Forderungen für eine moderne Stadt: kompakte Siedlungsentwicklung mit angemessenen Freiräumen, sparsamer Umgang mit Ressourcen, Stärkung öffentlicher Verkehrsmittel und gesunde Lebensbedingungen für alle in Städten.*
> *Sie wird damit zum Werkzeugkasten für Akteure der kommunalen Ebene und ist eine Richtschnur und politische Stärkung in ihrem Engagement für eine nachhaltige und integrierte Stadtentwicklung. Dabei ist die New Urban Agenda auch ein wesentlicher Baustein für die Umsetzung der UN-Nachhaltigkeitsziele »Sustainable Development Goals« (SDGs) (insbesondere SDG 11: inclusive and resilient cities) sowie mit ihren Forderungen einer energiesparenden und erneuerbare Energien fördernden Stadtentwicklung auch zu den Beschlüssen der UN-Klimakonferenz COP 21 in Paris.«*

---

* Den gesamten Wortlaut der New Urban Agenda finden Sie auf Englisch unter: http://citiscope.org/sites/default/files/h3/Habitat_III_New_Urban_Agenda_10_September_2016.pdf.

»Ein Beitrag zur Habitat III«, so lautet der Untertitel des Hauptgutachtens 2016 des Wissenschaftlichen Beirats der Bundesregierung in Sachen globale Umweltveränderungen (WBGU). Der Titel des 545 Seiten starken Gutachtens: »Der Umzug der Menschheit: Die transformative Kraft der Städte«. Dort heißt es einleitend:

> *»Die Wucht der derzeitigen Urbanisierungsdynamik und ihre Auswirkungen sind so groß, dass sich weltweit Städte, Stadtgesellschaften, Regierungen und internationale Organisationen diesem Trend stellen müssen. Ein ›Weiter so wie bisher‹ würde ohne gestaltende Urbanisierungspolitik zu einer nicht-nachhaltigen Welt-Städte-Gesellschaft führen. Nur wenn Städte und Stadtgesellschaften ausreichend handlungsfähig werden, können sie ihre Kraft für eine nachhaltige Entwicklung entfalten: In den Städten wird sich entscheiden, ob die Große Transformation zur Nachhaltigkeit gelingt.«**

Im Anschluss an die Konferenz Habitat III in Quito und die Verabschiedung der New Urban Agenda initiierte unter anderem die Heinrich-Böll-Stiftung eine Konferenz mit dem Titel »Co-producing sustainable cities«. Folgende Fragen wurden hier gestellt:

> *»Die Konferenz ›Co-producing sustainable cities?‹ nimmt die Habitat-III-Konferenz zum Anlass, die Bedingungen zu diskutieren, die eine nachhaltige Stadtentwicklung braucht:*
> *Wird das Recht auf Wohnen international als Menschenrecht anerkannt?*
> *Wie können Städte bezahlbaren und angemessenen Wohnraum für alle schaffen?*
> *Was können sie gegen Verkehrskollaps und Luftverschmutzung tun?*
> *Wie wird Stadtmobilität organisiert, die für alle sicher und bezahlbar ist?*
> *Wie macht man aus Müllbergen eine Kreislaufwirtschaft, die Ressourcen schont und außerdem den Armen, hauptsächlich Frauen, ein Einkommen garantiert?*

---

* Das gesamte Gutachten unter der: http://www.wbgu.de.

Darüber diskutieren Vertreter/innen aus Kommunalpolitik und Zivilgesellschaft aus dem globalen Süden und dem globalen Norden. (Das sind übrigens auch Fragen, die jeder direkt an seinen Oberbürgermeister richten sollte!)
Die Konferenz reflektiert außerdem das Wechselverhältnis von Stadtregierungen und Zivilgesellschaft. Die New Urban Agenda formuliert große Hoffnungen an Stadtregierungen als ›Change Agents‹ der nachhaltigen Stadtentwicklung, sie sind für die Umsetzung der globalen Nachhaltigkeitsziele zentral. Nachhaltig kann eine städtische Agenda aber nur sein, wenn sie die lokale Zivilgesellschaft in die Umsetzung einbezieht. Wie sehen die Bedingungen für zivilgesellschaftliches Engagement weltweit aus? Wie können Stadtregierungen und Zivilgesellschaft partnerschaftlich nachhaltige Städte produzieren?«

Visionen des belgischen Architekten Vincent Callebaut werden weltweit realisiert.
© Forgemind ArchiMedia, flickr, Creative Commons

◆ Singapur

Die wohl teuerste Stadt für Autos. Die 600000 zugelassenen Pkw in der 5,6 Millionen Einwohner zählenden Metropole sind für europäische Verhältnisse eine erstaunlich geringe Zahl. Im Vergleich: In der Bundesrepublik Deutschland mit ihren 81 Millionen Einwohnern gibt es 45,8 Millionen Pkw. Der Grund für die kleine Zahl an Pkw in Singapur ist, dass jeder Autobesitzer eine Fahrlizenz erwerben muss. Der Preis hierfür ist in etwa so hoch wie der Preis des Autos selbst. Von diesen Geldern wird in Singapur unter anderem der öffentliche Nahverkehr finanziert. Das wäre auch eine Idee für Städte wie München: eine Stadtmaut für alle, die mit ihrem Pkw (häufig ein SUV) in die Stadt fahren wollen. Mit dem Geld ließe sich der öffentliche Nahverkehr vielleicht so weit subventionieren, dass er für Normalmenschen wieder erschwinglich wird.

Neben den Anforderungen für eine gelungene Metropol-Zukunft wird auch hier noch einmal die Bedeutung einer aktiven, interessierten Zivilgesellschaft unterstrichen. Denn nur sie gewährleistet eine große Entscheidungs- und Handlungsfreiheit der Städte gegenüber dem Staat und gegenüber Investoren und Kapital. Die Komplexität der Anforderungen und Probleme sollte niemanden davon abhalten zu handeln. Stadtbewohner sehnen sich nach Identität in der anonymen Masse. Ein Weg, diese Identität zu finden, zu spüren, zu leben, ist, die Probleme vor Ort anzupacken. Einfallsreichtum und ein Wille zum Handeln sind mehr denn je gefragt, um die Zukunft der Menschen in der Stadt ökologisch positiv und miteinander verträglich zu gestalten.

Wo finden wir heute schon gelungene Beispiele für die Umsetzung der Urban-Agenda-Ziele?

Neben dem im letzten Kapitel aufgeführten Beispiel Norderstedt gibt es in Deutschland zahlreiche Städte und Kommunen, die mit diversen Initiativen und Innovationen Schritte in die richtige Richtung tun, so zum Beispiel die Städte Gelsenkirchen und Bottrop. Weitere Beispiele und Informationen dazu finden Sie unter anderem auf der Website des Rats für Nachhaltige Entwicklung (www.nachhaltigkeitsrat.de).

Aber es gibt auch spannende und ermutigende internationale Beispiele: Kopenhagen will bis 2025 zur ersten CO_2-neutralen Hauptstadt der Welt werden. Im Innenstadtbereich gibt es schon heute kaum noch privaten Autoverkehr. 21 Prozent der Menschen nutzen öffentliche Verkehrsmittel, rund 50 Prozent das Fahrrad (wenn mal Schnee liegen sollte, werden die Fahrradwege zuerst geräumt, dann die Straßen, außerdem gibt es die grüne Welle für Fahrradfahrer), 20 Prozent der Kopenhagener gehen zu Fuß.

Auch Reykjavík will bis 2025 ohne fossile Brennstoffe auskommen, ebenso das schwedische Malmö. Oslo sperrt die Innenstadt für den Autoverkehr. Singapur hat im Februar 2018 einen Zulassungsstopp für Pkw und Motorräder erlassen. Intelligente E-Mobilitätskonzepte werden in Städten wie Graz praktiziert.

Der belgische Architekt Vincent Callebaut ist mit seinen Visionen grüner Smart Cities prominente Symbolfigur für zukünftige Gartenstädte, in denen Wälder und Felder vertikal an oder horizontal auf oder gleich ganz rund um die Hochhäuser wachsen. Ökologische Schneisen nach seinen Grundideen gibt es heute schon in Städten wie Mailand, Singapur oder New York City. Andere Architekten beschäftigen sich mit dem Bau ganzer Hochhäuser aus Holz.

Stadtzukünfte und Zukunftsstädte aus der Retorte wie Masdar City in den Vereinigten Arabischen Emiraten oder Tianjin Eco-City, ein Ge-

◆ Urban Gardening im Slum

Im größten Slum Afrikas, in Kibera, im Südosten der kenianischen Hauptstadt Nairobi, initiierte die französische Hilfsorganisation Solidarités International das Green-Sacks-Projekt, Hilfe zur Selbsthilfe für die ärmsten Bewohner des Slums.

Das System ist so einfach wie genial. 100-Kilo-Säcke werden mit Mutterboden und Steinen gefüllt. Die Steine bilden in der Mitte des Sacks eine Art Bewässerungssäule, die für die gleichmäßige Befeuchtung des Bodens sorgt. Die Säcke nehmen eine Fläche von rund 30 x 30 Zentimeter ein und lassen sich so auch in Slums aufstellen, wo zwischen Wellblechhütten, Müll und offenen Latrinen kein Platz für normale Gärten oder Felder ist.

In die Außenwände der so gefüllten Säcke werden rund 30 kleinere Löcher geschnitten. In diese, so wie auf dem Boden des oben offenen Sacks

werden Setzlinge des Sukuma Wiki gepflanzt. Sukuma Wiki ist eine Art Grünkohl, der in Kenia sehr beliebt ist und dort ganzjährig bestens wächst. Zwei Mal täglich wässern, und nach vier Wochen kann das erste Gemüse geerntet werden.

Die Green Sacks oder auch Garden Sacks liefern vielen Bewohnern, die sich sonst fast ausschließlich von dem aus Maismehl und Wasser gekochten Ugali ernähren, das einzige Gemüse, die einzige Quelle für Vitamine und Mineralien. Wer über mehrere Säcke verfügt, bepflanzt sie so, dass er alle paar Tage Gemüse ernten kann. Was für den Eigenbedarf zu viel ist, wird auf dem Markt verkauft. Andere haben begonnen, mit dem Sukuma Wiki Hühner oder Kaninchen zu züchten, die sie dann entweder selber essen oder verkaufen können.

Wie tiefgreifend positiv diese einfachste Art des Urban Gardening das Leben zahlreicher Slumbewohner verändert hat, beschreibt Corinne Hofmann (Die weiße Massai) in ihrem Buch »Afrika, meine Passion«.

Das Suaheli-Wort Sukuma Wiki bedeutet übrigens so viel wie: »Es bringt mich über die Woche.«

»Green Sacks« in Kibera © Corinne Hofmann

meinschaftsprojekt von China und Singapur, sind bisher nicht weit über ihre Grundideen und Grundmauern hinausgewachsen. Aber sie liegen im Trend, denn im Oktober 2017 wurde auch der Plan der saudischen Königsfamilie für Neom bekannt. In der südlich von Jordanien gelegenen Küstenregion am Roten Meer sollen eine völlig neue Stadt und ein supermoderner Technologiepark aus dem Wüstenboden gestampft werden. Das auf 500 Milliarden US-Dollar kalkulierte Projekt soll nach den Vorstellungen des saudischen Kronprinzen eine künftige Hauptstadt der Wirtschaft und Wissenschaft und der lebenswerteste Ort der Welt werden. Der frühere Siemens-Konzernchef Klaus Kleinfeld wurde zum CEO des Projektes ernannt.

Alle diese Projekte sind extrem teuer und gaukeln ökologisch saubere und sichere Kunstwelten vor, die vor allem auf technischen Innovationen beruhen. Solche urbanen Utopien, hier wäre auch noch die koreanische Planstadt Songdo zu nennen, begreifen offenbar den Menschen lediglich als unabwendbaren Störfaktor in einer ökologisch korrekt funktionierenden und überwachten Technikwelt. Wie zukunftsfähig das ist, muss sich zeigen, zumindest für lebenslustige Menschen kann das aber wohl kaum ein Weg sein.

Außerdem lassen sich solche Projekte nur für einen minimalen Bruchteil der Menschheit realisieren. Der US-amerikanische Soziologe und Historiker Mike Davis, der sich seit den 1990er-Jahren mit der Sozialgeschichte der modernen Stadt befasst (bekannt wurde er durch seine Los-Angeles-Studie »City of Quartz«), sagte schon 2008 in einer Rede an der Münchner Ludwig-Maximilians-Universität: »Die Grundlage der umweltfreundlichen Stadt ist nicht unbedingt ein besonders ökologischer Städtebau oder neuartige Technologien, sondern viel eher die Entscheidung, dem öffentlichen Wohl die Priorität vor dem individuellen Reichtum einzuräumen.«

Und weiter sagte er: »Prestigeprojekte in reichen Kommunen und Staaten werden nicht die ganze Welt retten. Die Wohlhabenden können zwar aus einer Vielzahl unterschiedlicher biologisch sinnvoller Angebote für eine ökologische Lebensweise auswählen, aber worin besteht eigentlich unser übergeordnetes Ziel? Wollen wir einer Reihe umweltbewusster Promis die Gelegenheit geben, ihren umweltfreundlichen Lebensstil zur Schau zu stellen? Oder wollen wir die Solarenergie,

◆ Smart Cities

Mülltonnen werden geleert, wenn sie voll sind, Autos verringern automatisch ihre Geschwindigkeit vor Schulen, Kindergärten und Krankenhäusern, flexible Ampelschaltungen und Verkehrszeichen helfen Staus zu vermeiden, intelligente Mobilitäts- und Nahverkehrssysteme aus Bus, Bahn, Mietwagen und Mietfahrrad ermöglichen den Stadtbewohnern via App, den schnellsten und emissionsärmsten Weg von A nach B zu finden, Wasser- und Energieversorgung sowie Entsorgung werden zentral und nachhaltig gesteuert. Warenströme für die Versorgung von Metropolen werden durch intelligente Logistik umweltschonend gelenkt. Behördengänge lassen sich in Zukunft dank innovativem Datenmanagement im Internet erledigen. Der Städtebau wird nach ökologischen Richtlinien zukunftstauglich gemacht.

Smart Cities, schlaue Städte, sind grün und leise, nachhaltig und energieeffizient, sicher und bequem und schaffen eine hohe Wohn- und Lebensqualität für ihre Bürger. Die Konzepte der Smart Cities verlangen aber nicht nur eine funktionsfähige digitale Vernetzung, sondern vor allem eine engagierte, aktive Bürgerschaft.

»Entscheidend ist eine Strategie, um bestehende Datenbestände zu vernetzen und das Leben zu verbessern, ohne gleich eine Stadtmaschine à la George Orwell zu bauen«, sagt der Referatsleiter für Digitale Stadt beim Bundesinstitut für Bau-, Stadt- und Raumforschung (BBSR) Peter Jakubowski in der »Frankfurter Allgemeinen Zeitung«. Jakubowski nennt Kopenhagen als Beispiel. Dort werden die durch zahllose Sensoren und Kameras anonym erfassten, riesigen Datenmengen über Abfallmengen, Emissionen, Energieverbrauch und Bewegung der Menschen dazu genutzt, das selbstgesteckte Ziel Kopenhagens zu erreichen, nämlich bis 2025 die erste klimaneutrale Hauptstadt der Welt zu werden.

Dass Big Data der Smart Cities konstruktiv im Dienste einer informierten Bürgerschaft und für einen offenen Dialog zwischen Stadt und Bürgern genutzt werden können, zeigt das Beispiel Hamburg. Auf dem Transparenzportal der Stadt (www.transparenz. Hamburg.de) kann jeder aktuelle Daten über Luftqualität oder Lärmbelästigung abrufen, über verfügbare Kitaplätze oder Parkraum. Bürger können lesen, was die einzelnen Stadtbezirke planen, und eigene Ideen und Vorschläge für ihre Nachbarschaft oder die Stadt einbringen. Es macht wirklich Spaß, auf dieser Seite zu surfen, auch wenn man nicht in Hamburg lebt. Eine ähnlich bürgernahe digitale Plattform betreibt die Stadt Köln (stadt-koeln.de).

Eine wirklich schöne neue Welt? Oder sind Smart Cities nur ein Marketingmodell, mit dem Technologiekonzerne ihre Produkte und Dienstleistungen verkaufen wollen und Städte damit in neue Abhängigkeiten und in neue wirtschaftliche Wettbewerbe treiben?

Wenn man die Hochglanzbroschüren der Hightech-Konzerne und Investmentgesellschaften durchblättert, fällt vor allem die Abwesenheit der Menschen auf. »Sie kommen allenfalls am Rande vor, als die glücklichen, immer lächelnden Konsumenten, deren Gewohnheiten von technischen Systemen beobachtet und gegängelt werden.«*

Kritiker verweisen auch darauf, dass die Bedürfnisse der Bürger in konkreten Smart-City-Entwürfen offensichtlich zweitrangig sind. An erster Stelle stehen klar die technologischen und damit finanziellen Interessen großer Konzerne. Das zeigt sich auch darin, dass in den Smart-City-Beratungsgremien der EU in großer Zahl Unternehmen vertreten sind, zivilgesellschaftliche Initiativen hingegen so gut wie gar nicht.

Dazu heißt es im Hauptgutachten des Wissenschaftlichen Beirats der Bundesregierung mit dem Titel »Welt im Wandel – Gesellschaftsvertrag für eine Große Transformation«: »Wie kann zum Beispiel das Modell der Postwachstumsgesellschaft/-ökonomie dazu beitragen, dass es nicht nur um ein aufgesetztes Label und Konkurrenz der Städte geht, sondern um ein wirklich nachhaltiges Konzept, das sowohl ökonomisch, ökologisch und gesellschaftlich zum Umdenken bewegt – weg von einer immer noch konsumorientierten Wachstumsgesellschaft, die den Klimawandel negativ beeinflusst?«

Viele mit »Smart City« etikettierte Strategien und Konzepte bieten tatsächlich nur oberflächlich Anknüpfungspunkte an eine Postwachstumsgesellschaft, während sie in Wirklichkeit weiterhin einer von wirtschaftlichen Interessen geleiteten Wachstumslogik unterliegen. Bei der urbanen Transformation zur Smart City sollten jedoch ökologische Aspekte wie Nachhaltigkeit, Ressourcen- und Energieeffizienz im Mittelpunkt stehen. Und damit das Ganze wirklich zum Wohl der Bürger passiert, gilt es, die Bürger in diese Prozesse der Transformation so gut wie möglich miteinzubeziehen.

Wohin eine verfehlte Stadtplanung, die vorrangig an den Interessen des Kapitals orientiert ist und ohne demokratische Beteiligung der Bürger passiert, im negativen Sinne führt, wissen wir: Luftverschmutzung, fehlende Grünflächen, fehlende Kindergärten, Schulen, kulturelle Einrichtungen und vor allem fehlender bezahlbarer Wohnraum.

---

* Patrick Dax, ›Der große; Smart City‹-Schwindel«, in: futurerzone.at, 13. Juni 2014

sanitären Anlagen, Kinderkliniken und öffentlichen Transportmittel zu den Armen in den Städten dieser Welt bringen?«*

Davis fordert von Politik, Gesellschaft und vom Einzelnen explizit utopische Denkweisen. Nachhaltige urbane Modelle für den gesamten Planeten, nicht nur für einige privilegierte Staaten oder Gesellschaftsschichten, erfordern laut Davis ein enormes Maß an Fantasie. Sonst werden uns, so auch die Meinung von immer mehr Experten, »nur noch zwei Möglichkeiten bleiben: Entweder wir kämpfen für die Umsetzung ›unmöglicher‹ Lösungen für die immer komplexeren Probleme der Armut in Städten und der Klimaveränderung, oder wir machen uns zu Komplizen eines Prozesses, dem die Menschheit letztendlich zum Opfer fallen wird«.**

Was also wird in Zukunft aus Städten wie Lagos oder Nairobi, Karatschi oder Dhaka, Manila oder São Paulo, die offensichtlich immer mehr an Lebensqualität verlieren, die immer mehr Einwohner zählen, in deren Elendsvierteln immer mehr Menschen unter extrem prekären Verhältnissen leben? Die Frage muss lauten, wie können wir in zukünftigen Metropolregionen ausreichend Lebensqualität für alle Einwohner schaffen und garantieren und dabei gleichzeitig einen nachhaltigen Umgang mit den verfügbaren Ressourcen realisieren?

Diese Frage wollen wir einem Experten für Städte und Stadtentwicklung stellen, Professor Dr. Felix Creutzig. Er selbst sagt: »Die Mega-Städte weltweit werden künftig zu einer entscheidenden Stellschraube im Getriebe der internationalen Politik wie auch beim Klimaschutz.«

Harald Lesch: Deswegen, Herr Creutzig, will ich unbedingt mit Ihnen reden – es geht um die Rolle der Städte, die ja eine vergleichsweise kleine Fläche der Erdoberfläche einnehmen, aber dafür einen riesigen ökologischen Fußabdruck hinterlassen. Und wenn man sich die Zahlen ansieht, dann ist das schon ziemlich schockierend. Zum Beispiel werden angeblich 75 Prozent aller erzeugten Energie und Nahrung in Städten verbraucht. Ist das wirklich so?

---

* Mike Davis, »Wer wird die Arche bauen?«, in: »Das Raumschiff Erde hat keinen Notausgang«, Suhrkamp Verlag, Berlin 2011, S. 85 und S. 88.

** Ebd., S. 90.

Felix Creutzig: Ja, mehr als die Hälfte der Weltbevölkerung lebt derzeit in Städten. Und das ist die Weltbevölkerung, die reicher ist, die mehr Geld zur Verfügung hat und deswegen auch mehr verbraucht.

HL: Das heißt natürlich im Gegenzug, dass die Bevölkerung in den Städten auch entsprechend viel Abfall und Treibhausgase produziert.

FC: Genau. Je nachdem, wie man zählt, kommt man auf das Ergebnis, dass 70 bis 80 Prozent aller Treibhausgase weltweit in Städten anfallen.

HL: Angesichts solcher Zahlen ist die Bedeutung der Städte für die Zukunft unserer Art offensichtlich. Ich habe aber den Eindruck, dass das noch nicht so richtig in die Hirne der Entscheider – zumindest in Europa – vorgedrungen ist. Oder täusche ich mich da? Ich war von den Zahlen sehr überrascht.

FC: Es stimmt, die Thematik ist bei den Entscheidern noch nicht so richtig angekommen. Aber das ist nicht nur eine Sache der Entscheider, sondern auch der fehlenden wissenschaftlichen Arbeit. Das Thema ist überhaupt konzeptionell und auch numerisch schwierig zu erfassen, weil Städte sehr unterschiedlich sind. Beijing ist nicht gleich Berlin. Und dann sind Städte offene Systeme, man kann sie nicht ohne das Umland oder vielleicht sogar das globale Umland verstehen. Wo sind also die Grenzen zu setzen? Was sind die Lösungen, die aus einer bestimmten ökonomischen Perspektive rechtfertigbar oder aus einer bestimmten Lebensstilperspektive wünschenswert sind? Das sind schwierige normative Fragen, die auf jeden Fall nicht einfach unqualifiziert in irgendwelche Modelle übernommen werden können.

HL: Das heißt, man muss so ein Modell in die politischen und sozialen Rahmenbedingungen einbauen. Europäer werden von einem Modell etwas anderes erwarten als zum Beispiel Asiaten, oder?

FC: Eine gute Frage. Ich kann die Antwort nicht geben. Es gibt ja ein paar Städte, die als Beispiele oder Modelle gelten. Dazu zählt auch die asiatische Stadt Singapur. Und bezüglich Stadt- und Transportplanung sind viele europäische Städte neidisch auf Singapur. Ich weiß gar nicht genau, ob die Unterschiede so groß sind, aber natürlich sind auch die Voraussetzungen andere. In den USA zum Beispiel steht enorm viel Fläche zur Verfügung, in Asien hingegen leben viele Menschen auf engem Raum. Die Städte haben von vorneherein ein ganz anderes Profil und damit zum Beispiel auch andere Transportvoraussetzungen.

Felix Creutzig ist Leiter der Arbeitsgruppe »Landnutzung, Infrastruktur und Transport« am Mercator Research Institute on Global Commons and Climate Change in Berlin (MCC) und seit Februar 2017 Professor an der Technischen Universität Berlin. © Felix Creutzig

HL: Ich kenne einige ehemalige Kollegen, die nach Asien gegangen sind. Viele wohnen in Singapur und leben gern dort. Die haben natürlich ein relativ hohes Einkommen und genießen die Sicherheit, die Sauberkeit und merkwürdigerweise auch die totale Kontrolle, die in dieser Stadt herrscht. Das ist aber in meinen Augen kein Modell für eine Stadt wie Paris, London oder Berlin. Normen vorzugeben, die dann auch wirklich streng überwacht werden, darauf scheinen doch – das sage ich jetzt einmal ganz klischeehaft – die Menschen in Asien viel eher einzugehen, als die Europäer das wollten oder täten. Oder zeichne ich da ein falsches Bild?
FC: Ich kann die Frage nicht qualifiziert beantworten, aber ich denke, dass das zum Teil endogen ist, das heißt, man findet das gut, was man gewöhnt ist. Wenn man in Singapur wohnt und die Vorteile sieht, dann denkt man, das passt alles gut zusammen. Und Menschen ziehen natürlich dahin, wo sie es gut finden, auch weil sie dort ähnliche Menschen antreffen. Vor rund zehn Jahren zum Beispiel zog es viele Kreative und Künstler nach Berlin. Sie kamen unter anderem aus New York und Paris, weil es da viel zu teuer geworden war. So hat sich in Berlin eine entsprechende Szene gebildet. Eine Szene, die vielleicht das Gegenteil von Singapur ist. Aber das sind soziale Dynamiken, und das hat nicht unbedingt damit zu tun, dass verschiedene Erdteile so unterschiedlich sind.
HL: Eine Stadt ist ja eine unglaublich komplexe Form des Zusammenlebens. Eine Stadt hat eine unglaubliche Dynamik. Und mit den Dynamiken ist auch der Verbrauch von Energie verbunden. Wie kann man

denn die Dynamik der Populationsstruktur einer Stadt überhaupt wissenschaftlich packen?

FC: Ein möglicher Zugang ist ein stadtökonomischer, der kausale Zusammenhänge aufzeigt. Man hat verschiedene Kernvariablen wie Transportkosten, Transportsysteme, Einkommen, Platz, der zur Verfügung steht, und vieles andere mehr. Dann untersucht man, wie diese Faktoren zusammenhängen und wie das System reagiert, wenn sich eine Variable ändert. Damit erhält man schon ein systematisches Verständnis. Man sammelt möglichst viele Daten und versucht das, was einen gerade interessiert, aus verschiedenen Perspektiven anzuschauen. So gewinnt man von einem Teil des Systems zumindest ein gutes Verständnis.

HL: Sie haben jetzt an der Technischen Universität Berlin eine neue Professur inne, einen Lehrstuhl für nachhaltige Stadtökonomie. Gibt es anderswo bei uns ähnliche Lehrstühle?

FC: Der spezifische Zuschnitt ist wahrscheinlich der Einzige. Von Haus aus bin ich Naturwissenschaftler, kein Ökonom. Ich benutze aber die ökonomischen Konzepte und wende sie auf nachhaltige Themen, im Speziellen auf die Urbanisierung und den Klimawandel, an. Und da gibt es eine Menge zu erforschen, was am Ende sehr lohnend ist.

HL: Dazu gleich eine ganz konkrete Frage: Wie können wir denn in zukünftigen Metropolregionen wirklich ausreichend Lebensqualität für die Einwohner generieren und garantieren und gleichzeitig einen nachhaltigen Umgang mit den verfügbaren Ressourcen realisieren? Wie geht das? Das scheint mir ein fast unmöglicher Balanceakt zu sein.

FC: Es gibt auf jeden Fall Schnittstellen, Synergien, die befördern, dass nachhaltiger Ressourcenumgang und Lebensqualität einhergehen. Ein Beispiel ist die Stadt der kurzen Wege. Das wäre eine Stadt, in der viele verschiedene Lokalitäten zu Fuß oder mit dem Fahrrad erreichbar sind. Ein zweiter Schritt wäre, verschiedene Teilstadtkerne mit einem emissionsfreien Transitsystem zu verbinden. Dann gilt es, die Innenstädte autofrei zu machen, damit steigt die Lebensqualität dramatisch, gerade wegen der Luftverschmutzung, die ein weitaus erheblicherer Faktor ist als viele andere Sachen. Es gibt auf jeden Fall zahlreiche Synergien.

Ich denke, das zentrale Problem ist nicht die Stadt selbst, sondern das Umland der Stadt. Man kann natürlich die Innenstadt relativ emissionsarm und energieeffizient machen. Aber eine Stadt ist ein offenes System, und man kann nicht alle Menschen in die Innenstadt stecken. Menschen, die außerhalb der Stadt wohnen, aber von der Stadt quasi leben, die müssen ja in die Stadt kommen. Und für diese Pendler ein energieeffizientes System zu entwickeln, ist nicht so einfach, weil die Mobilität dafür individuell zugeschnitten sein muss. Meines Erachtens ist auf jeden Fall ein zentraler Punkt, dass Städte und Umland zusammen eine Einheit bilden und sich koordinieren.

Ein anderer Ansatzpunkt ist natürlich bezahlbarer Wohnraum in einer Lage, die einigermaßen attraktiv und erreichbar ist. Das ist eine Hauptaufgabe der Stadtplanung und des Wohnungsbaus. Da muss man endlich anfangen. Wenn der Wohnungsbau dort stattfindet, wo es möglich ist, nachhaltig zu leben, dann hat man gewonnen. Und ich würde sagen, das ist mit entsprechenden politischen Rahmenbedingungen machbar. Ein Beispiel ist Kopenhagen.

Kopenhagen hat mehr als 50 Prozent Fahrradverkehr bei der privaten, individuellen Mobilität. Die haben viel Umland, und das haben sie mit dem sogenannten Fingerplan eingebunden. Die sechs Finger, die von Kopenhagen ausstrahlen, sind Verkehrs- und Siedlungskorridore, die mit Niedrigemissionsverkehrsmitteln – mit Schienenverkehr und Fahrrad-Highways – über Distanzen von 20 bis 30 Kilometern die Menschen in die Stadt einbinden. Zwischen diesen Fingern liegen grüne Landschaften. Kopenhagen zeigt, dass so etwas möglich ist. Die haben damit vor mehr als 40 Jahren angefangen, das geht natürlich nicht von heute auf morgen. Und das Ganze fängt mit der Stadtplanung an.

HL: Das heißt, man hat in Kopenhagen eine Stadtplanung gehabt, und die Bevölkerung hat mitgemacht. Dazu gehört auch eine gewisse Kontinuität über 40 Jahre hinweg, ganz unabhängig davon, welche jeweilige politische Richtung gerade die Stadt regiert.

FC: Die Details kenne ich nicht, aber das Geheimnis ist, einfach eine sehr gute Kommunikation aufzubauen und zu pflegen! Also: Was wollen wir machen? Was bedeutet das für die Menschen in der Stadt? Die Stadtplaner müssen mit verschiedenen Gruppen sprechen, sehr viel sprechen, sehr viele Dialoge führen, versuchen herauszufinden, was die wesentlichen Sachen sind, wo man eine gemeinsame Schnittmenge hat. Einfach von oben runterplanen, das funktioniert sicherlich nicht.

Aber wenn man als Stadtplaner eine klare Vision hat, diese gut kommunizieren kann und bereit ist, die verschiedenen Bedürfnisse der verschiedenen Menschen aufzunehmen, dann ist es auf jeden Fall möglich, den nachhaltigen Weg zu gehen.
HL: Es scheint, dass Menschen in dem Moment, wo sie erleben, dass eine Veränderung für sie positiv ist, mitziehen.
FC: Genau, das sehen wir zum Beispiel in Stockholm. Dort gibt es heute eine Innenstadtmaut, die 2007 eingeführt wurde. Interessant ist, wie es dazu kam. Die Stadt hat gesagt, wir wissen, ihr, die Bürger, mögt das nicht so gerne, aber wir probieren es sieben Monate aus und stimmen danach ab. Dann haben sie es ausprobiert, und zumindest die Einwohner von Stockholm waren begeistert. Der Verkehr lief flüssiger (15,5 Prozent weniger gefahrene Kilometer innerhalb der betreffenden Innenstadtbezirke), die Luft war besser (13 Prozent weniger Feinstaubemissionen), der Lärm geringer. Die Menschen merkten plötzlich, ihre Stadt, das Leben in der Stadt, hatte an Qualität gewonnen. Und dann haben sie abgestimmt, obwohl sie anfangs sehr skeptisch waren. Diesen Mut braucht es, auch wenn es am Anfang viele Skeptiker gibt, da braucht es Governance, aber auch die Möglichkeit für Beteiligung verschiedenster Art. Nach der Abstimmung stand fest, die Maut bleibt.
HL: Das finde ich großartig. Also nicht von vornherein alles abzulehnen, sondern es mal auszuprobieren und damit dem Irrtum eine Chance zu geben, und zwar sowohl dem persönlichen Irrtum, wenn man dagegen gewesen ist, als auch dem Irrtum der Planer, die gedacht haben, es wäre viel besser, und dann hat es doch nicht funktioniert. Eine solche irrtumsfreundliche, experimentierfreudige Haltung haben wir ja in Deutschland meiner Meinung nach gar nicht. Oder?
FC: Nein, leider nicht. Es sollte mehr ausprobiert werden. Autofreie Sonntage gab es schon mal, man sollte wieder damit experimentieren. Mal sehen, ob sich die meisten eher ärgern oder aber sich über die frei bespielbaren Straßen freuen.
HL: Wir brauchen mehr von den »Warum nicht?«-Typen, den Ausprobierern, den Wagemutigen und Neugierigen.

Ausprobiert wurden ja auch mehrere Modellstädte, die die vorher von Ihnen erwähnten Kernvariablen erfüllen sollten: kurze Wege, öko-

◆ **Innenstadtmaut**

Weltweit gibt es inzwischen zahlreiche Metropolen, die eine Innenstadtmaut für Fahrzeuge erheben. Die Modelle zur Bemessung und Zahlung der Maut beziehungsweise Gebühren sowie die Techniken zur Gebührenerhebung unterscheiden sich von Ort zu Ort. Allen gemein ist das Ziel, den umweltschädlichen Individualverkehr aus den Städten fernzuhalten, um die Luftverschmutzung und die Lärmbelästigung zu minimieren. Teilweise, wie etwa in Singapur, wird mit den Mautgeldern der öffentliche Nahverkehr finanziert.

Innenstadtmaut-Systeme haben innerhalb Europas bisher:
Norwegen: Bergen, Haugesund, Kristiansand, Namsos, Oslo, Stavanger, Tonsberg, Trondheim
Schweden: Göteborg, Stockholm
Großbritannien: Durham, London
Italien: Bologna, Mailand, Palermo, Rom
Malta: Valetta

In Deutschland hat der Autoverkehr trotz zum Teil extremer Luftverschmutzungswerte in vielen Großstädten weiter Vorfahrt.

logische Baustoffe, Lebensqualität in Wohn- und Außenbereichen, regionale Versorgung, digitale Vernetzung, moderne, emissionsfreie Mobilität, ich bin fast versucht zu sagen, schöne neue Welt. Das sind Modellstädte wie Masdar City in den Vereinigten Arabischen Emiraten oder Tianjin Eco-City, ein Gemeinschaftsprojekt von China und Singapur, oder das koreanische Songdo. Diese Projekte sind ja Kunstwerke, im Sinne von künstlich, die nach Masterplänen von oben in die Tat umgesetzt wurden, ohne großartig nachzufragen oder mit der Bevölkerung zu kommunizieren. Hat das Zukunft?

FC: Ich glaube nicht, weil man Lebensräume nicht einfach so hochziehen kann. Aber ich würde sie im positiven Sinn als große Labore betrachten. Warum nicht ausprobieren? Wenn dabei neue Gebäudetypen ausprobiert werden, sehr gut. Wenn dabei eine neue Vernetzung der Wege innerhalb einer Stadt herauskommt, warum nicht? Warum nicht mal ausprobieren, was funktioniert und was nicht?

HL: Neben den Modellstädten und den skandinavischen Mustermetro-

polen wie Kopenhagen, Stockholm, Oslo oder Malmö haben wir Metropolregionen wie Lagos, Nairobi, Manila und Kalkutta. Diese Städte verlieren immer mehr an Lebensqualität, haben enorme Emissionen, und die Elendsviertel wuchern Krebsgeschwüren gleich. Wie kann man denn in solchen Strukturen ausreichend Lebensqualität für die Einwohner und zugleich eine nachhaltige Ressourcenwirtschaft schaffen? Es müsste doch eine Revolution in diesen Städten passieren, oder?
FC: Das ist natürlich die Masterfrage. Weil es einfach sehr viele Menschen betrifft, deren Lebensqualität viel, viel geringer ist als die unsere. Da gilt es zunächst entsprechende Infrastrukturen zu schaffen, Elektrizität und sanitäre Anlagen; das hätte direkte und indirekte Auswirkungen auf Gesundheit, Bildung und Lebensqualität. Es gibt Studien, die belegen, dass die Ressourcenbelastung durch Slums gering ist. Es geht in den Elendsvierteln nicht um Ressourcenschonung, sondern darum, erst einmal das Mindestmaß an Ressourcen zur Verfügung zu stellen, damit muss man anfangen! Die wirklichen High-Emitters und Ressourcenverbraucher sind die eine Milliarde Menschen aus wohlhabenden Ländern, die verbrauchen 90 Prozent aller Ressourcen.
HL: Ich habe hier ein Statement vom Umweltbundesamt zur New Urban Agenda, darin heißt es: »Mit der New Urban Agenda haben die Staaten ein Dokument vorgelegt, das sich mit der Entwicklung, Funktion und nachhaltigen Ausgestaltung von Städten befasst – und das zum ersten Mal unter dem Eindruck einer bereits heute stark verstädterten Welt und mit der Perspektive weiter zunehmender Urbanisierung.« Haben Sie den Eindruck, es wird jetzt mal richtig angepackt? Wird das Programm nicht das gleiche Schicksal erleiden wie das Klimaabkommen von Paris? Da wird ja offenbar das, was eigentlich getan werden müsste, nämlich die Treibhausgase zu reduzieren, einfach nicht getan. Ist Ihrer Meinung nach der Ernst des Problems international akzeptiert worden?
FC: Ich bin nicht so ganz einverstanden mit Ihrer Bewertung des Klimaabkommens von Paris. Das war ein riesiger Fortschritt in Bezug darauf, dass die Weltgemeinschaft sich einhellig auf ein Ziel verständigt hat und die dazu nötigen Bemühungen anerkannt hat. Natürlich, es hat 20 Jahre gedauert, viel zu langsam, klar. Und das Abkommen ist immer noch nicht verbindlich. Trotzdem, es hat sich ansatzweise ein

◆ Cities Climate Leadership Group (C40)

2005 vom früheren Londoner Bürgermeister Ken Livingstone ins Leben gerufen, vereint die C40-Gruppe heute 90 Städte weltweit, die mehr als 650 Millionen Menschen und ein Viertel der Weltwirtschaft repräsentieren.

Die C40-Gruppe konzentriert sich auf die Bekämpfung des Klimawandels und die Förderung städtischer Maßnahmen, die Treibhausgasemissionen und Klimarisiken verringern und gleichzeitig die Gesundheit, das Wohlergehen und die wirtschaftlichen Chancen der städtischen Bürger verbessern sollen.

Die derzeitige Vorsitzende der C40-Gruppe (die einst 40 Mitglieder umfasste) ist die Bürgermeisterin von Paris, Anne Hidalgo. Vorstandsvorsitzender von C40 ist der ehemalige Bürgermeister von New York City, Michael Bloomberg.

C40-Netzwerke helfen den Städten, Klimaschutzmaßnahmen unter- und miteinander zu verbessern und zu beschleunigen. Die C40-Arbeitsgruppen bieten einen offenen und umfangreichen Wissens- und Erfahrungsaustausch untereinander und ermöglichen es den einzelnen Städten, das globale Knowhow ihrer Kollegen zu nutzen. Auch wird der Technologietransfer erleichtert, und die Städte versuchen, gemeinsame Projekte durchzuführen. Individuelle Stadtlösungen können weltweite Wirkung und Aufmerksamkeit erlangen, da C40 eine globale Plattform für die Präsentation von erfolgreichen Maßnahmen bietet. Die Netzwerke der Gruppe sind dynamisch und flexibel aufgebaut, um den sich ändernden Bedürfnissen und Prioritäten der teilnehmenden Städte gerecht zu werden.

Eine Liste der 90 Städte der C40-Gruppe (die beiden einzigen deutschen Mitglieder sind Berlin und Heidelberg) sowie mehr über die verschiedenen Projekte von C40 finden Sie unter: www.c40.org, weitere Informationen über andere City-Netzwerke finden Sie auf der Website des Global Development Research Center, www.gdrc.org.

Konsens herausgebildet. Und das ist, glaube ich, schon wichtig. Wir haben ja auch mittlerweile eine Stagnation der Treibhausgasemissionen. Vielleicht ist das schon ziemlich spät, und vielleicht reicht das nicht aus. Wir brauchen nicht nur eine Stagnation, sondern eine rasche Senkung.

Was die Städte angeht: Da gibt es seit mehreren Jahren das Netzwerk der 40 Städte, C40, dann gibt es Männer wie den ehemaligen Bürgermeister von New York City, Michael Bloomberg*, und es gibt die New Urban Agenda. Ich weiß nicht genau, was die internationale Ebene insgesamt bewirkt, aber es gibt zahllose lokale Aktivitäten weltweit. Koordination ist wichtig, Erfahrungen und Beispiele austauschen, sich miteinander verbünden. Das findet zum Teil statt, das ist alles gut. Und dann muss man sehen, dass die positiven Beispiele auch wirklich als nachahmenswert empfunden werden.

HL: Nachahmenswert, wie wahr. Es wäre ja schön, wenn zum Beispiel Kopenhagen in Hamburg oder vielleicht in Berlin oder München als nachahmenswert wahrgenommen würde, in dem Sinne, dass Stadtplaner dieser deutschen Großstädte einmal ernsthaft darüber nachdenken, Ähnliches auszuprobieren. Wir könnten bei der Verringerung von Treibhausgasemissionen Vorbild sein, denn was in anderen Ländern, in Afrika, Asien oder Südamerika, passiert, darauf haben wir wenig Einfluss. Deutschland tut das nur leider nicht. Die Emissionen in Deutschland sind nach wie vor hoch.

FC: Ja, vor allen Dingen im Transportsektor steigen die Emissionen noch. Da haben die EU-Regulationen, die eigentlich gut gedacht waren, nicht viel geholfen, weil die Autoindustrie es verstanden hat, die ein bisschen auszutricksen. Im Gegensatz zum Diesel-Abgasskandal war das bei den CO_2-Emissionen zumindest nicht illegal. Aber natürlich ist es trotzdem problematisch in der Hinsicht, dass die angedachten Ziele überhaupt nicht eingehalten wurden oder werden. Der Transportsektor ist da schon die große Herausforderung. Das hängt natürlich damit zusammen, dass Deutschland ein Autoland ist und von der Politik auch so gedacht wird. Teilweise gewinnt man den Eindruck, das Verkehrsministerium ist konservativer als die Autoindustrie.

HL: Ich bin sehr gespannt, ob sich Vorbilder wie Kopenhagen tatsächlich durchsetzen, weil ich immer den Eindruck habe, dass allen vor-

* Der ehemalige Bürgermeister von New York City, Michael Bloomberg, wurde 2014 von UN-Generalsekretär Ban Ki-moon zum Sonderbeauftragten für Städte und Klimawandel ernannt. Der amerikanische Milliardär engagiert sich auch über seine Stiftung Bloomberg Philantropies (www.bloomberg.org) für die Stadtentwicklung der Zukunft. Außerdem hat er dem UN-Klimasekretariat 15 Millionen Dollar zugesagt, um die Finanzlücke zu schließen, die durch den von US-Präsident Trump beschlossenen Ausstieg der USA aus dem Pariser Klimaabkommen entstehen wird.

Urbane Mobilität mit Zukunft: Das Seilbahnnetz im bolivianischen La Paz wird bis 2019 mit insgesamt neun Linien und einer Streckenlänge von 30 Kilometern das größte urbane Seilbahnnetz der Welt sein. Die erste Linie des umweltfreundlichen und platzsparenden Verkehrsnetzes, die Linea Roja, die Rote Linie, wurde 2014 eröffnet. München plant eine 4,5 Kilometer lange Strecke, die bis spätestens 2025 fertiggestellt sein soll. Mit ihr können 4000 Menschen pro Stunde und pro Richtung befördert werden. Das sind 50 Prozent mehr als mit einer Tram. Die Kosten von 50 Millionen Euro liegen dabei wesentlich niedriger als beim Bau von vergleichbaren U-Bahnstrecken. © Doppelmayr Seilbahnen GmbH

an die Automobilindustrie sehr kreativ ist, sich den Stadtplanern entgegenzustellen, wenn die versuchen, ihre Stadt zu einem ökologisch guten Lebensraum zu machen. Die Art und Weise, wie die Automobilindustrie die entsprechenden Regularien und Verabredungen aushebelt, das grenzt mitunter an organisiertes Verbrechen. Es gibt eine Definition der Justiz- und Innenminister der Länder, die habe ich im Onlineportal des »Spiegel« gelesen: »Organisierte Kriminalität ist die von Gewinn- oder Machtstreben bestimmte planmäßige Begehung von Straftaten, die einzeln oder in ihrer Gesamtheit von erheblicher Bedeutung sind, wenn mehr als zwei Beteiligte auf längere oder unbestimmte Dauer arbeitsteilig … unter Einflussnahme auf Politik, Medien, öffentliche Verwaltung, Justiz oder Wirtschaft zusammenwirken.«

Dazu passt das geheime Kartell der deutschen Autobauer, namentlich VW, Audi, Porsche, BMW und Daimler. Die haben sich, so hat es der »Spiegel« im Juli 2017 offengelegt, seit den Neunzigerjahren in geheimen Treffen über die Technik, Kosten, Zulieferer und über die Abgasreinigung, sprich Schummelsoftware ihrer Dieselfahrzeuge, abgesprochen.

Ich wundere mich allerdings, dass diejenigen, die solche Unternehmen führen, nicht daran denken, dass ihre Kinder oder ihre Enkel eben unter genau den Bedingungen werden leben müssen, die sie gerade verunstalten. Bei diesen Herren ist offensichtlich wenig Gefühl dafür vorhanden, was eigentlich in Zukunft passieren muss, damit es für möglichst viele Menschen auf der Welt ein gedeihliches Weiterleben geben kann.

FC: Ich glaube, deren Denkart ist, dass die CO_2-Richtlinien lästige Regularien sind, also lass uns eine ingenieurtechnische Lösung dafür finden. Aber der eigentliche Fehler liegt meines Erachtens in der Politik, die einfach nicht sagt: Wir setzen das durch. Wenn die Politiker eine klare Ansage machen würden und dann auch dazu stünden, dann würde das ganz anders aussehen, dann würde die Autoindustrie auch innovativer in eine andere Richtung gehen.

HL: Das deckt sich mit dem, was wir von vielen Managern in der Industrie gehört haben: In dem Moment, in dem die Politik klare Rahmenbedingungen setzen würde, verhielten sich die Unternehmen entsprechend anders. Aber es ist immer ein Lavieren, was offenbar mit dem starken Einfluss von Lobbyisten zu tun hat. Wenn die Souveränität unter den Entscheiderinnen und Entscheidern größer wäre, dann wäre sicherlich vieles besser.

FC: Und die Politik traut sich auch nicht, weil sie Angst hat, etwas falsch zu machen.

HL: Genau, die wollen ja wiedergewählt werden. Herr Creutzig, danke für das Gespräch.

18 Der Planet lebt noch

Verkehr und Wirtschaft, Technologie und Wissenschaft, Kultur, Bevölkerung, Institutionen und vieles andere mehr an Hand- und Hirnprodukten: Die Anthroposphäre, die Sphäre des Menschen, seiner Ziele, Hoffnungen, Träume und Visionen ballt sich in den Metropolen und Megacitys dieser Welt. Diese Ballungszentren sind Ausdruck der totalen Machtergreifung der Menschheit auf dem Planeten Erde. Diktiert von der Ideologie des ungebremsten Kapitalismus, verwandelt der Mensch mit dieser Rohstoffe verschlingenden Siedlungsform den Globus.

Entsprechend groß, wir haben schon im vorigen Kapitel darüber gesprochen, ist der sogenannte ökologische Fußabdruck dieser planetaren Krebsgeschwüre. Hier werden die meisten Ressourcen verbraucht, der Energieverbrauch pro Kopf ist der höchste, der meiste Müll und die meisten Emissionen werden produziert. Eine Metropole wie London hat einen ökologischen Fußabdruck, der 120-mal der Fläche der Stadt gleichkommt. Das wiederum entspricht ungefähr der gesamten ökologisch nutzbaren Fläche Englands. Dies berechneten die Ökologen Mathis Wackernagel und William Rees, die in den 1990er-Jahren das Konzept des ökologischen Fußabdrucks erstmals entwarfen.

Der ökologische Fußabdruck entspricht demnach der Fläche der Erde, die notwendig ist, den Lebensstandard eines Menschen auf Dauer zu ermöglichen. Berücksichtigt wird dabei der gesamte Ressourcenverbrauch einer einzelnen Person: Energie, Nahrung, Kleidung, Entsorgung von produzierten Abfällen und das Binden des durch sein Handeln entstandenen Kohlendioxids. Der so ermittelte ökologische Fußabdruck wird in Hektar pro Person und Jahr angegeben.

Weltweit gibt es rund 11,3 Milliarden Hektar ökologisch produktiver Flächen, die für die Erzeugung von Nahrungsmitteln, die Energiegewinnung und den Wohnungsbau genutzt werden können. Dieser Fläche gegenüber steht die Summe der Menschen. Die Rechnung lautet also: 11 300 000 000 : 7 470 000 000 = 1,51

Das heißt, heute stünden jedem Menschen der Welt 1,51 Hektar zu, um seinen Lebensstandard nachhaltig zu gestalten. Wer mit dieser Nachhaltigkeit lebt, trägt nicht zur Zerstörung der natürlichen Ressourcen bei, weil diese sich in den natürlichen Zyklen erneuern können.

Im weltweiten Durchschnitt – und wir können gar nicht oft genug darauf hinweisen, weshalb wir die Zahlen hier noch einmal, wie in unserem letzten Buch, nennen – nutzen wir heute aber mehr als 2,2 Hektar pro Mensch. Multiplizieren wir diesen Betrag mit 7,47 Milliarden Einwohnern, kommen wir auf eine Summe von 16,46 Milliarden Hektar ökologisch produktiver Flächen, die nötig wären. Unsere Erde verfügt aber über nur 11,3 Milliarden Hektar. Das heißt, wir verbrauchen fast eineinhalb Erden. Wir leben in einem ökologischen Defizit.

Nach Studien des Global Footprint Network (footprintnetwork.org) übernutzt der Mensch die Biokapazität der Erde schon seit 1987. Den größten ökologischen Fußabdruck hinterlassen die Bewohner der Vereinigten Arabischen Emirate und der USA mit rund 10,5 Hektar pro Person, ein durchschnittlicher Europäer beansprucht 4,7 Hektar, ein Mensch in Bangladesch nur 0,6 Hektar. Würden alle Menschen auf dem Planeten leben wollen wie der durchschnittliche Nordamerikaner, bräuchten wir sechs Erden, für den Standard eines Europäers bräuchten wir drei Erden. Deutschland verbraucht etwa das Zweieinhalbfache seiner vorhandenen Biokapazität. In den Berechnungen des ökologischen Fußabdrucks des Global Footprint Network liegt Deutschland auf Rang 34 im weltweiten Vergleich von 182 Staaten. Besonders hoch ist die Belastung in den Bereichen CO_2-Emissionen (Rang 30), Ackerland (Rang 15) und Verlust von Biodiversität durch bebaute Flächen (Rang 12).

Würde hingegen die gesamte Menschheit leben wie ein durchschnittlicher Mensch in Bangladesch, benötigten wir nicht einmal eine Erde und würden sogar noch Reserven für die Zukunft bereitstellen.

Mit der Größe des ökologischen Fußabdrucks der gesamten Weltbevölkerung lässt sich nicht nur das ökologische Defizit berechnen, sondern auch der ökologische Overshoot, der im Deutschen auch als Welterschöpfungstag oder Erdüberlastungstag bekannt ist. Diese vom Global Footprint Network ins Leben gerufene Aktion errechnet jedes Jahr den Tag, an dem der aktuelle Verbrauch an natürlichen Ressourcen die Kapazität der Erde zur Regeneration dieser Ressourcen übersteigt. Dabei wird die gesamte Nutzung von Wäldern, Wasser, Ackerland und Lebewesen, die alle Menschen derzeit für ihre Lebens- und Wirtschaftsweise brauchen, der Fähigkeit der Erde, solche Ressourcen aufzubauen sowie Abfälle und Emissionen aufzunehmen, gegenübergestellt. Auf diese Weise zeigt sich, ab wann die Menschheit sich im ökologischen Defizit befindet. Alles, was vom Erdüberlastungstag an verbraucht wird, wächst nicht nach beziehungsweise kann von der Erde nicht kompensiert werden. Dass dieser Tag jedes Jahr früher erreicht wird, ist ein deutliches Zeichen für die rücksichtslose Zerstörung der Biokapazität des blauen Planeten.

Welterschöpfungstag	Jahr
1. November	2000
20. Oktober	2005
9. Oktober	2006
6. Oktober	2007
23. September	2008
25. September	2009
21. August	2010
27. September	2011
22. August	2012
20. August	2013
19. August	2014
13. August	2015
3. August	2016
2. August	2017
1. August	2018

Deutschland alleine gerechnet hatte 2018 seinen Earth Overshoot Day am 2. Mai bereits erreicht.

Den Berechnungen des Global Footprint Network zufolge verbrauchen wir also mehr Ressourcen, als es auf der Erde gibt. Die Rechnung geht doch trotzdem auf, oder?

Ja, aber ausschließlich für die Menschen, die in den reichen Industriestaaten leben. Wir bestreiten unseren Wohlstand auf Kosten anderer Menschen in der sogenannten Dritten Welt, in Bangladesch, im Niger oder in Bolivien. Jeder Quadratmeter, den ein Mensch in Deutschland mehr braucht für seine persönlichen Wünsche und Ansprüche, egal, ob für einen Wochenendflug nach Paris, für ein gutes Steak beim Italiener oder für ein neues Auto, fehlt einem Menschen in den ärmeren Ländern. Wir wissen, dass die Erde nicht wächst, aber unsere Ansprüche wachsen – und die Ungerechtigkeit und Ungleichheit wachsen mit.

Es ist höchste Zeit, dass wir uns die Widersprüche unserer Lebensweise klarmachen und aufhören, zwischen »gut denken« und »es wird schon klappen« zu lavieren und dabei unser Leben in gewohntem Maß – oder sollte man besser sagen, in gewohnter Maßlosigkeit – fortführen und dadurch andere Menschen in Armut halten und unseren Planeten zerstören.

Wir haben keine Zeit mehr, wir müssen konsequent umdenken und handeln, um die noch lebendigen Biokapazitäten unseres Planeten nicht auf Jahrtausende hin zu zerstören. Das alles muss der Menschheit in den nächsten 35 Jahren gelingen, sonst verlieren alle womöglich alles, dann ist er da: der Weltuntergang!

Der Weltuntergang

Der Weltuntergang
meine Damen und Herren
wird nach dem, was man heute so weiß
etwa folgendermaßen vor sich gehn:

Am Anfang wird auf einer ziemlich kleinen Insel
im südlichen Pazifik
ein Käfer verschwinden
ein unangenehmer
und alle werden sagen

Gott sei Dank ist dieser Käfer endlich weg
dieses widerliche Jucken, das er brachte
und er war immer voller Dreck.

Wenig später werden die Bewohner dieser Insel
merken
dass am Morgen früh
wenn die Vögel singen
eine Stimme fehlt
eine hohe, eher schrille
wie das Zirpen einer Grille
die Stimme jenes Vogels, dessen Nahrung, es ist klar
der kleine, dreckige Käfer war.

Wenig später werden die Fischer dieser Insel
bemerken
dass in ihren Netzen
eine Sorte fehlt
jene kleine, aber ganz besonders zarte, die –
hier muss ich unterbrechen und erwähnen
dass der Vogel mit der eher schrillen Stimme
die Gewohnheit hat oder gehabt haben wird
in einer langen Schlaufe
auf das Meer hinaus zu kehren
und während dieses Fluges seinen Kot zu entleeren
und für die kleine
aber ganz besonders zarte Sorte Fisch war dieser Kot
das tägliche Brot.

Wenig später werden die Bewohner des Kontinents
in dessen Nähe
die ziemlich kleine Insel im Pazifik liegt
bemerken, dass sich überall
an den Bäumen, auf den Gräsern
an den Klinken ihrer Türen
auf dem Essen, an den Kleidern

auf der Haut und in den Haaren
winzige schwarze Insekten versammeln
die sie niemals gesehen
und sie werden's nicht verstehen
denn sie können ja nicht wissen
dass die kleine
aber ganz besonders zarte Sorte Fisch
die Nahrung eines größern
gar nicht zarten Fisches war
welcher seinerseits nun einfach eine andre Sorte jagte
einen kleinen, gelben Stichling vom selben Maß
der vor allem diese schwarzen Insekten fraß.

Wenig später werden die Bewohner Europas
also wir
merken, dass die Eierpreise steigen
und zwar gewaltig
und die Hühnerfarmbesitzer werden sagen
dass der Mais
aus dem ein Großteil des Futters
für die Hühner besteht
vom Kontinent
in dessen Nähe
die ziemlich kleine Insel im Pazifik liegt
plötzlich nicht mehr zu kriegen sei
wegen irgendeiner Plage von Insekten
die man mit Giften erfolgreich abgefangen
nur leider sei dabei auch der Mais draufgegangen.

Wenig später
jetzt geht es immer schneller
kommt überhaupt kein Huhn mehr auf den Teller.
Auf der Suche nach Ersatz
für den Mais im Hühnerfutter
hat man den Anteil an Fischmehl verdoppelt
doch jeder Fisch hat heutzutage halt

seinen ganz bestimmten Quecksilbergehalt
bis jetzt war er tief genug, um niemand zu verderben
doch nun geht's an ein weltweites Hühnersterben.

Wenig später
werden die Bewohner jener ziemlich kleinen Insel
im südlichen Pazifik
erschreckt vom Ufer in die Häuser rennen
weil sie das, was sie gesehen haben
absolut nicht kennen.
Die Flut hat heute
und dazu muss man bemerken
der Himmel war blau und Wind gab es keinen
und der Wellengang war niedrig
wie stets bei schönem Wetter
und trotzdem lagen heute Nachmittag
die Ufer der Insel unter Wasser
und natürlich wusste niemand
dass am selben Tag auf der ganzen Welt
die Leute von den Ufern in die Häuser rannten
und die Steigung des Meeres beim Namen nannten.

Wenig später
werden die Bewohner jener ziemlich kleinen Insel
im südlichen Pazifik
von den Dächern ihrer Häuser
in die Fischerboote steigen
um in Richtung jenes Kontinents zu fahren
wo seinerzeit die Sache mit dem Mais passierte.
Doch auch dort ist das Meer
schon meterhoch gestiegen
und die Städte an der Küste und die Häfen
die liegen
schon tief unter Wasser
denn die Sache ist die
man musste das gesamte Federvieh

also sechs Milliarden Stück
vergiftet wie es war, verbrennen
und der Kohlenstaub, der davon entstand
gab der Atmosphäre
durch Wärme und Verbrennung
schon bis anhin strapaziert
den Rest.
Sie ließ das Sonnenlicht wie bisher herein
aber nicht mehr hinaus
wodurch sich die Luft dermaßen erwärmte
dass das Eis an den Polen zu schmelzen begann
die Kälte kam zum Erliegen
und die Meere stiegen.

Wenig später werden die Leute
die mittlerweile in die Berge flohen
hinter den Gipfeln
weit am Horizont
ein seltsam fahles Licht erblicken
und sie wissen nicht, was sie denken sollen
denn man hört dazu ein leises Grollen
und wenn einer der Ältern jetzt vermutet
dass nun der Kampf der Großen beginnt
um den letzten verbleibenden Raum für ihre Völker
da fragt ein andrer voller Bitterkeit
wie um Himmels willen kam es soweit?

Tja, meine Damen und Herren
das Meer ist gestiegen, weil die Luft sich erwärmte
die Luft hat sich erwärmt
weil die Hühner verbrannten
die Hühner verbrannten, weil sie Quecksilber hatten
Quecksilber hatten sie, weil Fisch gefüttert wurde
Fisch hat man gefüttert, weil der Mais nicht mehr kam
der Mais kam nicht mehr, weil man Gift benutzte
das Gift musste her, weil die Insekten kamen

die Insekten kamen, weil ein Fisch sie nicht mehr fraß
der Fisch fraß sie nicht, weil er gefressen wurde
gefressen wurde er, weil ein anderer krepierte
der andere krepierte, weil ein Vogel nicht mehr flog
der Vogel flog nicht mehr, weil ein Käfer verschwand
dieser dreckige Käfer, der am Anfang stand.

Bleibt die Frage
stellen Sie sie unumwunden
warum ist denn dieser Käfer verschwunden?

Das, meine Damen und Herren
ist leider noch nicht richtig geklärt
ich glaube aber fast, er hat sich falsch ernährt.
Statt Gräser zu fressen, fraß er Gräser mit Öl
statt Blätter zu fressen, fraß er Blätter mit Ruß
statt Wasser zu trinken
trank er Wasser mit Schwefel –
so treibt man auf die Dauer
an sich selber eben Frevel.

Bliebe noch die Frage
ich stell mich schon drauf ein
wann
wird das sein?

Da kratzen sich die Wissenschaftler
meistens in den Haaren
sie sagen
in zehn, in zwanzig Jahren
in fünfzig vielleicht oder auch erst in hundert
ich selber habe mich anders besonnen
ich bin sicher
der Weltuntergang, meine Damen und Herren
hat
schon
begonnen.

Die grimmige Vision des Schweizer Schriftstellers, Kabarettisten und Liedermachers Franz Hohler aus dem Jahr 1974 wurde durch eine Nachricht im Oktober 2017 auf dramatische Weise unterstrichen: Sie haben sich doch sicher auch schon gewundert, wo all die Insekten hin sind, die sonst tot an Ihrer Windschutzscheibe klebten, wenn Sie im Frühjahr oder Sommer eine längere Strecke auf der Autobahn gefahren sind.

Forscher schlagen jetzt Alarm: In den letzten 27 Jahren hat die Biomasse der fliegenden Insekten in Deutschland um 76 Prozent, im Hochsommer sogar um bis zu 82 Prozent abgenommen, so das Ergebnis einer Langzeitstudie von Biologen der Radboud-Universität im niederländischen Nijmegen, die Naturschutzgebiete in Deutschland untersuchten. Noch drastischer, so vermuten die beteiligten Forscher, ist der Insektenschwund wahrscheinlich in landwirtschaftlich intensiv genutzten Gebieten und in Städten. Ohne Insekten aber werden wir Probleme mit dem Anbau von Obst und Gemüse haben, denn 80 Prozent der Pflanzen in Deutschland sind auf die Bestäubung durch Insekten angewiesen. Ohne Insekten werden außerdem viele Amphibien, Fische und Vögel verhungern. Amsel, Drossel, Fink und Star und alle anderen Vögel zwitschern, pfeifen und tirilieren dann nur noch im Kinderlied, aber nicht mehr am Waldesrand. Summ, summ, summ, Bienchen fällt tot um.

Um mit Franz Hohler zu fragen: Warum sind denn diese Insekten verschwunden? Die genauen Ursachen kennen die Forscher noch nicht. Ein Verursacher steht jedoch auch für die Biologen fest: die intensive, großflächige Landwirtschaft, die insektenfreundliche Biotope vernichtet, sowie der Einsatz von Herbiziden, Pestiziden und Insektiziden.

Ein weiterer Grund für das Insektensterben könnte die verschmutzte Luft sein. Wenn schon Tausende Menschen in Deutschland aufgrund der Luftverschmutzung sterben, warum dann nicht auch die im Vergleich zum Menschen winzigen Insekten?

Während unter Politikern über Glyphosat-Einsatz (5000 Tonnen pro Jahr in Deutschland), Neonicotinoide, Güllefluten auf dem Feld, Diesel im Tank und Braunkohle im Kraftwerk gestritten wird, geht das stille Sterben in der Natur weiter. Hallo Brüssel, hallo Berlin, aufwachen!!!

Unser aller Wohlergehen hängt von natürlichen Ressourcen wie sauberem Wasser, sauberer Luft, fruchtbarem, nicht verseuchtem Boden und plastikfreien Ozeanen ab, von einem Funktionieren unserer Ökosysteme, von der Bestäubung, vom Nährstoffkreislauf. Eine Gefährdung der Versorgung mit Nahrung und sauberem Wasser betrifft uns alle.

Dass der Druck auf die Ressourcen, die Biodiversität und die Ökosysteme der Erde weiter zunimmt, zeigt auch der Living Planet Report, eine Zustandsbeschreibung des Planeten Erde, die alle zwei Jahre vom World Wide Fund For Nature (WWF) veröffentlicht wird. Der Report zeigt, dass wir mehr und dringender denn je für eine ökologisch nachhaltige Zukunft handeln müssen. Wir müssen das Ruder herumreißen. Aber wie? Aufschluss darüber erhoffen wir von Jörg-Andreas Krüger, dem Leiter des Fachbereichs Biodiversität beim WWF Deutschland.

Harald Lesch: Das Thema ist ernst. Aber ich rede mit einem Menschen, der gute Laune hat, obwohl er beim WWF arbeitet und mit dem Living Planet Report ein aufrüttelndes Werk veröffentlicht hat. Herr Krüger, Ihr Report heißt »Living Planet«. Also lebt er noch, der Planet?
Jörg-Andreas Krüger: Ja, und wir mit ihm. Der Living Planet Report ist unser Gesundheitsbericht für die Erde, den wir alle zwei Jahre herausbringen, um darauf aufmerksam zu machen, was sich verändert hat, bei der Artenvielfalt, der Nutzung von Ressourcen. Wir zeigen, wie es mit den planetaren Grenzen aussieht. Wo stehen wir? Da gibt es leider nicht so wahnsinnig viel Positives zu vermelden.
HL: Die Daten, mit denen der WWF arbeitet, kommen von wissenschaftlichen Institutionen aus der ganzen Welt?
JAK: Ganz genau. Wir arbeiten mit Wissenschaftspartnern zusammen. Die Daten für den ökologischen Fußabdruck, also wie viel Ressourcennutzung braucht die Menschheit, die holen wir uns vom Global Footprint Network. Da werden richtig große Studien gemacht. Bei den Säugetieren und den anderen Tierpopulationen arbeiten wir mit der Zoologischen Gesellschaft London* zusammen. Und dann gibt es dieses Konzept der »Planetary Boundaries«.
HL: Der planetaren Grenzen.
JAK: Da kooperieren wir mit dem Stockholm Environment Institute.**

* www.zsl.org
** www.sei-international.org

Jörg-Andreas Krüger, Mitglied der Geschäftsleitung des WWF Deutschland
© Robert Günther, WWF

HL: Für diese Datensammelarbeit werdet ihr wahrscheinlich überall mit offenen Armen empfangen?
JAK: Die öffentliche Resonanz ist groß. Der Report findet starke Beachtung. Was uns Kummer bereitet, ist die Frage der Umsetzung dessen, was sich aus dem Report lesen lässt und was geändert werden muss.
HL: Der Bericht zeichnet sich ja dadurch aus, dass wirklich viele Daten so aufbereitet sind, dass sie leicht verständlich werden. Zum Beispiel die eben angesprochenen »Planetary Boundaries«. Hier kann man genau sehen: Wo es rot ist, wird es gefährlich; im grünen Bereich liegen nur noch wenige Dinge. Und auf diese Art und Weise wird mit einem Blick klar: Oh, da wird es problematisch! Aber Sie berichten auch über positive Beispiele. Kann man aus der großen Aufmerksamkeit schließen, dass es in der Öffentlichkeit insgesamt so etwas wie ein planetares Verständnis gibt? Tut sich da was?
JAK: Auf einer wissenschaftlichen Ebene oder auf der Ebene derjenigen, die sich damit tagtäglich beschäftigen, ja. Ich glaube auch auf der Ebene der Menschen in betroffenen Regionen. Wir haben aber ein Problem mit der Kommunikation, die diese Ebenen verbindet. Wir reden ja immer davon, dass in einer globalen Welt alles miteinander vernetzt ist. Aber letztlich den verantwortlichen Entscheidungsträger auf der politischen Ebene oder in einem Unternehmen direkt mit den Erfahrungen eines Menschen zu verbinden, der in den Waldregionen im Amazonas oder auf Borneo und Indonesien lebt, wo die Waldbrände aufgrund des Klimawandels so wahnsinnig stark ausgefallen sind, dass sein Dorf nicht mehr bewohnbar ist und er die Insel verlassen muss, wo ein hal-

bes Jahr lang keine Landwirtschaft betrieben werden konnte – all diese Sachen kriegt man nicht wirklich zusammen. Das alles zu verzahnen, ist aber ein Anspruch des WWF.

HL: Viele der Schäden, von denen hier berichtet wird, ereignen sich in Ländern der Südhalbkugel. Wenn die Schäden dort so dramatisch sind, wieso ändern die Regierungen der betroffenen Regionen nicht ihre Politik? Stattdessen hat man den Eindruck, dass sie versuchen, das westliche Wachstumsmodell zu übernehmen und dasselbe Wohlstandsniveau zu erreichen, und befördern damit natürlich noch mehr Katastrophen.

JAK: Das ist auch ein Problem der Kurz- und Mittelfristigkeit von politischen Entscheidungen. Länder wie Brasilien oder Indonesien bieten sich als Produzent von Grundrohstoffen an. Ich nenne einmal Soja oder Palmöl. Damit lösen sie wirtschaftliches Wachstum aus, das wiederum gesellschaftliche Entwicklungen anschiebt. Es wird mehr in die

◆ WWF Deutschland

Im Zeichen des Panda kämpft der WWF Deutschland – Teil der internationalen Umweltschutzorganisation World Wide Fund For Nature (WWF) – seit mehr als 50 Jahren weltweit gegen die Zerstörung von Natur und Umwelt. Oberste Ziele sind: Biodiversität bewahren, Lebensräume schützen und eine Zukunft gestalten, in der Mensch und Natur in Einklang miteinander leben.

Schwerpunktthemen sind der Artenschutz, der Erhalt der letzten großen Wälder der Erde, der Einsatz für lebendige Meere, die Bewahrung von Flüssen und Feuchtgebieten, der Kampf gegen den Klimawandel sowie das Engagement zugunsten einer ökologisch orientierten Landwirtschaft.

Der WWF setzt auf die Kraft der Argumente im Dialog mit allen gesellschaftlichen Gruppen. Mit Hartnäckigkeit und Konfliktbereitschaft, aber auch mit dem Willen zur Kooperation gegenüber Regierungen, Behörden und Unternehmen verfolgt der WWF seine Ziele. Der WWF will Menschen für einen nachhaltigen Lebensstil begeistern und motivieren.

PANDA LOGO WWF © WWF

◆ Planetare Grenzen

Der anhaltende Trend vieler Länder, einen über dem Weltniveau liegenden ökologischen Fußabdruck zu produzieren, überlastet letztlich die Erde. Inzwischen gibt es eine Vielzahl seriöser Informationen zur Überbeanspruchung der Ökosysteme und der Erde als Ganzes. Als besonders aussagekräftig hat sich dabei das Konzept der ökologischen Belastungsgrenzen erwiesen. In ihm werden eine Reihe globaler biophysikalischer Prozesse identifiziert, die die derzeitige Stabilität der Erde beeinflussen. Für jeden dieser Prozesse werden in den neuesten Forschungserkenntnissen Belastungsgrenzwerte festgelegt. Werden diese Grenzwerte überschritten, sind größere Risiken oder gar Schäden wahrscheinlich.

Bereits bei drei dieser Prozesse sind die Belastungsgrenzen wohl überschritten: beim Biodiversitätsverlust, beim Klimawandel und beim Stickstoffkreislauf. Die Versauerung der Ozeane ist weit fortgeschritten und dürfte bald ebenfalls den Belastungsgrenzwert erreichen.

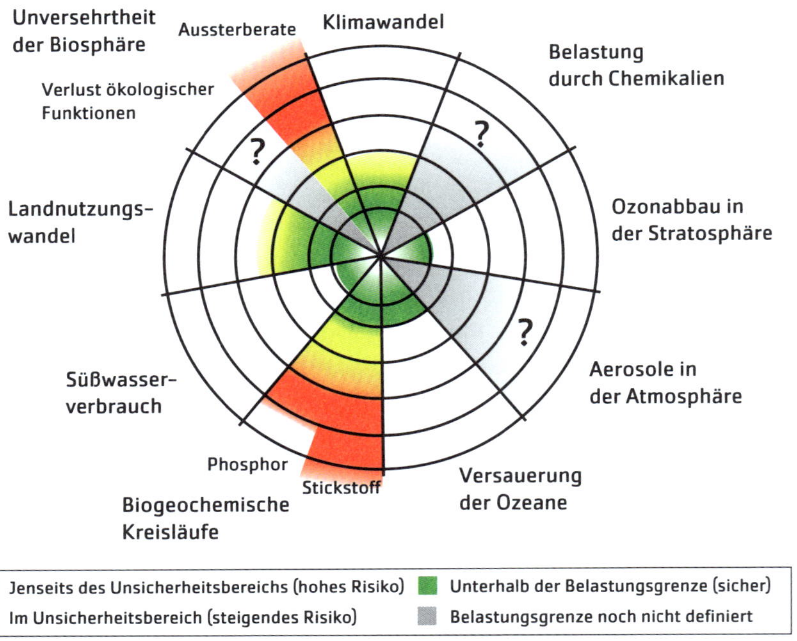

Quelle: World Wide Fund For Nature (WWF), Living Planet Report 2016

Bildung und Infrastruktur investiert. Die Gesellschaft kommt ein Stück weit voran. Nicht zu vergessen sind aber die hohen Folgekosten in den Anbauregionen, weil das großflächige Anpflanzen von Ölpalmen und Soja tradierte Landnutzungen zerstört und der Regenwald abgeholzt wird. Das führt wiederum dazu, dass der Grundwasserspiegel absinkt, der lokale Wasserkreislauf zusammenbricht und auch das lokale Klima geschädigt wird.

HL: Durch diese Prozesse verstärkt sich die Wirkung des globalen Klimawandels.

JAK: Das wird in dem Konzept der planetaren Grenzen dargestellt. Man sagt, wir haben Systeme wie das Klima oder die Landnutzungssysteme, und wenn die so stark beeinträchtigt werden, dass sie über den Kipppunkt – den Tipping-Point – hinaus sind, dann wissen wir nicht, was danach kommt.

Wenn die Systeme ihre Pufferkapazität verlieren, ist das riskant! Es kann nicht in unserem Interesse sein, uns auf solche unsicheren Wetten einzulassen. Darum sollte man die Systeme in diesen planetaren Grenzen halten. Ansonsten entwickelt sich Unkontrollierbares, das sich dann auch noch gegenseitig beeinflusst. Eine veränderte Landnutzung durch Waldverluste, die den Klimawandel antreiben, der gleichzeitig durch steigende Temperaturen verstärkt wird, das treibt so ein sich selbst verstetigendes Kreislaufsystem an. Wir wissen dann nicht mehr, wohin die Reise geht.

HL: Ein hochkomplexes System kann auf einmal total aus dem Ruder laufen. Wenn man das Ganze global betrachtet, dann kommt man sich als Einzelner ein bisschen verloren vor und fragt sich: Was kann ich als Einzelner da noch tun?

JAK: Es geht um unser aller Zukunft. Wir glauben immer – gerade in Europa –, dass die Dinge, die in Brasilien oder Indonesien passieren, so weit weg von uns sind, dass sie nichts mit uns zu tun haben. Aber in dem Moment, wo zum Beispiel die Produktion von Dingen für unsere Märkte nicht mehr wie gewohnt stattfinden kann, wird das, was wir bisher aus diesen Ländern abgenommen haben, teuer. Zum anderen können in diesen Ländern natürlich die Gesellschaften zusammenbrechen. Die Sicherheitslage in diesen Regionen wird instabiler, was sich wiederum auf die wirtschaftliche Zusammenarbeit auswirkt. Das kann Migrationsbewegungen auslösen, die bis nach Europa durchschlagen.

In unserer globalen Welt wird es keine Insel der Seligen mehr geben. Das heißt, es wird uns früher oder später alle treffen, auch wenn wir in Mitteleuropa vom Klimawandel, Wassermangel oder Hunger nicht so stark betroffen sind wie Menschen in anderen Regionen wie Bangladesch oder Teilen Afrikas.

HL: Was uns besonders attraktiv als Ziel für Migranten macht.

JAK: Natürlich. Für diejenigen, die in schlechteren Verhältnissen leben, ist Europa ja schon heute eine Insel der Seligen. Und die Menge der Menschen, die in prekären Verhältnissen leben, wächst momentan und kann eben durch kippende Systeme dramatisch weiterwachsen.

HL: Tragen wir Europäer zur Verstärkung dieser Mechanismen bei? In Brüssel sitzen doch keine Idioten, die sich denken, wir exportieren jetzt unsere subventionierten Agrarprodukte nach Afrika, um dort die Marktkreisläufe kaputt zu machen, oder? Wie muss man sich das vorstellen?

JAK: Am Anfang stand sicherlich der gute Wille, die Ernährungssituation in den Ländern zu verbessern. Das will ich niemandem abstreiten. Aber inzwischen muss man sagen, dass die Folgen der Exportsubventionen unter anderem für Hühnerköpfe und Hühnerbeine und was weiß ich nicht was, billigend in Kauf genommen werden. Damit zerstört man tatsächlich lokale Märkte. Es sind Produkte, die hier in Europa keiner haben will.

HL: Man braucht kein ökonomisches Grundstudium, um zu sagen, wenn wir diese Länder mit Hühnerfleisch überfluten, dann gehen bei denen natürlich die lokalen Züchter in die Knie.

JAK: Genau. Ein anderes Beispiel ist der Fischfang. Europäische Fangflotten haben vor den Küsten afrikanischer Länder die Fangrechte von diesen erworben und greifen im großen Stil zu. Vor Ort können die Einheimischen nun nicht mehr mit Fischerei ihr Geld verdienen und auch nicht mehr ihre Ernährung mit tierischem Eiweiß sicherstellen. Es gibt also viele Dinge, die im Argen sind und bei denen man sich fragt, warum ist es so wahnsinnig schwer, das zu ändern?

Schwer ist es, weil große wirtschaftliche Blöcke und wirtschaftliche Interessen dahinterstehen. Dahinter stehen die Fischfangindustrien von einigen europäischen Mitgliedsstaaten, dahinter stehen die hühnerproduzierenden Gewerbe. Es steht ein Preisgefüge dahinter, weil die Konsumenten in Europa es gewohnt sind, Fleisch zu bestimmten, billigen und günstigen Preisen zu kaufen. Auf diese Weise landet das Problem auch bei jedem Einzelnen von uns. Auch wenn man natürlich nicht über den Konsum eines jeden Einzelnen und die Kaufentscheidung, die man jeden Tag trifft, die Welt alleine retten kann, so kann man doch seinen Beitrag leisten.

HL: Letztlich geht es bei alldem um eine Sache im Hintergrund. Der Naturwissenschaftler redet vielleicht über ökologische Systeme und Subsysteme. Und der Ökonom über seine wirtschaftlichen Systeme. Aber letztlich geht es doch schlicht und ergreifend ums Geld. Kann man das so auf den Punkt bringen?

JAK: Es geht um Geld, um Wirtschaftswachstum, aber auch um gesellschaftliche Entwicklung. Wir haben ja sehr unterschiedliche Situationen auf der Erde. Auf der einen Seite die Länder Europas, des alten Westeuropas, mit einer wirtschaftlichen Blüte. Davon träumen viele andere Länder der Erde noch. Dann gibt es die Schwellenländer und die sogenannten »Tigerstaaten«, die sich gerade aufrappeln und mit Primärproduktion wie Palmöl und Soja ihr Wirtschaftswachstum erzeugen. Damit versuchen sie, den Lebensstandard für eine ganze Menge Leute in ihrem Land zu heben. Die lebten bisher in Armut, und es gibt schon noch einen Bedarf an Wachstum und gerechter Ressourcenverteilung. Die Leute haben viele Dinge nicht, die man eigentlich zum täglichen Leben braucht. Die Frage ist nur, wie man dieses Wachstum organisiert und wie man es gerecht verteilt. Die Erträge sollen sich nicht nur im supersatten Mitteleuropa oder im noch satteren Nordamerika ansammeln. Sie müssen klug und gerecht verteilt werden.

HL: Das scheint ja überhaupt das Grundproblem unserer planetaren Zivilisation zu sein. Wir sehen da extreme Konzentrationsprozesse, gerade was Kapital und Wohlstand betrifft. Sowohl in jedem einzelnen Land als auch im globalen Maßstab. Die Dinge konzentrieren sich unter anderem dadurch, dass Kapital anders besteuert wird als Arbeit, dass es Zinsen gibt. Ab einer bestimmten Geldmenge kann man sich gar nicht mehr dagegen wehren, immer reicher zu werden.

Neben der unglaublichen Kapitalanhäufung haben wir einen riesigen Investitionsstau. Praktisch könnte man auf der ganzen Erde mit dem Geld richtig viel Gutes tun: Investitionen in Bildung, medizinische Versorgung und Infrastruktur. Aber das Geld *arbeitet* auf Bankkonten und als Aktienanlage vor sich hin. Das ist nicht das, was man bräuchte, um die Ziele vom WWF, aber auch von vielen anderen Organisationen zu erreichen. Was könnte man da tun?

JAK: Wir brauchen letztlich eine Antwort auf die Frage, welche sind die Systeme, um diesen Planeten in einer friedlichen Koexistenz von 7,5 Milliarden Menschen mit wachsender quantitativer und qualitativer Tendenz zu organisieren?

Niemand hat Interesse an kriegerischen Auseinandersetzungen und Konflikten. Das heißt, wir brauchen eine gerechte Ressourcenverteilung. Dafür sind entsprechende staatliche Systeme notwendig. Korruptionsfreie Systeme, die transparent und kontrollierbar sind. Wir brauchen eine gute Steuerung von Geldströmen. Also, woher kommt und wohin fließt denn dieses ganze Geld? Was ist das Ziel einer Investition?

HL: Das möchte ich auch mal wissen! Jeden Tag pumpt die Europäische Zentralbank zwei Milliarden Euro in den Markt. Wo pumpt sie die eigentlich hin? Ich habe das Gefühl, von der EZB in Frankfurt führt ein unterirdischer Kanal direkt in die Börse. Was passiert mit dem ganzen Geld?

JAK: Dieser Geldfluss ist vor allem nicht gesteuert. Wir sagen, wenn Investmentstrategien gefahren werden, warum wird heute beispielsweise noch so viel in Kohlekraft investiert, wo wir doch wissen, dass wir aus Klimawandelgründen aus der Kohle rausmüssen?

Zwischen 2008 und 2014 sind die Investitionen in Kohle nicht gesunken. In einer Zeit, in der die ganze Welt sich schon gefragt hat, wie kriegen wir den Klimawandel so begrenzt, dass wir damit leben können, wurde gleichzeitig immer noch in eine klimaschädliche Infrastruktur investiert, die dann für 20, 25, 30 Jahre hält, je nachdem, auf welchen Zeitraum so ein Kohlekraftwerk abgeschrieben wird.

Da stellt sich die Systemfrage. Auf der einen Seite brauchen wir sicher die Entscheidung jedes Einzelnen. Die Antwort hängt sehr stark damit zusammen, welche Ziele sich jeder im Leben setzt. Ob er seine Zufriedenheit über Materialismus und Konsum definiert oder über andere Dinge.

Dann ist da die Frage nach der Organisation der übergeordneten gemeinschaftlichen Systeme. Wie bauen wir eine Energieversorgung auf? Wie gestalten wir Mobilität? Wie die Warenwirtschaft? Wenn ich die Klimaerwärmung auf unter 2 Grad begrenzen will – und das ist das erklärte Ziel aller Regierungen der Welt –, dann kann ich nicht gleichzeitig zusehen, wie wahnsinnig viel Kapital in veraltete Kohlekraft investiert wird.

HL: Das ist voller Widersprüche. Aber es ist auch ein Zeichen für eine Übergangszeit, für Systeme, die sich widersprechen und noch nebeneinander existieren.

JAK: Auf der anderen Seite sehen wir, dass in vielen Ländern auch viel Richtiges gemacht wird. Wenn man sich die Investitionen in China, in Deutschland oder in vielen anderen europäischen Ländern bei der Energiewende anschaut, da ist schon einiges in Bewegung geraten. In anderen Teilen der Welt oft in deutlich größerer Geschwindigkeit als bei uns in Europa. Die Zeiten, in denen Europa quasi der grüne, alternative Musterknabe war, sind vorbei. Europa muss sich eher die Frage stellen, was sind die Lösungen, die wir der Welt noch anbieten können? Wir sind doch die Insel der Seligen. Wir leben in einer relativ großen Sicherheit, in relativ großem materiellen Wohlstand. Der Klimawandel trifft uns nicht so extrem hart wie andere Regionen der Erde. Was bieten wir der Erde an? Was bieten wir den Gesellschaften an, damit …

HL: … man uns überhaupt noch mitspielen lässt.

JAK: Ja, dass wir relevant bleiben in dem, was wir wollen und sagen.

HL: Das kann nicht bedeuten, große Quantitäten zu produzieren, sondern eher hohe Qualitäten.

JAK: Wir sollten vorne dranbleiben, wo es darum geht, Lösungen für die Zukunft zu entdecken, zu entwickeln. Wenn das der Beitrag Europas ist, denke ich, dann haben wir für Europa eine gute Rolle in dieser Welt definiert. Dann bleibt es auch sehr spannend, diese Lösungen umzusetzen und so den Ländern der Erde differenziert und gezielt zu helfen. Wenn wir uns aber die Lösungskompetenz und die Technologieführerschaft abkaufen lassen, dann stellt sich schon die Frage, was mit Europa passieren wird. Unser Kapital ist das Gehirn. Mit sonstigen Rohstoffen sind wir ja nicht so reich gesegnet.

HL: Wir sind von der Natur dermaßen privilegiert auf dem Planeten platziert, dass es unsere verdammte Pflicht und Schuldigkeit ist, mit

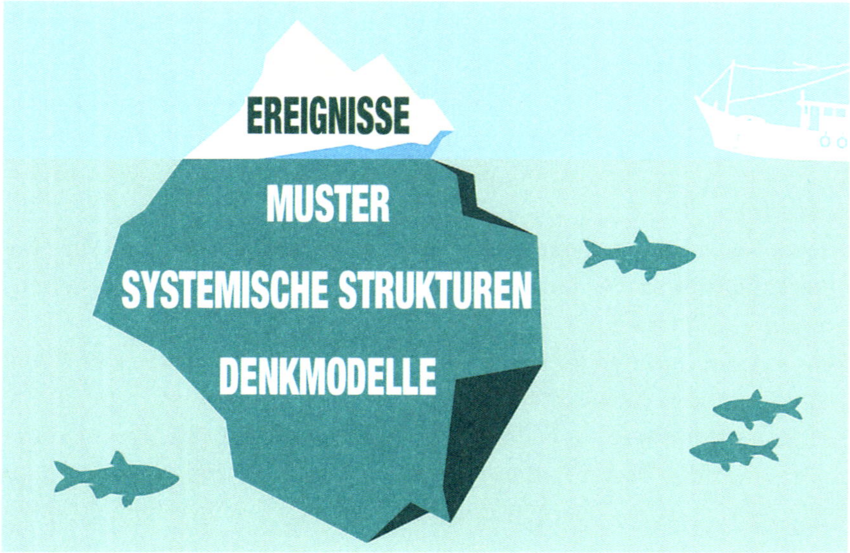

Das Modell der vier Denkebenen

möglichst viel Gehirnschmalz an den Lösungen der Probleme zu arbeiten, die wir ja teilweise selber gewaltig mit verbrochen haben. Allein daraus ergibt sich eine große Verantwortung mitzuhelfen und die Welt nicht alleine zu lassen.

JAK: Es gibt einmal eine Art moralische oder ethische Verpflichtung und auf der anderen Seite auch eine ganz klar abwägende. Was ist denn der Beitrag, mit dem Europa seine Position auf der Erde halten will? Das kann nur die Lösungskompetenz für die anstehenden Probleme sein.

HL: Im Living Planet Report gibt es eine Abbildung, die das komplexe Problem des eben Gesagten schön zeigt, den Eisberg als Modell der Denkebenen: Wir haben das, was passiert, die Ereignisse, oben. Darunter liegen die immer wieder erkennbaren Muster. Dann kommen die systemischen Strukturen und zuletzt, an der Basis, die Denkmodelle.

In meinen Augen leben wir in einem kontrafaktischen Zeitalter. Wir kennen die Fakten. Sie haben gerade als Beispiel genannt, dass die Investitionen in Kohle sich nicht verringert haben, obwohl wir wissen, dass kein Kohlenstoff mehr in die Atmosphäre soll. Ich kann ja immer nur wiederholen: Pro Jahr pumpen wir so viel Kohlenstoff in die Atmosphäre, wie die Erde früher in einer Million Jahren im Boden versenkt hat. Das muss man sich mal überlegen.

JAK: Das ist das, was man aus den Nachrichten kennt. Das sind die einzelnen Schlaglichter, die einzelnen Einschläge. Da drunter läuft dann diese Auseinandersetzung mit Mustern ab, die Konsumverhalten und Kaufentscheidungen erfassen. Dann geht es in Systeme wie das Wirtschafts- und Steuersystem. Dafür braucht man die Unterstützung von Entscheidungsträgern aus Politik und Wirtschaft. Die bekommt man nur, wenn die dahinterliegenden Denkmuster verändert werden. Also dieses Streben – wir hatten es vorhin schon einmal erwähnt – nach immer mehr Quantität, oder setzen wir auf Qualität? Soll es ein Wachstum der schieren Masse und der Ressourcenintensität sein, oder brauchen wir etwas, das gerechtere Verteilung ermöglicht?

Es gilt, Denkmuster in den Köpfen von Menschen zu verändern. Politiker sollen wissen, dass sie den Auftrag haben, nicht in alten Denkmustern zu verharren, die uns auch von der Evolution mit auf den Weg gegeben worden sind. Menschen waren immer dann – und das ist Evolution pur – besonders gut, wenn sie siegreich waren.

HL: Gewinnen ist angenehmer, als zu verlieren.

JAK: Größer, schneller, weiter. Der oder die Schönste sein, sowieso. Alle diese Dinge sind in der Zeit, in der wir uns jetzt bewegen, nicht mehr das Angesagte. Wenn das 7,5 Milliarden Menschen versuchen, dann wird es nicht funktionieren, weil allein die Ressourcen dafür bei Weitem nicht ausreichen.

HL: Auf der einen Seite gibt es das, was man als gesellschaftliches Klima bezeichnen würde. Daneben Grundentscheidungen, wenn zum Beispiel die Unternehmensführung nicht mehr der Unternehmensentwicklung und dem Mitarbeiterwohl verantwortlich ist, sondern einzig und allein dem Shareholder-Value. Wenn auf einmal sogar Vorstände von Aktienunternehmen vor Gericht gezerrt werden können, weil sie dem Shareholder nicht Genüge getan haben, dann haben sich die Zeiten geändert. Beim Shareholder-Value geht es letztlich nur um Geld, ob das nun von Kühlschränken kommt oder von Raketen, das ist völlig egal, Hauptsache Rendite. Darauf kommt es an. In einem Zeitalter der Quartalsberichte und in dem alle 15 Minuten in den Nachrichten über die Börsen berichtet wird, kann man sich ja fragen, wohin die Reise

geht. Kurzfristige Giermaximierung, die langfristige Entwicklungen abwürgt. Das ist genau das Gegenteil von dem, was wir brauchen.
JAK: Die Aktiengesellschaften müssen sich fragen lassen, ob dieses Systemrisiko, das sie sich mit dieser extrem kurzen Taktung und den Quartalsberichten aufgehalst haben, angemessen ist, um als Unternehmen erfolgreich zu bestehen, um Zukunftslösungen und Zukunftsmärkte zu bedienen. Das extremste Gegenmodell wäre der mittelständische, deutsche Familienunternehmer, um den uns ja viele weltweit beneiden. Da wird in Generationen gedacht.
HL: Wir haben bei der Finanzkrise gemerkt, wie stabil ein industriestarkes Land wie Deutschland im Vergleich zu anderen Ländern, die komplett an der Finanzbranche hängen, dasteht.

Kommen wir zu den Widersprüchen, in die wir verstrickt sind. Bund, Länder und Gemeinden etwa sind an allen möglichen Flughäfen in Deutschland beteiligt. Die haben ein massives Interesse daran, dass damit Geld verdient wird. Zugleich unterschreibt die Umweltministerin ein Klimaabkommen. Dann gibt es die großen Energiekonzerne, an denen die Kommunen in Nordrhein-Westfalen beteiligt sind. Die können gar kein Interesse daran haben, dass diese großen Konzerne Verluste einfahren. Die Kämmerer der Städte im Ruhrgebiet brauchen die Dividenden, um Kindergärten zu bauen. Sonst gibt es strukturelle Probleme, das heißt Löcher im Haushalt.
JAK: Wir stecken in einer Übergangsphase, in der dieses alte System, das in Deutschland eine Logik hatte, nicht mehr in die Zukunft trägt. Wir merken, dass die Dividenden in Nordrhein-Westfalen nicht mehr wie gewohnt fließen. Die Kämmerer leiden. Die Energieversorger, die bisher aus Kohle und Atom ihre großen Dividenden erwirtschaftet haben, schwächeln! Sie müssen sich mehr und mehr mit erneuerbaren Energien abfinden und in sie investieren.

Wir sind jetzt in einer Phase von wahrscheinlich einer halben Generation oder einer Generation, in der sich bestehende Verhältnisse verändern. Da entsteht ein riesiger Anpassungsdruck. Und das schon in einem System wie Deutschland, das vergleichsweise gut dasteht, in dem es eine gute Bildungsverteilung und gesellschaftliche Teilhabe gibt. Dinge, von denen viele andere Länder nur träumen.

Aber die Herausforderungen, vor denen wir stehen, sind wahnsinnig

komplex. Trotzdem ist das kein Grund, den Kopf in den Sand zu stecken. Es tut sich jetzt ein Zeitfenster auf, in dem wir viel erreichen können und müssen. Es gibt etliche Beispiele, die Mut machen.
HL: Und die stehen im Living Planet Report.
JAK: Die haben wir da auch reingepackt. Letztendlich geht es nicht darum, Kassandra zu sein und vor dem Untergang der Erde zu warnen, sondern es geht darum zu zeigen, hier, das ist die Fieberkurve der Erde! Wir haben ein großes Problem, und wenn wir nichts ändern, werden die Probleme noch sehr, sehr viel größer werden. Und das sind die Möglichkeiten, die sich anbieten. Einige haben wir schon diskutiert. Wir brauchen andere Arten von politischen Entscheidungen, eine andere Art der Steuerung von Finanzströmen. Das sind Dinge, die Unternehmen und die Wirtschaft als Ganzes selbst tun können, auch Dinge, die Regierungsstrukturen, also Staaten und politische Systeme, machen können, bis hin zum Welthandel. Da geht es nicht darum, alles radikal von links auf rechts zu drehen, sondern mit klugen Schrauben nachzujustieren.
HL: Wenn das mal nicht zu langsam geht …
JAK: Natürlich, wir haben schon wahnsinnig hohe Verluste. Wir wissen, dass ein Großteil der Böden der Erde durch Übernutzung in einem schrecklichen Zustand ist. Die Lebensmittelversorgung ist gefährdet. Hinzu kommen der Klimawandel und die Wasserknappheit. Seit 1990 haben wir 239 Millionen Hektar Wald verloren.
HL: Das ist viel.
JAK: Aber man kann etwas tun. Es gibt Projekte, mit deren Hilfe wieder großflächig Wälder entstehen. Das heißt jetzt nicht, dass man Baum für Baum pflanzt, sondern es ist oft einfach ein Wiederzulassen von Naturentwicklung. Auf Böden, die noch nicht komplett gekippt sind, können wieder Wälder entstehen. Nicht die wunderbaren Regenwälder, die dort vorher gestanden haben mit seit Tausenden von Jahren ungestörtem und großem Artenreichtum, aber Wälder, die das Grundwasser halten, die den Niederschlagszyklus wieder stabilisieren, die Schatten geben, die Brennholz liefern, die CO_2 aus der Atmosphäre ziehen, die also die ganzen Möglichkeiten an Ökosystemdienstleistungen aufweisen.
HL: Diese Beispiele zeigen ja auch, wie gut sich die Natur selbst reparieren kann, wenn die Schäden nicht zu dramatisch sind.

JAK: Da sind wir wieder bei den planetaren Grenzen. Diese Tipping-Points, diese Zustände, an denen ein System in etwas komplett anderes umkippt. So ein Buchenwald auf einem Südhang, wenn man mal ein deutsches Beispiel nimmt, der hat eine gewisse Pufferkapazität, der kann es immer mal ertragen, dass es einen trockenen Sommer gibt. Wenn aber jetzt die trockenen Sommer, in denen die Wasserverfügbarkeit im Boden komplett weg ist, zu viele werden, dann wird es auf diesem Südhang keinen Buchenwald mehr geben. Was danach kommt? Die Buche wird immer wieder versuchen, einen Wald zu bauen, das wird aber nicht klappen, dann wird sie absterben, und dann setzt sich eine andere Vegetation durch.

HL: Wahrscheinlich Kakteen. Würde es nicht nützen, sich mit Menschen zu unterhalten, die den Ort seit Generationen kennen? Die wissen, was da bisher wuchs? Von ihnen kann man lernen, wie man mit der Landschaft umgeht, damit noch etwas übrig bleibt. Ich denke dabei an den Olivenanbau in Spanien. Früher wuchsen dort die Olivenbäume kreuz und quer. Dazwischen gab es Gebüsch, alles prima. Irgendwann fing einer an und sagte, wir machen jetzt mal Olivenanbau militärisch, in Reih und Glied. Das dazwischen wachsende Gestrüpp kommt weg. Beim ersten kräftigen Wind wurde der bloß liegende Mutterboden weggeblasen. Das war's dann.

JAK: Es trocknet alles aus.

HL: Anstatt einmal zu überlegen, dass die hier schon seit Jahrhunderten Oliven angebaut haben. Da gibt es doch einen großen Schatz an Erfahrungen.

JAK: Wenn ich die Chance habe, in eine noch ursprünglichere Region zu fahren, bin ich immer sehr beeindruckt. Dort, wo die Menschen wirklich noch primär vom Wald leben. Diese Leute sagen, aus der Rinde des Baumes kann man Stoffe machen, aus dem Baum kann man so ein talgähnliches Zeug als Brennstoff für Kerzen und Lampen gewinnen. Der Baum hat Früchte, und mit seinen Ästen bauen wir unsere Hütten. Wahnsinn, wie viel Wissen eigentlich vorhanden ist, auf das man aufbauen kann. Das wird alles zerstört, wenn man den Wald rodet und Palmölplantagen draufpflanzt.

HL: Selbst in Deutschland gibt es immer mehr 90-Jährige, die sagen, so etwas habe ich noch nicht erlebt. Sie meinen damit die sich häufenden

Starkregenereignisse. An diesem Beispiel sieht man, dass sich auch in Europa gewaltige Veränderungen abspielen, und wenn wir nicht aufpassen, dann gibt es irgendwann mal keinen »Living Planet Report« mehr, sondern einen »Dying Planet Report«.
JAK: So weit würde ich nicht gehen. Meine Hoffnung ist – und davon bin ich felsenfest überzeugt –, dass die Menschen spätestens dann, wenn die Einschläge näher kommen, die Lernfähigkeit und die Bereitschaft zu auch tief greifenden Veränderungen zeigen. Letztendlich wissen es alle. Wenn die Einschläge näher kommen, wird sich wirklich etwas ändern. Das ist meine große Hoffnung.
HL: Zu Hoffnung und Optimismus gibt es keine Alternativen.

Welche Vorschläge der WWF für das Verwirklichen einer ökologisch intakten Erde für Mensch und Natur hat, lesen Sie hier:

◆ Eine ökologisch intakte Erde für Mensch und Natur

Im 21. Jahrhundert steht die Menschheit vor einer doppelten Herausforderung: die Natur zu bewahren und den Menschen ein würdevolles Zuhause auf einer Erde zu ermöglichen, deren Ressourcen endlich sind. Die UN-Ziele für nachhaltige Entwicklung verknüpfen die wirtschaftliche, gesellschaftliche und ökologische Dimension, die für den Fortbestand des menschlichen Lebens im Anthropozän notwendig ist. Diese Dimensionen stehen in Wechselwirkung zueinander und erfordern daher eine integrierte Herangehensweise. Außerdem muss ein grundlegendes Verständnis dieser Zusammenhänge in Entwicklungsstrategien, Wirtschaftsmodelle, Unternehmensleitbilder und Verbraucherentscheidungen einfließen. Wir haben nur eine Erde, und deren Naturkapital ist begrenzt.

Die auf die gesamte Erde gerichtete Perspektive des WWF (One Planet Perspective) skizziert, was der WWF unter »besseren politischen Entscheidungen« versteht und wie die Nutzung und faire Verteilung der Ressourcen innerhalb ökologischer Grenzen möglich wird. Die Anwendung dieser Perspektive hilft den Staaten, die ihnen aufgetragenen Nachhaltigkeitsziele zu erfüllen, indem Privatinitiative, unternehmerisches Handeln und Regierungspolitik in Einklang gebracht werden, um eine nachhaltige Weltgesellschaft zu schaffen.

Die »One Planet«-Perspektive des WWF skizziert »kluge Lösungen« für Politik und zur Nutzung natürlicher Ressourcen, um die planetaren Grenzen unserer Erde nicht zu überschreiten.

Übergang zu einem neuen globalen Wirtschaftssystem

Die »One Planet«-Perspektive fordert Unternehmen heraus, ihre Tätigkeiten so auszurichten, dass sie zum Wohle zukünftiger Generationen aktiv zur ökologischen Gesundheit der Erde beitragen. Von geringfügigen Justierungen allein, bei denen bloß die Effizienz der Ressourcennutzung steigt oder die Umweltverschmutzung sinkt durch »Lösungen am Ende der Verschmutzungskette« (»end-of-pipe technology«), dürfen wir keine hinreichenden Veränderungen erhoffen.

Die Überlegung hinter dem Motto »Entscheide dich besser« (»Making better choices«) besteht darin, eine Situation herbeizuführen, in der Nahrungsmittel, Energie und Wasser allen Menschen gleichermaßen zur Verfügung stehen, die biologische Vielfalt erhalten bleibt und die Ökosysteme intakt und widerstandsfähig bleiben. Denn widerstandsfähige Ökosysteme können menschengemachte Störungen verkraften, ohne ihre Funktionen und Leistungen einzubüßen.

Wie definieren wir, was »bessere Entscheidung« als »besser« qualifiziert? Beim Verstehen, was nicht nachhaltiger Entwicklung zugrunde liegt, hilft uns erneut das Systemdenken. Wenn die Muster, Systemstrukturen und Denkmodelle identifiziert und analysiert sind, die den destruktiven Aspekten menschlichen Handelns zugrunde liegen, lässt sich erkennen, wo Veränderungen ansetzen können. Die gängigen Ansatzpunkte für mehr Nachhaltigkeit sind: Planungen und Vorhaben von Regierungen und Unternehmen, technologische Innovationen, Verhandlungen über Handelsabkommen und Einfluss großer gesellschaftlicher Organisationen.

Demgegenüber muss zur Veränderung des globalen Wirtschaftssystems eine Transformation gehören, bei der sich die gesellschaftliche Entwicklung von Umweltzerstörung abkoppelt.

Um dahin zu kommen, müssen grundlegende Veränderungen eingeleitet werden – der Regierungsführung, der Finanzströme und Märkte, der Energie- und Nahrungsmittelsysteme sowie beim Schutz von Naturkapital.

Erhaltung des Naturkapitals

Um das Naturkapital angemessen zu schützen, müssen Ressourcen nachhaltig genutzt und das globale Netz geschützter Gebiete erweitert werden.

Ferner sind angemessene Finanzierungsmechanismen für ein wirksames Schutzgebietsmanagement erforderlich.

Eine Politik der gerechten Ressourcenverteilung

Rechtliche und politische Rahmenbedingungen müssen einen gerechten Zugang zu Nahrungsmitteln, Wasser und Energie sowie die nachhaltige Nutzung von Land- und Meeresgebieten fördern. Dafür ist auch eine erweiterte Definition von Wohlstand und Erfolg wichtig, die die Gesundheit von Individuen, der Gesellschaft und der Umwelt einbezieht. Bei politischen Entscheidungen sollten künftige Generationen genauso berücksichtigt werden wie der funktionelle Wert der Natur.

Umlenkung von Finanzströmen

Auf Nachhaltigkeit ausgelegte Finanzströme, die die Bewahrung der Ökosysteme und ihr nachhaltiges Management unterstützen, sind Voraussetzung für den Erhalt des Naturkapitals und eine nachhaltige Wirtschaftsweise. Dennoch investieren viele Finanzinstitute weiterhin in schädliche und nicht nachhaltige Bereiche wie Bergbau, umweltschädliche Landwirtschaft und Ölförderung.

Effizientere Produktion und vernünftigerer Konsum

Effizienter zu produzieren und vernünftiger zu konsumieren ist zentral für den Aufbau einer nachhaltigen Wirtschaft. Nachhaltiges Ressourcenmanagement und die Einbeziehung der tatsächlichen Kosten in die Wertschöpfungskette sind die eindeutig klügeren Entscheidungen.

Transformation der Energie- und Nahrungsmittelsysteme

Eine Neuausrichtung hin zu Nachhaltigkeit setzt grundlegende Änderungen in den Bereichen Energie und Nahrungsmittel voraus. Die derzeitigen Strukturen und Verhaltensweisen in diesen Systemen haben enorme Auswirkungen auf die biologische Vielfalt, die Widerstandsfähigkeit der Ökosysteme und den menschlichen Wohlstand.

Auf dem Weg hin zu erneuerbaren Energiequellen

Die Verbrennung fossiler Brennstoffe ist die Hauptursache des vom Menschen verursachten Klimawandels. Die meisten fossilen Brennstoffe sollten besser im Boden verbleiben. Erfreulicherweise werden erneuerbare Energien zunehmend wettbewerbsfähig. Der globale Übergang hin zur Nutzung erneuerbarer Energiequellen wie Wind- und Solarenergie bleibt eine immense

Aufgabe. Jedoch haben sich viele Staaten bereits verpflichtet, ihre Versorgungssysteme umzustellen, die noch auf herkömmlichen Energieträgern beruhen.

Auf dem Weg zu einer nachhaltigen Produktion von Nahrungsmitteln

Die konventionelle Nahrungsmittelproduktion gehört zu den Hauptverursachern des Verlusts biologischer Vielfalt. Sie zerstört wertvolle Lebensräume, übernutzt Fischbestände, sie hinterlässt Schadstoffe und trägt zum Bodenverlust bei. Diese Form der Nahrungsmittelproduktion ist außerdem Ursache für die Überschreitung planetarer Grenzen bei Stickstoff und Phosphor. Sie beeinflusst stark den Klima- und Landnutzungswandel, den Wasserverbrauch und die Biosphäre.

Der Übergang zu einer nachhaltigen Nahrungsmittelproduktion, die vielfältige, gesunde Lebensmittel für alle bereitstellt, ohne die planetaren Grenzen zu überschreiten, ist eine gewaltige Herausforderung.

Die gegenwärtigen Strukturen des industrialisierten globalen Lebensmittelsystems stärken den Status quo. Dazu gehören Agrarsubventionen, einseitige Forschungsprogramme und die Marktdominanz multinationaler Agrar- und Lebensmittelkonzerne. Konsum, Nahrungsmittelverluste und deren Verteilung nehmen Einfluss auf die Art und Weise, wie wir Landwirtschaft betreiben. Um die künftige Nachfrage von Agrarprodukten zu decken, muss es uns gelingen, die damit verbundenen Umweltschäden und die Verluste entlang der Nahrungsmittelkette zu vermeiden.

Nicht nur Landwirte, auch andere Akteure können entlang der Lieferkette von Nahrungsmitteln zur Entwicklung einer nachhaltigen, regionalen Landwirtschaft beitragen. Unternehmen wie Einzelhändler, Lebensmittelweiterverarbeiter und die Gastronomie können und sollten die Produktvielfalt auf regionaler Ebene fördern. Denn die Vielfalt auf den landwirtschaftlichen Betrieben führt zu einer wirtschaftlichen wie auch ökologischen Stabilität, auch gegen Auswirkungen des Klimawandels und Preisschwankungen auf dem Weltmarkt.

19 Mobilität – da bewegt sich nicht viel

1179 Milliarden Kilometer: Diese unglaubliche Strecke haben alle Deutschen zusammen 2015 zurückgelegt, das sind 13 Prozent mehr als im Jahr 2000. Knapp 55 Prozent dieser Strecke bewältigten die Deutschen in Autos oder auf Motorrädern, 21,5 Prozent zu Fuß, 11,8 Prozent mit dem Fahrrad, 11,7 Prozent mit Bus und Bahn und 0,3 Prozent mit Flugzeug oder Schiff.

Der Wahnsinn des deutschen Autowahns besteht darin, dass 95 Prozent der privat genutzten Pkw 97 Prozent des Tages herumstehen. Sie stehen am Straßenrand, sie stehen auf Parkplätzen und in Parkgaragen und sie stehen stundenlang in kilometerlangen Staus. Durchschnittlich 51 Stunden standen Pendler in Deutschlands Stauhauptstadt München 2017 im Stau, vier Stunden mehr als 2016. Die Staus verursachten 2017 Kosten in Höhe von 80 Milliarden Euro. Das sind rund 1770 Euro pro Autofahrer. Und die CO_2-Emissionen durch den Autoverkehr in Deutschland liegen 2017 höher als 1990. Wie war das wieder mit den Klimazielen? Automobile sind keine Fahrzeuge mehr, sondern Stehzeuge (oder teure Spielzeuge und protzige, hochglanzlackierte Statussymbole). Ja, die Mobilität in Deutschland ist ins Stocken geraten – und das auch im wahrsten Sinne des Wortes! Staus und Blechlawinen in den Innenstädten wie auf den Autobahnen wachsen, werden größer, länger, dichter, giftiger.

Wir haben die ersten Fahrverbote für Dieselfahrzeuge in den deutschen Innenstädten. Unsere hochgeschätzten Automobilkonzerne, teilweise in den Händen von Länderregierungen, haben uns jahrelang betrogen. Sie haben gelogen und getäuscht. Und damit den frühzeitigen Tod von Tausenden Bürgern billigend in Kauf genommen. Die Politik hat bei diesem Schmierentheater keine gute Rolle gespielt. Am Ende haben die Richter entscheiden müssen. Dieses Mal im Sinne der Gesundheit der Bürger.

◆ Deutsche Automobilindustrie: die Klimabremser

Es gibt wohl kaum ein anderes Land, in dem die Automobilindustrie von so großer Bedeutung ist und so viel politischen Einfluss hat wie in Deutschland. Dieselgate, Kartellvorwürfe, Feinstaubdebatte, Versuche mit Affen und Menschen. Die im wahrsten Sinne des Wortes atemberaubenden Betrügereien von Volkswagen, Mercedes und anderen PS-Schmieden werden von der Bundesregierung fast kommentarlos durchgewinkt. Spritfressende SUV haben weiter Vorfahrt. Rot sehen im Autofahrerland höchsten die ökologisch denkenden Grünen. Dann kommt es auch zu absurden Situationen wie im November 2017. Während die Bundesregierung betont, wie wichtig ihr die Einhaltung der Klimaziele ist und die damalige Noch-Bundesumweltministerin Barbara Hendricks auf dem Klimagipfel in Bonn eben dafür kämpft, schreibt der damalige Noch-Bundesaußenminister Sigmar Gabriel zur gleichen Zeit, ohne ihr Wissen und ohne Absprache mit der Regierung, an den europäischen Kommissionspräsidenten Jean-Claude Junker, um ihn zu warnen, die neuen EU-Richtlinien für CO_2-Grenzwerte nicht zu streng zu gestalten. Außerdem lehne er die Einführung einer Quote für Elektroautos ab. Die Lobbyisten der deutschen Automobilindustrie hatten vorher wochenlang die Brüsseler Behörden, allen voran den EU-Klimakommissar Miguel Arias Canete, bearbeitet und das Feld für Gabriels Schreiben bereitet. Entsprechend lasch fiel die neue EU-Gesetzgebung aus, obwohl der Straßenverkehr EU-weit für 25 Prozent der CO_2-Emissionen verantwortlich ist.

Nach den bisher geltenden Vorschriften darf ab 2021 die Flotte eines Automobilherstellers im Schnitt maximal 95 Gramm CO_2 pro Kilometer emittieren. Die neuen gesetzlichen Zielvorgaben der EU sehen jetzt lediglich vor, dass die CO_2-Emissionen bei Neuwagen bis 2025 um weitere 15 Prozent und bis 2030 um 30 Prozent gesenkt werden müssen. Werden diese Werte überschritten, drohen den Automobilherstellern deftige Strafen. Die ursprünglichen Zielvorgaben lagen bei 35 bis 40 Prozent. Und die Quote für Elektroautos ist vom Tisch. Die Klimabremser der deutschen Automobilindustrie haben ganze Arbeit geleistet. Was diesen vielleicht immer noch nicht klar ist: Wir werden bald Elektrofahrzeuge aus China importieren, wenn bei uns kein entsprechendes Angebot auf dem Markt ist. Das wird dann ganz sicher Arbeitsplätze kosten. Leitplanken und Schutzwälle, wie sie Herr Gabriel für die deutsche Automobilindustrie baut, sind weder umweltgerecht noch arbeitnehmerfreundlich.

Ethisch verwerflich sind Versuche an Affen und Menschen, die nachweisen sollen, dass Stickoxide doch gar nicht so schädlich sind, wie immer behauptet wird. Aber von diesen Experimenten haben die Manager der deutschen Automobilindustrie genauso wenig gewusst wie von der Schummelsoftware. Gut, dass es in den großen Unternehmen funktionierende PR- und Rechtsabteilungen gibt, die jeden Sünder am Ende mit sauberer Weste dastehen lassen.

Auf der Schiene sieht es nicht viel besser aus: Die Deutsche Bahn macht Schlagzeilen durch Zugausfälle, Verspätungen und überhöhte Preise im Personenverkehr. Der Güterverkehr ist weiter im Schrumpfen begriffen, weil er der Lkw-Konkurrenz auf der Straße in puncto Kosten, Flexibilität und Schnelligkeit nicht gewachsen ist. Und über allen Straßen und Schienen schwebt die Lufthansa in ihrer deutschen Lufthoheit, was weder für Kunden noch für die Umwelt von Vorteil ist.

Die Einzigen, die am Stau auf dem Asphalt verdienen, sind die deutschen Automobilkonzerne, die trotz Dieselgate und Kartellkonstrukten immer mehr Autos verkaufen, die zudem immer größer werden und immer mehr PS haben. Zugegeben, in erhöhter Sitzposition eines SUV (21,3 Prozent aller Pkw-Neuzulassungen in Deutschland 2016) zählt man zu den Glücklichen, die das Stauende als Erste sehen. Die Tatsache, dass wir mehr als doppelt so viele Tote im Jahr durch Feinstaub und Stickoxide als durch Unfalltote im Straßenverkehr zählen, scheint weder Autokäufer noch Autobauer, weder Bürger noch Bürgermeister so zu bewegen, dass sie sofortiges Handeln einfordern oder selbst handeln würden. Verkehrsminister und Wirtschaftsminister sowieso nicht. Es geht schließlich um Arbeitsplätze und freie Fahrt für freie Bürger, das sind Argumente, mit denen sich alles wegwischen lässt, selbst die Feinstaub- und Stickoxidtoten.

Viele haben es schon getan, und gerne würden noch viel mehr Menschen in deutschen Städten auf Fahrräder oder E-Bikes umsteigen, wenn wir nur annähernd Verhältnisse wie in Kopenhagen hätten. Das stößt jedoch bei Stadtoberen bisher auf taube Ohren, obwohl das Fahrrad auf einer Strecke von drei Kilometern innerstädtisch schneller, sauberer und gesünder ist als ein Pkw oder Bus und Bahn.

Der öffentliche Nahverkehr ist ein weiteres Beispiel für die ins Stocken geratene Mobilität in Deutschland. Die Preise steigen im jährlichen Rhythmus, die Attraktivität fällt in noch schnellerem Takt. Wen wundert es, dass sich Familien Bus und Tram nicht mehr leisten können und wollen.

Den Nahverkehr attraktiv und preisgünstig zu gestalten und gleichzeitig den Weg in die Innenstädte für den Autoverkehr zu erschweren, wäre eine Möglichkeit, die Stadtluft zu verbessern und die Staus zu minimieren. Singapur, über das wir schon im Kapitel über die Metropolen berichtet haben, und London machen es vor. Seit Einführung der Citymaut in der englischen Hauptstadt sind viele Pendler auf den öffentlichen Nahverkehr umgestiegen. Schon im ersten Jahr nach Einführung der *congestion charge* (Staugebühr) hat sich die Zahl der Staus um 30 Prozent reduziert, die CO_2-Emissionen sanken um 16 Prozent. Die Einnahmen durch die Maut, mehr als eine Milliarde Pfund Sterling, wurden in den Ausbau des öffentlichen Nahverkehrs und des Radwegesystems gesteckt.

Ähnliche Konzepte sind in Deutschland Mangelware. Aber es gibt vereinzelt doch ermutigende Beispiele: Die Kleinstadt Templin in Brandenburg subventioniert den Busverkehr so stark, dass Jahrestickets spottbillig sind und die Bürger ihre Autos daher auch gern stehen lassen. Positiv sind auch die steigenden Zahlen der Carsharing-Nutzer in den Städten: von 453 000 im Jahr 2013 auf über 1,7 Millionen im Jahr 2017. Und zugenommen hat die Zahl der E-Bike-Nutzer in den letzten Jahren.

Elektroautos sind in Deutschland nach wie vor zu teuer. Daran ändert auch die Alibi-Förderprämie der Bundesregierung nichts. Wie eine echte Förderung von Elektroautos aussehen kann, zeigen die Norweger. Käufer von Elektroautos müssen keine Mehrwertsteuer, keine Luxussteuer, keine Kfz-Steuer und keine Anmeldegebühr zahlen. Damit werden Autos mit Elektromotor günstiger als die mit Verbrennungsmotor. Kein Wunder, dass der Absatz von E-Autos in Norwegen boomt. Vermutlich werden sich auch in Deutschland die Käufer erst dann wirklich für ein elektrogetriebenes Auto entscheiden, wenn es günstiger oder zumindest zum gleichen Preis zu erwerben ist wie ein vergleichbarer Neuwagen mit Verbrennungsmotor.

Unter den rund 45 Millionen Pkw in Deutschland sind derzeit nur knapp 35 000 Elektroautos zu finden (2017). Norwegen hingegen ist seit Juni 2017 das erste europäische Land, in dem Autos mit Elektro- und

Hybridantrieb mit 53 Prozent der Neuzulassungen die Mehrheit gegenüber Fahrzeugen mit reinem Diesel- oder Benzinantrieb stellen.

Das Erfolgsmodell kostet den Staat einen dreistelligen Millionenbetrag im Jahr. Das ließe sich in Deutschland durch eine geringe Erhöhung der Mineralölsteuer leicht finanzieren. Nur der Wille fehlt, auch weil Deutschland eine traditionell starke Automobilindustrie hat, Norwegen gar keine. In einer Stadt wie Oslo gibt es heute mehr Ladesäulen als Parkuhren, ein Bild, auf das man in München oder Berlin noch lange wird warten müssen. Die Niederlande und Indien sind dabei, das norwegische Modell nachzuahmen. Sie verfolgen wie Norwegen das Ziel, ab 2025 keine Autos mehr mit herkömmlichen Verbrennungsmotoren neu zuzulassen.

Das Elektroauto, das sollte man bei dieser Diskussion nicht vergessen, macht nur dann Sinn, wenn der Strom, mit dem es betankt wird, aus regenerativen Energien stammt und nicht aus Braunkohle- oder Kernkraftwerken! Und ob das Elektroauto der Weisheit letzter Schluss ist, lässt sich zurzeit nicht klar beantworten. Eine mögliche Alternative wäre sicher die Wasserstofftechnologie, die aber bei uns nach wie vor keine wirkliche Lobby gefunden hat.

Ohne bei der Technologiefrage noch weiter ins Detail zu gehen, fest steht, wir müssen erstens, und wir können es gar nicht oft genug sagen, bei der Mobilität so schnell wie möglich auf fossile Brennstoffe verzichten. Zweitens geht es darum, neue Verkehrssysteme zu fördern, die öffentlichen Nahverkehr und Car- und Bikesharing vor Individualverkehr stellen. Und drittens braucht es, bei einer geschätzten weltweiten Vervierfachung des Personen- und Frachtverkehrs bis 2050 gegenüber 2010,* intelligente Nahverkehrs-, Transport- und Infrastruktursysteme. Diese werden helfen, die Emissionen zu senken und die weitere Versiegelung der Erde durch Straßen und Parkplätze zu verhindern. In den USA etwa ist nach konservativen Schätzungen eine Fläche von der Größe Schleswig-Holsteins mit öffentlichen Parkplätzen zugeteert. Auch in unseren Städten werden 90 Prozent des öffentlichen Raums für das

* »Global Land Transport Infrastructure Requirements«, Bericht der International Energy Agency (IEA), 2013. Weitere Informationen unter: www.iea.org/publications/freepublications/publication/TransportInfrastructureInsights_FINAL_WEB.pdf.

Auto benötigt. Trotzdem hat keine der deutschen Großstädte eine Abkehr vom Auto ernsthaft in Planung. Deutsche Städte sind so weit weg von Kopenhagen, da müssten die Atlanten neu gezeichnet werden. Reden Sie mit Ihrem Bürgermeister, mit Ihrer Bürgermeisterin, fragen Sie ihn oder sie, wie es anstelle von Parkplätzen mit mehr Parks und Plätzen wäre, in und auf denen sich die Menschen treffen und miteinander reden könnten, und welche Pläne er oder sie hat, den wuchernden Autoverkehr einzudämmen.

Mobilität, da bewegt sich noch nicht viel in Deutschland. Liegt es alleine an der übermächtigen deutschen Automobilindustrie, die bald keine mehr sein wird, wenn sie weiter so starr und unbeweglich, so betrügerisch und profitgierig agiert? Die mahnenden Stimmen aus Industrie und Politik, dass wir in Deutschland die internationale Entwicklung der zukünftigen Mobilität und Verkehrskonzepte verschlafen, werden lauter. Gut so, dann bleiben sie vielleicht nicht ungehört. Achtung, Wiederholung: Sprechen Sie mit Ihrem Bürgermeister, Ihrer Bürgermeisterin, mit Ihrem Volksvertreter, mit Ihrer Volksvertreterin, mit Ihren Nachbarn. Kämpfen Sie zusammen für attraktive und sichere Fuß- und Radwege. Fahren Sie Fahrrad statt Auto. Fahren Sie Bus und Bahn, und fordern Sie bessere Nahverkehrsverbindungen. Und wenn Sie glauben, Sie brauchen ein Auto, überlegen Sie gut, welches Sie kaufen, welches Sie fahren wollen. Zwei Tonnen schwere SUV sind selbst mit Elektromotor Ressourcenverschwendung und nicht zukunftsfähig. Wer seine Kinder weiter in diesen Autos zur Schule fährt, sollte ihnen mit ernstem Blick in den Rückspiegel erklären, dass ihnen nur rund 20 bis 30 Jahre auf diesem Planeten bleiben, weil Papa und Mama doch so gerne SUV fahren. Ein Ergebnis des Umfrageinstituts Emnid im Auftrag von »Bild am Sonntag« ergab übrigens im November 2017, dass nahezu 50 Prozent der Befragten der Forderung der früheren Bundesumweltministerin Barbara Hendricks zustimmen, dass Bewohner von Städten keine SUV mehr kaufen sollten.

Wie schon erwähnt, die Norweger sind weiter, sie zeigen sich beweglicher, ausprobierfreudiger. In ihrem Land sollen ab 2025 alle neu zugelassenen Autos, Busse und leichten Nutzfahrzeuge emissionsfrei unterwegs sein. Im Jahr 2050 dann der gesamte Verkehr – und das beinhaltet nach der norwegischen Vorstellung auch Schiffe und Flugzeuge.

17. Dezember 1903: der erste erfolgreiche, wenngleich kurze (12 Sekunden) Motorflug von Orville Wright mit der Kitty Hawk © Library of Congress, gemeinfrei

Dass Flugzeuge ohne fossilen Treibstoff, nur mithilfe von Sonnenenergie, den gesamten Erdball umrunden können, haben Bertrand Piccard und André Borschberg mit ihrem Solarflugzeug Solar Impulse 2 gezeigt. Sie legten in einer reinen Flugzeit von 23 Tagen, 6 Stunden und 7 Minuten eine Strecke von 42 438 Kilometern mit einer Durchschnittsgeschwindigkeit von 76 Kilometern pro Stunde zurück. Bertrand Piccard sagte danach: »Wir haben die Weltumrundung geschafft, jetzt seid ihr dran.«

Als die Brüder Wright 1903 mit Kitty Hawk den ersten Motorflug schafften, hätte niemand geglaubt, dass knapp 120 Jahre später fast jede Sekunde ein Flugzeug irgendwo auf der Welt startet oder landet. Zu jeder Stunde befinden sich heute im Durchschnitt mehr als eine Million Menschen in der Luft. Das sind fast so viele, wie in der Großstadt München leben. Dafür werden Tag für Tag zwei Milliarden Liter Kerosin verbrannt. Ein Flugzeug mittlerer Größe verbraucht pro Stunde 3000 Liter davon. Geschätzte drei Prozent der anthropogenen CO_2-Emissionen gehen auf das Konto der zivilen Luftfahrt.

Das ist relativ viel, gemessen an der Tatsache, dass gerade einmal fünf Prozent der Menschheit fliegen. Unter den Folgen des Klimawan-

◆ Eine Weltallianz für saubere Technologien

André Borschbergs Rekord-Soloflug mit Solar Impulse 2 ohne Treibstoff von Nagoya nach Hawaii, der fünf Tage und fünf Nächte dauerte, zeigt, dass solche Technologien praktisch überall eingesetzt werden können, um den weltweiten Energieverbrauch zu halbieren, die natürlichen Ressourcen zu schonen und für viele die Lebensqualität zu verbessern.

Die World Alliance for Efficient Solutions wurde auf Initiative der Solar Impulse Foundation nach dem Erfolg des ersten Solarfluges rund um den Globus gegründet. Ziel ist es, Akteure im Bereich der sauberen Technologien zusammenzubringen, um effiziente Lösungen für die Umwelt- und Gesundheitsprobleme unserer Welt zu finden. Das Netzwerk umfasst mehr als tausend Mitglieder auf allen Kontinenten, in Deutschland sind es 47, in Österreich 5 und in der Schweiz 115, unter ihnen Innovatoren, Umweltinitiativen, Investoren und Firmen aus unterschiedlichen technischen Bereichen. Ihre Absichten formulieren die Beteiligten so:

- Wir wollen eine Verbesserung der Lebensqualität auf der Erde durch die Bewältigung der Herausforderungen, denen sich die globale Gesellschaft zum Wohle aller gegenübersieht.
- Wir halten uns an die Ziele der Vereinten Nationen für nachhaltige Entwicklung.
- Wir brauchen saubere Technologien, nicht weil sie »ökologisch« sind, sondern weil sie »logisch« sind, weil sie eine Brücke zwischen Ökologie und Ökonomie schlagen.
- Auch wenn es den Klimawandel nicht gäbe, wären energieeffiziente Technologien sinnvoll: um Arbeitsplätze zu schaffen, Gewinne zu generieren, nachhaltiges Wachstum zu fördern, CO_2-Emissionen zu reduzieren und natürliche Ressourcen zu schonen, die Umwelt zu schützen, die Gesundheit zu verbessern.
- Wir wollen einen Pioniergeist verkörpern und durch neue Denk- und Handlungsweisen die Grenzen des Machbaren zurückdrängen.
- Betrachten Sie das Bündnis als eine unabhängige Gruppe von globalen Akteuren, die nicht an die Interessen irgendeiner Nation, Regierung, Institution oder Industrie gebunden sind.

Mehr unter www.solarimpulse.com

dels leiden vor allem die anderen 95 Prozent. 2016 sind alleine von deutschen Flughäfen 111, 9 Millionen Passagiere gestartet. Bis 2030 prognostiziert das Deutsche Zentrum für Luft- und Raumfahrt einen Anstieg auf 170 Millionen.

2016 wurden laut der internationalen Luftverkehrsvereinigung IATA (International Air Transport Association) weltweit 3,7 Milliarden Flugpassagiere gezählt. Für 2035 wird fast die doppelte Anzahl an Passagieren erwartet, nämlich 7,2 Milliarden. Knapp 20 000 zivile Passagierflugzeuge sind weltweit im Einsatz. In 15 Jahren werden es nach Prognosen von Airbus und Boeing rund 40 000 sein. Die Flugkilometer aller Passagiere weltweit addierten sich 2016 auf rund sieben Billionen Kilometer.

Die Umweltschädlichkeit des zivilen Luftverkehrs ist vor allem durch die geringe Nutzlastkapazität im Vergleich zum hohen Kerosinverbrauch begründet. Zum Beispiel umfassen die 420 Tonnen Startgewicht einer Boeing 747 allein 180 Tonnen Kerosin. Während der Start- und Aufstiegsphase verbrennt dieser Flugzeugtyp in etwa 20 Minuten rund fünf Tonnen Kerosin. Im konstanten Reiseflug beträgt der Verbrauch rund zehn Tonnen pro Stunde. Dabei werden 30 Tonnen CO_2 pro Flugstunde emittiert. Neben CO_2 bringen Flugzeuge Wasserdampf und Ozon, das ebenfalls als Treibhausgas wirkt, in die Atmosphäre ein. Wasserdampf gilt als Ursache für Eiswolken in hohen Luftschichten, die auch zur Klimaerwärmung beitragen.

Die UN-Mitgliedstaaten haben sich auf Betreiben der IATA 2016 auf das CORSIA-Abkommen geeinigt. CORSIA (Carbon Offsetting and Reduction Scheme for International Aviation) regelt den Emissionshandel für den internationalen Luftverkehr. Finanziert wird es durch Abgaben aller Airlines weltweit. Diese zahlen von 2020 an in einen Fonds ein, mit dem Klimaschutzprojekte finanziert werden. Damit hat sich die Luftfahrt zu einem emissionsneutralen Wachstum ab 2020 verpflichtet. Bis 2050 will die Luftfahrtindustrie ihre CO_2-Emissionen pro Passagier und Kilometer um 75 Prozent gegenüber dem Jahr 2000 senken. Bis 2050 sollen außerdem Flugzeuge vollständig recycelbar produziert werden, dafür werden neuartige Werkstoffe und Bauweisen erprobt.

Kann das die Luftfahrt zu einer ökologisch vertretbaren Fortbewegung in der Zukunft machen? Wie weit sind die großen Flugzeugbauer bei der Entwicklung emissionsfreier und klimaneutraler Treibstoffe und Triebwerke? Darüber haben wir mit Rainer Ohler, Kommunikationschef des Luft- und Raumfahrtunternehmens Airbus, gesprochen.

Harald Lesch: Als theoretischer Physiker und daher Naturgesetzfanatiker würde ich sagen, dass sich die Ingenieure der Luftfahrt ständig in den Grenzbereichen des nach den Naturgesetzen Möglichen bewegen. Was also können wir in der Luftfahrt noch verändern?

Rainer Ohler: Natürlich sind gewisse Grenzen erreicht oder Punkte, an denen wir nicht mehr weit von den Grenzen des Möglichen entfernt sind, wenn wir uns das klassische, kommerzielle Flugzeug anschauen. Aber ob dieses klassische Flugzeug mit zwei oder früher auch vier Triebwerken so bleibt, das ist die große Frage. Wenn man nämlich vollkommen andere Konzepte verfolgt, etwas, das wir uns heute noch gar nicht so wirklich vorstellen können, dann gibt es natürlich neue Möglichkeiten und Perspektiven im Flugzeugbau.

Nehmen wir als Beispiel das Smartphone. Die Veränderungen, die mit diesem kleinen Ding heute einhergehen, konnte vor zehn Jahren niemand vorhersagen. Und was für diese Technologie gilt, kann auch für andere Technologien gelten. Also ich kann mir zum Beispiel nicht vorstellen, dass wir die dritte Dimension in Zukunft weiter nur mit Großflugzeugen bereisen. Wir bei Airbus glauben, dass die Entwicklung mehr in Richtung individuelles Fliegen geht, dass wir kleine Fluggeräte haben werden, in denen vielleicht zwei bis sechs Personen Platz haben. In immer mehr und stark wachsenden Ballungsräumen wird ein solches Luftverkehrsmittel gefragt sein. Und da werden wir natürlich elektrisch fliegen.

Als ich vor rund zehn Jahren zu Airbus kam, habe ich unseren Chefentwickler gefragt, wie es denn mit dem elektrischen Fliegen aussieht. Da hieß es noch, dass man daran keinen Gedanken verschwenden sollte. Heute sagen wir, das elektrische Fliegen wird kommen, vielleicht auch das hybride Fliegen. Daran haben unsere Ingenieure keinen Zweifel. Das gilt nicht nur für die Urban Air Mobility, also für die kleinen Flieger, sondern auch für die großen. Unser CTO (Chief Technology Officer, Technikvorstand) sagt voraus, dass bis 2030 Flugzeuge mit 80 bis 100 Passagieren mindestens hybrid, wenn nicht sogar vollelektrisch fliegen werden.

Rainer Ohler, Kommunikationschef des Luft- und Raumfahrtunternehmens Airbus © Airbus

HL: Gibt es denn ein Triebwerk, das momentan in der Lage wäre, ein solches Flugzeug anzuheben?
RO: Noch nicht, aber aufgrund unserer jahrelangen Erfahrung in der Forschung sehen wir eine deutliche Entwicklung in diese Richtung. Und wir erwarten eine sehr rasante Entwicklung.
HL: Da bin ich gespannt. Also, ich kenne keinen Werkstoff, der in der Lage wäre, diese Leistungsdichten, die Kerosin aufweist, elektrisch anzubieten.
RO: Unsere Ingenieure arbeiten daran. Und vielleicht wird es am Ende auf ein hybrides Antriebssystem hinauslaufen, das heißt, die Flugzeuge haben sowohl ein elektrisches Antriebssystem als auch mit Kerosin betriebene Motoren, die das elektrische System nachladen. Damit kann man dann elektrisch starten und landen und mit Kerosin fliegen, vielleicht aber auch umgekehrt. Unter ökologischen Gesichtspunkten wäre es natürlich besser, wenn wir durchweg elektrisch fliegen würden, aber es ist noch nicht abzusehen, wann das möglich sein wird.
HL: Airbus arbeitet auch an der Entwicklung von Biokerosin, oder?
RO: Richtig, das machen wir hier in der Nähe von München zusammen mit der Technischen Universität München. Da sind wir wieder beim Kerosin, bei der Energiedichte, etwas Besseres gibt es als Treibstoff für Flugzeuge nicht. Aber wir reden hier von Bio-Kerosin aus Algen. Auf allen diesen Feldern – alternative Energien, alternative Antriebe – arbeiten wir viel aktiver, sehr viel aktiver als noch vor einigen Jahren.

◆ Bio-Kerosin aus Algen

In Kooperation mit Airbus betreibt die Technische Universität München (TUM) auf dem Ludwig Bölkow Campus in Ottobrunn eine weltweit einmalige Anlage für Algenzucht. Hier werden effiziente Verfahren zur Produktion von Bio-Kerosin und chemischen Wertstoffen aus Algen erforscht, die unter anderem die Bio-Kraftstoffe der so genannten zweiten Generation, gewonnen aus Ölpflanzen, Getreide, Holz oder Cellulose, ersetzen sollen.

Algenzucht für Bio-Kerosin © Airbus

150 000 Algenarten gibt es nach Schätzung von Wissenschaftlern. Gerade einmal 5 000 davon sind bisher untersucht. Nur etwa zehn Arten haben es bisher bis zur kommerziellen Nutzung gebracht. Die Wissenschaftler im sogenannten Algentechnikum in Ottobrunn arbeiten seit der Eröffnung im Jahr 2015 daran, die Möglichkeiten der Nutzung von Algen zu erweitern. In den mit UV-durchlässigem Spezialglas und anspruchsvoller Klimatechnik versehenen Gebäuden, die dabei sehr energieeffizient arbeiten, können lichttechnische und klimatische Bedingungen für praktisch jeden Ort auf der Welt simuliert werden, sowohl sehr trockene Bedingungen wie auch tropisch-feuchte Verhältnisse.

»Während bei der Produktion von Biokraftstoff aus Mais eine problematische Konkurrenz zwischen Teller und Tank besteht«, sagt Professor Thomas Brück, Professor für Industrielle Biokatalyse an der Technischen Universität München, »wachsen Algen auch in Salzwasser; sie brauchen keinen fruchtbaren Boden und keine Pestizide. Trotzdem können sie einen bis zu zehn Mal höheren Ertrag pro Hektar und Jahr liefern.«

HL: Wird Airbus vonseiten der Passagiere gedrängt, ökologischer zu werden?
RO: Nicht von den Passagieren, eher von den Fluggesellschaften. Die sagen uns ganz direkt: Leute, unser Wachstum hängt davon ab, wie umweltfreundlich unsere Maschinen sind.
HL: Ich bin positiv überrascht. Das hätte ich nicht gedacht.
RO: Ja, die Airlines kommen auch zu uns und sagen: Wir müssen leiser fliegen, wir müssen mit weniger Abgasemissionen fliegen, unsere Flugzeuge müssen insgesamt noch umweltfreundlicher werden. Die Airlines müssen sich zum einen mit Vorschriften des Gesetzgebers und zum anderen mit den Bedürfnissen der Passagiere auseinandersetzen, und das kriegen wir alles direkt zu hören. Es ist der Kundendruck, der uns innovativ werden lässt. Da haben wir gar keine Wahl.
HL: Und Flugzeuge sollen in Zukunft auch recycelbar werden?
RO: Ja, fast zu 100 Prozent. Eine Studie, die wir zusammen mit der EU-Kommission gemacht haben, hat gezeigt, dass die Wiederverwendung von Flugzeugmaterial sehr weit entwickelt ist. Die Werkstoffe sind sehr teuer und würden sonst verloren gehen. Ich glaube, dass wir auch da auf dem richtigen Weg sind.
HL: Das klingt ja alles irgendwie sehr grün, was Sie da sagen.
RO: Wenn wir weiterwachsen und die Belastung für die Umwelt durch die Luftfahrt verringern wollen, dann müssen wir schnell mit neuen Technologien kommen. Und das ist das, was uns antreibt. Das Wachstumspotenzial für die Luftfahrt ist gigantisch. Aber auch das hat seinen Preis: Wir wissen, dass weder der Gesetzgeber noch die Gesellschaft uns erlauben werden, die Emissionen weiter zu steigern. Wir haben uns zu extrem ambitionierten Reduktionszielen bekannt und verpflichtet, und die erreichen wir nur über Technologieentwicklung.
HL: Wenn Sie davon sprechen, dass Sie schnell reagieren müssen, von welchen Zeiträumen reden wir bis zur Einführung von Bio-Kerosin oder elektrischen beziehungsweise hybriden Flugzeugen? Wenn zum Beispiel heute eine Fluggesellschaft einen A350 oder A380 kauft, dann wird der mindestens zehn oder 20 Jahre fliegen müssen, um sich zu rentieren. Und neue Technologien müssen doch über viele Jahre getestet werden, bevor sie zum Einsatz kommen?
RO: Wie schon gesagt, können hybrid-elektrische Flieger mit achzig bis

Entwurf eines CityAirbus. Das geplante Fluggerät hat mehrere Propeller und ähnelt vom Grundaufbau einer kleinen Drohne. Zunächst soll es von einem Piloten gesteuert werden, könnte aber, sobald Regulierungsbehörden das zulassen, zum autonomen Betrieb übergehen. Der Erstflug mit Pilot ist für 2019 geplant. © Airbus

hundert Passagieren ab 2030 unterwegs sein. Und die kleineren Flieger für die Urban Air Mobility werden definitiv in 15 Jahren am Himmel sein. Das werden wir noch erleben.

HL: Aber dann müssen Sie eigentlich jetzt schon in fünf Jahren den ersten Flieger dieser Art gebaut haben?

RO: Wir bauen ja schon einen, genauer gesagt zwei. Der eine heißt Airbus A³ Vahana, und der andere ist der CityAirbus. A³ Vahana bauen wir in den USA, den CityAirbus in Deutschland.

Der CityAirbus kommt mehr aus der Hubschrauber-Ecke, und Vahana kommt von unseren Silicon-Valley-Jungs. Beide sind vollelektrische Fluggeräte. Das Problem hier ist nicht die Technik, sondern das Regulatorische. Wir arbeiten seit Jahrzehnten mit der amerikanischen Luftfahrtbehörde (FAA) zusammen und sehen auch viele Möglichkeiten, uns bei der Gestaltung der Vorgaben und der Flugsicherheit einzubringen. Und deswegen glauben wir, dass wir auf diesem Markt präsent sein müssen. Airbus hat eigentlich gesagt, bei Fluggeräten unter 100 Passagieren engagieren wir uns nicht mehr, weil dort der Kampf um Preise und Margen zu groß ist. Aber mit der Urban Air Mobility wird ein ganz neues Kapitel der Mobilität und der Luftfahrt aufgeschlagen. Da glauben wir schon, dass wir auch als Hersteller von großen Fluggeräten etwas bewegen können.

20 Hunger, Gier und Widerstand

815 Millionen Menschen auf unserem Planeten hungerten 2016, ein Anstieg um 38 Millionen zum Vorjahr. Gleichzeitig leiden 1,9 Milliarden Menschen an Übergewicht und krank machender Fettleibigkeit. Das ist nur ein Ergebnis des im September 2017 vorgestellten Berichtes »State of Food Security and Nutrition« über die Ernährungssicherheit und Ernährung der Weltgemeinschaft.

Zum ersten Mal waren in der Erstellung dieses Berichtes neben den üblichen im UN-System für Landwirtschaft und Ernährung zuständigen Institutionen FAO (Food and Agriculture Organisation of the United Nations), WFP (World Food Programme), IFAD (International Fund for Agricultural Development) auch die WHO (World Health Organisation) und UNICEF (United Nations Children's Fund) eingebunden. Der Grund dafür war das von der UN-Generalversammlung ausgerufene »Jahrzehnt der Ernährung« sowie die Einsicht, dass die Erreichung der von der UN beschlossenen und in der Agenda 2030 niedergelegten Nachhaltigkeitsziele nur durch einen multidimensionalen Ansatz möglich ist.

Als Hauptursachen für den Hunger in der Welt werden in dem Bericht ausgemacht:

- Kriegerische Konflikte: 489 Millionen der 815 Millionen Hungernden leben in Konfliktregionen wie Syrien, Irak, Südsudan, Nigeria, Jemen und Somalia.
- Klimawandel und dadurch verursachte Wetterphänomene.
- Ökonomische Notlagen, sprich Armut.

Eigentliche Ursachen hinter den genannten Punkten sind ungerechte Verteilung und menschliches Fehlverhalten. Für den Schweizer Soziologen Jean Ziegler ist es aber nicht nur ein Verteilungsproblem oder ein Systemfehler, sondern eine Schande, ein Skandal, organisiertes Verbrechen und Massenmord, den es zu beenden gilt. Der prominente Globalisierungsgegner schrieb 2012 in seinem Buch »Wir lassen sie verhungern«: »Der Hunger tötet weltweit ungefähr 100 000 Menschen täglich. Kaum jemand spricht über diesen Völkermord, von Abhilfe ganz zu schweigen.«

Ähnlich lautet das Urteil des Autors Ilija Trojanow. In seinem Buch »Der überflüssige Mensch« schreibt er: »Weder Hunger noch Verelendung müssten sein. Es handelt sich nicht um ein Naturgesetz, sondern um Massenmord durch Unterlassung.«

Nach Schätzungen der Ernährungs- und Landwirtschaftsorganisation der Vereinten Nationen (FAO) sterben jährlich 18 Millionen Menschen an Unterernährung, rund zwei Millionen Menschen, meist Säuglinge und Kleinkinder, an Durchfallerkrankungen infolge von verschmutztem Trinkwasser.

Das alles müsste nicht sein. Wir sind weder zu viele, noch haben wir zu wenig, das belegen auch die Zahlen der FAO: 2016 wurden weltweit 2,5 Milliarden Tonnen Getreide geerntet, mehr als je zuvor. Die Produktion der Lebensmittel weltweit würde genügen, um zwölf Milliarden Menschen zu ernähren. Trotzdem: elf Prozent der Menschheit hungern. Allein die 300 Millionen Tonnen Nahrungsmittel, die jährlich in den Industrienationen weggeworfen und vernichtet werden, würden ausreichen, alle hungernden Menschen mit ausreichend Nahrung zu versorgen.

Man könnte also annehmen, bei der Produktion von Lebensmitteln sei alles in Ordnung, es wird ja mehr produziert als verbraucht. Das allerdings ist weit gefehlt, gerade die Produktion von Lebensmitteln und die Ernährung in der sogenannten westlichen Welt sind schwerwiegende Ursachen für Klimawandel, Artensterben, Umweltzerstörung und Verschmutzung, Wasserknappheit, Krankheiten, Kinderarbeit, Armut und Ungerechtigkeit.

Allein 24 Prozent der weltweiten Treibhausgasemissionen gehen aufs Konto der Landwirtschaft. Von der Menge her entspricht das den Emissionen, die für die Produktion von Strom und Wärme anfallen. Ein »weiter so« ist daher keine Option. Zu diesem Ergebnis kam der Bericht International Assessment of Agricultural Knowledge, Science and Technology for Development (IAASTD) schon 2008. Über 400 Wissenschaftlerinnen und Wissenschaftler fassten darin im Auftrag der Weltbank und der UN den Stand des Wissens über die globale Landwirtschaft und ihre Zukunft zusammen. Der Weltagrarbericht ist unbequem und alarmierend, warnt vor Irrwegen und zeigt Lösungen auf:

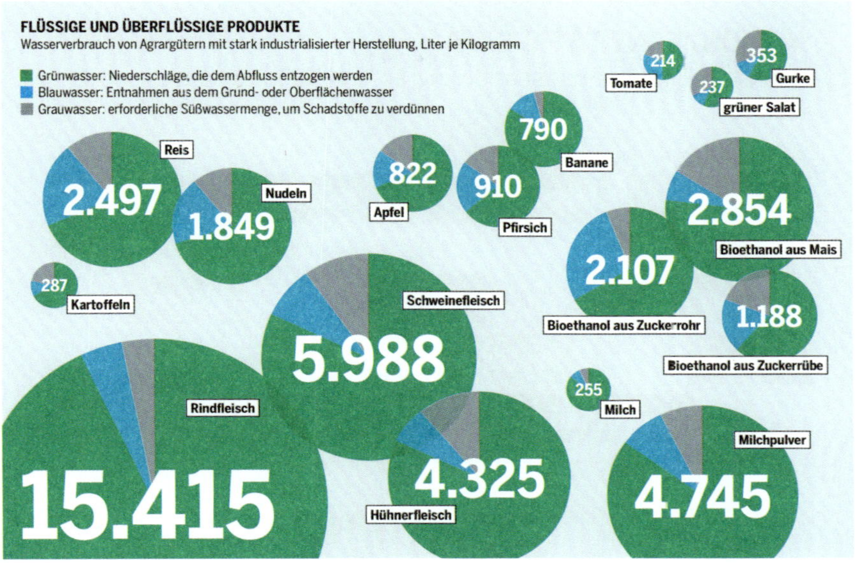

Für die Produktion pflanzlicher Proteine werden für ein Kilogramm rund 2000 bis 3000 Liter Wasser benötigt, für die Produktion eines Kilogramms Rindfleisch mehr als 15 000 Liter. Quelle: Konzernatlas 2017, Heinrich-Böll-Stiftung u. a. (CC BY 4.0)

»Ob sauberes Wasser, fruchtbare Böden, Wälder, Feuchtgebiete und andere natürliche Ressourcen sowie die wilde und die kultivierte Artenvielfalt unseres Planeten künftigen Generationen weiterhin in einem Zustand zur Verfügung stehen, der ihr Überleben gewährleistet, hängt von nichts so sehr ab wie von unserer landwirtschaftlichen Produktionsform und Ernährungsweise. Gut 40 Prozent aller Treibhausgasemissionen werden direkt oder indirekt durch unsere Agrar- und Lebensmittelproduktion, deren Verarbeitung, Transport, Verbrauch und Entsorgung verursacht. Landwirtschaft ist die Erwerbs- und Existenzgrundlage von über einem Drittel der Menschheit, Ernährung insgesamt der wichtigste Wirtschaftszweig und damit das Maß aller nachhaltigen Entwicklung.«

Zu den 58 Staaten, die den Weltagrarbericht damals anerkannten und unterzeichneten, zählt Deutschland leider, aber auch bezeichnenderweise, nicht. Zu mächtig sind hier die Interessen der Agrarindustrie-

WO KONZERNE TÄTIG SIND

Bedeutende Geschäftsfelder der Agrar- und Nahrungsmittelindustrie, schematische Darstellung

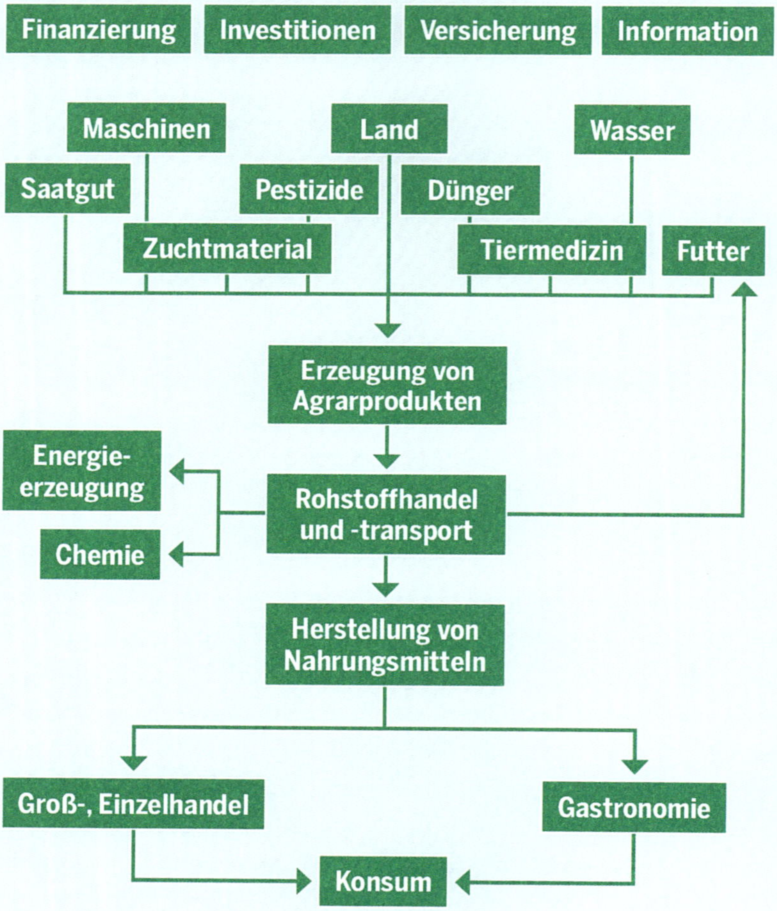

Information: Wetter, Börse, Farm-Management

Multinationale Konzerne und deren Profitinteressen diktieren eine ressourcenvernichtende und erdölbasierte industrielle Landwirtschaft, die Böden, Wasser, Luft und Biodiversität schadet und zerstört. Der Weg vom Feld auf den Teller ist weit. Bauern und Bäuerinnen sind das schwächste Glied in der Kette.

Quelle: Konzernatlas 2017, Heinrich-Böll-Stiftung u. a. (CC BY 4.0)

lobby und der Pharmaindustrie. Und zu stark ist die Bindung zwischen Landwirtschaft, Chemie-, Pharma- sowie Lebensmittelindustrie.

Bei uns geht die Schweinerei im wahrsten Sinne des Wortes weiter. Jahr für Jahr werden rund 60 Millionen Schweine in Deutschland geschlachtet. Dünger und Gülle verseuchen Luft und Boden. Im Juni 2018 wurde Deutschland vom europäischen Gerichtshof (EuGH) verurteilt, weil die Bunderegierung trotz mehrfacher Mahnungen aus Brüssel seit Jahren zu wenig gegen die Nitratbelastung des Grundwassers unternommen hat und damit gegen EU-Bestimmungen zum Schutz von Gewässern verstößt. Die Konzentrationen von Nitraten im Grundwasser sind in manchen Regionen Deutschlands so hoch, dass die Preise für Trinkwasser um mehr als 40 Prozent steigen, weil die Reinigung des Wassers von Nitraten aufwendig ist. Wo intensive Landwirtschaft betrieben wird, verschwinden immer mehr lebenswichtige Biotope. Wenn weiter so naturzerstörend in Deutschland gelandwirtschaftet wird, dann hat es sich bald ausgewirtschaftet.

Neben der Zerstörung der Natur vor unserer Haustüre führt unsere Art der Ernährung und Landwirtschaft zu gewaltigen Verwüstungen und sozialen Ungerechtigkeiten in anderen Teilen der Welt. In Südamerika werden Urwälder zerstört und heimische Kleinbauern sowie die indigene Bevölkerung gewaltsam vertrieben oder umgesiedelt, um Soja für unser Mastvieh anzupflanzen.* In Indonesien geschieht das gleiche Drama, um Palmölplantagen anzulegen. Länder in Afrika werden mit hoch subventioniertem Billigfleisch und Billiggemüse aus der EU überschwemmt. Die kleinbäuerliche Landwirtschaft vor Ort geht damit natürlich zugrunde. Ähnlich wie den afrikanischen Kleinbauern geht es den mexikanischen, die von ihrem Maisanbau nicht mehr leben können, weil der Genmais aus den USA die heimischen Märkte flutet.

Die Menschen, die auf dem Land keine Lebensgrundlage mehr haben, fliehen vom Land in die Städte, in Asien genauso wie in Lateinamerika oder Afrika. Sie enden als Tagelöhner in den Slums der Großstädte oder werden zu Flüchtlingen, versuchen, über den Zaun in die USA

* Vergleiche dazu auch das Interview mit Anton Hofreiter in unserem Buch »Die Menschheit schafft sich ab«. Er hat sich vor Ort in Brasilien ein Bild davon gemacht, welche Auswirkungen der Anbau von Gensoja dort auf Mensch und Natur hat.

oder über das Meer nach Europa zu kommen. Wie viele Menschen dabei auf der Strecke bleiben, wer weiß?

Das sind Tatsachen, die auf den Magen schlagen. Aber alles das passiert, damit wir den Bauch voll kriegen. Dabei haben wir noch nicht von den endlosen Baumwollfeldern, den Zuckerrohrplantagen, von den Kornwüsten oder vom Land Grabbing durch große Agrarkonzerne gesprochen, noch nicht vom Kampf um das Wasser, noch nicht von den Fischtrawlern, die die Meere leer fangen. Auch noch nicht über Gentechnologie in der Landwirtschaft und nicht über Glyphosat, nicht über BASF, Monsanto (inzwischen übernommen von Bayer und BASF), Bayer oder Nestlé, nicht über den Kampf um Patentrechte auf Nahrungspflanzen, nicht über die Deutsche Bank, Goldman Sachs, Morgan Stanley und die anderen Zocker an den Terminbörsen für Agrarrohstoffe. Investoren und Shareholder haben offensichtlich Geschmack daran gefunden, mit dem Hunger der anderen Geld zu verdienen. Der Zusammenhang zwischen Spekulationen auf Grundnahrungsmittel und der Zunahme von Hunger ist nachgewiesen. Was soll's, die einen beißen ins Gras, die anderen in den Hummer. Das zu schreiben, ist nicht geschmacklos. Es ist nicht polemisch. Es ist die Realität.

Dabei sind sich FAO und Ernährungs- sowie Agrarexperten weltweit einig, dass der einzige mögliche Weg zur Ernährungssicherheit der wachsenden Weltbevölkerung eine lokal angepasste, kleinteilige und nachhaltige Landbewirtschaftung ist. Nur diese Form der Landwirtschaft bewahrt Ressourcen für nachfolgende Generationen, sie ist ökologisch und zugleich sozial.

»Ob Bio die Welt ernähren kann, ist nicht die Frage. Bio muss die Welt ernähren.« Das sagt der zweite Vorsitzende des Weltagrarberichts (IAASTD), Professor Dr. Hans Herren. Für ihn ist klar, dass sich die Frage nach der Welternährung in Zukunft neu stellen wird.

Auch UN-Agrarexperten betonen immer wieder, dass sich gerade Punkt 1 und Punkt 2 der Ziele für nachhaltige Entwicklung in der UN-Agenda 2030, nämlich die Bekämpfung von Hunger und Armut und der Schutz des Planeten, nur mit agrarökologischer Bewirtschaftung erreichen lassen. In manchen Gegenden ließe sich damit die Lebensmittelproduktion sogar verdoppeln, und das ohne negative Auswirkungen auf Mensch, Tier und Umwelt, die eine intensive, industrialisierte Landwirtschaft mit sich bringt. Gerade in Entwicklungsländern, in denen immer noch mehr als 80 Prozent der Nahrung durch Kleinbauern erwirtschaftet wird, ist der Ökolandbau eine echte Chance im Kampf gegen den Hunger. Wälder müssen wieder aufgeforstet, Böden und Wasser nachhaltig bewirtschaftet werden, die Vielfalt lokaler Pflanzenarten muss erhalten bleiben und eine langfristige Zusammenarbeit zwischen Kleinbauern, Genossenschaften und Kommunen geschaffen werden. Das bedingt allerdings die Kontrolle der großen Agrar-, Pharma- und Lebensmittelkonzerne, die natürlich alles daransetzen, das industrielle Landwirtschaftssystem der reichen Länder auf Afrika, Asien und Lateinamerika zu übertragen. Gerade im Bereich Ernährung und Landwirtschaft sollten Staaten diese Konzerne zur Einhaltung der Menschenrechte und zur Erhaltung natürlicher Ressourcen verpflichten. Verbindliche Regeln sind hier längst überfällig.

Das klingt, als wäre das alles weit weg von uns, außerhalb unserer Möglichkeiten. Aber der einzige Weg, ein Umdenken auf allen Ebenen einzuleiten, ist, dass wir alle dazu eine Haltung entwickeln (wir hatten das schon) und uns nicht vorschnell damit zufriedengeben, dass allein die großindustrielle Landwirtschaft in der Lage sei, die Ernährung weltweit zu sichern. Anfangen können wir vor unserer Haustür. Denn die Kernpunkte für weltweite Ernährungssicherheit, wie sie zum Beispiel der ehemalige Vorstand der Schweisfurth Stiftung, Professor Franz-Theo Gottwald, formuliert, betreffen genauso die Nahrungsmittelproduktion in unseren Breiten:

- Regionalität
- Kreislaufwirtschaft
- Sozialstandards
- Ökologische Produktion
- Nachhaltigkeit
- Naturnahe, mittlere Technologien
- Das Prinzip Verantwortung
- Ernährungssouveränität
- Ernährungsgerechtigkeit.*

* Ausführlicher haben wir uns mit diesem Thema in »Die Menschheit schafft sich ab« beschäftigt, siehe dort die Seiten 246 ff.

◆ Protest, Boykott und Widerstand

von Reinhild Benning

In vielen Ländern wehren sich Menschen gegen eine Agrar- und Handelspolitik, die die Macht der Multis stärkt. Auch einzelne Konzerne geraten in die Kritik.

Obwohl die Welternte 12 bis 14 Milliarden Menschen ernähren kann, hungern 800 Millionen von 7,5 Milliarden – fast jeder neunte Mensch. Die Mehrheit der Armen lebt auf dem und vom Land. Einerseits sind sie wirtschaftlich schwach, politisch marginalisiert und ständig existenziell bedroht. Andererseits ist gerade der Widerstand der Armen und Ärmsten gegen Landraub, Umweltzerstörung und Preisverfall vielfältig und scheint unermüdlich.

Die Bewegungen der Bäuerinnen und Bauern sowie der Landlosen, die in den vergangenen Jahrzehnten in vielen Ländern des Südens entstanden sind, haben ihren Ausgangspunkt auch in indigenen Gemeinden. Sie kämpfen gegen Sojabarone, Palmölexporteure oder Bergbaukonzerne um ihre Landrechte und -titel. Und gegen den Verfall der Preise für ihre Produkte – der von Regierungen häufig gefördert wird. Denn davon profitieren die Armen in den Städten, die den Machthabenden oft wichtiger sind als die Menschen fernab auf dem Land.

Seit den 1990er-Jahren haben sich Organisationen von Bäuerinnen und Bauern, Indigenen, Fischerinnen und Fischern, Landarbeiterinnen und -arbeitern und anderen ländlichen sozialen Gruppen international vernetzt und versuchen, direkt Einfluss auf die internationale Agrar- und Ernährungspolitik zu nehmen, beispielsweise bei der UN-Agrar- und Ernährungsorganisation FAO. Im Internationalen Planungskomitee für Ernährungssouveränität (IPC) haben sich 22 solcher internationalen und regionalen Dachverbände zusammengeschlossen. Die bekannteste und größte Organisation ist *La Via Campesina*, übersetzt »Der bäuerliche Weg«, ein Zusammenschluss von 160 Organisationen aus 73 Ländern. Die Bewegung hebt insbesondere die Bedeutung von Frauen für Landwirtschaft und Welternährung hervor.

Der Widerstand ist vielfältig. In Indien demonstrierten im Jahr 2012 rund 60 000 Bäuerinnen, Bauern und Landlose mit monatelangen gewaltfreien Protestmärschen für Landreformen. Die weltweit beachteten Märsche von 2007 hatten zwar Hunderttausenden den Zugang zu Land erleichtert. Doch die Armut insgesamt ging nicht spürbar zurück, weil Umverteilung und Investitionen nicht ausreichten.

In Europa hat der Widerstand von Bäuerinnen und Bauern und Nichtregierungsorganisationen bewirkt, dass Agrarbetriebe kaum gentechnisch

BEWEGUNG FÜR 200 MILLIONEN MENSCHEN

Regionale Gliederung von La Via Campesina in 73 Ländern

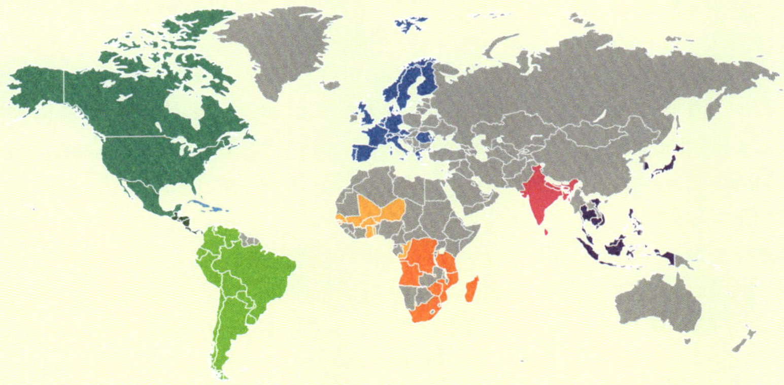

Quelle: Konzernatlas 2017, Heinrich-Böll-Stiftung u. a. (CC BY 4.0)

veränderte Pflanzen anbauen und keine Gentech-Tiere nutzen können. Ein Netzwerk von 170 gentechnikfreien Regionen schützt lokal vor Gentechnikanbau und bekämpft ihn zugleich politisch. In Deutschland verhindern rund 250 Bürgerinitiativen im Netzwerk »Bauernhöfe statt Agrarfabriken« jährlich im Schnitt 30 neue Megamastanlagen. Gemeinsam mit rund 50 weiteren Organisationen bilden sie die Kampagne »Meine Landwirtschaft«. Sie veranstaltet Kundgebungen und Kongresse, entwickelt aber auch neue Aktionsformen, seien es Umzingelungen von Schlachthöfen oder »Schnippeldiskos« für Volksküchen.

Hunderttausende fordern bei Demonstrationen eine andere Handelspolitik mit Regeln für Konzerne und Rechte für Menschen; Millionen unterschreiben bei Onlineaktionen. Besonders genussvoll operiert die Slow-Food-Bewegung, deren Logo eine Schnecke als Symbol der Langsamkeit zeigt. Die fast 100 000 Mitglieder in 150 Ländern setzen auf regionale, saisonale und traditionelle Küche.

Lobbykritische Organisationen wie das Corporate Europe Observatory oder Lobbycontrol decken immer wieder auf, wie Konzerne auf die Verteilung der Agrarsubventionen, die Handel- und Wissenschaftspolitik und die Verteilung staatlicher Forschungsgelder Einfluss nehmen. Auch die Kooperation mit Whistleblowern und unabhängigen Medien spielt für den Widerstand eine große Rolle. Denn Handelsgespräche werden hinter verschlossenen Türen und intransparent geführt. Widerstand und zivilgesellschaftliches Engagement haben kaum eine Chance, wenn kritische Organisationen nicht Papiere und Informationen zugesteckt bekommen. Whistleblower, die Hinweise auf Skandale in der Fleischindustrie oder in Behörden geben, genießen bisher kaum rechtlichen Schutz und müssen sich auf vertrauliche Tipps beschränken.

Handelsabkommen und damit Handelsregeln, die es Konzernen erleichtern, ihre Kontrolle von Märkten auszubauen, waren in den vergangenen Jahren nicht nur in Europa und Amerika Anstoß für Widerstand. Auch im Süden wehren sich Betroffene gegen Freihandelsabkommen. Als in Kamerun der Import von Hühnerfleischresten aus Europa die lokale Geflügelproduktion fast zerstört hatte, begann eine Bürgerbewegung mit einer Kampagne gegen die »Hähnchen des Todes« aus Europa. Sie deckte etliche Missstände beim Import nach Kamerun und bei der Hygiene auf und mobilisierte Medien, Öffentlichkeit und Politik in den Städten und auf dem Land. Der Widerstand war nach drei Jahren erfolgreich: 2006 beschränkte die Regierung die Importmenge – trotz Drohungen aus der Welthandelsorganisation WTO.

Auch in Burkina Faso verlangen Landwirtschaft Betreibende von der Regierung, sie mit Zöllen zu schützen. Dort erschwert der Import von billigem Milchpulver der großen EU-Hersteller den Verkauf der heimischen Milch, der überwiegend von Frauen organisiert wird.

Unterstützt von deutschen NGOs, klagt ein Kleinbauer aus den Bergen Perus in Deutschland gegen den Stromkonzern RWE, weil der wegen seiner Kraftwerksemissionen mit einem Prozent zur Erderwärmung beitrage. Damit sei er am drohenden Absturz eines gewaltigen Gletschers beteiligt, der das Dorf des Peruaners bedrohe. Der Ausgang des Verfahrens ist offen, aber die Zusammenarbeit Widerständiger zwischen den Kontinenten funktioniert.

Der weltweite Nestlé-Boykott von 1977 bis 1984 wegen dessen aggressiver Werbung für Babymilchpulver war die vielleicht erfolgreichste Aktion gegen einen Lebensmittel-Multi überhaupt. Nestlé änderte schließlich sein Vorgehen, ein Kodex der Weltgesundheitsorganisation WHO reguliert seither solche Werbung. Aber bis heute ist Nestlés Ruf beschädigt.

Aus: »Konzernatlas. Daten und Fakten über die Agrar- und Lebensmittelindustrie«, herausgegeben von der Heinrich-Böll-Stiftung u. a., Berlin 2017

Erfreulicherweise arbeiten in Deutschland und anderen europäischen Ländern immer mehr landwirtschaftliche Betriebe nach diesen Vorgaben, aber die Agrarpolitik der einzelnen Länder und der EU konnte sich bisher nicht darauf verständigen, eine grundlegende Wende einzuleiten, etwa durch einen Abbau der Subventionen für Großbetriebe.

Aus den Kernpunkten für die Ernährungssicherheit folgen im nächsten Schritt die Kernpunkte für ein nachhaltiges Ernährungsverhalten, und auch da sind wir als Verbraucher gefragt. Eine der Organisationen, die sich mit dem Thema befasst, ist die Arbeitsgruppe Nachhaltige Ernährung e. V. (www.nachhaltigeernaehrung.de) um den Ernährungswissenschaftler Dr. Karl von Koerber. Ihre Kernpunkte sind:

- Mehr pflanzliche, weniger tierische Lebensmittel
- Mehr Öko- und Fairtrade-Lebensmittel
- Regional ist erste Wahl, keine Flugfrüchte oder -gemüse
- Saisonales Obst und Gemüse aus Freilandanbau
- Frische, gering verarbeitete Lebensmittel
- Wegwerfen von Lebensmitteln vermeiden
- Einkaufen zu Fuß oder mit dem Fahrrad
- Bauernmarkt statt Discounter
- Energieeffiziente Haushaltsgeräte mit Ökostrom nutzen.

Diese Vorgaben in den eigenen Alltag einzubauen, darüber kann man doch zumindest mal nachdenken. Für alle, die sich für die Zusammenhänge beim Thema Zukunft der Ernährung und der Landwirtschaft näher interessieren, sei das Kooperationsprojekt von Heinrich-Böll-Stiftung, Rosa-Luxemburg-Stiftung, Bund für Umwelt und Naturschutz Deutschland, Oxfam Deutschland, Germanwatch und »Le Monde diplomatique« empfohlen, der inzwischen in dritter Auflage 2017 vorgelegte »Konzernatlas. Daten und Fakten über die Agrar- und Lebensmittelindustrie« (www.boell.de/de/konzernatlas). Darin wird nicht nur berichtet, wie Großkonzerne im Agrar-, Chemie-, Ernährungs- und Finanzbereich die Industrialisierung entlang der gesamten Wertschöpfungskette vom Acker bis zur Ladentheke vorantreiben, sondern es werden auch die Chancen und Alternativen für eine ökologisch und sozial verträgliche Ernährungssicherung an Beispielen aus der ganzen Welt

◆ Der Konzernatlas

Die Kooperationspartner des Konzernatlas, der Daten und Fakten über die weltweite Lebensmittelproduktion liefert, in eigenen Worten:

Heinrich-Böll-Stiftung

Demokratie und Menschenrechte durchsetzen, gegen die Zerstörung unseres globalen Ökosystems angehen, patriarchale Herrschaftsstrukturen überwinden, die Freiheit des Individuums gegen staatliche und wirtschaftliche Übermacht verteidigen – diese Ziele bestimmen das Handeln der Heinrich-Böll-Stiftung. Sie steht zwar den Grünen nahe, ist aber unabhängig und geistiger Offenheit verpflichtet. Mit derzeit 32 Auslandsbüros verfügt sie über ein weltweites Netz für ihr Engagement. Sie arbeitet mit ihren Landesstiftungen in allen deutschen Bundesländern zusammen, fördert gesellschaftspolitisch engagierte Studierende und Graduierte im In- und Ausland und erleichtert die soziale und politische Teilhabe von Immigrantinnen und Immigranten.

www.boell.de

Rosa-Luxemburg-Stiftung

Die kritische Analyse von Herrschaftsverhältnissen sowie der Einsatz für einen sozial-ökologischen Umbau und die sozialen Rechte aller Menschen sind Kernanliegen der Rosa-Luxemburg-Stiftung. Als der LINKEN nahestehende, aber unabhängige politische Stiftung unterstützen wir mit unserer Bildungsarbeit die Kämpfe von sozialen Bewegungen hierzulande und in vielen Regionen der Welt.

Zu unseren Themen zählen unter anderem Ernährungssouveränität, Klimagerechtigkeit und demokratische Teilhabe. Dabei lassen wir uns leiten von der Perspektive einer Gesellschaft jenseits des Kapitalismus.

www.rosalux.de

Le Monde diplomatique

Hinter dem Atlas der Globalisierung steht die internationale Monatszeitung »Le Monde diplomatique« (LMd), deren deutsche Ausgabe unter dem Dach der »taz« produziert wird. In einer Zeit, in der die Nachrichtenvermittlung immer oberflächlicher wird, ist eine Zeitung wie LMd unverzichtbar. Sie erklärt die Ursachen aktueller Konflikte und erkennt entscheidende künftige Entwicklungen. So hat LMd früher als andere die neokoloniale Ausbeutung des globalen Südens beschrieben, vor der Kettenreaktion der Finanzkrise gewarnt und über das zerstörerische Fracking oder die fatale Biospritlüge berichtet.

www.monde-diplomatique.de

Bund für Umwelt und Naturschutz Deutschland
Der BUND setzt sich ein für den Schutz der Natur und Umwelt – damit die Erde für alle, die auf ihr leben, bewohnbar bleibt. Wir engagieren uns für eine bäuerlich-ökologische Landwirtschaft, gesunde Lebensmittel, für den Schutz des Klimas, der Wälder und des Wassers, für den Ausbau regenerativer Energien und für bedrohte Arten. Als einer der großen Umweltverbände in Deutschland verstehen wir uns als treibende gesellschaftliche Kraft für ökologische Erneuerung mit sozialer Gerechtigkeit. Unsere Vision ist eine Ressourcen schonende, umweltgerechte und naturverträgliche Entwicklung in einer friedfertigen Welt.

www.bund.net

Germanwatch
Als Umwelt- und Entwicklungsorganisation setzt sich Germanwatch seit 1991 für globale Gerechtigkeit und den Erhalt der Lebensgrundlagen ein. Mit dem Projekt Tiere. Menschen. Rechte baut Germanwatch ungewöhnliche Allianzen und neue Kapazitäten auf für einen Wandel in der Landwirtschaft und Tierhaltung.

Die wichtigsten Ziele: Klimaschutz und klimaverträgliche Landnutzung • Verbraucher- und Tierschutz • Stopp des Antibiotikamissbrauchs in Tierhaltungen weltweit • Das Recht auf Nahrung weltweit sicherstellen und Ernährungssouveränität voranbringen • Unternehmensverantwortung sichern für Menschenrechte und Ressourcenschonung.

www.germanwatch.org

Oxfam Deutschland
Oxfam vereint Menschen in aller Welt, die sich mit Armut und extremer Ungleichheit nicht abfinden wollen. Gemeinsam mit Partnerorganisationen, Unterstützerinnen und Unterstützern und Menschen in armen Ländern machen wir uns für eine gerechte Welt ohne Armut stark. Weltweit findet Oxfam praxisnahe, innovative Wege, wie Menschen sich von Hunger und Armut befreien und sichere Lebensgrundlagen schaffen können. Bei Krisen und Katastrophen retten wir Leben und helfen, Existenzen wieder aufzubauen. Und wir setzen uns dafür ein, dass Frauen und Männer in Armut lokale und globale Entscheidungen beeinflussen können, die ihr Leben betreffen.

www.oxfam.de

beschrieben. Der Widerstand gegen die Ausbeutung und Zerstörung durch die Großkonzerne wächst, überall! Wir Verbraucher können uns diesem Widerstand sofort und ohne große Einschränkung anschließen.

Dazu müssten wir einfach unser Konsumverhalten anpassen, entsprechend den Kernpunkten, die wir zuvor aufgeführt haben. Wenn wir ernsthaft über eine zukunftsfähige Ethik des Anthropozän sprechen wollen, dann braucht es einen Wandel unserer Ernährung und Landwirtschaft, dann braucht es eine Haltung, die auf der Einsicht basiert, dass wir von der Natur leben. Und die Natur lässt sich nicht vollständig ökonomisieren. Die großen Agrar-, Nahrungsmittel- und Chemieunternehmen, die auf diesem Planeten ihr Süppchen kochen, sich selber damit den Bauch, sprich ihre Börse, vollschlagen, die haben längst vergessen, dass das, was um sie herum passiert, das ist, was passiert. Ja, es passiert. Wir erleben alle möglichen Rückkopplungen auf das, was wir auf der Welt anstellen. Und wir wissen längst, was es bedeutet, wenn wir so weitermachen wie bisher. Die Ernteverluste selbst der deutschen Bauern im trockenen, heißen Sommer 2018 sind da nur der Anfang. Aber wir kriegen es nicht hin, den Unternehmen, die nachweislich die gesamte Menschheit schädigen, klar und deutlich zu sagen: »Jetzt ist Schluss!« Und das nicht nur durch eine Kaufentscheidung, sondern durch eine gesellschaftliche Empörungswelle. Oder sind wir alle schon so satt, dass wir uns nicht mehr empören können?

21 Ende einer Ideologie

Erinnern Sie sich noch an den eingangs zitierten Satz von René Proglio, dem Chef von Morgan Stanley Frankreich, der uns ins Gesicht gesagt hat: »Don't get carried away with a humanistic philosophy. Like it or not. The only objective is to defend the interests of the shareholders.« Auf gut Deutsch: »Vergesst die ganze humanistische Philosophie. Ob es Ihnen gefällt oder nicht. Das einzige Ziel besteht darin, die Interessen der Shareholder zu verteidigen.«

Lieber Herr Proglio, liebe Bänker und Shareholder, ob es euch gefällt oder nicht, wir sind anderer Meinung: »Don't be carried away by the philosophy of money and greed. Like it or not. Our only interest is to defend the interest of the people.« Und das heißt auf gut Deutsch: »Lassen Sie sich nicht von der Philosophie des Geldes und der Gier mitreißen. Ob es Ihnen gefällt oder nicht. Unser einziges Ziel besteht darin, die Interessen der Menschen zu verteidigen.«

Wie wir das tun können, unsere Allmenden gegen die Gier des Kapitals schützen und die Teilhabe sowie Gestaltungsmöglichkeiten der Menschen gegen eine zunehmende Konzentration von Macht und Geld stärken können, darüber haben wir mit Ilija Trojanow gesprochen.

Harald Lesch: Ich zitiere: »Ginge es tatsächlich um ökologische Prioritäten, müsste man die Überflüssigen zuallererst unter den Superreichen ausfindig machen, von denen jeder Einzelne in etwa so viel wie eine afrikanische Kleinstadt verbraucht. 2005 konsumierte das reichste Prozent der US-Amerikaner so viel wie die 60 Millionen Ärmsten des Landes. So besehen sind die schwerreichen Einwohner des Westens die schlimmsten Parasiten. Zudem bunkern sie Trillionen von Dollar in Steueroasen (niemand kennt die genaue Summe), die somit dem Gemeinwohl nicht zugutekommen können.«

Herr Trojanow, Schlag um Schlag, hart auf den Punkt beschreiben Sie in Ihrem 2013 erschienenen Buch »Der überflüssige Mensch«, wie eine reiche, mächtige Elite, ein neoliberaler Kapitalismus und eine totale

»Es ist leicht, als Zyniker durchs Leben zu gehen. Es ist kommod und bequem, alles zu akzeptieren, sich nicht zu wehren, sich abzukapseln, sich nicht ins Offene zu wagen, sich zu schützen, die Waffen zu strecken vor dem Erdrückenden, dem Überwältigenden. Daher der Hass auf die Gutmenschen. Sie stellen die gängige Selbstparalyse in Frage. Es ist so einfach und billig, alles mit einer Prise Lächerlichkeit zu bestäuben, die vergebliche Sehnsucht der Träumer und Utopisten zu verhöhnen.«
Der Publizist und Autor Ilija Trojanow in seiner Dankesrede »Verteidigung des Gutmenschen« zur Verleihung des Heinrich-Böll-Preises im November 2017.

Digitalisierung massiv und an allen Ecken und Enden eine gedeihliche Zukunft für alle unmöglich machen. In einem Kapitel am Ende Ihres Buches leuchtet dann doch noch ein kleiner Hoffnungsschimmer auf. Sie benennen Auswege aus diesem drohenden Desaster. Da heißt es: »Wir müssen die noch existierenden Allmenden mit Zähnen und Klauen verteidigen ... Wir müssen uns wehren gegen das voranschreitende Kapern des Allgemeinbesitzes, zumal wenn dadurch unwiederbringliche Naturressourcen ausgebeutet und vernichtet werden ...«
IlijaTrojanow: Ich war gerade für ein neues Buch in Indien, Pakistan, Kenia und Sierra Leone unterwegs. Man sieht in allen diesen Ländern zwei Phänomene. Das eine ist, was man »Shrinking Spaces« nennt, das heißt, die Freiräume für eine Zivilgesellschaft schrumpfen in dem Maße, in dem die Allmenden schrumpfen. Wir sehen einerseits Land Grabbing, Diamantenabbau, Textilausbeutung und so weiter, also eine Refeudalisierung und Privatisierung von Allmenden, und genau parallel dazu – das halte ich für eine bedrohliche Entwicklung – ein Schrumpfen der Teilhabe, der Gestaltungsmöglichkeiten der Bürgerinnen und Bürger.
HL: Spielen äußere Einflüsse eine Rolle? Zum Beispiel dass die Chinesen in Afrika gerade massiv Land einkaufen und dann praktisch nur für sich und ihre Zwecke nutzen?
IT: Ja, richtig. Wobei sich systematisch nichts ändert. Ein Beispiel dafür ist der Diamantenabbau in Sierra Leone. Zuerst war er in den Händen einer südafrikanischen Firma, dann einer britischen Firma, jetzt ist

es eine chinesische. An der völligen Verelendung der Bevölkerung, an der ökologischen Kontaminierung der ganzen Umgebung ändert sich durch den Wechsel des Besitzers nichts. Die Strukturen bleiben gleich. Private Sicherheitsfirmen bewachen das direkte Umfeld, und einheimische Polizei und Armee sorgen für Ruhe, wenn es Proteste gibt. Ob die Eigentümer jetzt Südafrikaner, Briten oder Chinesen sind, ändert an dem strukturellen Ungleichgewicht der Situation überhaupt nichts.
HL: Das klingt nach einem sehr gut organisierten Verbrechen.
IT: Ja.
HL: Gibt es denn irgendeine Art von internationaler Aufregung darüber? Anscheinend doch nicht?
IT: Doch, innerhalb der UN versucht zur Zeit ein sehr, sehr breites Bündnis von internationalen zivilgesellschaftlichen Aktivisten und NGOs, eine globale, verpflichtende Erklärung gegen diese Art von Investitions- und Ausbeutungsverhalten transnationaler Konzerne weltweit zu erarbeiten. Es ist die Resolution mit dem langen Titel: »International legally binding instrument on transnational corporations (TNCs) and other business enterprises with respect to human rights«.*

Interessant ist, wie die Bundesregierung darauf reagiert. Sie versucht, das Ganze mit einer extrem merkwürdigen Argumentation zu sabotieren. Die Bundesregierung sagt, dass diese verpflichtende Erklärung die freiwilligen punktuellen Erklärungen, die die Bundesregierung beziehungsweise das Bundesministerium für wirtschaftliche Zusammenarbeit und Entwicklung (BMZ) vereinbart haben, untergraben. Das heißt, die Bundesregierung ist wirklich der absolut schwachsinnigen Ansicht, dass man freiwillige Erklärungen nicht durch verpflichtende Erklärungen gefährden darf. Das läuft natürlich jeglichem rechtsstaatlichen Denken zuwider.

Bei den freiwilligen Erklärungen haben wir ein stringentes Beispiel für ihre Wirkungslosigkeit, nämlich in der Textilindustrie. Bundesentwicklungsminister Gerd Müller hat tatsächlich die ganzen Textilkonzerne zusammengetrommelt. Die haben sich irgendwie ein paar schöne Worte auf die Fahnen geschrieben. Wie wir aber jetzt in Pakistan gesehen haben, ändert sich dadurch vor Ort überhaupt nichts.

---

* Mehr unter: www.stopcorporateimpunity.org.

»Die teilweise unmenschlichen Arbeits- und Lebensverhältnisse in der Textilindustrie in Ländern in Asien oder Afrika sind nicht länger hinnehmbar! Deutschland kann und muss eine Vorreiterrolle einnehmen, damit sich diese Arbeitsbedingungen verbessern.«

Bundesentwicklungsminister Dr. Gerd Müller

HL: Sind Politiker naiv oder gar hilflos gegenüber diesen gut organisierten Strukturen, die nur dem Shareholder dienen?
IT: Ich glaube, die Frage können Sie selber beantworten, wenn Sie sich die Reaktion der deutschen Politik auf den Dieselskandal anschauen. Die deutschen Politiker haben sich eigentlich mehr oder weniger eindeutig als Erfüllungsgehilfen der Industrie positioniert. Also da kann, glaube ich, von Naivität oder Ignoranz keine Rede sein. Das hat man auch am Auftreten und Verhalten deutscher Politiker innerhalb verschiedener EU-Gremien ohne Zweifel feststellen können. Ob das jetzt nur Korruption ist oder ob andere Überlegungen dahinterstehen, das mag dahingestellt sein. Aber es ist eindeutig eine politische Speerspitze von Wirtschaftsinteressen.

In anderen Ländern, wie zum Beispiel in Pakistan, kann man tatsächlich sagen, dass die Oligarchie die mit Abstand größte Macht im Land ist. Diese Mafia oder diese herrschende Klasse, egal wie man sie nennt, ist dort viel stärker als die Politik und alle anderen Institutionen. Also könnte man sagen, dass die Politiker dieser Staaten eigentlich eher Symbolarbeit machen und die wirkliche Macht in jener Oligarchie zu verorten ist.
HL: Man hat von der gesamten politischen Kaste in Deutschland nicht den Eindruck, dass die sich selber bereichert. Es gibt natürlich einzelne Figuren, wie zum Beispiel Herrn Wissmann oder Herrn Schröder, die aus der Politik in die Industrie gegangen sind. Doch der größte Teil der Parlamentarier, die auch in den Ausschüssen sitzen und die entsprechenden Gesetze vorbereiten, machen eben ihre Arbeit. Auch wenn man manchmal den Eindruck gewinnt, dass der Horizont der Politik, der einzelnen dort tätigen Politiker, insgesamt klein und eingeschränkt

ist. Es geht aber nicht nur darum, was ökonomisch oder ökologisch innerhalb des kleinen Horizonts passiert, sondern welche Auswirkungen unsere Entscheidungen, unser Handeln auf dem ganzen Globus haben und wie wir damit umgehen. Und dafür haben wir praktisch keine politische Ausbildung oder Ausrichtung. Welcher Politiker denkt global, denkt ökologisch? Es gibt einige einsame Streiter auf der Weltbühne, die immer wieder – so wie Sie ja auch – den Finger in die Wunde legen und sagen: Mensch Meier, seht ihr das denn nicht, seht ihr es nicht? Und man kann ja mit Politikern auch sprechen.

IT: Nein. Man kann mit denen nicht sprechen. Meine Erfahrung ist, dass sie dem Gegenüber ziemlich feige ständig zustimmen. Ich habe eine Reihe von Gesprächen mit Politikern gehabt, die sehr frustrierend waren. Deren Antworten klangen in etwa so: »Sie haben völlig recht, und das muss gemacht werden. Ja, da muss man Geduld haben, in der Politik dauert es immer länger. Und irgendwelche Sachzwänge gibt es auch immer zu beachten. Und außerdem sind es immer die anderen, die das verhindern. Wir hätten das ja gerne gemacht.«

Es gibt im Moment in deren Rhetorik eine Haltung, dass man sich selber tatsächlich als machtlos oder ohnmächtig darstellen möchte. Das beinhaltet eine gewisse Verlogenheit. Diese Rhetorik ist vergleichbar mit der im Endstadium der SED 1988. Die Parteioberen erfuhren damals eigentlich eine völlige Desillusionierung über die Kernsätze der eigenen Ideologie. Aber es blieb eine Rhetorik, die diese Ideologie weiterhin als allein seligmachende Realität vorwärtsgetragen hat.

Ähnliches erleben wir derzeit mit dieser neoliberalen Ideologie, die überall vorherrscht, obwohl insgeheim schon die meisten Menschen wissen, so geht es nicht weiter. Ich denke, man muss schon ein völliger Trottel sein, um zu glauben, dass es auf diese Weise noch 50 oder 100 Jahre weitergehen kann.

Aber diese Neoliberalen, das merke ich in unzähligen Gesprächen, unterliegen einer so starken Konditionierung, einer Gehirnwäsche, dass sie selbst nach einem intelligenten, reflektierten Gespräch auf ihre Glaubenssätze zurückfallen, nämlich: Wirtschaftswachstum. Nämlich: Messbarkeit. Nämlich: Effizienz. Nämlich: Ökonomisierung aller Lebensbereiche. Also alle diese Aspekte, über die sie tatsächlich nicht hinausgehen können. Dazu bräuchte es nämlich jene Horizonterweiterung, die Sie vorhin gefordert haben, das würde dann tatsächlich eine Entmüllung der herrschenden Ideologie bewirken. Und das ist eine große Aufgabe, wie wir wissen. Das geht eigentlich nicht ohne große Erdbeben.

HL: Ja, ich befürchte auch, dass es mit Montagsdemonstrationen nicht getan sein wird. Aber wenn ich mir jetzt überlege, Sie sagen es ja auch in verschiedenen Ihrer Schriften: Freiheit spielt für Sie auch eine große Rolle. Für den neoliberalen Milton Friedman war die Freiheit des Einzelnen das Zentrum seiner neoliberalen Idee. Der Staat war für ihn nur dazu da, dem Einzelnen praktisch in seiner Freiheitsentwicklung zu helfen. Den Rest, den müssen die Individuen unter sich ausmachen. Das ist aber nicht der Freiheitsbegriff, den Sie anmahnen?

IT: Diese Argumentation von Milton Friedman und den Libertarians in den USA ist ziemlich unsinnig. Denn was sie gleichzeitig verlangen, ist, dass die repressiven Organe des Staates das Kapital schützen. Das ist ein vollkommener Widerspruch. Einerseits soll es totale Freiheit geben, andererseits aber soll derjenige, der geerbt hat, vom Staat geschützt werden, wenn die anderen Leute zu Recht sagen, wieso soll der sich auf seinen Milliarden ausruhen, obwohl er nichts dafür getan hat? Insofern ist meiner Meinung nach Milton Friedmans Freiheitsbegriff nicht ernst zu nehmen.

Mein Freiheitsbegriff ist mehr hergeleitet von der Tradition, also von der Französischen Revolution und von den allgemeinen Menschenrechten. Und dieser Freiheitsbegriff kann nur beinhalten, dass es eine wirtschaftliche Demokratisierung gibt, dass es tatsächlich in allen Wirtschaftsprozessen eine Teilhabe der Bevölkerung gibt und nicht eine unfassbare Konzentration von Macht und Vermögen in wenigen Zentren, Individuen und Konzernen.

HL: Wir hatten ja mal in Deutschland so ein Modell, einen Wohlstandskorridor, der breit genug für alle war. Diese soziale Marktwirtschaft hat dazu geführt, dass wir eine Aufstiegsgesellschaft geworden sind, dass wir alle in einer Fahrstuhlkabine nach oben unterwegs waren. Heute haben wir Rolltreppen, die einen fahren nach oben, die anderen, und das scheint inzwischen eine Mehrheit, fahren nach unten. Wir sind mehr zu einer Abstiegsgesellschaft geworden.

Wenn neoliberale Ökonomisierung und Kapitalkonzentration das

Modell bilden, mit dem die westlichen Demokratien sich selber systematisch erodieren, welche Modelle sollen sich dann die Länder in Afrika oder in Asien zum Vorbild nehmen?

IT: Die schaffen sich die Modelle selber. Ein Beispiel: In Sierra Leone läuft im Moment ein Prozess, den es bei uns nicht gibt. Alle Akteure des zivilgesellschaftlichen Lebens haben sich in einem Netzwerk zusammengeschlossen und seit zwei Jahren überall im Land Treffen abgehalten. Zu diesen Zusammenkünften war jeder eingeladen, und die Menschen wurden gefragt: Was sind unsere sieben wichtigsten Forderungen? Nach einem zweijährigen Prozess haben sie diese wichtigsten Forderungen in einem »Citizens' Manifesto«, einem Manifest der Bürger, formuliert. Und jetzt beginnt ein sehr langer Weg, bei dem sie versuchen wollen mit all ihren Mitteln, die Politik zumindest teilweise zur Verwirklichung dieser Ziele zu verpflichten. Ob das erfolgreich sein wird, ist im Moment völlig unklar. Aber als Ansatz ist es etwas, was wir in Deutschland gar nicht haben. Das wäre bei uns geradezu revolutionär, wenn jemand sagen würde, Parteien müssten darauf hören, was wir in Bürgerkomitees an politischen Forderungen formulieren. Insofern, denke ich, ist die Zeit, in der Europa entweder durch Macht, nämlich Kolonialismus oder Imperialismus, oder durch Vorbild den Ton angibt, die ist vorbei.

Ich habe ja sechs Jahre in Indien gelebt. Und wenn ich an die indischen Aktivisten denke, die orientieren sich nicht mehr an Europa, die entwickeln eigene Formate. Die wissen auch, dass dieser Weg der allumfassenden Industrialisierung nicht gangbar ist. Die haben jetzt erst erlebt, dass der Techno-Boom, Stichwort Bangalore und Hyderabad, dass der – um hier Ihr Bild zu nehmen – einigen wenigen die Rolltreppe nach oben ermöglicht hat. Aber zahlenmäßig und vor dem Hintergrund von mehr als einer Milliarde Menschen war das ein Tropfen auf dem heißen Stein.

Das heißt, man muss ganz neue Formen entwickeln. Und diese Formen beinhalten für Indien zum Beispiel, dass es eine Form von ökologischer Subsistenzlandwirtschaft geben muss, um zu verhindern, dass Hunderte Millionen Menschen überflüssig werden, was bei einer massenhaften Industrialisierung der indischen Landwirtschaft der Fall wäre. Insofern glaube ich, wir können uns davon verabschieden, dass Europa für irgendjemanden ein Vorbild ist. Im Gegenteil.

HL: Wäre es nicht sinnvoll, wir Europäer würden uns mal diese Länder ansehen, die jetzt beginnen, ihre eigenen Strukturen zu schaffen? Vielleicht können wir von denen lernen. Auch und gerade im Sinne einer direkten Demokratie, einer Graswurzelbewegung, einer aktiven Zivilgesellschaft, in der versucht wird, von unten nach oben allmählich etwas zu verändern?
IT: Ich glaube, man kann überall lernen. Ich habe zum Beispiel letztes Jahr in Irland gelernt, wie dieser Prozess, die gleichgeschlechtliche Ehe in einem sehr katholischen Land durchzusetzen, vonstattengegangen ist: Bürgerbeteiligung, Diskussion, transparente Diskussion, in allen Medien reflektiert, führte dazu, dass die Verfassungsänderung mit einer klaren Mehrheit beschlossen wurde – und das in diesem sehr katholischen Land.

Es gibt alle möglichen Formen einer Reanimierung von Demokratie, die man tatsächlich weltweit erfahren kann. Es gibt so viele Wege, Gedanken, Prozesse der tatsächlichen Teilhabe von Menschen.

Und was wir hier bei uns erleben, diese ganze Populismusdiskussion, ist eigentlich eine Verhinderung von tatsächlicher Teilhabe. Weil alles, was da angeboten wird, genauso machtkonzentratorisch und genauso neoliberal wirkt wie der Status quo. Keine der zentralen Fragen ist in irgendeiner Weise visionär. Und dadurch wird natürlich der Zorn, der meiner Meinung nach völlig gerechtfertigte Zorn der abgehängten Menschen in diesem Land, in eine völlig falsche Richtung kanalisiert. Wir alle sollten uns Gedanken machen, wie wir mehr Mitbestimmung, mehr Teilhabe, mehr Basisdemokratie fordern können – was meiner Ansicht nach der einzige Weg wäre, um diese evidente Frustration mit der repräsentativen Demokratie zu heilen.
HL: Da muss ich Ihnen leider zustimmen. Ich war eigentlich immer stolz auf unsere Konsensdemokratie. Inzwischen habe ich aber den Eindruck, dass dieser Konsensschleier jede Art von Vorstellung, wie wir eigentlich in Zukunft leben wollen, und vor allen Dingen wie wir unsere Entscheidung so transparent machen wollen, dass Leute auch verstehen, warum das jetzt so entschieden wird – dass dieser Konsensschleier wirklich wie ein grauer Schleier ist, wie ein völlig undurchsichtiges Milchglas, weil alles hinter verschlossenen Türen von Kommissionen entschieden wird, die in keiner Weise einer parlamentarischen Demo-

kratie entsprechen. Das sind mehr Kungelrunden, in denen Interessen ausgehandelt werden. Inhalte spielen da keine Rolle mehr.

Inzwischen wäre es mir lieber, wir würden mal wieder auf die Straße gehen und von dort aus beginnen zu überlegen: Was wollen wir hier? Was wollen die anderen da? Dann wird vielleicht klarer, wer welche Ziele verfolgt, und demokratische Prozesse werden wieder transparenter.

IT: Wir haben ja ein ganz eindeutiges Beispiel, wie diese föderale repräsentative Demokratie nicht funktioniert, und das ist das Auseinanderfallen von politischen Entscheidungen und Umfrageergebnissen. Wir haben bei jeder Umfrage eine Mehrheit für eine Vermögenssteuer, für Leute, die mehr als eine Million Euro besitzen. In der Politik ist diese Steuer absolut undurchsetzbar. Das ist ein völlig absurder Zustand, dass eine Mehrheit der Bevölkerung seit Jahrzehnten eindeutig für eine Umverteilung ist, die ja auch gemäßigt wäre, und die Politik sträubt sich dagegen. Das sind systemimmanente Blockaden gegenüber dem tatsächlichen Volkswillen. Hier haben wir einen grundsätzlichen Strukturfehler, den wir tatsächlich nur radikal beheben können.

HL: Ihr Buch endet mit den Worten: »Unter dem Zwang, unentwegt zu funktionieren und zu konsumieren, fällt es uns zunehmend schwer, Empathie zu spüren und Glück zu empfinden.«

IT: Die neoliberale Zurichtung des Individuums ist schon erschreckend. Wenn man öfter mit Schülern oder Studenten zu tun hat, zeigt sich das auf grauenvolle Weise. Die meisten von ihnen sind völlig verängstigt, obsessiv denken sie an ihre ökonomische Sicherheit. Von einem freien, autonomen, selbstbestimmten, kreativen Leben sind die meisten so weit entfernt, dass man heulen möchte. Insofern ist die Lage im Moment schon grimmig. Ich glaube, es müssen noch viel größere Verunsicherungen kommen, damit die Menschen bereit sind, sich zu engagieren, Opfer zu bringen. Ich habe das Gefühl, im Moment sind wir eine Zombiegesellschaft von materialistischen, egomanen, teilweise autistischen Menschen.

Ein ganz konkretes Beispiel. Ich musste neulich ins Krankenhaus. Die Ärztin hat sich überhaupt nicht mit mir unterhalten. Die hatte alle Anzeichen eines autistischen Menschen. Darüber habe ich mit einem alten Schulfreund, der Chefarzt in Heidelberg ist, gesprochen. Und er sagte mir, »das Problem haben wir bei jedem Vorstellungsgespräch.

Junge Ärzte sind fachlich gut, aber wie bringen wir diesen Menschen bei, mit anderen Menschen umzugehen?«

Diese Zurichtung – in diesem Fall heißt sie Numerus clausus, nur Leute mit 1,0 können Medizin studieren – führt zu einem wirklichen Wegfall von entscheidenden menschlichen Qualitäten wie Empathie, Kommunikationsfähigkeit, Offenheit und vielem anderen mehr. Und dieses Phänomen lässt sich in unserer gesamten Gesellschaft vielfältig beobachten. Die ökonomische Wahrheit, dass das Wachstumsmodell nicht ewig die Lösung sein kann, ist dabei nur ein Teil des Problems. Der andere Teil ist, dass wir tatsächlich eine Technokratisierung unserer Welt erleben, die teilweise wirklich erschreckend ist. Dazu kommt, dass wir eine starke Automatisierung haben, die zunehmend mehr Menschen in irgendeiner Weise entfremdet sein lässt. Und wir haben eine Globalisierung, die in keiner Weise demokratisch korrigiert wird. Das alles führt zu Schicksalen, zu Biografien der völligen Enttäuschung, der Entmachtung, der Ohnmacht und auch zum Erstarken dieser vielen populistischen Rattenfänger.

HL: Ich glaube auch, am Ende wird es eine Auseinandersetzung geben zwischen denen, die noch mit allerletzter Kraft an diesem alten Modell hängen, und denjenigen, die sagen, wisst ihr was? Ihr könnt uns alle mal am Arsch lecken. Es reicht uns jetzt. Wir wollen eine andere Welt haben, in der wieder mehr gelebt werden kann und weniger funktioniert wird.

IT: Ja. Ich glaube, wir sind uns einig: Es kommen sehr große Konflikte auf uns zu.

22 Ringen um Transparenz und Demokratie

Für eine ökologische Wende brauchen wir eine sozial stabile, demokratische Gesellschaft und eine mutige, unabhängige, engagierte Zivilgesellschaft. Eine Voraussetzung ist auch die Entmüllung einer undemokratischen Wirtschaftsideologie, die neben der rücksichtslosen Zerstörung der Natur zu einer – wie Ilija Trojanow im letzten Kapitel es nannte – »unfassbaren Konzentration von Macht und Vermögen in wenigen Zentren, Individuen und Konzernen führt«. Die Zentren von Macht und Kapital, sprich die Konzerne, versuchen, über zahllose Lobbyisten Einfluss zu nehmen, und gefährden damit demokratische Entscheidungen, in Berlin genauso wie in Brüssel.

Wie können wir verhindern, dass dieser giftige Einfluss globaler Konzerne durch Lobbyisten auf demokratisch gewählte Politiker unkontrolliert, verdeckt und gegen die Interessen von Gesellschaft und Allgemeinwohl passiert? Wie können wir den Lobbyismus, das mehr oder weniger starke Einwirken von Kapital und Wirtschaftsinteressen auf die Politiker, für den einzelnen Bürger transparent machen – und unterbinden? Darüber haben wir mit dem Politikwissenschaftler Timo Lange gesprochen, der als Campaigner bei LobbyControl (www.lobbycontrol.de) arbeitet.

Harald Lesch: Was sind die Ziele und Schwerpunktthemen von LobbyControl?
Timo Lange: Die Idee hinter LobbyControl ist von der Sorge um den Zustand und die Zukunft unserer Demokratie getragen. Wachsende soziale und ökonomische Ungleichheit, ein langfristig nicht nachhaltig arbeitendes Wirtschaftssystem: Wenn soziale und ökologische Belange an den Rand gedrängt werden, allgemein, wenn schwächere Interessen unter die Räder geraten, gefährdet das den gesellschaftlichen Zusammenhalt und nicht zuletzt die natürlichen Lebensgrundlagen.

Timo Lange von der Initiative LobbyControl e.V. © LobbyControl

Unsere Gesellschaft zeichnet sich durch starke politische Machtungleichgewichte aus. Einige Interessen sind besser fokussierbar und können sich auf große finanzielle Ressourcen stützen. Andere, schwächere Interessen können sich weniger Gehör im politischen Raum verschaffen. Ein zentrales Ziel von LobbyControl ist vor diesem Hintergrund, dafür zu sorgen, dass die gesellschaftlich-ökonomischen Machtungleichgewichte sich nicht in politische Entscheidungen und Ergebnisse übersetzen, wodurch die Ungleichgewichte nur noch weiter verstärkt werden würden. Deshalb konzentrieren wir uns schwerpunktmäßig auf drei Bereiche:

Erstens Bildungsarbeit und Aufklärung: Durch Publikationen, Veranstaltungen, Medienarbeit und auch unsere Stadtführungen durch das Berliner Regierungsviertel versuchen wir, viele Menschen zu erreichen und für das Thema Lobbyismus zu sensibilisieren, aufzuklären und Informationen bereitzustellen. Das vielleicht wichtigste Gegengewicht zu einseitigen politischen Entscheidungen und undurchsichtigen Lobbyeinfluss sind informierte, aktive und engagierte Menschen.

Zweitens Transparenz und Schranken für Lobbyisten: Ist das Zusammenspiel von Interessen, Geld und Politik undurchsichtig und für die Öffentlichkeit nicht nachvollziehbar, nützt das vor allem den ohnehin schon starken Interessen mit privilegierten Zugängen zur Politik.

Deshalb setzen wir uns für klare Regeln und Transparenzpflichten ein. Wir wollen zum Beispiel erreichen, dass für alle klar wird, wer bei der Gesetzeserarbeitung in den Bundesministerien mitgewirkt hat, wer beraten, wer welche Stellungnahmen abgegeben hat. Das würde unter anderem dazu führen, dass Regierung und Gesetzgeber Entscheidungen und Abwägungen besser erklären und auch rechtfertigen müssen. Im Moment wissen auch viele Parlamentarier, selbst diejenigen aus der Regierungskoalition, oft kaum etwas darüber, welchen Lobbyeinfluss es auf Gesetzentwürfe der Regierung gab.

Transparenz ist allerdings auch nur so etwas wie eine notwendige Bedingung. An vielen anderen Stellen brauchen wir klare Regeln, Grenzen, Verbote und auch Sanktionen. Das betrifft etwa das weite Feld der möglichen personellen und finanziellen Verflechtungen zwischen Politik und Interessengruppen. So halten wir es für nicht demokratisch, wenn vermögende Einzelpersonen oder Unternehmen und ihre Verbände den Parteien über Spenden und Sponsoring Geld in unbegrenzter Höhe zukommen lassen können. Auch ist es nach wie vor ein Problem, dass es im Bundestag keinen vernünftigen Umgang mit Interessenkonflikten gibt, ja Abgeordnete sogar ohne Weiteres neben ihrem Parlamentsmandat als bezahlte Lobbyisten arbeiten können.

Drittens Recherche und Intervention: Um nicht nur langfristig an den Strukturen und Regeln etwas zu verändern, begreift sich LobbyControl auch als »Watchdog«-Organisation. Drohen politische Entscheidungen besonders einseitig, an bestimmten Interessen orientiert auszufallen oder zeigen sich im Einzelfall besonders problematische Lobbyverstrickungen, ruft uns das auf den Plan.

So haben wir 2017 beispielsweise viel zu der völlig intransparenten, millionenschweren Wahlkampfunterstützung für die AfD recherchiert. Derartige Parallelaktionen, mit denen die Regeln des Parteiengesetzes offenbar recht leicht umgangen werden können, gab es in Deutschland in dieser Dimension bisher nicht. Mit unseren Recherchen konnten wir das Thema auf die Agenda bringen und weitere kritische Medienberichterstattungen anregen.

HL: Welche Ziele konnten in letzter Zeit noch erreicht werden?

TL: Wir haben mit unserer Arbeit zum Bereich »Lobbyismus an Schulen« die Sorgen vieler Eltern, Lehrer und zum Teil auch Schüler aufgegriffen und politische Diskussionen und teilweise auch Veränderungen angeregt.

In der letzten Wahlperiode war es vermutlich unser größter Erfolg, dass 2015 das Ministergesetz geändert wurde. Seitdem gibt es auch in Deutschland eine gesetzliche Karenzzeit für Regierungsmitglieder, wenn sie die Seiten wechseln und Tätigkeiten bei Unternehmen oder Verbänden aufnehmen wollen. Das war lange überfällig und ein Erfolg, auch wenn die neue Regelung aus unserer Sicht noch einiges zu wünschen übrig lässt.

Unser großes Ziel, ein für alle Lobbyisten verpflichtendes Register einzuführen, haben wir 2018 knapp verfehlt.

Das verpflichtende Lobbyregister ist eine zentrale Forderung seit Gründung von LobbyControl vor 12 Jahren. Bisher ist ein Vorankommen in diesem Bereich vor allem am Widerstand der Unionsparteien gescheitert. Umso erfreulicher war es, dass im Ergebnis der Sondierungen zwischen Union, FDP und Grünen das verpflichtende Lobbyregister als unstrittiger Punkt festgehalten war.

Bei den anschließenden Verhandlungen zwischen SPD und der Union war das Lobbyregister bis zum letzten Verhandlungstag ein Streitpunkt. Am Ende konnte die SPD sich nicht durchsetzen. Aber dass darüber überhaupt intensiv verhandelt wurde und sich die Union zumindest in Teilen nun offener zeigt als noch vor einigen Jahren, ist auch schon ein kleiner Teilerfolg. Dieses Brett werden wir weiter bohren.

HL: Wie wirken Lobbyisten auf Politiker ein? Wo hört Beratung auf, wo fängt Lobbyismus an? Und welche Rolle spielen Medien im Lobbyismus? Sprich, wie stark sind die PR-Maschinen der Lobbyisten?

TL: Lobbyarbeit hat viele Facetten, der Methodenkoffer ist voll und vielfältig. Grundlegend unterscheiden wir zwischen direkter und indirekter Lobbyarbeit. Erstere richtet sich direkt an politische Entscheidungsträger, die Parteien und die politischen Institutionen. Wenn es um Gesetze geht, spielen die Ministerialapparate eine entscheidende Rolle. Hier werden die meisten Gesetze erarbeitet, und je früher es gelingt, Einfluss zu nehmen, desto größer die Erfolgschancen – aus Sicht eines Lobbyisten.

In der öffentlichen Debatte wird sich beim Thema Lobbyismus meist mehr auf das Parlament konzentriert. Das ist zwar auch wichtig, aber eben nicht unbedingt der entscheidende Ort. Das A und O für erfolgreiche Lobbyarbeit sind belastbare Netzwerke und gute Zugänge. Ein großer Teil der Lobbyarbeit besteht darin, diese Netzwerke und Zugänge zu pflegen und politische Prozesse zu beobachten.

Viele Lobbyisten begreifen sich als Dolmetscher, die der Politik erklären, wie Wirtschaft funktioniert, und umgekehrt den Unternehmen erklären, wie Politik funktioniert. Es ist auch prinzipiell nicht verkehrt, dass der Gesetzgeber sich mit den von einem Gesetz Betroffenen austauscht und die spezifische Betroffenenperspektive mitreflektiert. Problematisch wird es, wie angedeutet, dann, wenn der Beratungs- und Austauschprozess unausgewogen und intransparent ist. Insofern sind die Grenzen zwischen Beratung und Lobbyarbeit fließend und nicht klar zu ziehen. Wirklich problematisch wird es, wenn Lobbyarbeit verdeckt und manipulativ erfolgt, etwa indem auch den Adressaten in der Politik ein X für ein U vorgemacht wird.

Gerade große Unternehmen oder Branchen nutzen, wenn alle anderen Stricke reißen, auch ihre Wirtschaftskraft als Druckmittel, etwa indem mit der Verlagerung von Betriebsstätten und damit Arbeitsplätzen ins Ausland gedroht wird. Allzu oft beobachten wir das Muster, bei dem die Politik eine sinnvolle Regulierung, etwa zum Gesundheitsschutz, durchsetzen möchte und es der betroffenen Branche in der Folge gelingt, die Regulierung zu verwässern, zu verzögern oder gleich zu verhindern.

Sehr eindrücklich lässt sich das an der Autoindustrie in Deutschland verdeutlichen. Da die Branche für den Wirtschafts- und Exportstandort Deutschland geradezu Leuchtturmcharakter hat, ging offenbar die nötige Distanz zwischen Bundesregierung und der Branche verloren. Langfristig, und das beginnt sich nun zu zeigen, ist diese Kumpanei zwischen Politik und Wirtschaft auch für die Unternehmen ein Schuss ins Knie. Kurzfristig mag es positiv erscheinen, wenn Kosten in die Zukunft verlagert werden, etwa weil die Einführung neuer Emissionsgrenzwerte verzögert wurde. Mit einer nachhaltigen Perspektive hat das aber nicht viel zu tun. Hier lässt sich die Politik leider allzu oft von dem Argument beeindrucken, Arbeitsplätze könnten verloren gehen. Siehe etwa auch die Diskussion um Kohle zur Energieerzeugung. Dabei greift diese Fokussierung auf kurzfristig gesicherte Arbeitsplätze eben oft zu kurz und arbeitet mit falschen Gegensätzen.

Indirekte Lobbyarbeit zielt am Ende ebenso auf politische Entscheidungen, richtet sich aber zunächst an andere Zielgruppen, etwa die breite Öffentlichkeit. Hier spielen Medien als Transmissionsriemen eine entscheidende Rolle. Gelingt es einer Branche, die mediale Debatte von Themen wie Umwelt- und Gesundheitsschutz in Richtung Arbeitsplätze und Wettbewerbsfähigkeit zu verschieben, erleichtert das im Zweifel die direkte Lobbyarbeit.

Auch große sozialpolitische Veränderungen wie die Hartz-Reformen wurden von Lobbyseite intensiv begleitet. Hier war es ein Ziel, den öffentlichen Widerstand möglichst klein zu halten. Sprüche wie »sozial ist, was Arbeit schafft«, die immer und immer wiederholt und von Parteien aufgegriffen werden, sind ein Erfolg für Lobbyisten.*

Auch Studien, Umfragen und Rankings sind ein sehr beliebtes Mittel, um bestimmte Botschaften oder Aussagen über die Medien spielen zu können. Dabei wird natürlich immer mal wieder getrickst und geschummelt.

Und: Je schlechter Redaktionen ausgestattet sind, je weniger Fachredakteure es gibt und je größer der Arbeitsdruck ist, desto einfacher wird es für PR-Leute, ihren Spin, ihre Story und ihre Botschaft in den Medien zu platzieren. Im »besten« Fall, ohne dabei selbst überhaupt sichtbar zu werden.

Die Medien spielen auf der anderen Seite eine ganz entscheidende Rolle als Gegengewicht zur Lobbymacht. Daher betrachten wir es mit großer Sorge, dass vielen Verlagen derzeit ein tragfähiges Geschäftsmodell fehlt. Damit steigt wiederum die Tendenz, mit Lobbyakteuren engere Beziehungen einzugehen, etwa über Sponsoringverträge oder andere Kooperationen. Eine unabhängige und kritische Presse ist entscheidend für die Demokratie.

HL: Wo liegen die Grenzen bei der Zusammenarbeit zwischen Wissenschaft und Politik? Manche Thinktanks von sogenannten unabhängigen Wissenschaftlern könnten doch auch als »negativer« Lobbyismus gesehen werden?

TL: Sicher gibt es sogenannte advokatorische Denkfabriken, die ganz klar einer bestimmten Interessenperspektive folgen. Aber auch hier sind die Grenzen zu tatsächlich neutralen und unabhängigen Einrichtungen der Wissensproduktion fließend. Wir würden es sehr befürworten, wenn Stiftungen, Denkfabriken und andere Forschungsinstitute

* Siehe auch: www.heise.de/tp/features/Sozial-ist-was-sozial-ist-3 812 537.html.

genau sagen müssten, wer sie finanziert und welche Interessenhintergründe es gibt. Das ist das Mindeste, um die Expertise einordnen zu können.

Eine starke und unabhängig finanzierte Wissenschaft ist wichtig, um politische Entscheidungen zu informieren. Doch in manchen Bereichen ist es inzwischen kaum noch möglich, Wissenschaftler zu finden, die nicht auf die eine oder andere Weise mit der Branche finanziell verflochten sind, die eigentlich ihr Untersuchungsobjekt sein soll. Wir hören beispielsweise immer wieder Klagen aus der Politik, dass es gerade im Finanzmarkt- und Versicherungsbereich sehr schwer ist, an unabhängige Expertisen zu kommen.

Auch stehen Universitäten und Hochschulen selbst unter großem ökonomischem Druck. Kooperationen mit Unternehmen oder Unternehmensstiftungen finden daher vermehrt statt und sind sicher auch Einfallstore für Lobbyinteressen.

HL: Grundsätzlich ist Lobbyarbeit ja nicht schlecht. Man könnte doch sagen, das vom Bürger gewählte Parlament ist eine Lobbyvertretung für die Anliegen und das Gemeinwohl unserer Gesellschaft. Oder?

TL: Es ist richtig und gut, dass die Politik in einer Demokratie im Dialog mit verschiedenen gesellschaftlichen Gruppen steht. Dafür ist das Parlament ein wichtiger Ort. Aber das Parlament ist zum einen nicht der einzige Ort, an dem Politik gemacht wird. Zum anderen sind Exekutive und Legislative in unserem politischen System recht eng miteinander verflochten, und es gibt weiterhin Probleme mit Interessenverquickungen von Abgeordneten. Das Parlament sollte aus unserer Sicht gestärkt werden. Dazu gehört auch mehr Transparenz. Inzwischen tagen alle Parlamentsausschüsse nicht öffentlich. Ausschussdrucksachen sind für Bürger nicht einsehbar. Das sollte geändert werden. Die Politik müsste viel besser erklären, wie sie mit welchen Interessen umgeht, und sie müsste sich rechtfertigen, wenn manche Interessen überhaupt nicht gehört wurden. Nicht zuletzt fehlt es dem Parlament an Ressourcen, um der großen Vielfalt, Geschwindigkeit und Komplexität des modernen Politikbetriebs wirklich gerecht zu werden.

HL: Ist eine Politik ohne Visionen, ohne tragbare und nachhaltige Zukunftskonzepte anfälliger für Lobbyismus?

TL: Ja, ganz sicher. Eine Politik, die nur auf Sicht fliegt und vor allem darum bemüht zu sein scheint, den Status quo zu sichern, ist anfälliger für interessengeleitete Einflussnahme. Starke Visionen, ambitionierte Ziele und Zukunftskonzepte muss man aktuell mit der Lupe suchen. Doch genau das wäre notwendig, um zum einen Hoffnung auf eine bessere Zukunft glaubwürdig zu vertreten und sich zum anderen, wenn notwendig, auch gegen starke Interessen durchsetzen zu können.

HL: Lobbyismus funktioniert auch über Geld. Sie schreiben: »Reichtum schafft Einfluss.« Soziale Ungleichheit wird damit zu einem Demokratieproblem. Wir sind uns sicher einig, wir brauchen eine lebendige Demokratie. Mehr denn je. Trump, AfD, Brexit, eine wankende EU. Wie kann LobbyControl der Demokratie wieder Leben einhauchen? Wenn LobbyControl »schlechten« Lobbyismus aufdeckt, kratzt das auch am Image der Politik. Der Bürger verliert dadurch vielleicht noch mehr Interesse an der Politik? Wie gehen Sie damit um?

TL: Geld ist ganz klar ein Machtfaktor. Dass ein Zusammenhang zwischen Reichtum und Einfluss besteht, hat vor Kurzem auch eine Studie des Max-Planck-Instituts für Gesellschaftsforschung in Köln aufgezeigt. Derzufolge stimmen Entscheidungen des Bundestages häufig mit den Einstellungen der oberen Einkommensschichten überein. Dass das Kanzleramt den Verweis auf dieses Forschungsergebnis aus dem Armuts- und Reichtumsbericht der Bundesregierung streichen lassen wollte, gehört sicher nicht zu den Sternstunden der letzten Legislaturperiode.

Aktuell sehen wir eine Krise der politischen Repräsentation. Viele Menschen sehen sich nicht vertreten, verlieren das Vertrauen in die demokratischen Institutionen. Das ist für uns alle eine große Herausforderung und hat vielfältige Ursachen. Das Verhältnis zwischen Staat und Lobby trägt aber aktuell dazu bei, die Demokratie weiter zu destabilisieren. Mal sind, wie beim Abgasskandal, Aufsichtsbehörden zu eng verzahnt mit der Branche, die überwacht und reguliert werden soll. Mal laufen, wie bei TTIP, Verhandlungen intransparent und bekommen Industrievertreter/innen bevorzugten Zugang. Und mal greifen die Behörden vor allem auf geheime Industriestudien zurück, um die Folgen mancher Produkte für Gesundheit und Umwelt abzuschätzen – wie beim Unkrautbekämpfungsmittel Glyphosat.

Jeder neue Lobbyskandal ist einer zu viel und trägt weiter zur Enttäuschung der Menschen bei. Aber viele Skandale hätten verhindert werden können. Etwa »Rent-a-Sozi«, bei dem es um exklusive Gesprächstermine mit SPD-Spitzenpolitikern im Gegenzug für Sponsoringzahlungen ging. Eine Reform der Regeln für Parteisponsoring ist seit Jahren überfällig.

Aber es geht nicht nur um fehlende Regeln, sondern offenbar auch um ein mangelndes Problembewusstsein beim Umgang mit Lobbyisten aufseiten der Behörden und Parteien. Das gilt für »Rent-a-Sozi« ebenso wie für den Abgas- und den Cum-Ex-Skandal. Wenn Behörden und Ministerien sich als verlängerter Arm der Branche verstehen, die sie eigentlich im öffentlichen Interesse kontrollieren sollen, oder unbedacht so handeln, nimmt die Demokratie Schaden.

Vor diesem Hintergrund sendete die Bundesregierung das völlig falsche Signal, als sie in ihrem Armuts- und Reichtumsbericht Aussagen erheblich abschwächte, die sich kritisch mit dem überproportionalen Einfluss Vermögender auf die Politik beschäftigten. Wie groß dieser Einfluss tatsächlich ist, zeigte sich zuletzt bei der seit Jahren diskutierten Reform der Erbschaftssteuer. In der Endversion des Berichts heißt es immerhin: »Problematisch ist es jedoch, wenn sie [die politische Interessenvertretung] nicht nach transparenten Regeln erfolgt. Auch verfügen verschiedene Organisationen über unterschiedliche Ressourcen. Wählerinnen und Wähler können dann nicht beurteilen, auf welcher Grundlage politische Entscheidungen getroffen worden sind.«

Es ist gut, dass diese Erkenntnis zumindest in Teilen der Bundesregierung inzwischen angekommen ist. Gehandelt hat sie allerdings nicht entsprechend, denn sie hat es versäumt, für die erwähnten transparenten Regeln auch tatsächlich zu sorgen. Diese Untätigkeit gefährdet die Demokratie. Es verwundert daher nicht, dass viele Menschen zu dem Schluss kommen: »Die da oben« berücksichtigen die Interessen der »kleinen Leute«, der Umwelt, der Patienten, der Rentner und vieler anderer nicht ausreichend, sondern orientieren sich einseitig an den Wünschen der Konzerne, Wirtschaftsverbände und Vermögenden.

Wenn viele Menschen sich nicht angemessen gehört und politisch vertreten fühlen, kommt es zu einer gefährlichen Schieflage und Polarisierung der Gesellschaft. Der Aufstieg der Neuen Rechten in Europa und den USA ist ein Ausdruck dieser Krise der Repräsentation. Deshalb ist es nicht überraschend, dass Politiker wie Donald Trump, Marine Le Pen und auch die AfD in Deutschland die Kritik am Lobbyismus aufgreifen.

Trump sprach explizit die »Vergessenen« der Gesellschaft mit dem Versprechen an, im »Sumpf« von Washington aufräumen zu wollen. Die AfD mobilisierte gegen TTIP und wirft den etablierten Parteien pauschal eine »Selbstbedienungsmentalität« vor. Viele AfD-Wähler/innen betrachten unsere Demokratie als nicht funktionsfähig. Die realen Lobbyskandale der letzten Jahre geben der Partei eine Steilvorlage zur Mobilisierung von Protestwählern und Demokratieverdrossenen, ohne selbst überzeugende Antworten liefern zu müssen.

Zwar kann Lobbyregulierung allein diese Krise der Repräsentation nicht lösen. Aber sie kann zu einer Lösung beitragen und das richtige Signal senden: Politik muss sich am Gemeinwohl orientieren – das unter ausgewogener Berücksichtigung aller Interessen gemeinsam auszuhandeln ist – und den überproportionalen Einfluss besonders gut organisierter und finanzstarker Einzelinteressen zurückdrängen.

Als LobbyControl sehen wir es als unsere Verantwortung, Missstände aufzudecken, Verbesserungen einzufordern, aber auch immer wieder zu differenzieren und einzuordnen, sei es im persönlichen Gespräch oder in den sozialen Medien. Die Missstände verschwänden ja nicht einfach, wenn wir nicht über sie berichten würden. Insofern ist das keine Option. Der einzige Weg ist, die Politik besser zu machen, durch Regeln, aber auch ein entsprechendes Problembewusstsein. Wir versuchen aber seit einiger Zeit auch, verstärkt über positive Entwicklungen und Entscheidungen zu berichten, zum Beispiel wenn sich die Politik doch mal gegen eine starke Lobbygruppe durchgesetzt hat. Oder wenn das Engagement vieler Menschen entscheidend war. Ich denke, es ist derzeit wichtig, den Menschen immer wieder zu zeigen, dass Politik nach wie vor handlungsfähig ist und dass nicht alle Hoffnung verloren ist.

HL: Hans Jonas schrieb in seinem Buch »Das Prinzip Verantwortung«: »Handle so, dass die Wirkungen deiner Handlung nicht zerstörerisch sind für die künftige Möglichkeit solchen Lebens.« Was hielten Sie in Anlehnung an Hans Jonas von folgendem Imperativ für ein mögliches Gesetz zur Lobbyarbeit: »Lobbyismus ist dann strafbar, wenn er den

Grundsätzen des sozialen, ökologischen Handelns sowie dem Gemeinwohl entgegenwirkt.«

TL: Das Strafrecht ist das richtige Mittel gegen Korruption. Gegen Lobbyismus hilft es nicht. Zudem ist es kaum möglich, die Grundsätze des sozialen, ökologischen Handelns sowie das Gemeinwohl scharf und abgrenzbar zu definieren. Aber als allgemeiner Grundsatz für die Politik ließe sich Jonas' Diktum sicher gut verwenden.

HL: Herr Lange, vielen Dank für diese klare Aufforderung, unsere gemeinsame Verantwortung für eine lebendige Demokratie zu erkennen und zu leben, denn die ist Voraussetzung für eine Welt, in der wir leben wollen.

23 Wie sähe denn eine Gesellschaft aus, in der wir leben wollten?

Fredric Jameson, ein amerikanischer Literaturwissenschaftler, hat vor einiger Zeit gefragt: Woran liegt es eigentlich, dass unser Zeitalter so fantasiereich ist im Ausdenken von apokalyptischen Endzuständen, von Weltvernichtungen, aber so unfassbar armselig im Ausdenken von alternativen positiven Visionen?

Was wäre denn eine bessere Art von Gesellschaft, in der wir leben wollten? Da fällt uns fast gar nichts ein. Das ist sozusagen die Pathologie-Diagnose unserer Gesellschaft. Da stimmt doch was nicht, oder? Darüber haben wir mit Professor Dr. Ernst Ulrich von Weizsäcker gesprochen.

Harald Lesch: Die Menschheit befindet sich in einem Wettlauf um die eigene Zukunft. Die Zeitvorgabe ist eng. Wir haben vielleicht noch 30 Jahre, wenn wir alle nicht alles verlieren wollen. Welche Schritte wären da jetzt die richtigen? Welchen Ballast sollten wir hinter uns lassen?
Ernst Ulrich von Weizsäcker: Wenn ich mich mal sehr hochmütig in die Situation eines Immanuel Kant versetze, dann diagnostiziere ich für das späte 18. Jahrhundert, dass die Welt einen schlimmen Gang nimmt, dass eine autoritäre Kirche, ein absolutistischer Staat, eine Völkergemeinschaft, die im Wesentlichen aus Armeen besteht, eigentlich alles nur schlimmer macht und keine Freiheit zulässt. Und dann braucht man den Ausbruch des Menschen aus seiner selbst verschuldeten Unmündigkeit. Das war die Aufklärung 1.0, ein großartiger Aufbruch in eine aufgeklärte, bessere Zeit. Nur heute ist die Weisheit, die Einsicht eines Immanuel Kant und seiner Zeitgenossen in anderen Ländern verkümmert in eine Heiligsprechung der Freiheit zugunsten der Starken, in eine Heiligsprechung des Egoismus, wie ihn sich Adam Smith ganz anders vorgestellt hatte, und in eine Vernachlässigung der Langfristigkeit, des Denkens an zukünftige Generationen, der Umwelt, der

Der Naturwissenschaftler, Politiker und Umweltaktivist Professor Dr. Ernst Ulrich von Weizsäcker © Klaus Kamphausen

Gemeingüter, der öffentlichen Güter. Dagegen steht eine vollkommen überhöhte Heiligsprechung der privaten Güter und des privaten Nutzens. Das geht immer zugunsten der Starken.

HL: In der Enzyklika »Laudato si'« packt der Papst auch das Tabu des Eigentumsrechts an: Atmosphäre und Ozeane seien Gemeineigentum, für heutige und künftige Generationen. Er fordert dazu auf, die Konsequenzen daraus etwa für Kohle-, Öl-, Gas-, Wasser- und Landnutzung politisch zu gestalten. Brauchen wir ein globales Ressourcenmanagement nicht nur für Wasser und Luft, sondern auch für Wälder, Äcker und darüber hinaus vielleicht sogar für die Rohstoffe? Ist das realistisch? Wie wäre das aus Ihrer Sicht zu erreichen?

EUvW: Papst Franziskus ist ein mutiger Mann, er spricht die Wahrheiten aus. Wir haben eine schwere sozioökonomische und ökologische Krise. Wir haben aber auch eine philosophische Krise. Wir orientieren uns an einer Form von Freiheit, die im Wesentlichen die Freiheit der Starken und die Unfreiheit der Schwachen ist. Das heißt also, unsere Vorstellung davon, was die alte Aufklärung von Immanuel Kant, Jean-Jacques Rousseau oder Adam Smith in England bedeutete, nämlich dass Freiheit uns alle glücklicher macht, ist inzwischen völlig verändert worden in eine Freiheit für die Sieger und Unfreiheit für die Verlierer.

HL: Wie lässt sich der entfesselte Finanzmarkt, der entfesselte Kapitalismus, die ungezügelte Globalisierung bremsen? Durch eine globalisierte Solidarität? Und wie schaffen wir diese?

EUvW: Ich setze – vielleicht als typischer Intellektueller – darauf, dass das menschliche Bewusstsein eine der bedeutendsten Antriebskräfte ist. Wenn die meisten Menschen in dem Primitivbewusstsein leben, dass es nur darauf ankommt, in einem grausamen Wettbewerb zu bestehen und im Sinne einer kurzfristigen Erfolgslogik immer stärker zu werden, dann kommen wir überhaupt nicht weiter. Wir müssen also dafür sorgen, dass das Bewusstsein der Menschen, der Mehrheit der Menschen schließlich, zu einer Ablösung dieses egoistischen, kurzfristigen, zerstörerischen Kapitalismus und der Finanzmarktverherrlichung führt. Dass die Menschen dieses System ablehnen und sagen, wir wollen auf demokratischem Weg erreichen, dass die übermächtig Gewordenen – einschließlich Google, Amazon und so weiter – kontrolliert werden. Und dass das Volk sagt, wir wollen gerne so handeln dürfen und können, dass es auch für unsere Enkelgeneration und noch weitere Generationen positiv und nicht zerstörerisch ist.

HL: In den nächsten 30 Jahren müssen wir unsere globale Zivilisation neu gestalten. Ohne mutiges Handeln könnte es sein, dass wir global total scheitern. Wie können wir, wie kann jeder Einzelne sofort und nachhaltig handeln?

EUvW: Es gibt die Privatwirtschaft, die auf ihre Aktionäre und ihre Investoren angewiesen ist, es gibt die Zivilgesellschaft, darunter Menschen mit zum Teil etwas engen Vorstellungen, aber auch Gruppen und Menschen, die versuchen, an das Ganze zu denken. Ich nehme an, es gibt viele Professoren für Philosophie an deutschen Universitäten, die sich solche Gedanken machen. Und dann gibt es unter anderen den Club of Rome, rund hundert Menschen weltweit, die diagnostizieren, dass der heutige Trend von Wirtschaft und Staat verhängnisvoll ist, dass das Konsumwünschen und Verwirklichen auf Dauer nicht enkelverträglich ist, und die versuchen zu formulieren, was zu ändern sein wird, damit Politik, Wirtschaft und Zivilgesellschaft endlich wieder in eine zukunftsfähige Richtung gehen.

Erwähnen möchte ich in diesem Zusammenhang das Buch »Ein Prozent ist genug« von Randers und Maxton. Sie schreiben, wie mit Beginn der Mont Pèlerin Gesellschaft die Ökonomie in eine völlige Unwucht geraten ist, als könne man beweisen, der Markt sei stets besser als der Staat. Nachher wundert man sich, dass der Staat ziemlich geschwächt ist, und dann richten einfach gestrickte Menschen immer nur Vorwürfe an die Politiker, weil diese so schwach geworden sind. Ich habe, als ich im Deutschen Bundestag Vorsitzender der Enquetekommission Globalisierung war, mit meinen Mitmitgliedern herausgefunden, dass diese Arroganz der Marktverherrlichung ein Phänomen der Zeit nach 1990 ist. Die Mont Pèlerin Gesellschaft hat schon in den späten Vierzigern oder Anfang der Fünfzigerjahre des 20. Jahrhunderts den radikalen Wirtschaftsliberalismus gepredigt. Aber die waren damals noch Außenseiter, genauso wie ein Milton Friedman, auch er war immer in der Minderheit.

In Amerika ging die Marktverherrlichung schon etwas früher los, nämlich mit Ronald Reagan, in Großbritannien mit Maggie Thatcher. Aber in Deutschland, Japan, Thailand, Ecuador, Norwegen und anderswo, überall sonst auf der Welt, ausgeklammert die angelsächsischen Länder, ist dieser Umbruch in Richtung Marktbeherrschung mit dem Jahr 1990 gekommen. Und das hat einen Grund. Bis 1990 lag es massiv im Interesse das Kapitals, der Reichen, der Milliardäre, sich mit den Staaten, die demokratisch legitimiert waren, gutzustellen, denn die Staaten und nicht das Kapital waren das Bollwerk gegen den Kommunismus. Als der Kommunismus weg war, brauchte man kein Bollwerk mehr. Jetzt konnte das Kapital arrogant werden, ohne Angst vor Strafe. Und das ist die eigentliche Verfasstheit unserer Gesellschaft.

HL: Wir haben doch alle 2008 erlebt, als dieses System dann wirklich fast völlig zusammengebrochen ist. Und ich höre noch, was deutsche Politiker, was europäische Politiker alles gesagt haben: Wir werden die Banken regulieren, die werden quietschen, so werden wir sie an die Kandare nehmen. Dieses ganze internationale Finanzwesen, das muss kontrolliert werden, die Politik muss wieder politischer werden und weniger ökonomisch. Und jetzt sind wir im Jahr 2017, und was erleben wir? Im Grunde genommen hat sich nichts getan, die Amerikaner flexibilisieren oder liberalisieren ihre Banken wieder, und zwar offenbar nicht nur, weil Trump das will, sondern weil ganz gewaltige Lobbyinteressen das wollen. In Europa findet, obschon die Briten ja auf dem Weg aus der EU sind, keine Diskussion über Finanztransaktionssteuern mehr statt. Warum auch immer. Man hat doch eigentlich fast nichts gelernt und lässt dem Markt wieder systematisch freien Lauf. Und im Zusammenhang mit der ökologischen Transformation liegen die Hoffnungen inzwischen eher in der Ökonomie als bei den politischen Institutionen.

Wie kriegt man jetzt die Ökonomie so gebändigt, dass sie das Richtige tut und dabei immer noch wenigstens einen Teil ihrer Ziele erreichen kann?

EUvW: Ich will doch noch ein bisschen zurückgehen zu dem, was Sie anfangs über die Intervention der Politiker gesagt haben. Sie sagten, da hätte niemand reguliert. Das stimmt nicht ganz. Die Amerikaner haben deutlich mehr Regulierung nach 2008 durchgesetzt als wir Europäer. Und da haben wir nun schon wieder den Backlash, dass viele sagen, das sei jetzt zu viel. Und im Übrigen stellt sich auch die Frage, wie man reguliert. Wenn man das ganz bürokratisch und kontrolllastig macht, dann kostet das sehr viel Geld. Kontrolle kostet Geld. Und ich bin in Bezug auf die ökologischen Dinge, auf die komme ich ja jetzt sehr gerne, der Meinung, man sollte nicht tausend Verordnungen machen, sondern genau einen Eingriff, nämlich eine sanfte Verteuerung des Naturverbrauchs. Das ist völlig unbürokratisch, man hat aber eine absolut durchschlagende Wirkung.

HL: Wenn man eine Naturbesteuerung möchte, wie könnte man das politisch durchsetzen? Es gibt doch momentan keine großen politischen Strömungen, die das auf der Agenda haben, oder?

EUvW: Bisher eben leider nicht. Und das ist ein Riesenfehler. Ich habe darauf drei Antworten. Die eine heißt, man muss die Verteuerung vorhersehbar und sehr sanft machen, sodass es keine Kapitalvernichtung gibt und man gut planen kann. Mein Vorschlag zur Güte wäre, jedes Jahr die Energie oder Wasser oder Rohstoffe um so viele Prozent teurer zu machen, wie im abgelaufenen Jahr die Effizienz zugenommen hat. Sodass also das, was man monatlich für Energie oder Mineralien ausgibt, im Prinzip immer gleich bleibt. Und zweitens braucht man noch gewisse Abfederungsmaßnahmen, zum Beispiel einen Sozialtarif für sozial schwache Menschen. Für die Industrie brauchen wir eine Art von Aufkommensneutralität, aber nicht in der Form, wie man das heute macht, dass denen alles erlassen wird, sondern – das ist ein schwedischer Gedanke – dass man ihnen das von ihnen bezahlte Geld zurückgibt, aber nicht pro Gigawattstunde Energieverbrauch, sondern vom Mehrwert, den sie schaffen. Sodass die Branche kein Geld verliert und innerhalb der Branche ein Wettbewerb entsteht: Wer ist am schnellsten mit dem Effizienzpfand? Auf diese Weise wird die Industrie wettbewerbsfähiger, als sie es vorher war. Und der dritte Punkt ist ein historischer. Die Japaner hatten zur Zeit der sogenannten Energiekrise der späten 1970er-Jahre doppelt so hohe Energiepreise wie in den konkurrierenden Ländern. Und was war die Folge? Jeder deutsche Industrielobbyist hätte gesagt: Das ist das Ende der japanischen Industrie. Das exakte Gegenteil ist passiert. Japan ist vorangeeilt mit technischen Innovationen. Am bekanntesten ist vielleicht der Shinkansen, der dazu geführt hat, dass ein vernünftiger Mensch von Tokio nach Kyoto nicht mehr mit dem Auto, sondern mit dem Zug gefahren ist. Durch diese Innovationen war Japan in den 1970er- und vor allem in den 1980er-Jahren der Liebling der Börsianer weltweit. Das heißt also, hohe Energiepreise, wenn sie richtig gemacht werden, können die Wettbewerbsfähigkeit befeuern statt lähmen.

HL: Wenn heute jemand käme und öffentlich sagen würde, wir müssen die Energiepreise erhöhen, einfach um die Industrie zu inspirieren, sich etwas Neues, etwas Besseres, etwas Energieeffizienteres auszudenken, dann würden die Herren die Hände über dem Kopf zusammenschlagen und sagen, nein, das geht auf keinen Fall. Es ist ja geradezu so, dass jede Art von Forderung, die nicht aus der Industrie selbst kommt, automatisch abgelehnt wird, dass die Weisheit allein in industriellen Kreisen und in den Firmen selber vertreten ist und alles, was von außen kommt, sozusagen per definitionem schlecht ist. Wenn etwas Vernünftiges vorgeschlagen wird, dann sollten doch möglichst viele und möglichst einflussreiche Menschen versuchen, genau diese Entscheidungen irgendwie zu befördern. Aber es geschieht nichts. Und das ist natürlich das Komische, dass wir wirklich eine Menge hochvernünftiger Vorschläge haben, von wirklich außerordentlich kompetenten Leuten. Aber am Ende einer solchen Diskussionsrunde steht man dann immer da, und es heißt, das war jetzt schön für den Sonntagnachmittag, aber am Montagmorgen müssen wir wieder mit einer ganz anderen Politik weiterkommen. Welche Transformationswege wir einschlagen müssen, dieses Denken und Handeln in langen Linien, das ist weitestgehend verloren gegangen. Es wird nicht mehr darüber gesprochen, wo wir eigentlich langfristig hinwollen, sondern es wird immer kurzfristiger regiert, in der Politik wie im Unternehmen. Das scheint mir ein strukturelles Problem zu sein. Wenn wir von einer komplexen Transfor-

mation reden, wie schaffen wir es, unsere politischen Institutionen dafür überhaupt noch zu befähigen?
EUvW: Im neuen Bericht des Club of Rome,* den ich zusammen mit Anders Wijkman und vielen anderen Experten verfasst habe, fordern wir unter anderem eine neue Aufklärung. Und zu dieser Aufklärung gehört auch eine Wiederentdeckung von Balance statt Dogma. Mit dieser Balance ist als Allererstes eine vernünftige Balance zwischen Langfrist und Kurzfrist gemeint. Natürlich, wenn jemand durstig ist, dann möchte er jetzt trinken und nicht erst in 30 Jahren, das ist legitim. Und für bestimmte Dinge, auch finanzielle, ist die Kurzfrist genau das Richtige. Aber für die Ökologie, für die Generation unserer Enkel ist die Langfrist das Richtige. Das muss wieder in eine Balance kommen. Das ist heute noch nicht der Fall. Sie haben das soeben sehr schön ausgeführt. Aber es gibt noch Dutzende anderer Fälle, wo wir wieder eine Balance brauchen, zum Beispiel zwischen Markt und Staat. Der Markt optimiert den Nutzen der Privatwirtschaft, der Staat versucht, den Nutzen aller zu optimieren. Es ist schon richtig, was die Ökonomen immer sagen, dass die Leistungsträger belohnt werden müssen. Das ist der Markt. Aber es ist ebenfalls richtig, dass die weniger Begüterten und die weniger Glücklichen auch irgendwo einen Vertreter haben, und das muss dann eben der Staat sein. Ein Teil des schrecklichen Phänomens Trump und AfD und Brexit kommt daher, dass man neben der richtigen Belohnung der Leistungsträger die Abfederung der Nichtleistungsträger vergessen hat.
HL: Es geht darum, mal schneller und mal langsamer zu sein, es gibt eben verschiedene Arten von Zeitverbrauch und Zeitmitnahme.
EUvW: Man muss auch darauf achten, dass bestimmte Dinge gesetzlich festgelegt werden. Ich nenne hier das Beispiel Innovation versus Verlässlichkeit. Auch da brauchen wir eine vernünftige Balance. Die gegenwärtige Wirtschaft ist so, dass Innovation belohnt und Verlässlichkeit bestraft wird. Die Amerikaner reden ständig von *disrupting* und finden das etwas Herrliches. Aber wer möchte denn gerne unterbrochen, *disrupted*, werden? Bei einem gemütlichen Abendessen möchte man un-

* Ernst Ulrich von Weizsäcker, Anders Wijkman u. a., »Wir sind dran. Club of Rome: Der große Bericht. Was wir ändern müssen, wenn wir bleiben wollen. Eine neue Aufklärung für eine volle Welt«, Gütersloher Verlagshaus, Gütersloh/München 2017.

gerne unterbrochen werden, vom Liebesleben ganz zu schweigen. Das heißt also, Innovation ist im Prinzip und meistens etwas Gutes. Aber Verlässlichkeit auch. Und auch da brauchen wir eine Balance.

HL: Dieser Balancegedanke hat ja schon fast etwas Fernöstliches, um nicht zu sagen etwas Chinesisches.

EUvW: Absolut. In der Aussage, die wir treffen, postulieren wir auch, dass Europa stärker von Asien lernen müsste als nur von Kalifornien.

HL: Aber wenn Sie sich anschauen, wer die Instrumente in der Hand hat, um Meinungen auf der Welt zu verteilen? Dann sind es momentan vor allen Dingen junge weiße Männer, die irgendwo im Silicon Valley leben und von dort aus mit gewaltigen digitalen Netzwerken die Welt mit ihren Ideen und auch mit ihrer Haltung durchdringen, wie man der Welt gegenübertreten sollte, wie man kommunizieren sollte, wie man produzieren sollte, mit welcher Schnelligkeit produziert werden sollte. Laotse und Konfuzius sind im Gegensatz dazu alte Denker, die mit diesem Balancegedanken versucht haben, Individuen und Gesellschaften zu stabilisieren. Im Grunde plädieren sie doch für eine Art von Gerechtigkeit.

EUvW: Absolut. Gerechtigkeit ist auch ein Punkt. Natürlich brauchen wir einen gewissen Abstand zwischen dem Leistungsträger und dem weniger Glücklichen. Aber dieser Abstand darf nicht zu groß werden. Das haben Franz Josef Radermacher und viele andere wunderbar erklärt, dass hier ein vernünftiger Ausgleich im Sinne von Gerechtigkeit stattfinden muss. Und im Übrigen muss man auch da wieder ein Stück weiter instrumentell denken. Ein früheres Mitglied des Club of Rome, Ronald Eye aus Kanada, leider lebt er nicht mehr, hat schon vor 20 Jahren den Vorschlag einer Art von Digitalisierungssteuer gemacht. Er nannte sie Bit-Steuer. Eye hatte schon damals erkannt, dass die Bits unserer Gesellschaft Wohlstand verschaffen, aber gleichzeitig auch Arbeitsplätze vernichten. Das ist heute viel aktueller und dramatischer als vor 20 Jahren. Und so ähnlich wie ich aus Fortschrittsgründen für eine Energieverteuerung eintrete, trete ich nunmehr für eine Bit-Steuer ein.

HL: Das wird wohl auch dringend notwendig sein. Verschiedene Studien vom angesehenen Massachusetts Institute of Technology (MIT) ebenso wie von der Oxford University prophezeien durch die Digitalisierung die Vernichtung von 47 Prozent aller Berufe und den Verlust von vielen Millionen Arbeitsplätzen. Wenn das in den nächsten Jahren eintreffen wird, ist eine Art von Bit-Steuer die einzige Möglichkeit für einen Staat, einen Teil der Gewinne aus diesen automatisierten, digitalisierten Betrieben als Steuer wiederzubekommen, damit er wenigstens auf der anderen Seite ein Sozialsystem finanzieren kann, das den Namen Sozialsystem noch verdient.

EUvW: Der Ökonom Professor Dr. Thomas Straubhaar aus Hamburg hat gesagt, wir müssen das Steuerwesen insgesamt so umstellen, dass es nicht mehr auf die Beschäftigungslage angewiesen ist. Sonst werden wir die gesellschaftlichen Probleme durch die Digitalisierung nicht in den Griff bekommen. Und Sie haben das ja auch sehr klargemacht, wenn der wesentliche Teil der Steuereinnahmen am Faktor Arbeit hängt, dann wird die Digitalisierung mehr Zerwürfnisse als Vorteile bringen. Also arbeiten wir daran, damit – wie ich vorhin schon sagte – Politik, Wirtschaft und auch Zivilgesellschaft endlich wieder in eine zukunftsfähige Richtung gehen.

HL: Tun wir genau das.

24 Das Generationen-Manifest

Politik, Wirtschaft und Zivilgesellschaft müssen endlich wieder in eine zukunftsfähige Richtung gehen, das ist auch das Ziel des »Generationen-Manifests«. Professor Dr. Ernst Ulrich von Weizsäcker war einer der Erstunterzeichner dieser ursprünglich 2013 von einer Gruppe von Bürgern veröffentlichten Erklärung. In der aktuellen Fassung lautet sie:

Wir sind Bürgerinnen und Bürger unseres Landes, die besorgt festgestellt haben: Die älteste Übereinkunft der Menschheit ist in Gefahr – der Generationenvertrag.
Vorangegangene Generationen haben immer versucht, ihren Kindern eine bessere und gerechtere Welt zu hinterlassen. Auch deshalb geht es uns heute so gut wie nie zuvor.
Wir, die goldenen Generationen der nach dem Krieg Geborenen, haben dieses urmenschliche Anliegen stillschweigend kassiert und ahnen jetzt, dass wir unseren Kindern eine Fülle von ungelösten Problemen vor die Füße werfen.
Dabei wissen wir längst, dass es jetzt von uns abhängt, ob die Grundlagen für eine lebenswerte Zukunft erhalten bleiben.
Die Lage ist erschreckend. Unsere Leistungsgesellschaft mit ihrem Produktions- und Wachstumswahn ist dabei, die Erde für unsere Nachkommen unwirtlich und unbewohnbar zu machen.
Wir müssen uns deshalb entscheiden, ob wir uns mit diesem kurzfristigen, egozentrischen Denken weiter der Verantwortung gegenüber zukünftigen Generationen entziehen oder umdenken und mit mutigem Handeln die Chancen künftiger Generationen auf Gesundheit, Erfüllung und Glück wiederherstellen.
Dabei geht es nicht um die isolierte Bekämpfung einzelner Krisen wie Armut, Hunger, Klimawandel oder Migration. Wir leben heute in einer Welt, in der alles mit allem und jeder mit jedem verbunden ist. Alles, was wir tun oder unterlassen, hat eine Wirkung, über Ländergrenzen und Generationen hinweg. Deswegen müssen wir

als Gesellschaft gemeinsam handeln und Grundlagen für ganzheitliche Lösungen schaffen.
Wir engagieren uns auf gesellschaftlicher Ebene für einen neuen Generationenvertrag, einen Vertrag, der zum ersten Mal die Bedürfnisse kommender Generationen und deren Herausforderungen wirklich ernst nimmt. Denn sie sind es, die die Folgen unseres Handelns und Nichthandelns einmal tragen werden.
Wir, die Unterzeichner, setzen uns für langfristige, generationenübergreifende Strategien und ganzheitliche Lösungen ein, denn die derzeitige Planung aller großen Parteien bis 2030 ist kein Planungsmaßstab, der die Interessen der nächsten Generationen angemessen berücksichtigt.
Wir fordern die Bundesregierung auf, die folgenden zehn Forderungen ins Zentrum ihrer politischen Entscheidungen und Gesetzgebung zu stellen und in den Koalitionsvertrag beziehungsweise ihr Regierungsprogramm aufzunehmen.

1. *Frieden: Eine Zukunft ohne Krieg ist nicht selbstverständlich.*
   Wir fordern die Bundesregierung auf, sich für eine endgültige Abschaffung aller Atomwaffen einzusetzen und ein Ende des Exports von Kriegswaffen in Spannungsgebiete zu beschließen.
2. *Klima: Mit allen Mitteln die Klimakatastrophe abwenden.*
   Auch in Deutschland müssen wir unsere Anstrengungen im Einklang mit dem Pariser Klimaschutzabkommen massiv erhöhen. Wir fordern die Bundesregierung auf, den Einsatz fossiler Brennstoffe bis 2040 zu beenden sowie ein tragfähiges Konzept für CO2-Besteuerung beziehungsweise Emissionshandel vorzulegen. Aus den Erträgen soll ein Zukunftsfonds aufgelegt werden, der Innovationen fördert und für künftige Generationen spart.
3. *Bildung: Wir werden neue Kompetenzen brauchen.*
   Unser Bildungskonzept stammt aus einem anderen Jahrhundert. Im digitalen Jahrtausend brauchen wir Interdisziplinarität, die Befähigung zur Selbstbildung, Teamfähigkeit und Medientraining. Wir fordern eine Zukunftskommission, die ein themenorientiertes Lernen und Lehren vom Kindergarten bis zur Universität entwickelt und seine Umsetzung entschlossen einleitet.
4. *Armutsbekämpfung: Hunger, Armut und Überbevölkerung beenden.*

Wir fordern die Bundesregierung auf, hier entschlossener zu handeln und die bereits gemachten Zusagen einzuhalten. Die Lösung liegt in der Durchsetzung von fairen Löhnen, einer fairen Arbeitsteilung und fairen Regeln für die Produktion des globalen Konsums. Deutschland soll hier Vorreiter werden.
Die Bildung und Stärkung von Frauen und Kindern in Schwellen- und Entwicklungsländern mithilfe eines internationalen Bildungsprogramms wird zu realistischeren Lebens- und Bleibeperspektiven der dort lebenden Menschen beitragen.

5. *Gerechtigkeit: Die wachsende Kluft zwischen Arm und Reich verringern.*
   Die Altersarmut ist für einen wachsenden Teil der Bevölkerung eine reale Bedrohung. Wir fordern die Bundesregierung auf, unter Berücksichtigung der demographischen Entwicklung, eine Planung für das Renten- und Sozialsystem bis 2050 vorzulegen.
   Wir fordern eine Steuerreform für ein gerechtes Steuersystem, mit fairen Vermögens-, Erbschafts- und Finanztransaktionssteuern und der Entlastung kinderreicher Familien, sowie eine ernsthafte Diskussion über das bedingungslose Grundeinkommen.
6. *Unternehmenshaftung: Unternehmen und Banken dürfen nicht gegen, sondern müssen für die Menschen arbeiten.*
   Wir fordern die Einführung und Durchsetzung des Verursacherprinzips und klarer Haftungsregeln auf globaler und nationaler Ebene. Folgekosten von Krisen und Katastrophen müssen von denjenigen getragen werden, die mit hohen Risiken Gewinne erzielen und Probleme auf künftige Generationen abwälzen.
   Und wir fordern ernsthafte globale Anstrengungen, damit Unternehmenssteuern in dem Land gezahlt werden, in dem auch die Gewinne erzielt werden.
7. *Migration: Menschen werden kommen, sie haben ein Recht darauf.*
   Unser Egoismus und unsere Profitgier sind mitverantwortlich für die Flüchtlingsströme. Wir müssen hier Verantwortung übernehmen und uns der Situation stellen.
   Wir fordern einen Gestaltungsplan, der auf internationaler Ebene Vorsorge für die zu erwartenden erheblichen Migrationsströme

der Zukunft trifft, und einen Verteilungsplan, der über einen gerechten Schlüssel dafür sorgt, dass diese Menschen aufgenommen und integriert werden können.
Und wir fordern eine konsequente und faire Integration der hier lebenden Flüchtlinge und Migranten sowie die Diskussion über eine globale Green Card.

8. *Digitalisierung: Die digitale Revolution birgt Chancen und Risiken.*
Die tiefgreifende Veränderung von Wirtschaft und Gesellschaft durch die Digitalisierung verlangt nach klaren Regeln. Wir brauchen eine digitale Charta und eine supranationale Institution, die Regeln setzen und deren Einhaltung durchsetzen kann, das gilt für die Nutzung von persönlichen Daten ebenso wie für die Strafbewehrung von digitalen Verbrechen.
Digitale Geschäftsmodelle müssen in einen global gültigen regulatorischen Rahmen eingebettet werden, der jedem Bürger die Souveränität über seine Daten garantiert und die Gefahr begrenzt, dass sich der Staat zu einem Überwachungsstaat entwickelt, der die Entfaltung der nächsten Generationen behindert.
Wir fordern die Bundesregierung auf, ein Besteuerungsmodell zu entwickeln, das den digitalen Geschäftsmodellen Rechnung trägt, Produktivitäts- und Effizienzgewinne angemessen bei der Besteuerung berücksichtigt und den Wegfall von sozialversicherungspflichtigen Arbeitsplätzen durch neue Besteuerungsarten ausgleicht.

9. *Müll: Abfall darf nicht unser Hauptvermächtnis an künftige Generationen werden.*
Inzwischen sind die Ozeane bis in die Tiefsee mit Plastikmüll gefüllt; für den radioaktiven Abfall aus Kernkraftwerken gibt es keine Entsorgungslösung, und Raubbau an den natürlichen Ressourcen hat ganze Regionen verwüstet und verseucht. Wir fordern die künftige Bundesregierung auf, in Zukunft nur noch solche Materialien zuzulassen, die innerhalb einer Generation wieder natürlich abgebaut oder technisch entsorgt werden können.

10. *Generationengerechtigkeit: Aufnahme in das Grundgesetz!*
Wir brauchen einen neuen Generationenvertrag, der diesen Namen auch verdient.

> *Wir fordern die Bundesregierung auf, Generationengerechtigkeit in das Grundgesetz aufzunehmen und so sicherzustellen, dass Haftungsforderungen im Namen zukünftiger Generationen eingeklagt werden können.*

Wir haben mit Claudia Langer gesprochen, Vorstandsmitglied der Generationen Stiftung, die sich für die Verbreitung und Umsetzung der Forderungen des Generationen-Manifests einsetzt.

Harald Lesch: Frau Langer, Sie fordern uns alle auf, zu einer aktiven Zivilgesellschaft zusammenzuwachsen, uns zu engagieren, zu rebellieren, endlich souverän zu werden, damit wir unsere Visionen einer generationenverträglichen Zukunft realisieren.

Claudia Langer: Ja, es ist keine Zeit für Resignation. Wenn Politik und Wirtschaft sich nicht bewegen, dann müssen wir Bürger uns eben selbst um die Herausforderungen der Zukunft kümmern.

Wir müssen uns entscheiden: Wollen wir weiter im Sinne der Wirtschaft und der Politik ein stummes, reibungslos funktionierendes, kleines Rädchen im System bleiben? Uns verzweifelt an das Altbekannte klammern, von dem wir wissen, dass unsere Kinder und Kindeskinder unseren fehlenden Mut ihr Leben lang ausbaden werden müssen? Werden wir weiter die erste Generation sein, die überzeugt ist, dass es unseren Kindern einmal schlechter gehen wird als uns heute? Sie deshalb weiter stillschweigend verwöhnen, ablenken, betäuben? Wohl wissend, dieses Kartenhaus stürzt jeden Moment über uns allen zusammen?

Wir müssen uns entscheiden: Sollen Wirtschaft und Politik weiter »alles richtig machen«, in ihrem materiell, kurzfristig-subjektiven Sinne, um Großteil des Problems zu bleiben?

Wir sollten aus unserer Betäubung erwachen, uns unseren Ängsten und Träumen stellen. Aus Liebe zu unseren und allen Kindern von der Ohnmacht in die Macht, ins Tun kommen. Und endlich miteinander reden. Im echten Leben, mit echtem Feedback, ja vielleicht sogar mit Auseinandersetzung und Reibungshitze, denn nur in diesem Klima kann etwas Neues, können Entwürfe entstehen.

Wir müssen uns entscheiden: Betäuben wir uns weiter, oder werden wir Teil der Lösung? Geben wir Politik und Wirtschaft Vision, Ziel

Claudia Langer, Vorstandsmitglied der Generationen Stiftung © Generationen Stiftung

und Pläne vor? Denn sie haben keine. Reagieren allein auf Märkte und Wähler. Machen, was wir wünschen. Um gekauft oder wiedergewählt zu werden. Wir sind der Souverän, heißt es. Dann seien wir es auch endlich. Wir entscheiden: Kaufen wir keinen Diesel, keinen SUV, gibt es bald keine mehr. Kaufen wir Wirtschaft und Politik ihre Beschwichtigungsversuche nicht ab, wird Schonhaltung vielleicht durch Tacheles ersetzt.

Lasst uns die Themen, die nach Antworten schreien, benennen. Denn nur was man benennt, kann man auch lösen. Noch sind viele brennende Herausforderungen lösbar. Aber die Uhr tickt. Der Klimawandel wartet nicht darauf, bis die Politik oder wir selbst uns mal wieder mit ihm beschäftigen. Die wachsende Kluft zwischen Arm und Reich, die unsere Demokratie gefährdet, kann verringert werden. Wenn wir das wollen. Wir müssten nur unsere Lethargie besiegen. Etwas riskieren. Mitmachen. Uns auf den Marktplatz der Ideen stellen und nach Verbündeten suchen. Nicht gegen die Politik, sondern mit ihr. Weil sie uns vertritt, wenn wir entschlossen und laut genug für uns und unsere Nachfahren eintreten. Wenn wir mitmachen, statt zu lamentieren und Lösungen einzufordern.

Wir verhalten uns gleichgültig gegen das Leid der Welt, den Hunger, die Kriege, die Toten im Mittelmeer. Fühlen uns ohnmächtig. Aber sind wir das auch? Die Frage, was wir getan haben damals, als die Weltordnung neu verhandelt und die Chancen und erheblichen Risiken unserer Lethargie für die Generationen nach uns sichtbar wurden, wird gestellt werden.

Wir haben besser eine gute Antwort darauf.

Wir, die Autoren dieses Buchs, laden alle Leser ein, sich auf der Seite www.generationenmanifest.de weiter zu informieren und das Generationen-Manifest zu unterzeichnen.

25 Demut

Was für ein Wort – groß, schwer, fast ein Gebirgsmassiv, wo doch sonst die Bäche und Flüsse der Relativität fließen, alles ist doch relativ und diskutierbar. Begriffe sind interpretierbar und dehnbar. Was für ein Fehler!

Demut ist Respekt vor dem Absoluten, vor dem, was sich unserer Kontrolle entzieht.

Demut ist akzeptieren, dass es etwas gibt in der Welt, dem wir als Mensch bloß gegenüberstehen, von dem wir abhängen, von dem unser Leben abhängen kann.

Würden wir uns noch bei jedem Baum entschuldigen, den wir abholzen, so wie die alten Germanen das taten, das wäre Demut. Wissend, dass der Baum uns fehlen wird, und zwar für die Fotosynthese und auch für unseren Anblick. Man stelle sich vor, in jedem Quartalsbericht eines naturvernichtenden Konzerns gäbe es einen Demutsbericht, in dem stünde, was man alles vorhatte, aber aus Respekt vor der Natur eben doch nicht durchgezogen hat. Flüsse nicht vergiftet. Böden nicht überdüngt. Atmosphäre nicht weiter mit Treibhausgasen angereichert.

Demut hat viel mit Erkenntnis und Weisheit zu tun. Wir wissen schon so lange, dass es höchst weise wäre, mehr Demut der Natur gegenüber zu zeigen, aber wir tun es nicht. Warum? Weil es bis heute noch nicht in alle Hirne und Herzen gedrungen ist, dass die Natur die Bedingung der Möglichkeit ist, überhaupt Mensch zu sein.

Wir glauben doch tatsächlich, wie der berühmte Zauberlehrling, wir hätten – mittels Wissenschaft und Technik, vor allem digitaler Technologien – die Rezepte des Meisters Natur völlig verstanden und könnten alles nach unseren Vorstellungen manipulieren und kontrollieren. Wir glauben, nur weil die künstliche Intelligenz inzwischen sich selbst zum weltbesten Go-Spieler entwickelt hat, wir könnten mit Bits und Bytes aus dem uralten Wechselspiel der Naturkräfte, das fein aufeinander abgestimmt sich seit Jahrmilliarden vollzieht, ein Spiel machen, das nach unseren Regeln abläuft. Hybris lässt grüßen. Mehr Demut, ihr Politiker,

Shareholder und Investoren, mehr Respekt vor dem, was man nicht in Cent und Euro berechnen darf!

Mit unserer Gier riskieren wir alle ein fürchterliches Urteil des größten Gerichtshofes den es gibt, den der Natur. Hier herrschen Gesetze, über die niemand in einer Parlamentssitzung diskutieren oder mehrheitlich entscheiden kann. Hier gibt es keine Abstimmungen. Es gibt auch keinen Anwalt, und es gibt kein »in dubio pro reo«. Nein, es gibt keinen gütigen Richter, der Gnade vor Recht ergehen lässt, es gibt nur und einzig und alleine die absolut geltenden Naturgesetze. Ohne Wenn und Aber, ohne Deal, ohne Kronzeugenregelung. Und niemand von uns wird sagen können, wir waren nicht dabei oder wir haben das alles nicht gewusst. Wir sind dabei, und wir wissen. Die Stürme in der Karibik, die schwindenden Gletscher und die sterbenden Insekten malen das Menetekel an die Wand. Demut ist unsere letzte Chance.

26 Geben wir unser Bestes für eine bessere Welt

Die wahre Großzügigkeit der Zukunft gegenüber besteht darin, in der Gegenwart alles zu geben.

Albert Camus

Der Mensch hat einen dramatischen Klimawandel in Gang gesetzt und verfeuert ungebremst Öl und Kohle. Aber mit den Rechtfertigungen eines ultraliberalen Kapitalismus beuten wir Natur und Menschen weiter rücksichtslos aus. Doch trotz dieser Widersprüche können wir uns nicht den Luxus leisten zu verzweifeln, denn die Schlachtrufe der Gier auf der einen Seite werden nur noch verstärkt durch das Echo der Ohnmacht und Gleichgültigkeit auf der anderen Seite.

Fragen wir uns nie wieder, was können wir denn tun? Jeder von uns kann eine Menge tun. Jetzt. Sofort. Direkt vor seiner Türe, zusammen mit Nachbarn und Freunden, wir können unser direktes Umfeld, unsere Mitwelt neu erfinden, neu gestalten. Wir können mit anderen reden, auch mit denen und gerade mit denen, die anders denken als wir. Wichtig ist, dass wir den Menschen dabei in die Augen sehen, dass wir sie berühren, dass wir die Menschen mitnehmen, dass wir sie begeistern für unsere Ideen, unser Handeln, unser Tun.

Wer lokal tätig ist, der kann global wirken. Wenn wir nur einen Nachahmer finden.

Anstatt auf Politiker, Autobauer, Öl und Kohle, SUV-Fahrer und Plastikflaschentrinker zu schimpfen, halten wir die Widersprüche aus und nutzen unsere Zeit und Energie für ein ökologisch richtiges Handeln.

Mit dem ökologischen Imperativ werden wir dabei nicht weit kommen, mit einer ökologischen Co-Aktion aber öffnen wir Türen und ebnen Wege. Hören wir auf, uns und andere zu begrenzen. Wir brauchen keine Grenzen, weder im Kopf noch auf der Landkarte. Führen wir eine interdisziplinäre – Wissenschaft, Kunst, Religion – und eine interkulturelle Kommunikation. Hören wir auf zu verurteilen, beginnen wir zu teilen. Das alles sollten wir mutig und beherzt tun, mit dem Herzen für die Mitmenschen und die Mitwelt. Raus aus der puren Funktionalität und Effizienz, auf die uns die kapitalistisch und digital getriebene Welt reduzieren will, hin zu einer Emotionalität, zu einer Wahrnehmung des Seins, das menschliches Leben erst ausmacht.

Tue Kleines, um Großes zu erreichen. Für eine Welt, in der wir leben wollen. Wir befinden uns in einer einzigartigen Epoche der Geschichte. Nie zuvor war uns so klar, war so eindeutig wissenschaftlich bewiesen, welche Folgen unser rücksichtsloses auf Profit, Ego und Status ausgerichtetes Mangel-Handeln hat. Und nie zuvor hatten wir so viele Möglichkeiten, etwas dagegen zu tun. Länder und Staaten, Industrien und Gewerbe, Wissenschaften und Kunst, Politik und Institutionen, Städte und Gemeinden, Sie, du und wir und ich.

Die Verantwortung dafür liegt in der täglichen Entscheidung. Jeder von uns kann sich täglich neu entscheiden, das ist alles, was von uns erwartet werden kann. Und die Ergebnisse jeder einzelnen Entscheidung addieren sich, summieren sich, am Ende des Tages, am Ende der Woche, am Ende des Jahres, die guten wie die schlechten Entscheidungen.

Und wenn wir uns entscheiden, können und dürfen wir uns auch irren, solange wir ein Ziel vor Augen haben, nämlich die Verantwortung für unsere Mitmenschen und unsere Mitwelt, mit allem, was wir tun, die Verantwortung für die Vielfalt und den Reichtum der Natur, die Verantwortung für ein Wunder: Das Wunder der *Natur*.

In ihrem Buch »Alexander von Humboldt und die Erfindung der Natur« schreibt Andrea Wulf: »Humboldt wurde angetrieben von einem Gefühl vom Wunder der Natur – einem Gefühl, das uns heute helfen könnte zu begreifen, dass wir nur schützen werden, was wir lieben.«

Was ist denn dieses Wunder der Natur? Vielleicht an erster Stelle, dass sich Natur selbst macht und sich von selbst entwickelt. Natur war schon da, als es noch keine Menschen gab. Natur war sogar schon da, als es noch gar kein Leben gab. Alles, was auf natürliche Weise entstanden ist, stammt aus der Natur. Philosophisch betrachtet, ist die Natur der größte Seinszusammenhang überhaupt. Dieser reicht vom Kosmos

Alexander von Humboldt, Gemälde von Friedrich Georg Weitsch, 1806

Quelle: wikimedia, Alexander von Humboldt-Stiftung, gemeinfrei

bis hin zu den allerkleinsten Bausteinen der Materie, und dazwischen, ziemlich genau in der Mitte des ganz Großen und ganz Kleinen, steht das Leben als Phänomen, als Selbstorganisationsphänomen.

Natur als *Lebenswerk* ist ein ganz besonderes Wunder, denn was muss alles gleichzeitig passieren, damit ein Lebewesen überhaupt leben kann. Schon am eigenen Leib können wir nur allzu schnell erfahren, wie dieser aus dem Gleichgewicht geraten kann, wenn etwas nicht stimmt. Und unsere menschliche Existenz hängt auf Gedeih und Verderb von der Natur ab. Ist die Natur krank, wird es auch der Mensch werden. Diesen Zusammenhang spüren wir intuitiv auch, wenn wir vom Wunder der Natur sprechen. Wenn wir uns nur einen Moment in unserem gehetzten Alltag darauf einlassen, die Natur um uns und in uns zu spüren, wenn wir dem Natürlichen in uns selbst nachgehen und seine engen Verbindungen mit den Elementen aufmerksam wahrnehmen, dann wird das Wunder der Natur zum Moment, wo Seele und Leib sich als Einheit empfinden. Und genau dann spüren wir auch, wie wichtig unsere Verantwortung dafür ist, diese Natur zu erhalten, denn nur so können wir uns selbst erhalten.

Wir vergessen aber leider immer wieder, dass wir Teil dieser Natur sind, weil wir uns weiter und weiter von ihr entfernt haben. Jetzt allerdings spüren wir nach und nach, dass die Veränderungen in der Natur, die wir verursacht haben, für unser Dasein überhaupt nicht förderlich sind, und zwar auf einer ganz elementaren Ebene: Am Ende werden große Teile der Erde nicht mehr bewohnbar sein, weil es dort einfach zu heiß ist.

Deswegen muss man sich fragen, warum die Energiewende, die einzig vernünftige Antwort auf den Klimawandel, so unglaublich defensiv betrieben wird? Was steckt dahinter? Und die Antwort könnte lauten, dass wir eben nicht über dieses humboldtsche Empfinden des Wunders der Natur verfügen. Für uns ist Natur zu einer bloßen Kulisse verkommen, vor der sich unser ökonomisches Handeln abspielt. Die Natur hat einfach nur zu funktionieren und zu liefern. Wenn dem aber so ist, hätten wir das Buch überhaupt nicht zu schreiben brauchen: Wenn die Luft verschmutzt ist, das Wasser und der Boden vergiftet sind, dann können wir hier nicht mehr leben. Egal, wie viel Geld wir haben, das spielt dann auch keine Rolle mehr.

Aber wenn Humboldt uns eines gelehrt hat, dann ist es der Gedanke, dass die Natur überhaupt nur als Ganzes begreifbar ist. Vielleicht liegt es also daran, dass wir – die Naturwissenschaften, die Technik, die Ökonomie – in den letzten 200 Jahren eine Zerlegung der Natur in Einzelteile vorgenommen haben, um sie für unseren materiellen und immateriellen Nutzen zu verstehen, und deswegen das Ganze der Natur nicht mehr wahrnehmen. Wir sehen es nicht mehr, dieses wundervolle, sich selbst vollziehende, natürliche Zauberwerk von Netzwerken, die sich gegenseitig so beeinflussen, dass sie sich auf der einen Seite aufrechterhalten, mit den entsprechenden Ressourcen für ein Weitergehen ihrer Existenz versorgen, und auf der anderen Seite gleichzeitig ihr zukünftiges Werden organisieren. Und aus diesem Werden ist letztendlich auch der Mensch hervorgegangen.

Aber dieser Gedanke, dieses Gefühl für unser Sein als Teil der Natur scheint uns verloren gegangen zu sein. Und vielleicht ist es uns verloren gegangen, weil wir an nichts mehr glauben. Und *glauben* ist hier tatsächlich im theologischen Sinne zu verstehen, weil wir nicht mehr glauben, dass es jenseits unserer technischen Möglichkeiten noch etwas gibt, das größer ist als wir. Wir glauben nicht mehr an etwas, das größer ist als die Menschheit. Egal, wohin wir schauen, wir glauben immer nur an das Machbare, das von Menschen Machbare. Das heißt, alles Ökonomische, Technische und Wissenschaftliche hat uns dahin gebracht, dass wir der Meinung sind, wir wären Gott. Und deswegen glauben wir auch, dass wir die Natur beherrschen können.

Gott würde sich wahrscheinlich nicht über die Natur wundern, insofern haben wir schon gottähnliche Eigenschaften entwickelt: Wir wundern uns nicht mehr. Wer von uns begreift denn heute noch Natur nicht nur als Wunder, sondern auch als Schöpfung? Die Natur ist eine Schöpfung, von wem auch immer. Vielleicht von sich selbst, wenn wir es unreligiös sehen wollen. Aber die Natur ist auf jeden Fall eine Schöpfung, zu der der Mensch nichts beigetragen hat.

Unser Satz, »der Mensch kommt auf die Welt, und die Welt ist schon da«, galt für die ersten Menschen genauso wie für uns heute. Die Natur ist uns gegeben, wie uns unser Leben gegeben ist. Aber das sind schon Gedanken, die vielleicht viel zu romantisch sind. Wer weiß, vielleicht ist es ja so, dass wir heute nicht romantisch genug sind. Alexander von

Humboldt war ein Romantiker. Er hat nicht nur daran geglaubt, dass der Mensch zu verändern ist – was er ja mit seinen großartigen Kosmos-Vorlesungen immer wieder kundgetan hat, wo er sich an die gesamte Bevölkerung wandte, die dann kostenlos zuhören durfte, wenn er von seinen Weltreisen und seinen Vorstellungen von der Natur berichtete –, sondern er war auch ein Romantiker.

Um es im Sinne von Rüdiger Safranski zu sagen, Romantiker sind Menschen, die glauben, dass noch nicht alles vorbei ist, sondern dass noch etwas kommt. Vielleicht haben wir ja einfach aufgehört daran zu glauben, dass da noch was kommt. Das führt natürlich sofort zu der ethischen Grundfrage, wenn wir glauben, dass nichts mehr kommt, dann fühlen wir uns auch nicht mehr verantwortlich für das, was kommen könnte. Vielleicht ist das Problem unsere vollkommen fehlende Vorstellung davon, dass wir jetzt etwas tun sollten, was denjenigen zugutekommen könnte, die in Zukunft hier leben werden. Ist das vielleicht eine Überforderung? Wir wissen es nicht.

Aber wir können etwas tun, wir können richtig viel tun. Wir könnten uns dem Gedanken zuwenden, was wäre denn das für eine Gesellschaft, die die Warnungen der Wissenschaft wahrnimmt und in die Tat umsetzt, sodass weniger Kohlenstoff in die Atmosphäre freigesetzt wird. Die Transformation von einer auf fossilen Energien beruhenden Industriegesellschaft zu einer Gesellschaft, die sich ausschließlich mit erneuerbaren Energien versorgt, das ist die ganz große Vision, die es zu realisieren gilt.

Aber, so fragen wir uns, wo bleibt bei der Realisierung dieser Vision eigentlich die Wissenschaft, einmal abgesehen von der Wissenschaft, die sich direkt mit dem Klimawandel und der Energiewende beschäftigt, wo bleibt die übrige Wissenschaft? Die hält sich leider – und das ist ein dramatisches Versagen – vornehm zurück. Große Teile der wissenschaftlichen Welt machen – genauso wie die Politik – »business as usual«. Die wissenschaftlichen Institutionen, die Grundlagenforschung, ob in den USA, in Europa, Japan oder China, beschäftigen sich nicht damit, wie sie beim Verhindern des Klimawandels und der damit einhergehenden Veränderungen von Ökonomie und Gesellschaft helfen könnten. Noch nicht einmal zu der Grundfrage, wie man die Haltung der Bevölkerung zum Thema Klimawandel und Energiewende ändern könnte, wird in der wissenschaftlichen Welt diskutiert. Nein, alle machen so weiter wie bisher. Für die findet der Klimawandel höchstens in den Nachrichten statt. Und da ist in Mitteilungen der entsprechenden wissenschaftlichen Institutionen zu hören, dass der Temperaturanstieg, das Schmelzen der Pole, die Anreicherung der Atmosphäre mit Treibhausgasen, die Erwärmung der Ozeane, dass alles noch dramatischer ist, als in den pessimistischsten Szenarien vorhergesagt. Und trotzdem geht es einfach so weiter in der Wissenschaft, in der Politik, in der Ökonomie. Der Meeresspiegel steigt, die Temperaturen, der Ausstoß von Klimagasen, aber unsere Aufmerksamkeit und unsere Wahrnehmung dafür steigen nicht. Wenn überhaupt und dann auch nur für eine kurze Zeit, wenn es zu lokalen Katastrophen wie Hurrikans, Überschwemmungen oder Erdrutschen kommt.

Was tun? Sie entscheiden. Suchen Sie sich zum Beispiel unter den in diesem Buch aufgeführten Websites eine aus. Alle warten auf Sie, auf neue Menschen, neue Ideen, neuen Input, neue Begeisterung, warten auf Menschen, die andere Menschen motivieren können, warten darauf, dass es mehr werden, die etwas tun, egal, ob lokal oder global, ob bei großen NGOs, die seit Jahrzehnten tätig sind, oder bei kleinen Vereinen und Genossenschaften. Und wählen Sie die Politiker, die die ökologisch richtigen Rahmenbedingungen schaffen, die das ökologisch Gute fördern und das ökologisch schlechte Handeln ausdrücklich nicht fördern. Die Aktionen von oben nach unten sind ebenso bedeutend wie die Aktionen von unten nach oben.

Kohlendioxidsteuer auf alles! Moore bewässern! Werden Sie Mitglied in einer Genossenschaft, wo Sie Windräder, Biogas- oder Fotovoltaikanlagen bauen lassen, ändern Sie Ihr Mobilitätsverhalten. Tun Sie, was Sie können. Wir, die der Meinung sind, dass die Schonung der Natur unerlässlich ist, wir müssen viel sturer sein, hartnäckiger. Lassen Sie sich nicht irritieren. Das ökologisch Richtige ist das Richtige. Vom Verstand her ist das klar, aber wir brauchen auch Mut und Herz dabei. Denken Sie daran, das Richtige, das Schöne, das Wahre zu tun, hat seinen Sinn an sich, egal, was andere Menschen oder andere Nationen tun.

Ein Buch muss ja immer ein letztes Kapitel haben. In Wirklichkeit aber könnten wir dieses Buch unendlich weiterschreiben, es ist eine Michael Ende'sche *Unendliche Geschichte*. Es passieren so viele gute und so viele ökologisch schlechte Dinge. Aber im Grunde genommen geht es uns darum, Sie aufzufordern, nicht aufzuhören, das ökologisch Richtige zu tun, auch wenn Sie das Gefühl haben, es geht manchmal nur drei Schritte vorwärts, dann wieder zwei zurück oder drei Schritte vorwärts und dann sogar wieder vier zurück. Wir alle sind gefordert, in der Familie, unter Freunden, mit den Nachbarn, zusammen mit den Menschen in unserer Stadt, wir in Deutschland, wir in Europa. Liefern wir Orientierung, seien wir mutig, glauben wir an uns. Deutschland ist heute nicht mehr das Land der rauchenden Schornsteine, bis zu 30 Prozent unserer Energie kommt aus erneuerbaren Ressourcen, noch aber rauchen zu viele Schornsteine.

Und diese noch rauchenden Schornsteine sind auch ein deutliches, sichtbares Zeichen dafür, dass es nichts nutzt, wenn Geld sich zunehmend bei einzelnen Konzernen oder Personen konzentriert. Die Investitionsquoten, die wir heute in Deutschland haben, sind viel zu gering, darüber haben wir gesprochen. Dieses Horten von Geldern ist eine dramatische Zukunftsverweigerung. Auch deswegen brauchen wir mehr Genossenschaften, mehr Gemeinschaftskapital, das immer wieder neu investiert wird, in neue Projekte und neue Ideen, die uns zu einer sozial gerechten und ökologisch richtigen Gesellschaft werden lassen.

Das ist ein Grundprinzip der Natur: Ressourcen immer wieder neu investieren. In der Natur gibt es keine Sparbücher oder Nummernkonten in Steuerparadiesen. Die Natur verwendet alles immer wieder, sie hat perfekte Kreisläufe entwickelt. Lernen wir von der Natur. Der *natürliche* Umgang mit Geld ist: Es muss im Umlauf bleiben, um ökologische Ökonomien entstehen zu lassen.

Auch hier zeigt sich wieder: Das Wunder der Natur – »ein Gefühl, das uns heute helfen könnte zu begreifen, dass wir nur schützen werden, was wir lieben«.

Die Zukunft der Menschheit und des gesamten Lebens auf der Erde hängt von unserem Handeln ab.

Also: Wenn nicht jetzt, wann dann!

Danke!

Wir wollten mit diesem Buch die Menschen mitnehmen, sie begeistern, ihnen Mut machen. Viele haben uns bei der Entstehung des Buchs mitgenommen, uns begeistert, uns Mut gemacht.

Mit den Interviewanfragen für unser Buch haben wir immer wieder offene Türen eingerannt. Wir sind sozusagen auf Brüder und Schwestern im Geiste getroffen, auf Menschen, die sich offensichtlich demselben Ziel verschrieben haben wie Sie, wie wir: nämlich, zu handeln für eine Welt, in der wir leben wollen.

Jedes Mal waren es ihre Antworten, ihre Anregungen, ihre Ideen, ihre Visionen, die uns begeisterten, ihre Sachkompetenz und ihr Verantwortungsgefühl. Es war nicht einfach nur eine Meinung, sondern es war ihr umfassendes Wissen, das sie mit uns geteilt haben.

Inspirierender und überzeugender noch als ihre Worte, die wir hier im Buch wiedergegeben haben, war ihre unerschütterliche Haltung, das Einstehen für eine Sache. Wir konnten es mit jedem Wort hören, wie sie sich trotz aller Widerstände und Widersprüche mit ihrer Energie, ihrem Mut, ihrem Wissen und voller Begeisterung für eine Welt einsetzen, in der wir leben wollen.

Vielen Dank an:

- Claudia Brück, TransFair e. V. (Fairtrade Deutschland)
- Ellen Ehmke, Oxfam Deutschland
- Prof. Dr. Felix Creutzig, Technische Universität Berlin
- Prof. Dr. Ottmar Edenhofer, Direktor des Mercator Research Institute on Global Commons and Climate Change, Berlin
- Franz Hohler, Schriftsteller
- Prof. Dr. Dr. Peter Höppe, ehemaliger Leiter der Abteilung GeoRisiko Forschung der Munich Re
- Kirsten Kohlaw, Journalistin
- Jörg Andreas Krüger, WWF Deutschland
- Timo Lange, LobbyControl
- Claudia Langer, Generationen Stiftung

- Klaus Milke, Germanwatch
- Rainer Ohler, Airbus
- Dr. Friederike Otto, Environmental Change Institute, University of Oxford
- Prof. Dr. Karen Pittel, Leiterin des ifo Zentrums für Energie, Klima und erschöpfbare Ressourcen, München
- Dr. Franz Trieb, DLR
- Ilija Trojanow, Autor und Publizist
- Prof. Dr. Markus Vogt, Lehrstuhl für Christliche Sozialethik, Ludwig-Maximilians-Universität, München
- Prof. Dr. Ernst Ulrich Michael Freiherr von Weizsäcker, Co-Präsident des Club of Rome

Last but not least danken wir den Mitarbeiterinnen und Mitarbeitern im Penguin Verlag, hier vor allem Britta Egetemeier und Julia Hoffmann. Dicke Umarmung.

Cradle to Cradle™

Cradle to Cradle™ (Von der Wiege zur Wiege) ist der höchste Standard für Öko-Effektivität. Man versteht darunter das intelligente Produzieren nach dem Vorbild der Natur. Alle Cradle-to-Cradle™-Produkte werden so designed, dass sie am Ende ihres Lebenszyklus wieder in biologische oder technische Kreisläufe zurückgeführt werden können. Sämtliche Inhaltsstoffe der Cradle-to-Cradle™-Druckprodukte wurden von Umweltinstituten auf ihre Umwelt- und Gesundheitsverträglichkeit überprüft und speziell für umfassendes Recycling beziehungsweise Kompostierung entwickelt. Gedruckt wurde dieses Buch in Österreich auf Papier aus nachhaltiger Forstwirtschaft mit speziell konzipierten Pflanzenölfarben, die garantiert frei sind von Bisphenol A, VOC, CMR und Mineralölen. Um einen ganzheitlichen Mehrwert für die Umwelt zu leisten, wurde dieses Produkt zusätzlich klimapositiv hergestellt. Cradle to Cradle™ ist damit die höchste Qualitätsstufe im ökologischen Druck.

Höchster Standard für Ökoeffektivität.
Cradle to Cradle™ zertifizierte
Druckprodukte innovated by gugler*.
Bindung ausgenommen